貴族院会派〈研究会〉史

明治大正編

芙蓉書房出版

第二代仮議事堂(貴族院)

帝国議事堂

貴族院議場

第二代仮議事堂内の貴族院議場を撮影。明治後期。

研究会事務所（堀河護麿撮影）
1913年、芝区新桜田町（現在の港区西新橋）に新たに建設された研究会の事務所。門柱には向かって左に尚友会、右に研究会の表札がかかる。

研究会事務所（堀河護麿撮影）
新築された新事務所に隣接する家屋は事務所と連結して利用された。表札に研究会の文字が見える。写真左手には麹町区内幸町（現在の千代田区霞が関）に建つ帝国議事堂（仮議事堂）が写っている。

新当選子爵議員（1911年7月10日撮影）
1911年に行われた伯子男議員総選挙では、尚友会が推薦する議員が多数の議席を占めた。これ以後、研究会は貴族院の中で圧倒的な力を持った。前列左より丹羽長徳、今城定政、本多実方、西大路吉光、東坊城徳長、勘解由小路資承。後列左より野村益三、豊岡圭資、吉田清風、池田政時、五辻治仲、本多忠峰、伊東祐弘、冷泉為勇。この14名に櫛笥隆督を加えた15名がこの選挙における新当選議員である。

三重県視察
（大正中期～後期）
研究会所属議員及び衆議院議員の合同で行った三重県視察旅行時の写真。鳥羽の御木本幸吉の自宅を訪ねた際のものと推定される。前列左より牧野忠篤、不明、水野直、堀田正恒、二列目左より八条隆正、井上匡四郎、小松謙次郎、青木信光、御木本幸吉、俵孫一。三列目左は中島団次。

復刻版刊行にあたって

一般社団法人尚友倶楽部理事長　山本　衞

一般社団法人尚友倶楽部では、公益事業のひとつとして、日本近現代政治、経済、文化等の史料集を刊行、既に尚友叢書四四冊、尚友ブックレット三四冊を刊行し、広く学界に寄与してきた。これら史料集刊行の基となるのが、尚友倶楽部会員故水野勝邦氏による貴族院関係報告書十二冊である。しかしすべて非売品であり、部数も少なく、現在では入手が難しい本となっている。中でも「貴族院の会派研究会史」明治大正篇、昭和篇は憲政史研究の上で貴重な図書として、多くの学界関係者から復刻を希望する声が強く上がっていた。

今回の復刻版刊行にあたっては、原書の明らかな間違いはこれを正した。

本書の上梓に際し、「研究会史」を出発点として近代史研究の中枢となられた小林和幸青山学院大学教授、内藤一成宮内庁書陵部主任研究官、西尾林太郎愛知淑徳大学教授、今津敏晃亜細亜大学准教授、長谷川怜皇學館大學助教の各氏から解説原稿を賜った。また、季武嘉也創価大学教授、櫻井良樹麗澤大学教授の両氏には本書刊行のきっかけとなる企画の立案、推進にご協力いただいた。さらに、伊藤隆東京大学名誉教授には復刻作業の過程で御助言をいただいた。

これら多くの方々の熱意とご協力によって本書が完成したことに深甚の感謝を申し上げる。既刊の史料集同様、本書が近代日本憲政史研究に役立つことを願ってやまない。

なお、編集には、尚友倶楽部史料調査室の上田和子、藤澤恵美子、松浦真が参画した。

目次

第四章　研究会発展期　─研究会の拡大（明治二十九年〜四十年）　195

第七章　護憲運動対処期　—貴族院改革と研究会（大正十三年〜十五年）　

「貴族院の会派研究会史　明治大正篇」

序

社団法人尚友倶楽部
理事長　松平　忠寿

尚友倶楽部は貴族院の会派である研究会に所属する議員によって、昭和三年九月に設立された公益事業団体である。それ以来五十余年に渉り、社会福祉のため会員は協力して今日に及んだのである。殊に昭和二十二年貴族院の消滅後は一層その本来の使命に努め、福祉団体への協賛、学術団体への支援をはじめ、七十年に及ぶ貴族院の憲政への貢献の調査、議会制度の研究を続け、随時その結果を発表して来た。

今回は昭和四十六年に刊行した研究会史につき、新たに入手した資料により、又改訂を要する箇所も少なくないので、こゝに増補改訂版を世におくることゝなり、担当も前回に引き続き水野勝邦理事に委嘱した。それから約四年間に渉り水野理事の努力の結果こゝに明治大正篇が完成し刊行の運びとなった。研究会史の刊行については初版本にある故橋本実斐理事長の序文にその経緯が記されているので、こゝにその一部を引用させていたゞく。

「研究会にたいする人々の記憶も歳と共に薄れ、殊にその創立に至る間の複雑なる推移に至っては、月日と共に益々究明が困難となる状勢となったので、その歴史は今にして之が編纂を行うに非らざれば遂に時期を逸するに至らむ虞れがある。此の故に、玆両三年前より水野理事はこゝに想を致し、折に触れ、私共にも歴史編纂の必要性を語らるゝと共に、傍ら史料の彙集を志されたのである。私共も之に全く同感であったので、時折岡部前理事長に此の企を進言し来ったのであったが、間も無く岡部理事長も「研究会史編纂」の意を決し、理事会に諮り、尚友倶楽部より此の編纂出版のことを水野理事に委託するの議を纏められたのである」

云々とある。

今回の改訂版は約九年間に得た資料が生かされているから、初版本に比して内容は一層充実したことゝ思う。この書が我国の憲政に参与した研究会の過去を記しているのではあるが、今後の議会政治の上に、更に我国憲政史の研究にも裨益する所があれば、当倶楽部として幸いとする所である。今後も当倶楽部の事業として調査研究を続け、その結果は逐次刊行する予定である。

改訂版刊行に際し一言述べて序とする。

昭和五十五年九月

まえがき

社団法人尚友倶楽部の公益事業の一つとして、貴族院における政治会派研究会に関する調査を企画し、その仕事を担当して今日に及んだ。この事業は会員の協力のもとに、殊に元理事長の酒井忠正、岡部長景、橋本実斐の各先輩から激励を受け、且つ種々な資料の提供も受け、会員京極高鋭君とともにすゝめた。それが一と先づ研究会史として、昭和四十六年九月に刊行の運びとなった。今から早や九年前のことになる。当時は初めての分野であり、研究会事務所は（麹町二番町の仮事務所であった）戦災で全焼して、資料は失われたから資料を得るのに苦心した。出版予定があったため、不充分な点のあることを知りながらも報告書として世に出した。その折にも筆者の誤解や訂正を要する箇所については、ご指摘を受けて、次の機会に訂正したいと申し添えた。それから今日までの間に会員は勿論、関係のある方々や、会員のご遺族から多くのご助言やご指摘を戴き、筆者自身も新資料入手に努め、それらがかなり纏まったので、今回増補訂正による研究会史を刊行することゝなった。今回は得られた資料をできるだけ多く掲載する方針をとった。したがって改訂版ではあるが、書き改めたと同様である。分量も多くなり一冊本とすることが不可能となったので〔明治大正篇〕とした。

研究会政治年表と研究会会員名簿とは別冊の単行本として既に刊行済みであるので今回は除いた。

本書の内容は研究会に関する調査研究によるものではあるが、範囲を広くし、華族と政治にも及んでいる。既に貴族院は解消し、華族制度もなくなってしまったので、この機会に書き加えて置きたかったから、華族と有爵議員との関係の解明についてもかなり記した。

いまゝでに出版されている各種の政治史は殆んど衆議院を主体としている。今回は貴族院の立憲政治史の立場をとったが今日になっては貴族院の業績とか、貴族院議員の行動については忘れられようとしている。それらに関する調査の出版物は殆んど見当らない。僅かに大正中期に貴族院改革が一般の注目を浴びた頃に二三の出版物があるが、それも改革が目標であるから貴族院の欠点を拾っている。

しかし明治二十三年に貴族院が成立し、昭和二十二年五月に日本国憲法の施行により消滅するまでの六十年間に渉って、如何に二院制の意義を発揮したか、卓越した意見や経験のもとに、憲政を通じて国家に尽して来たことなどを無視してはならないし、貴族院議員として末席を汚した一員として、後世に資料を遺さなければならないと思った。今日参議院の在り方について色々と批判の声を聞く。今後の二院制についての判断の基本となるものは貴族院の歴史を顧みることが重要であると考える。その意味において研究会の調査結果の発表は大きな役割があると思う。しかしそれを満すには微力にして不充分ではあるが、一つの基盤となれば幸いである。

本編の第一章は華族が貴族院議員に就任して、国政に参画するようになった、その経過を記すことに意を用いたら、華族関係が多く出て来ていて、その参考にした資料は霞会館の所蔵する華族会館時代のものが多かった。便宜が得られたことに謝意を表するものである。

なお霞会館として目下貴族院に関する調査研究がすゝめられているので、いずれその報告が纏まると思う。その時にはこの研究会史は、霞会館所蔵の資料との関係で、重複する所があると思うが、本書は研究会を主体としていて、その前史の範囲に過ぎないので、華族と政治の項は近く完成するであろう霞会館の調査研究に期待している。

本書は明治大正篇とし、大正天皇崩御までにとゞめた。以下は昭和篇とし、若槻内閣と研究会から始め、戦時下の貴族院はどうであったかを主とし、敗戦後の占領下の貴族院が如何に憲法改正の重責に対処したか、その結果自らの手で貴族院を消滅させ、新時代へと移行して行った事項を詳述する考えである。目次の後半に一応の内容を記しておいた。

終りに本編の編纂には参議院事務局をはじめ、元貴族院書記官の諸氏よりの協力が得られ資料の提供も受けられた。叉原稿の作成には元貴族院理事官、前参議院庶務部長の海保勇三氏、大沼滉氏の労を多とする。こゝに謝意を表します。

昭和五十五年九月

尚友倶楽部理事　水野　勝邦

執筆編集担当者　水野勝邦略歴

元子爵　旧茨城県結城藩主の裔　明治三十七年六月生　東京帝国大学文学部卒業　外務省在支特別研究員（北京留学）　貴族院議員（昭和十四年七月〜昭和二十二年五月）　研究会常務委員　社団法人尚友倶楽部理事　社団法人霞会館理事　専修大学、立正大学経済学部教授（同経済学部長、図書館長）、麗沢大学講師

凡　例

一、氏名には多くの場合敬語を略した。
一、有爵者は、説明文中では○○子とし、並記の時には子○○○○、又は子爵○○○○とすることを原則とした。しかし、例えば山県、伊藤、清浦、金子の場合など、授爵、陞爵によって変って来るので、一般的には故人であるので最高位の爵位がよいと考えたが不統一となった。
一、議会内での事務的には議員の呼び方は、勅選、多額はすべて○○○○君であった。これは本文で説明した通り議員はすべて同格との考え方からである。政府委員、事務局職員は有爵者は必ず○○子爵と爵位をつけ、勅選と多額の両議員については○○議員と呼んでいた。
一、議会関係の文書では勅選、多額の両議員については氏名の上に表示がない。有爵者のみであるが、読者の便を考え、努めて勅○○○○、多○○○○と表示した。
一、議員の所属会派名には正式な記録がないので不完全なものである。例えば加納久宜子、梅小路定行子などは、その時点で正確な所属会派名は記すことができなかった。
一、法案名は○○法中改正法律案とするのが正式な表示であるが、通例は○○法改正案とした場合が多い。
一、議会の名称は、第○回通常帝国議会とするのが正式だが第○議会と略した。

参考文献

引用した資料はかなり多くなったが、本文中にその出典を明記したのは一部であって、全部を正確に表示しなかった。筆者が自己の判断で引用し、参考にして書いたからである。それ故この他にも参考文書類があるが略した。

参議院『議会制度七十年史』『貴族院議員各派別ニ関スル調査』、国立公文書館『太政類典』、国立国会図書館『華族同方会趣旨書』『華族同方会報告』、霞会館『同方会日誌』『華族会館誌』『華族会館の百年』『会館九十年の歩み』『華族会館沿革略史』『霞会館沿革摘録』『華族会館史』、尚友倶楽部『研究会日誌』『研究会政治年表』『貴族院令起草の沿革』『貴族院議員録』『尚友倶楽部三十年史』『尚友倶楽部の歩み』『研究会小史』（鍋島直虎）、升味準之輔『日本政党史論』、白木正之『日本政党史』、時事新報社『第五九議会年鑑』、同文館『日本政治年鑑（明治四二年版）』、小畑虎之助『第七十六帝国議会年報』、岡本清一他『年表議会政治史』、牧野伸顕『牧野文書』、天野良知『憲政五十年史』、深尾逸雄『帝国議会五十年史』、内閣官房『内閣制度七十年史』、新聞合同通信社『日本国会七十年史』、日本政治研究室『日本政治年報』、津久井龍雄『日本政治年報』、細川亀市『日本政治史』、半沢玉城『大正政戦史』、貴族院『旧話会速記』、林田亀太郎『日本政党史』『政界側面史』、研究会『帝国議会議事経過報告書』、佐藤立夫『貴族院体制整備の研究』、山本四郎『日本政党史』『大正政変の基礎的研究』、井上清『大正期の政治と社会』、信夫清三郎『大正デモクラシー史』『大正政治史』、松本剛吉『大正デモクラシー期の政治（政治日誌）』、片岡直温『大正昭和政治史の一断面』、岡義武『転換期の大正（日本近代史大系)』、大久保利謙『近代史資料』、大津淳一郎『大日本憲政史』、吉井千代田『青票白票』、服部之総『明治の政治家たち』、勝田龍夫『中国借款と勝田主計』、西原亀蔵『夢の七十余年』、伊東二郎丸『貴族院改革の諸問題』、堀切善次郎『貴族院改革資料』、阪本辰之助『日本帝国政治年表』『子爵三島弥太郎伝』『子爵牧野忠篤伝』、徳富蘇峰『公爵桂太郎伝』『公爵松方正義伝』『伯爵清浦奎吾伝』、春畝追頌会『伊藤博文伝』、後藤武夫『子爵清浦奎吾伝』、松平公益会『松平頼寿伝』、伊藤正『大木遠吉伯』、近衛文麿伝記編纂会『近衛文麿(矢部貞治編)』、伊藤武『近衛文麿清談記』、幣原平和財団『幣原喜重郎』、前田連山『原敬伝』『歴代内閣物語』、小泉三申『随筆西園寺公』、武富時敏『加藤高明伝』、馬場恒吾『現代人物評論』『政界人物風景』、黒田清輝『黒田清輝日記』、共同通信社『近衛日記』、鹿島出版会『近衛篤麿日記』、原奎一郎『原敬日記』、原田熊雄『原田日記』、水野直『尚友会幹事日誌』、水野勝邦『水野直追憶座談会録』、結城温故会『水野直子を語る』、川辺真蔵『大乗の政治家水野直』、辰巳豊吉『研究会は目覚めた』、近藤英明『市民と議会』『国会のゆくえ』、伊達源一郎『日本憲政史』、大隈八十五年史編纂会『大隈八十五年史』、榎本半重『大給亀崖公伝』、緒方竹虎『議会の話』、稲田正次『明治憲法成立史』、花房崎太郎『貴族院各会派ノ沿革』

第一章　貴族院の成立（慶応三年〜明治二十三年）

——立憲政治と華族——

（明治維新より議会開設時）

第一節　華族の成立
――成立までの過程

大政奉還　慶応三年（一八六七）十月十三日に朝廷から討幕の密勅が出されたが、時を同じくして徳川第一五代将軍慶喜は大政奉還を請うた。かくして同年十二月九日にいたり、明治天皇は王政復古を宣言され万機親政を布告された。これにより徳川三〇〇年の幕政は終り、近代日本へと脱皮するのであるが、それは決して円滑な移行ではなかった。旧幕派の反抗は全国的に波及し所謂戊辰戦争となり激しく抵抗した。しかし新政府はこれに屈せず、中央政権の制度を着々と整えるとともに、地方統治には三〇〇年間続いた武家統治を版籍奉還の形で明治二年五月に処分することとなった。これに従った大名（諸侯）は二六〇で、いずれも領地の奉還を申し出で勅許を受けた。未奉還についても六月には全部この命令に従うこととなったから幕府の大政奉還から一年半にして全国はすべて中央政府の支配になったのである。政府は大名から単純に領地を取り上げなかった。これらの大名（諸侯）には二つの優遇措置を与えた。第一は旧封土の禄高の十分の一を家禄として支給した。旧禄高には藩士に与える給与分も含まれていたから十分の一ではあるが全額が旧藩主の収入となったから、むしろ実際には余裕のでたものが多かった。第二は旧領地をそのまま旧大名（諸侯）を藩知事に任命したから新政府から任命された地方行政官となったのである。任命された藩知事は五六を数える。この措置は形式的な地位ではあったが、これによって各地に潜在していた社会不安や混乱は避けることができた。更に旧大名を華族と称せしめた。これにより大名、諸侯の名称は消えた。華族と称せしめたのは旧大名の他に旧公卿にも与えられたもので朝廷の思召のあらわれであった。行政官達として

「官武一途上下協同之思召ヲ以テ自今公卿諸侯之称被廃、改テ華族ト可称旨被仰出候事」

とある。華族なる言葉は公卿の家格に五摂家に次ぐ清華家というのがある。これからとったものである。これにより、今までは諸侯（大名）公家（公卿）といわれていたものが、一つの社会的地位を格付けられたことで、両者はその歴史的沿革からして全く異った存在であったものが全く同一の新しい社会秩序として生れたもので、この頃から〈同族〉という言葉が用いられた。それが天皇が認められた社会的名誉であることにより皇室と華族との新しいつながりともなった。この様な天皇の思召しにより、又新政府の政治性から、社会の大変革にも拘らずそれが決して社会不安の原因とならず、混乱も起らずに、新日本建設が進められたことは、新政権の確立への前進であり、又華族にたいする期待でもあった。

廃藩置県　明治四年（一八七一）七月十四日に廃藩置県の詔書が発布になった。これによって藩知事は消滅し、形式的ではあったが、地方官の任務についていたものが解任された結果となり、伝統のある旧封土（藩）との統治関係は全くなくなるので、将来に絶望的なものを感じたものが少なくなかった。しかし同日の詔書によると、今から二年前に、各藩の版籍を奉還させ、新たに藩知事に任命する措置をとったけれども、藩知事の中には長い因襲のために成果の上らない者があったことを指摘され「深ク之レヲ慨」されたことがこの処置になったのであった。更に

「……今更ニ藩ヲ廃シ県ト為ス　是務テ冗ヲ去り簡ニ就キ有名無実ノ弊ヲ除キ政令多岐ノ憂ナカラシメントス、汝群臣其レ朕カ意ヲ体セヨ」

と述べられている。これは明治天皇のご英断であったし、一面では華族のために深い配慮をなされたことがはっきり出ている。

更に華族を東京に住わせ、東京貫族とした。「廃藩ノ知事悉ク東京ニ移居ス、其旧藩地ニ寄留スル者百ニ一ニナシ」（華族会館誌七月十四日）と記されている。太政官も華族に奮起をうながしている（十月十日）。ついで十月二十二日、二十三日、二十四目の三日間に渉り明治天皇は華族の戸主を宮中便殿に召され、親しく勅諭を下され華族の自

覚を求められた。華族は「国民の中にあって責任の重い地位にあるもので、衆庶の標準となる」と述べられ華族に次の様に諭された。

朕惟フニ宇内列国開化冨強ノ称アル者皆其国民勤勉ノ力ニ由ラサルナシ而国民ノ能ク智ヲ開キ才ヲ研キ勤勉ノ力ヲ致ス者ハ固ヨリ其国民タルノ本分ヲ尽ス者ナリ今我国旧制ヲ更革シテ列国ト並馳セント欲ス国民一致勤勉ノ力ヲ尽スニ非レハ何ヲ以テ之レヲ致スコトヲ得ンヤ特ニ華族ハ国民中貴重ノ地位ニ居リ衆庶ノ嘱目スル所ナレハ其履行固ヨリ標準トナリ一層勤勉ノ力ヲ致シ率先シテ之レヲ鼓舞セサルヘケンヤ其責タル亦重シ是今日朕カ汝等ヲ召シ親ク朕カ期望スル所ノ意ヲ告クル所以ナリ夫レ勤勉ノ力ヲ致スハ智ヲ開キ才ヲ研クヨリ外ナシ智ヲ開キ才ヲ研クハ眼ヲ宇内開化ノ形勢ニ着ケ有用ノ学ヲ修メ或ハ外国ヘ留学シ実地ノ学ヲ講スルヨリ要ナルハナシ而年壮ヲ過キ留学ヲ為シ難キ者モ一タヒ海外ニ周游シ見聞ヲ広ムル亦以テ智識ヲ増益スルニ足ラン且我国女学ノ制未タ立タサルヲ以テ婦女多クハ事理ヲ解セス殊ニ幼童ノ成立ハ母氏ノ教導ニ関シ実ニ切緊ノ事ナレハ今海外ニ趣ク者妻女或ハ姉妹ヲ契テ同行スル固ヨリ可ナルコトニテ外国所在女教ノ素アルヲ暁リ育児ノ法ヲモ知ルニ足ルヘシ誠ニ能ク人々此ニ注意シ勤勉ノ力ヲ致サハ開化ノ域ニ進ミ冨強ノ基随テ立チ列国ニ並馳スルモ難カラサルヘシ汝等能ク斯意ヲ体シ各其本分ヲ尽シ以テ朕カ期望スル所ニ副ヘヨ

この様に「華族は責任の重い地位にあり、衆庶の標準となるのだから、修学に努め、世界に見聞をひろめ、才識を磨け」と諭されたことは、華族の今後の進むべき道を示されると共に、華族の決意を求められたもので、これによって華族は感激し、奮起し、聖意に奉答せんことを誓った。しかも華族一同に下されたものであるから、ここで旧諸侯と旧公家の異質による対立は全く消え、公武一体化の華族として皇室と結ばれる藩屏の意義にも通じるものである。これがやがて憲政にたいする責任と意欲となって現れるその第一歩であって、やがて議会政治が成立し華族議員の誕生に際し、心の準備がこの時点から始まるのである。

通款社の設立　この華族の決意の具体的な行動の一つが通款社の設立である。前節に述べた通り、廃藩置県によって旧武家華族は役割が終ったと考えていた時、旧公家と同一に明治四年十月に勅諭を賜ったことから、華族は新しい任務と希望がわき出て、この勅諭に奉答せんとする行動が起った。その一つに海外に広く見聞を求めて出かけるものが多くなり、その人達は

蜂須賀茂韶　秋月種樹　上杉茂憲　鷹司熙通　河鰭実文　裏松良光　入江為福　松平忠敬

らであった。その中でも秋月は明治五年一月二十六日に日本を出発して、フランス・イギリス・プロシア・アメリカを廻って同年十二月に帰国。河鰭は明治五年一月十八日に出発しイギリスに留学して十月に帰国した。秋月はイギリスの議会制度を調べて報告し、その内容には二つの目的があった。一つは華族の本分の向上のためにはどうしたらよいか、他の一つは将来日本に議会制度が実現するであろうその準備のためには議会政治を前提として団体（結社）の結成が必要であると主張した。これに賛同して十二月六日に第一次会合が開かれた。主唱者は勿論帰国した秋月、河鰭の両名であるが、公家からは正親町公董、五条為栄、壬生基修、平松時厚、武家からは秋月の他山内豊誠の二名で、この七名が発起人となり華族通款社と名付け、稟告書（設立宣言）を出し、華族に賜った勅諭に奉答する為に結社を創立するからと同志の入会を呼びかけた。

通款社稟告書

宇内ノ濶キ国有レハ則人民アリ人民アレハ必ス政法アリ而国土ニ広狭肥瘠ノ差アリ人民ニ貧冨智矇ノ別アリ政法ニ善悪苛寛ノ異アリ国土ノ広狭肥瘠ハ人民ノ貧冨智矇ト相関セス政法ノ善悪苛寛ハ則人民貧冨智矇ノ因テ判スル所以ナリ凡万国人民其大小多寡各異ニシテ或ハ相隔絶スルモノ有り政法ニハ則一君独裁立君定裁及ヒ共和政治等ノ名目アリ各其施行スル所ノ方法ニ於テハ互ニ相殊ニスト雖モ其要スル所ハ則人民天賦ノ権利ヲ保護シ之ヲシテ相戦害セシメス以テ其天稟ノ才力ヲ教育拡充シ各其業ニ安シ駸々不己相共ニ協力国家ヲ維持スル所以ノ者ナリ然レ共国土ノ広キ人民ノ多キ家々ニ至テ保護シ人々ニ就テ教諭スヘカラス故ニ国ニ学校ノ設アリ以テ其子弟ヲ教ユ民法アリ以テ其利益ヲ保護シ刑法アリ以テ其暴害ヲ除ク然レトモ尚未タ尽ササルモノアリ是ニ於テカ民間大中

小ノ会社アリ以テ全国稗益トナルヘキ一部分ヲ調査シ各之ヲ進歩セシム教育実効挙ラサルヲ見レハ則社ヲ結ヒ実効ノ挙ラサル所以ヲ検査討論シ之ヲ古今ニ考ヘ之ヲ各国ニ質シ若シ其原由政法ニ在ル時ハ即チ之ヲ改正センコトヲ建言シ若シ民間ニ在ル時ハ即チ之ヲ改除シ或ハ救助ノ方法ヲ策シテ以テ政法ノ一端ヲ稗補ス其余商法農業医術救貧宣教勧工道路築造地質鉱山天文等枚挙ニ遑アラス各其会社アリテ相競テ国民ヲ鼓舞ス各国中其文明最モ盛ナレハ則斯ノ如キ会社モ亦多シ故ニ英国ニ於テ此類ノ会社数百ニ下ラス其余同志相集リ互ニ志ヲ通シ款ヲ結ヒ相共ニ其智識ヲ研究シ文学ヲ切磋シ国家人民一般ノ利益ヲ進歩センカ為メニ立ル所ノ会社亦幾百ナルヲ知ラス方今宇内開化進歩ス誰カ力ヲ奮ヒ能ク競ヒ功ヲ世ニ奏シテ国家ヲ維持スルヲ思ハサランヤ況ヤ華族ハ国民中貴重ノ地位ニ立チ衆庶ノ嘱目スル所ナレハ一層奮発スヘキニ往々旧習ニ染漬シ徒然消光世ノ軽侮愚弄ヲ受ク恥ツ可キノ至リナラスヤ依テ今般東京ニ於テ華族通款社ヲ立テ同列相会シ互ニ志ヲ通シ款ヲ結ヒ或ハ時務上ニ於テ討論検査シ以テ政法ノ一部分ヲ補ヒ華族ノ職分ヲ尽サント欲ス因テ其大略ヲ禀告ス

この様な内容であって、議会政治の準備であると共に、華族が政治に大きな役割を持つことを意識してのことであるから、この結社の設立は華族による本格的政治活動の第一歩といえる。

通款社は明治六年十二月六日に第一次会合を開いたあと、翌年一月二十六日までに六回会合を開いている。最初は会員である尾崎三良の家を会合の場所としていたが、第六次は芝増上寺山内の林松院が会場となっている。

結社名を正式に通款社と決めたのは、十二月二十六日の第三回の会合の時である。社則は二〇条からなり、内容は役員の権限、議事の運営などが主たるもので、主旨は禀告書で尽くされている。第二次会合の席上、秋月は社の事業として大書籍館（図書館の意）を設立することの提案をしている。しかもこの提案は、かなり具体的に立案されている。秋月の欧州視察の時に得た構想であった。当時日本には近代的な図書館はないから、この構想は日本の図書館史に残るものである。しかし実現にはいたらなかった。

一方この頃もう一つ華族の団体があった。これを麝香間祇候会議といい、麝香間祇候の華族の団体である。麝香間とは下橋敬長の説明によると（幕末の宮廷）京都御所の一部室の名で摂家、親王、大臣方が、毎月一日に御学問所にはいられるが、その時、お茶や御膳を召し上るお部室である。祇候とは宮中勤番のことで、華族の二五才以上五〇才までの者が、毎日交替で約一〇名が参内することである。この制度は宮中の指示によるのではなく、華族からの願い出によって実施されていたという。しかしこの頃には既に名誉的な格式を示す名称となっていた。

この会議に参加したのは

中山忠能　　松平慶永　　嵯峨実愛　　中御門経之　　伊達宗城　　池田慶徳　　大原重徳

らであった。この二つの団体が話し合った結果、華族のための新しい団体設立が決まり、翌七年二月に両者は解消し、合同して計画したのが華族大会館の設立である。

華族会館の設立　華族大会館の構想は、仮幹事長に中御門経之が選ばれ、書記は松平慶永、池田慶徳、平松時厚が、会計係には伊達宗城、正親町公董、幹事には中山忠能、大原重徳、毛利元徳、五条為栄、壬生基修、河鰭実文、山内豊誠が選出され、仮規則四九条も決定を見た。六月一日の創立総会のときには会員一〇〇余名となった。はじめ華族大会館の建設には色々議論が出たが、多くの賛成があり最終的には三条太政大臣、島津久光左大臣と岩倉右大臣の尽力と華族を代表して柳原義光らの話し合いで建設が決った。ただ大会館とせず華族会館と名付けることとなった。この様な経緯があったが、会館を中心に政治活動を目標としていたことには変りはない。しかし創立総会での中御門経之の挨拶には政治活動の事には触れていない。

華族会館の設立後十年になり明治十七年七月に華族令が制定された。その頃に会館の運営について九条道孝参議らによって運営についての意見が出され一時は存続の危機にまでなる紛争が起っている。その問題点は二つに重点があった。一つは会館が倶楽部的社交団体として運営されることは建設の主旨と異なり、明治天皇の聖旨に反するから改めるべきであること、他の一つは華族の子弟の教育機関である学習院が宮内省に移管となり、且つ内容の充実と拡充のために金銭上の華族の負担が急増することは賛成できない。この増加分は会館が負担すべきであるとするものであった。後者はここではとり挙げる必要はないが、第一の点が問題である。会館の創立の沿革は既に述べた通りで、最初に設立された通款社の場合、華族が社会に尽す責任を主眼に、将来の政治に与り国家に貢献する基盤としての機関であり、会館となるについては、勅諭を賜り「奉勅の館」として実現したのであるから、現状の様では違勅の館となってしまうから、それを支持している会員を除名して欲しいと申し出た。これに賛成する会員が次第にその数を増し過半数に達する程にまでなったから、会館の存続問題となった。これは会館内部だけの問題として解決する様にとの伊藤博文らの調停斡旋によって一年余の後に紛糾は漸く帰結を見ることができた。それにより通款社系の会員の希望するように、議会開設に臨む華族の基盤の役割を持った。しかし政治団体とはならなかったが、議会開設後は貴族院議員の活動の場となって貢献するのである。

華族令の制定と議会　華族と議会政治との結ばれる第三の段階は華族令の制定であった。この頃になると明治維新当初の様な旧公家、旧武家を主流とする政治力は次第に崩れて、これに替り、中央政府には新たに藩閥（中心は長州、薩摩）が政治の主流となり強力な政治力を持つようになった。これらの人達は政府の主権を握ると、次は立憲政治を実現させ、それに参加することを望むようになり、その方法を考えた。将来実現するであろう立憲政治には既存の華族が上院（構想上）の構成分野に挙げられることが予想できたから、既存の華族を制度化して新たに華族になれる途を考えるようになった。既存の華族は明治二年の版籍奉還の際における諸侯優遇の措置から生れたものであったものを制度化し、新たに華族になれる途を拓くことに繋がることになる。一方では憲法の制定の準備がすすめられているので、憲法の制定と華族令とは無関係ではなかった。華族令によって新華族（勲功華族、特旨華族）が生れることとなり、この様に新華族に含まれるのは明治初期の藩閥政権の確立に協力した功績に報いるだけではなく、将来の立憲政治上の分野と結びつけての構想は岩倉具視右大臣と伊藤博文宮内卿の二人から出たものである。

華族令により華族に爵位が授与されることになり、その爵位は公侯伯子男の五段階に分かれ、それぞれ門地、格式、封土の多寡、勲功の大小に応じて賜る栄爵で、その数は七月七日、八日の第一次では公家華族一四三家（分家を含む）武家華族二八七家（分家を含む）その他（神官、僧侶）四〇家で、これに明治維新の功労により特旨をもって華族に列し、受爵の栄に浴したものは三四家あって合計五〇四家であった。

第一次受爵者（明治十七年七月七日・八日）

	武家	公家	勲功		総数
公爵	一	五	五（公家二、武家三）		一一
侯爵	一三	八	三（公家一、他二）		二四
伯爵	三〇	二九	一四（公家一、他一三）		七三
子爵	二二一	八九	一二（他一二）		三二二
男爵	二二	一二		その他四〇（僧侶二六、神官一四）	七四
合計	二八七	一四三	三四	四〇	五〇四

第二次は同年七月十七日で、伯爵三、子爵二が特旨を以て勲功により華族に列せられ授爵した。

華族令の制定にはこの様な構想があったが、その他にもう一つの理由があった。それはこの頃になると日本各地に議会開設の運動が活発になっていて、その構想の中には強力な民権運動があったから、その意見の通りになると、当時の政府要人は大部分が参政の機会が無くなる不安があった。しかし多くの政府要人は議会人として参政を望んでいた。殊に当時日本はイギリスの議会に範を求めていたから、日本も華族を主体とする上院の構成（憲法に明記して）の実現を希望していた。そのための上院に席を得る途を開かねばならなかった。

こうして見ると、議会政治に華族の参加が必要であったのか、華族が存在していたからこれを議会政治に参加させようとしたのかの二つの見方が起るが、今は前者を当時の考えとしたい。それ故華族が上院の議員として議会に参加することを方針として、その準備の段階で華族令が公布になったといえる。

明治十四年十月に〈明治二十三年を期して国会開設〉詔勅が下ったことから、憲法制定が急がれ、その構想に上院には華族が任用されることとなった。この華族とは華族令による華族ではあるが、廃藩置県（明治二年）による華族と勲功華族とを比較すると、前者は三九六家であるのにたいし、後者は僅かに三四家であるから、数においては十分の一以下に過ぎないが、政治の上での存在からして、又進歩性の点からして後者が主力となることは明らかである。その当否は後の課題で、当面は華族会館の重要性がはっきりして来た。前節に述べた九条参議らの華族会館改革意見書が出たのがこの頃（明治十七年十二月）なのである。

第二節　憲法と貴族院令

帝国憲法の制定　明治二十三年を期して議会の開設が決まるや、官も民間も共に憲法の構想、試案の作成などがはじまった。その中で官においては明治九年九月七日に勅命により、元老院が草案の起草の任務を受け、元老院議長有栖川宮から四名の元老院議官（柳原前光、福羽美静、中島信行、細川潤次郎）に国憲取調委員の指名があった。

明治天皇は元老院に草案作成の勅命を下された時に、お手元に所有されていた次の二冊を下賜されている。

Aドットの英国議院政治

モンテスキューの万国精理

取調委員はこれを参考書として作成に取り組んだ。天皇がどうしてこの二冊をご所有になっていたのか、誰が献納したかは詳かではないが、天皇ご自身で準備されていたことは敬服するところである。先づ上巻として日本国憲按を九月十日に復命の形で奉呈した。第一次の草案は明治十一年七月一日に作成を終っている。続いて明治十三年十二月に第二次日本国憲按の草案ができ上り上奏した。この草案によると、帝国議会を二院制とし、上院を元老院、下院を代議院と名付け、元老院の構成は「親王、諸王、華族、勅任官ノ位置・経歴ノ者、国ニ功労アル者、政治法律ノ学識アル者」により、その議員数は三〇名以上とある。

伊藤博文は憲法の作成準備のため勅命により欧州に差遣され（明治十五年三月）視察と取調を行い、政府は外国（プロシアとドイツ）の憲法を参考とすることとなった。この両国はいづれも君権政治の上から最も顕著な国であったからで、一行は皇室の制度と、上下両院の組織を主として調べた。この一行に三人の華族（西園寺公望、岩倉具定、広橋賢光）の青年が宮内省の命によって参加していることは、上院の構成に華族がはいることになるための配慮であったと思う。

民間における憲法草案は相当な数になった。その重なものには

大日本憲法草案　　桜井　静（明治十三年一月）
無題憲法草案　　嚶鳴社（明治十三年十二月）
国憲意見　　福地源一郎（明治十四年三月～四月）
日本帝国憲法案　　千葉卓三郎（明治十四年五月頃）
私擬憲法案　　矢野文雄（明治十四年四月二十五日）
憲法草案　　熊本相愛社（明治十四年六月頃）
東洋大日本国国憲案　　植木枝盛（明治十四年九月頃）
国会開設意見書　　大隈重信（明治十四年三月十八日）
私擬憲法意見　　小野梓ら
私考憲法草案　　郵便報知新聞社（明治十四年五月二十日）
日本憲法見込案　　坂本南海男（明治十四年五月頃）

などその数は四〇余を数える。この中で二院制をとった場合は、その構成に華族が資格者として挙げられているものがかなりある。個人の意見としても大久保利通、木戸孝允、伊藤博文らも皆華族を上院議員資格者としている。この様に二院制の場合、華族が上院議員の資格者となっていることは、華族には大きな喜びであり、責任の重いことに決意を新たにするものであった。かくして明治二十二年二月十一日に帝国憲法の発布となり、併せて貴族院令の公布があった。これによって議会開設の対策や準備が具体的に始められ、殊に華族はその準備に熱意を示した。

二院制が帝国憲法にとり入れられたことについてなお触れて見よう。各国の議会組織には一院制と二院制の国とが

あり、我が国の民間での草案でも一院制の建前のものがあった。それが二院制と決ったことについては憲法制定の際に討論されたが異論の出る余地はなかった。それは明治元年四月に発布された五か条の御誓文から発し、明治八年四月十四日の詔書に〈元老院を上院とし、地方官会議をもって下院とする〉とあるから、この時点で二院制は明確になっていたからである。

貴族院の名称　最初の議会組織では二院制において上院・下院とあり、詔書では「元老院ト地方官会議」又は「元老院と代議院」となっていた。この上院を貴族院と名付けたことについては、金子伯の「議会開設当時の事情」（昭和三年四月九日）と旧話会一の上（昭和二年十二月七日）によると次の様な経過であった。先づ伊藤公は上院を元老院と称することには反対した。その理由は、今回の憲法草案の責任は元老院に在った。その名称をそのまま上院に用うると憲法草案作成の責任者がそのまま上院になったと誤解されること、第二は元老院はローマ帝国の政治機関と同じ名称で、ローマ帝国では長老政治機関の意味であるから、日本には不都合であるとした。

伊藤公の意見は皇室本位である。皇室が政治社会総ての中心であり、国家の中心である。それに続いて公侯伯子男、是は皇室に密接して皇室の藩屏とも云っている。それを骨子にして上院を作らなければならぬ。上院は華族によって代表されるとし、伊藤公は上院を華族院とする案を呈示した。しかしそれでは皇族や勲功ある勅任の議員が含まれることから華族院ではおかしいとして取りさげて、結局貴族院と決った。この貴族院は憲法草案の起案者の一人であった金子堅太郎が示したものであった。

貴族院の組織　貴族院令なる勅令で組織を決めることになったが、これについては議論があった。衆議院は選挙法なる法律によっての公選であるからして、貴族院の場合もこれと同じに法律とすべきであるとの論で、政治組織としては当然のことである。しかし貴族院の構成には皇族があり、華族が含まれ、公選の対象が特種であった為で、それでは貴族院の組織を憲法に明記してはとの案がでた。これも将来選挙の方法を改正する必要を生じた時、憲法の一部改正が必要となるので、それでは憲法の権威にかかわるし、憲法には細かい条項は記載しない建前から、法律に準じた形式の勅令とすることに決った。しかし一般の勅令とは少しく異っていて、憲法発布と同時に（憲法付属法の性格）公布すること、改正の時は貴族院の議決を経て（貴族院令第一三条）勅令とすることになった。従って改正の場合には、貴族院の議決を経て政府の責任によって上奏して勅令の改正が行われることになるので、その点が特異である。それ故、貴族院令の改正は第一三条によるもので、衆議院も、政府も手が出せない、貴族院の権威がそこに示された。この権威は貴族院独自の権限であって、立法上の手続きも、政党の発議も、政府の権力も及ばない厳然たる存在の価値を示したものであった。

貴族院令第一三条　将来此ノ勅令ノ条項ヲ改正シ又ハ増補スルトキハ貴族院ノ議決ヲ経ヘシ

有爵議員　貴族院議員数の決定は何を基準としたか。これについて金子堅太郎伯は次の様に述べている（大正十四年一月十九日於研究会）

先づ衆議院議員の数については、試案では人口一三万人に一人として三〇〇人と算出したので、貴族院もこれ以内とするを基本の考えとした。皇族は満一八才になった者は全員、華族議員は一定年令以上は全員として立案した。しかしこの時の有爵者戸数は五三七であったから、一定年令に達しない者を除いても衆議院議員数をはるかに越えてしまうので、第二案として次の方法で華族議員を一三八とした。

公爵　五摂家　五
　大大名（徳川家　一　島津家　二　毛利家　一）　計四
　勲功華族　二（三条、岩倉）
侯爵　旧公家は大臣家全員　七
　旧武家は三五万石以上の大藩全員　一〇
　勲功華族　三
伯爵　戸数八〇の五分の一　一六

子爵　戸数三五五の五分の一　七一
男爵　戸数一〇五の五分の一　二〇
その後に伯子男の選挙規則によって算出すると（成年以上）
伯爵　七四の五分の一　一四・八
子爵　三〇〇の五分の一　六〇
男爵　八五の五分の一　一七
これらの試案により互選議員数は勅令によって、伯一五人、子七〇人、男二〇人と決った。
勅選議員　貴族院構成の分野として高度な学識と経験を持ち国政に功労ある者の中で、政府が選定し勅任される議員である。従ってその役割は重いものがある。その任期が終身であったことは、後に貴族院改革の問題点となった。又政府が選定するのでその時の政府の与党的の色が強く、その為に政党色を示し、それが議員としての行動にも現われて来る。
貴族院令第一条第四項　国家ニ勲労アリ又学識アル者ヨリ特ニ勅セラレタル者。
同　第七条　国家ニ勲労アリ又ハ学識アル者及府県ニ於テ土地或ハ工業商業ニ付多額ノ直接国税ヲ納ムル者ヨリ勅任セラレタル議員ハ有爵議員ノ数ニ超過スルコトヲ得ス
多額納税者議員　日本が将来発展するためには経済発展をともなう必要があったから、各種の産業に貢献している実業家を国政に参画させようとするもので、その選出の方法は、道府県単位に直接国税の高額納税者中から順次数え一定数までを選挙資格者とし、その互選により一人（後に地域によっては二人）を選出する。任期は七年とした。第一回は四五名が任命された。当選してもその段階では議員の資格はまだない。選挙の結果が総理大臣に報告され、政府はこれを承認した上で上奏する。選挙は過程であって、勅任によって貴族院議員となるので、（貴族院令第一条第五項）ここにも議員の権威があり社会的名誉があった。

秋田三一（山口県選出多額納税者議員）は当選の頃について

「昭和十四年九月に改選が行われるのについて自分は或る会合で多額議員に関して私見を述べたことが受け入れられ立候補することをすすめられてしまった。前任者は既に二期議員を務めた林平四郎という政友会系交友倶楽部所属の人で、この地方では名士であったが名誉的存在で既に八十才を越えていた。自分はまだ四十五才という若輩であったが東京帝国大学法学部卒業で当時としては珍らしい時でもあったから信念の発言はうけた。戸別訪問をして（当時は認められていた）新人として人気が得られた。投票の結果は四八対四五即ち三票の差で林の三選を抑え当選した。有権者は約一〇〇名であったから殆んどの人が投票したことになる」と述べている。（昭和四十七年十月十二日談）

北海道選出の栗林徳一は

「議員には昭和十四年に北海道から当選した。当時は二〇〇人の有権者から二人が議員に選ばれた。一人は板谷宮吉（小樽出身、研究会所属）で大正十五年以来の古い人であった。もう一人は金子元三郎（小樽出身、憲政会系研究会所属）で、昭和十四年の改選には立候補はせず引退されたので自分が立候補した。この時は政友、憲政の両方から推され他に競争者はなかったから大へん平穏であった。しかし有権者は北海道の各地にバラバラに居たのを全部廻った。当時は訪問が認められていたから。いつも平穏ではない。私の父は床次（竹二郎）さんの政友本党で札幌の会頭（商業会議所）を立てたが落選している。今までは小樽出身者が議員に出ていて札幌からは出ていない。私が室蘭から出たのは始めてであった。私が研究会に入会したのは、私の会社にいた頭山満の甥が児玉（秀雄）伯と懇意にしていたことから、児玉伯のすすめで入会した……」

と語っている（昭和四十七年十一月八日談）

貴族院令（明治二十二年二月十一日勅令第一一号として公布）

第一条第五項　各府県ニ於テ土地或ハ工業商業ニ付多額ノ直接国税ヲ納ムル者ノ中ヨリ一人ヲ互選シテ勅任セラレタル者

第六条　各府県ニ於テ満三十才以上ノ男子ニシテ土地或ハ工業商業ニ付多額ノ直接国税ヲ納ムル者十五人ノ中ヨリ一人ヲ互選シ　其ノ選ニ当り勅任セラレタル者ハ七ヶ年ノ任期ヲ以テ議員タルヘシ
其ノ選挙ニ関ル規則（別ニ勅令ヲ以テ定ム）

第七条　国家ニ勲功アリ又学識アル者及各府県ニ於テ土地或ハ工業ニ付多額ノ直接国税ヲ納ムル者ヨリ勅任セラレタル議員ハ有爵議員ノ数ニ超過スルコトヲ得ス

貴族院多額納税者議員互選規則（明治二十二年六月五日　勅令第七九号として公布）
全二六条で北海道、沖縄県及び小笠原島は未だ一般の地方制度を準行せざるにより効力を及ぼさず（解除は北海道、沖縄県は大正七年三月勅令第二三号にて）

第一条　貴族院令第六条ニ依リ貴族院議員ヲ互選スル者ハ互選名簿ヲ調製ノ期日ヨリ満一年以上其ノ府県内ニ於テ本籍ヲ定メ住居シ多額ノ直接国税ヲ納メ仍引続キ住居シ及納税スル者タルヘシ

第八条　府県知事ハ選挙ヲ行フノ年四月一日ヲ期トシ其ノ府県ニ於テ互選資格ヲ有スル者十五人ノ名簿ヲ調製スヘシ

第二二条　当選人確定シタルトキハ府県知事ハ当選人ノ資格及選挙ノ顚末ヲ録シテ内閣総理大臣ニ報告スヘシ

席次　貴族院議員には皇族、華族、勅選、多額の四種の議員がある。その席次の決定には種々の討議があった。先づこれら四種は議員としての資格は同一であるとの見解から全員を抽籤によって決めることの意見が出たが、それでは皇族が下位になることもありそれは認められないとし、皇族は上席にしその他を抽籤にしてはとしたが、政府要職の経歴を持った者が下位になることもあるので反対があり、次は爵位順が出たし、宮中席次による方法、年令順も出たが、同年同月生が実際に問題となった。この席次決定会議は既に華族会館で開かれ容易に纏まらず大評定があった。

貴族院成立規則（明治二十三年十月十一日　勅令第二二〇号公布）

第四条　議員ノ席次ハ皇族ヲ首席トシ其ノ席次ハ宮中ノ列次ニ依ル　爵位ヲ有スル議員ヲ次席トシ其ノ席次ハ爵位次第ニ依ル　其ノ他ノ議員ノ席次ハ年齢ニ依リ同年月ナルトキハ抽籤ヲ以テ之ヲ定ム

この様に決まった。

第三節　華族の団体結成と研修

一、有爵者の団体

明治四年七月に廃藩置県が実施されたことによって、旧諸侯の華族の失望落胆は大きかつた。しかしこれら旧諸侯には新たに家禄の制度によって、国から禄を支給されることゝなったから、一般からは華族は今後、無為にして徒食する徒となると見たものがあったが、一部からは華族の将来には少なからざる期待を持っていた。華族自らも国家にたいし、前途に役割を見い出していたものも少なくなかった。この様な事態の時に、明治天皇は華族を召されて勅語を下されたのであった。

この事は前節に述べた通りで、この勅語によっての華族の奮起はすばらしかった。中にも議会制度、華族の本分の調査研究に海外に渡航又は留学するものが相次いだ。その結果として華族通款社の設立、華族会館の創立などが起るのである。一方立憲政治にも具体的に制度が作られ、明治八年七月には元老院が設立され、その議官に皇族、華族の参加となり、更に翌九年には国憲（憲法）の起草もはじめられ、華族と国政の結び付きは一層はっきりして来た。この動きを反映して明治二十三年の帝国議会開設までの間に種々の団体が結成され、華族の活動が初められる。各種の団体は通款社、華族会館の設立のような全華族を対象とした団体の他に、二種の性格のある集団が実現する。一つは爵位を単位としての団体活動と、他の一つは議会人、議会制度を対象とするものとである。次にその主なるものを挙げると

法律研究会　明治二十二年二月十四日、三条実美、蜂須賀茂韶と柳原前光の三人は華族会館に準備会を開き公侯爵を中心として同年三月十二日に法律研究会が発足した。その研究目標は帝国憲法、皇室典範の主旨研究で毎月一回七日を開催日と定め、翌二十三年一月までに一三回集会を開いている（華族会館誌）が、その後の記録はない。三条、蜂須賀、柳原三委員は何れも華族会館の幹部であったから、半ば会館主催の性格があった。貴族院令の公布により公侯爵者が世襲議員となることが決まったことから、この団体が政治会派へと発展して行く。

法律研究会大意

今上陛下践祚以来中興ノ名ヲ以テ維新ノ業ヲ創メ明治元年五事ヲ天地神明ニ誓ハセラレ八年漸次立憲政体ヲ建ツルコトヲ詔シ十四年国会開設ノ期ヲ定メ本年即チ憲法煥発ノ盛挙ニ遭ヘリ是ニ於テカ貴族衆議ノ両院ヲ設ケ以テ立法ニ参預セシメントス

叡旨至渥誰カ感戴セサランヤ今千歳ノ一時ニ遇ヒ我輩此至重ノ任ヲ荷フ誠ニ惶悚ニ堪ヘス宜ク奮励興起シ顕位ノ名爾ヲ瀆サス進テ国家ノ福利ヲ図ルヘシ然レトモ事ヲ成ス序アリ歩ヲ進ムル順アリ其道ヲ講スル最急ナルモノヨリ務ムヘシ是以テ先本会ヲ起シ同志者ヲ集合シ勉励従事セントス左ニ其要件ヲ列記ス

一、帝国憲法皇室典範ノ主旨ヲ講明シ傍ラ外国憲法君主家法ヲ研究スヘシ
一、議員選挙議院会議議員職務ニ係ル法律規則ヲ研究スヘシ
一、時宜ニ依リ規則ヲ定メ会議ヲナシ又ハ研究ノ為メ討論若クハ演説ヲナスヘシ
一、政事家或ハ学者ヲ招待シ演説又ハ講義ノ会ヲ開クヘシ
一、本会ハ毎月三回七日十七日二十七日ト定メ華族会館又ハ会員ノ邸ニ於テ之ヲ開ク事時宜ニ依リ臨時会ヲ開クコトアルヘシ
一、会員ハ皇族及華族ニ限ル

一、会員中ヨリ幹事三名ヲ設ケ本会ノ事務ヲ処理ス
一、会費ハ毎月金七拾銭ト定ム

明治二十二年四月

伯爵会　明治二十二年五月二日に伯爵者一〇名による会合（華族会館誌）が最初で、七月二日には伯爵者二四名が集まり伯爵会となり発足した。憲法発布、貴族院令の公布により本格的となり、目標の一つに伯爵議員選挙規則作成委員（下調委員ともいう）五名を選出し作業を開始した。選出された委員は東久世通禧、柳原前光、伊藤博文、上杉茂憲、広橋賢光の五名である。更に伯爵会々則一七ヵ条を作成した。それには第一条に目的として「伯爵一般交際シ本爵ノ義務ヲ講窮スル為ナリ」とある。会員資格は成年以上、会場は華族会館とし、集会日は毎月二の日、目標は政治、法律の研修であった。伯爵会の幹部は作成委員の五名と伊達宗城を加えた六名である。幹事は三名、他に京都府伯爵会幹事は一名（冷泉為紀）であった。

（幹事選任年月日）

明二二・九・二二	松浦　詮	徳川篤守	中川久昭
二三・二・　二	東久世通禧	小笠原忠忱	酒井忠道
二四・三・　二	津軽承昭	万里小路通房	徳川達孝
二四・九・二一	島津忠亮	阿部正恒	戸田氏共
二五・三・　七	壬生基修	有馬頼萬	松平直亮
二五・九・二一	真田幸民	烏丸光亮	沢　宣量
二六・九・一八	中川久成	徳川達孝	松平直亮

伯爵会規則

第一条　本会ハ伯爵一般交際シ本爵ノ義務ヲ講窮スル為メニ設立ス
第二条　会員ハ丁年以上ノ伯爵トス但シ其父祖及ヒ相続スヘキ子孫丁年以上ノ者ハ出席スルコトヲ得
第三条　会場ハ華族会館トシ毎月二ノ日午後第三時ヨリ開ク但シ一月二十二日ニ創メ十二月十二日ニ終リ暑中ハ休ス事宜ニ依り日時ヲ変換スルコトアルヘシ
第四条　会日ニハ法律政治等ヲ研窮シ又ハ学者ヲ招待シ講義質問スル等ノコトアルヘシ
第五条　本会ニ幹事三名ヲ置キ記録報ハ会計庶務ヲ幹理ス
第六条　幹事ハ六ヶ月毎ニ改選更迭ス但シ在東京丁年以上ノ伯爵ヨリ之ヲ互選ス
第七条　京都ニ幹事一名ヲ置キ一年毎ニ改選更迭シ在京都丁年以上ノ伯爵ヨリ之ヲ互選ス
第八条　衆議ニ問フヘキ重事アルトキハ会議ノ体制ヲ以テ之ヲ決ス但シ議員ハ丁年以上ノ伯爵ニ限ル
第九条　当日出席議員ノ互選ヲ以テ議長ヲ定ム
第十条　議長ハ会議ニ首席シ議事ヲ整理ス又議案ノ説明者ヲ定メ其主旨ヲ弁陳セシムルコトアルヘシ
第十一条　会議ノ可否ハ過半数ヲ以テ決シ可否同数ノトキハ議長其一方ニ判決ス
第十二条　会議ニ欠席シタル者ハ決議ニ対シ異論ヲ陳スルヲ得ス
第十三条　議案ニ応シ三次会ニ分チ決定ス
第十四条　会議ノ問題ハ二人以上ノ賛成者アルヲ要ス
第十五条　会費ハ年三円ト定メ六月十二月ニ分チ会員之ヲ出ス若シ不足アルトキハ其増額ヲ課ス但シ京都ノ会費ハ該会員之ヲ定ム
第十六条　春秋両回場所ヲ定メ交誼ヲ親昵スル為メ同爵者集合シ讌会ヲ開ク但シ其父祖及相続スヘキ子孫ハ之ニ列スルコトヲ得費額ハ出席者ニ課ス

第十七条　京都伯爵会ノ細則ハ該会員之ヲ定ム

研精会　子爵同志は近く発布される帝国憲法には華族の参加が予想できたから、その準備のための集合を明治二十一年十二月に開いた。帝国憲法が発布せられるや、その二日後（二月十三日）子爵者二〇余名が華族会館に集まり、貴族院議員として大任を全うするためと、議員の選出について協議を始め、三月九日の会合の時は四〇余名が参集し、大給恒、勘解由小路資生、加納久宜、松平信正の五子爵が主唱者となり「子爵同志研精会」（別に法律研精会、子爵者研精会、憲法研精会などの名が出ているが同一のもの）を発足させた。会頭に大給恒、副会頭に鍋島直彬を選出し、毎月第二、第四の火曜日を定例集会日と決めた。規則の第一条に「憲法ヲ講明シ兼テ有爵者将来ノ任務ヲ研究ス」とある。しかしこの集会の目的にはこの他に子爵議員選出に役立てようとする含みがあったことは疑う余地はない。幹事は勘解由小路資生、五辻安仲、加納久宜、松平信正、松平乗承、堀田正養、新荘直陳の七子で、次のような趣旨書並びに規則を子爵者に送り、これにより入会者は六〇余名に達した。

子爵同志研精会趣旨概略

此会ハ客歳十二月之ヲ創設ス当時聞ク所ニ依レハ憲法ノ発布アルヤ帝国議会ハ両院ヲ以テ組織シ其一院ハ多ク華族ヲ以テ議員タラシムト果シテ然ラハ我輩ハ陛下立法ノ大権ヲ協賛スル重任ニ当ルヘシ豈恐懼以テ報効ヲ図ラサルヘケンヤ是レ此会ノ起ル所以ナリ本年二月十一日ニ至リ果シテ憲法ノ発布アリ謹テ憲法ヲ拝読スルニ帝国議会ノ貴族院ハ公侯両爵者ハ悉ク其議員トナルノ権アリ而テ伯子男三爵者ハ各其五分ノ一ヲ互撰シテ議員ヲ出スノ制ナリ我輩ノ務ニ服スル最モ慎ムヘキハ人選ニアリ宜ク一己ノ得失ヲ顧ミス公平無私ノ心ヲ以テ適任ノ者ヲ選ハサルヘカラス然ルニ子爵者ハ五爵中人員最モ多シ無慮三百五十名許我輩交際ノ広カラサル同爵中相識ル者甚タ少シ其人ヲ識ラスシテ之ヲ選挙スルコトヲ得ンヤ是故ニ方今

ノ急務ハ同爵中ノ人ヲ識ルニ在リ乃チ之ヲ識ルノ方法ナカルヘカラス此会初メ相謀ル数人ニ過キス今ヤ漸ク増シテ六十余名ニ至ル是ニ於テ会同事務ノ規則ヲ協議仮定シ同爵者ニ進呈ス同志ノ諸君来会シテ教ヲ賜ハハ幸甚

明治廿二年三月

子爵同志研精会々頭　大給　恒　　同　幹事　松平　信正
同　副会頭　鍋島　直彬　　堀田　正養
同　幹事　勘解由小路資生　　松平　乗承
加納　久宜　　新荘　直陳
五辻　安仲

研精会規則

第一条　本会ハ憲法ヲ講明シ兼テ有爵者将来ノ任務ヲ研究ス
第二条　本会ハ子爵同志者ヲ以テ組織ス　但会員タラント欲スルモノハ其旨ヲ幹事ニ通報スヘシ
第三条　会場ハ華族会館ト定メ毎月第二第四火曜日午後三時三十分ヨリ開会ス
第四条　会日ニハ憲法其他必要ナル法令ノ疑義ヲ討究シ又ハ演説討論ヲ為シ議スヘキコトアルトキハ会議法ヲ以テ衆議ニ決スルコトアルヘシ
第五条　本会ハ公選ヲ以テ正副会長各一名幹事七名ヲ置ク其任期ハ倶ニ六ヶ月トス
第六条　会員中憲法上ノ疑義アルトキ又ハ演説ヲ為サント欲スル者ハ予メ其条件若クハ演題ヲ幹事ニ提出ス　但当日口頭又ハ書面ヲ以テ呈出スルモ妨ケナシ
第七条　幹事ハ会員ヨリ提出シタル疑義又ハ演題ヲ蒐集シテ会員ニ報告スヘシ若其提出ナキ場合ニ於テハ次回ノ問題又ハ論題ト為スヘキ事項ヲ選定シ之ヲ頒付スルコトアルヘシ

第八条　本会ノ費用ハ会員ニ於テ之ヲ負担スヘシ
第九条　此規則ハ出席会員過半数ノ同意ニ依リ改正増補スルコトヲ得

第一回の研精会は三月十二日に子爵者三〇余名が参り憲法の講究、討論を行った。しかるに三月二十六日の第二回集会で、研精会の性格について論議が起った。それによると、この研精会はそもそも大給、鍋島ら数名のものの主唱で設立された団体なのであるから、やがて行われる子爵互選議員選出にあたり若しこの会が選挙母体となるとすると、この会は子爵者の総意によって設立されていないから、子爵全般の代表の機関と見なすことはできないとの反対論が出た。若しこの会を子爵の代表の機関とするのであれば、設立に先だって子爵者全般の意見を求め、その賛同を得て後に会を発足させるべきものとの意見であった。このように発足の過程に疑問が出て反対するものであった。そこで一部にこのような意見があっては将来に問題が残るとして、この反対意見を受け入れ、一週間後に改めて研精会設立の趣旨及び会則を同爵の満二〇才以上の者に配布し賛成を求め、又会頭、副会頭についても誤解があったとして、これを廃し、事務委員制とし、大給、鍋島、加納、松平信正、松平乗承を選任した。これによって子爵者の集会である研精会は設立当初の状態に戻されたのである。

子爵会仮規則　六月五日に勅令第八七号「貴族院議員選挙規則」が公布となったので、五名の事務委員はこれに対する準備にとりかゝり、会の目標もはっきりし、子爵会として発足することが必要となった。先づ子爵会の仮規則(子爵会作成の原案)を子爵者に配付、来る六月十九日にこれについて討議することを通知した。

「去る六月五日発布せられし、貴族院伯子男爵選挙規則第十三条に曰く(前略)選挙ニ関ル一切ノ規程ハ　選挙資格ヲ有スル伯子男爵ノ協議ヲ以テ　之レヲ定ムヘシ　と、我同族は啻　陛下立法の大権に参与することを得たるのみならず、又自ら其選挙規程を協議する権を与へらるゝに至る。実に　陛下至渥の寵遇を与へらるゝや感窮の至りに堪へず、宜く協同奮励以て其任に服すべし。抑も該規程は伯子男三爵の合議審定を要するものと雖も、毎爵各自一己の意見を以て、互に相諮るときは、議論紛雑不便論を俟たず。因て三爵各投票互選し五名の委員を設け、共同して規程の草案を調査せしめ、該案成て然後三爵会議を開かば、事簡にして其功速かならん。

発議者　子大給　恒　　賛成者　子鍋島直彬

配布された仮規則に、第一条として目的には貴族院議員の選挙に便なるよう、互に交際し認識を深めることに役立たせ、一方法律の講究を行い、将来議員としての任務を研究するのだとしている。

子爵会仮規則

第一条　本会ハ子爵ヨリ出ス貴族院議員ヲ選挙スル便宜ノ為メ同爵者相識ルヲ旨トシ其交際ヲ拡メ兼テ法律ヲ講明シ有爵者将来ノ任務ヲ研究ス

第二条　会場ハ華族会館ト定メ毎月第二第四火曜日午後三時三十分ヨリ開会ス

第三条　会日ニハ法律ヲ講明シ又ハ演説討論ヲ為シ議スヘキ事アルトキハ会議法ヲ以テ衆議ニ決ス

第四条　本会ノ事務ヲ処弁スル為メ会員ノ互選ヲ以テ事務委員五名ヲ置ク但三ヶ月毎ニ之ヲ改選ス

第五条　会員演説又ハ討論ヲ為サント欲スル者ハ予メ其演題又ハ論題ヲ委員ニ報告ス可シ但当日口頭ヲ以テ報道スルモ妨ケナシ

第六条　会員議題ヲ提出セント欲スル者ハ之ヲ委員ニ報告スヘシ

第七条　衆議ニ決スヘキ事アルトキハ議題ヲ予メ会員ニ報告シ当日出席会員中互選ヲ以テ議長一人ヲ設ケ議事ヲ提理セシム議題ノ提出者ハ弁明席ニ就キ其趣意ヲ弁明シ又ハ答弁スヘシ

第八条　大凡議事ノ問題ハ一人ノ賛成者ヲ得テ問題ト為スコトヲ得

第九条　議事アルトキハ当日出席会員抽籤ヲ以テ着席ノ番号ヲ定ム

第十条　議場ニ於テ会員発言セントスル者ハ起立シ先ツ議長何番（自己ノ番号）ト呼ヒ議長ノ指名シタル者一人発言スヘシ
第十一条　議事ハ先ツ議題大体ノ可否ヲ決シ次ニ文章字句ノ修正ヲナシ其各条アルモノハ各条ノ修正ヲ議決スヘシ
第十二条　議員ハ問題外ノ説ヲ出スヲ得ス但議長ノ許可ヲ得テ特別建議ヲ為スハ此限ニ非ラス
第十三条　一ツノ問題議決セサレハ他ノ問題ヲ議セス又一ツノ修正問題トナリ未タ決セサル間ニ他ノ修正ヲ発言スヘカラス
第十四条　議事ハ出席員過半数ヲ以テ決ス其可否同数ナルトキハ議長之ヲ決ス
第十五条　会議ノ節欠席シタル者ハ決議ニ対シ異議ヲ出スヲ得ス
第十六条　議事ヲ始メ又ハ中止シ或ハ止メ又ハ発言ヲ停メ或ハ一問題ヲ分割シテ議シ又ハ数条アルモノヲ連帯シテ議シ或ハ決議ヲ起立ニ問ヒ又ハ投票ニ決スル等議場ノ提理ハ総テ議長ノ処置ニ任ス
第十七条　本会ノ費用ハ会員ニ於テ之ヲ負担シ一人一月二拾銭トス
第十八条　委員ハ左ノ事務ヲ協議処弁ス
一、演題論題議題及其決議ヲ会員ニ報告スルコト
一、会日会場ヲ整頓スルコト
一、会同日誌ヲ作ルコト
一、会費ヲ受付シ其会計ヲ報告スルコト
一、本会一切ノ報告雑務ヲ取り扱フコト

子爵会と会則　通知の通り六月十九日華族会館にて臨時子爵者集合を開催、出席者は八三名で、議長に鍋島直彬子がなり、大給子が提案者となって討議が行われた。この時にも亦議論が出て容易に承認されず、二三の同志によって

作成されたことは専断であり、子爵会の名称をつけることも僭越の行為と決めつけられた。結局大給恒、渡辺昇、加納久宜、鍋島直彬、松平信正の五子が仮事務委員に選ばれ、改めて子爵会会則を提出し漸く原案を可決した。この会議は内容は規則作成の手続問題であったが六時間を費す大論争であった。この結果研精会は消滅し、可決した子爵会規則をこの日欠席したものにも通知し賛否を求めることゝなった。研精会はこのようにして、成立以来僅かに四ヵ月で消滅はしたが、後に設立される政治会派『研究会』はこの研精会の主流によって創立されているから、研精会はその前身と見ることができる。

可決した子爵会規則の原案は次の十五名の子爵会調査委員によって検討され十月十二日に正式に成立した。

子爵会規則調査委員

勘解由小路資生　谷　干城　松平　乗承
大給　恒　渡辺　昇　加納　久宜
山尾　庸三　松平　信正　青木　周蔵
鍋島　直彬　曽我　祐準　五辻　安仲
立花　種恭　小笠原長育　堀田　正養

以上とこの他に協力者として次の十一名が挙げられている。

堀　親篤　柳沢　徳忠　牧野　貞寧
戸田　忠行　阿部　正敬　太田原一清
本多　忠敬　高松　実村　堤　功長
鍋島　直柔　藤堂　高義

で何れも二五才から四一才の青年（平均年令三一才）で次期議員候補者であった。

子爵会会則

明治二十二年十月二十日

第一条　本会ハ同爵者相識リ相親ミ其全体ニ関スル利害ヲ稽査シ及ヒ其権利義務ヲ講明スルヲ以テ目的トス
第二条　会場ハ華族会館ト定メ毎月第二火曜日午後三時ヨリ始メ同六時ニ終ルモノトス但必要ナル場合ニ於テハ臨時会ヲ開クコトアルヘシ
第三条　会日ニ当リ演説討論ヲ為シ又ハ議スヘキコトアルトキハ会議法ヲ以テ決定ス但丁年以上ノ嫡子孫ハ演説討論ニ出席スルコトヲ得
第四条　本会ハ事務ヲ処弁スル為メ会員ノ互選ヲ以テ事務委員十二名ヲ置キ任期一ヶ年ヲ以テ之ヲ改選ス
第五条　臨時会ヲ開クヘキトキハ其事項ノ大要ヲ少クモ五日前ニ事務委員ヨリ之ヲ会員ニ報告スヘシ
第六条　会日ニ当リ演説討論ヲ為サント欲スル者ハ予メ其旨ヲ事務委員ニ通知スヘシ
第七条　本会ノ費用ハ会員ニ於テ之ヲ分担スヘシ但其出額ハ一ヶ年金三円トス
第八条　本会ハ毎年十一月懇親会ヲ開クヘシ但丁年以上ノ嫡子孫ハ之ニ出席スルコトヲ得
第九条　事務委員ハ左ノ事務ヲ協議処弁ス
　第一　会務ニ関シ書信ヲ往復スル事
　第二　会務ヲ提理シ会場ヲ整頓スル事
　第三　会費ヲ受付シ会計ヲ報告スル事
　第四　前項ノ外本会ノ雑務ヲ取扱フ事

続いて明治二十五年六月三十日に修正案が討議の末可決した。第一条の目的の項は両者とも同じであるが、その他は次の通り

子爵会会則修正案（事務委員提出）

第一条　本会ハ同爵者相識リ相親ミ其全体ニ関スル利害ヲ稽査シ及ヒ其権利義務ヲ講明スルヲ以テ目的トス

第二条　会場ハ華族会館ト定メ年四回定会ヲ開キ二回ハ演説又ハ討論会トシ二回ハ懇親会トス但日時ハ委員之ヲ定メ会員ヘ通知スヘシ

第三条　定会ノ外臨時会ヲ開クコトアルヘシ

第四条　本会ハ会員ノ互選ヲ以テ事務委員十二名ヲ置キ一ケ年ヲ以テ改撰ス

第五条　会日ニ当リ演説又ハ討論ヲ為サント欲スルモノハ予メ其旨ヲ事務委員ニ通知スヘシ但シ丁年以上ノ嫡子孫ハ演説又ハ討論ヲ為スコトヲ得

第六条　本会ニ於テ議スヘキコトアルトキハ会議法ヲ以テ決定ス

第七条　議題ヲ提出セント欲スル者ハ其案ヲ事務委員ニ出シ委員ハ之ヲ会員ニ配付スヘシ

第八条　本会々費トシテ会員ハ一ヶ年金三円出スヘシ

第九条　事務委員ハ会務ヲ整理シ会計ヲ報告スヘシ

更に子爵会議事規則と子爵会議法とが同年十月二十四日に承認された。前に述べたように会議は混乱したことでもあり、それが手続上の問題が主であったことからも、今回明確な規程となったのである。この頃には既に貴族院の政治会派である「研究会」も発足していたから、子爵会の役割は当初の様な期待には沿わなくなり、議員の研修も功果を挙げ得なかった。

子爵会議事規則

第一条　会長ハ出席員中ヨリ投票ヲ以テ之ヲ定ム

第二条　会長ハ会議ヲ整理シ秩序ヲ保持ス
第三条　議案ハ事務委員ヨリ少クモ開会五日前ニ頒布スヘシ
　但至急ヲ要スルトキハ此限ニ非ス
第四条　議事ハ第一読会第二読会第三読会ニ区別スヘシ
　但時宜ニヨリ第一読会ヲ以テ第二第三読会ヲ兼ヌルコトアルヘシ
第五条　修正説ハ第二読会第三読会ニ於テ提出シ第二読会ニ於テ賛成ナキモノ及ヒ第三読会ニ於テ三名以上ノ賛成ナキモノハ議題トナスコトヲ得ス
　但修正説ハ文案ヲ作リテ提出スヘシ
第六条　会員発言セントスルトキハ起立シテ議長ト呼ヒ自己ノ氏名ヲ唱ヘ議長之ニ答ヘタル後発言スヘシ
第七条　発言ハ問題外又ハ人身上ノ褒貶毀誉ニ渉ル可カラス
第八条　会長自己ノ意見ヲ述ントスルトキハ代理者ヲ指定シテ其席ニ退キ発言スヘシ
第九条　議事ノ結果ニ依リ委員ヲ要スルトキハ投票ヲ以テ之ヲ定ム
第十条　一議題未タ議決セサル間ハ他ノ議題ニ付発言スルコトヲ得ス
第十一条　議事ハ過半数ノ起立ヲ以テ決ス可否同数ナルトキハ議長ノ決スル所ニ拠ル
　但時宜ニ依リ投票ヲ用ユルコト有ルヘシ

　子爵会々議法

第一条　議長ハ毎会出席員中ヨリ投票ヲ以テ之ヲ定ム
第二条　議長ハ会議ヲ整理シ秩序ヲ保持ス
第三条　議案ハ事務委員ヨリ少クモ開会五日前ニ頒布スヘシ

但至急ヲ要スルトキハ此限ニ非ス
第四条　議事ハ会員三分ノ一以上出席スルニ非サレハ開会スルコトヲ得ス
第五条　議事ハ第一読会第二読会第三読会ニ区別スヘシ
但時宜ニヨリ第一読会ヲ以テ第二第三読会ヲ兼ヌルコトアルヘシ
第六条　修正説ハ第二読会第三読会ニ於テ提出シ第二読会ニ於テ賛成ナキモノ及ヒ第三読会ニ於テ三名以上ノ賛成ナキモノハ議題トナスコトヲ得ス
但修正説ハ文案ヲ作リテ提出スヘシ
第七条　発言セントスルトキハ起立シテ議長ト呼ヒ自己ノ氏名ヲ唱ヘ議長之ニ答ヘタル後発言スヘシ
第八条　発言ハ問題外又ハ人身上ノ褒貶毀誉ニ渉ル可カラス
第九条　議長自己ノ意見ヲ述ントスルトキハ更ニ議長ヲ指定シテ議員ノ席ニ就キ発言スヘシ
第十条　議事ハ過半数ヲ以テ之ヲ決ス可否同数ナルトキハ議長之ヲ決ス
但議長必要ト認ムルトキ又ハ会員五名以上ノ要求アルトキハ議場ニ問ヒ投票ヲ以テ表決ヲ為スコトヲ得
第十一条　議事ノ結果ニ依リ委員ヲ要スルトキハ投票ヲ以テ之ヲ定ム

子爵会の成立が、このように混乱したのは何が原因であったのか。片方は主流派で大給、鍋島らがあり、他方はこれを批判する反対派の青木周蔵、曽我祐準らであった。当時は国内的感覚による穏健な思想の上にあったものと、対外的に又外国の社会に触れた進歩派であって、良識による安易な妥協や好意的了解などはなく、この両者の間の隔りは大きかったことによるといえよう。

〔大給　恒〕（おぎゅうゆずる）　　子爵、伯爵（明治四十年勲功陞爵）

当家は源経基より八世の孫徳川義季から分かれ三河国荻生に住す。信州龍岡藩一万六千石を領す。天保十年十一月生松平乗謨と称す。後大給恒と改む、兵部少輔、若年寄、陸軍奉行、陸軍御用掛、明治になって龍岡藩知事、民部省出仕、左院議官、賞牌取調御用掛、元老院議官、賞勲局副総裁、明治二十三年七月貴族院議員に当選。

〔鍋島直彬〕（なべしまなおよし）　子爵

天保十四年十二月肥前国鹿島に生る。鍋島直永の三男直賢の養子となる。鹿島二万石を領す。鹿島藩知事、侍従、宮内省御用掛、判事、元老院議官、帝室制度取調委員、明治二十三年七月貴族院議員に当選。

〔青木周蔵〕（あおきしゅうぞう）　子爵

弘化元年一月十六日生。三浦玄沖の長男。山口藩士青木研蔵の養子となる。外務書記官、駐独全権公使、条約改正取調御用掛、外務太輔、外務次官、勲功特授子爵、枢密顧問官、外務大臣、明治二十三年七月貴族院議員に当選。

〔曽我祐準〕（そがすけのり）　子爵

当家は代々相模国曽我荘を領す、よって姓とす、天保十四年十二月筑後国山内郡柳河に生る。幕府大砲隊、海軍御用掛、軍務官判事、海軍参謀、兵部権大丞、陸軍大佐、陸軍兵学権頭、陸軍士官学校長、参謀本部次長、陸軍中将、軍法会議判士長、勲功特授子爵、国防会議議員、参謀部長、東宮大夫、宮中顧問官、明治二十三年七月貴族院議員に当選。

男爵会　明治二十二年三月十四日に千家尊福、槇村正直ら二〇余名の男爵者が華族会館に於て会合し、会を談話会と名付け毎月第一土曜日を定例集会日とし、十八才以上の男爵者の会として設立した。世話人に菊地武臣、池田徳潤、中御門経隆の三男爵が選ばれた。第一回談話会を四月六日に開き、続いて第二回を五月四日に開いた。この時に談話会を男爵会と改め、会長に槇村男を選出し、七月一日付にて全男爵者に次の様に通知し、将来の男爵議員選出の母体とする方針をたてた。毎月土曜日を集会として発足したが、いよいよ議会関係のための役割を持つようになり、翌二十三年四月からは第一、第二、第三木曜日を定例集会日とし、第二第二土曜日を法律、民法等の研修会日とした。役員には

委員　長岡護美　神山郡廉　青山貞一　高崎五六　渡辺　清　高崎正風　真木長義
　小沢武雄　千家尊福　揖取素彦　（明治二十三年四月二十二日選出）
幹事　西五辻文仲　安藤直行　吉川経健　（明治二十四年四月十三日改選）
　西五辻文仲　中川興長　杉溪言長　（明治二十五年九月二十九日改選）
　安藤直行　中川興長　生駒親忠

勅令第八七号による議員選出の規程作成のための下調委員（五名）
　千家尊福　神山郡廉　渡辺　清　中御門経隆

　府県散在男爵者へ
拝啓然者先般憲法御発布相成候ニ付テハ男爵会設置ノ義嚮キニ御通知ニ及ヒ置候処各地散在ノ同爵者ニ在テハ互ニ其人ヲ知ラサルノミナラス未タ一面会ヲモセサル向有之後日互選等ノ期ニ際シ或ハ其当ヲ得サルノ失ナキモ保チ難ク甚タ遺憾ニ存シ兼テ東京ニ於テ我男爵総会ヲ開キ懇親ヲ相兼ネ這後益情誼ヲ厚クシ聊カ各自ノ本分ヲ尽シ度ト相謀リ候折柄地方ノ同爵中ニモ上京会合希望ノ方モコレアリ候ヲ幸ヒ来ル十月第一土曜日ヲ約シ右総会相催度候条各位特ニ御繰合セ右会期ニ御出京アランコトヲ希望候也
二伸満十八年以上ノ嫡子孫ニ於テモ可成該会へ御出席相成度候事
明治二十二年六月二十日男爵会々長　槇村正直

男爵会は創立以来順調な発展をなし、会内の混乱はなく明治二十七年十二月までに七八回の会合があったと記録

（華族会館誌）されている。その間二十三年四月二十二日には定例集会日を毎月第一、第二、第三の木曜日とし、委員を一〇名選び、毎回二名づつ順番に議題を提出の上で講演をすること、会員の出席勧誘を分担することを決めた。委員の組合せは

第一組　長岡護美　　神山郡廉
第二組　渡辺　清　　高崎正風
第三組　千家尊福　　揖取素彦
第四組　真木長義　　小沢武雄
第五組　青山　貞　　高崎五六

となった。第一組は四月二十四日に英国地方の情況（長岡）二十二年八月布告の第三条地価低減ノ件（神山）で講演は五時間に及ぶもので、当時の研修態度が如何に熱心であったかが窺える。六月五日の集会では、将来国会に対し貴族の務むべき方針（高崎五六）憲法を以て両議院に与えたる権利如何（青山貞）で会員は各所見を陳述し討議を行った。六月十日には地方散在の選挙資格を有する同爵者にたいし槇村会長が主催して懇親会を開いた。六月十二日は前回の提出の憲法に関する件を議題として討論、貴族国家に対する急務（千家尊福）を講演、六月十九日には養子縁組及其離縁の如きは旧慣として保守すべきか（長岡）日本帝国の官吏に外国人を任用するは憲法に違背するや否や（壬生桄夫）貴族院議員相互の交際に多財を費すの可否如何（小松行正）の講演と討議が行われた。その後は議員選出と議会対策を協議している。

明治二十四年五月二十五日男爵会の有志による六法、民法の講究会を毎週火木土に開くことゝし、更に東京在住の男爵者で男爵会支会を設立し、その規則第一条には「本会ハ法律ヲ研究スルヲ以テ目的トス」とあり、議員任務の万全を期した。この会の発起人は次の八名である。

槇村正直　　本田親雄　　渡辺　清　　小沢武雄　　西五辻文仲　　中川興長　　小松行正　　鶴殿忠善

男爵会は槇村会長の統理がよかったから会合は円滑に且つ効果的であったが、男爵議員が就任してからは、男爵会の他に政治会派を設立せんとする動きがあって、この男爵支会の発足となったが、政治活動には強力な存在とはならなかった。

この頃（明治二十四年四月）別に経済研究会があり、六月には会名を官制研究会と改め活発なる集会を度々開き、同年六月二十三日には田尻稲次郎博士を招き租税国債に関する講演を聴いている。恐らく男爵議員の有志と考えられるが構成内容は詳かでなく、いつまで存続したか不詳である。

〔槇村正直〕男爵

当家は山口藩毛利氏の家臣　羽仁正純の二男　天保五年五月生　槇村満久の養子となる　議政官官吏試補

徴士議政官史官　京都府出仕　京都府権大参事　京都府大参事　鉄道建築御用掛　鉄道寮御用掛　京都知事

高等法院予備裁判官　改議官　勲功特授男爵　行政裁判所長官　明治二十三年七月貴族院議員に当選

金曜会　この会は有爵者の団体であったが、その設立の沿革について記録は見ていない。しかし明治二十三年五月十五日に解散したことが華族会館誌に見られる。その時の三条華族会館長の挨拶によると、「明治十五年四月に立憲政体を挙行する国会開設の年の来ることを予期して」設立されたことになる（華族会館誌）。そうすると有爵者（華族とする方が適している）の有志の団体としては華族会館を別とすると最も早かったもので、聖旨に奉答するための議会開設の準備のための同志の集会であった。会の規則は明治十五年十二月に作成し、会友は三三人であった。更に翌十六年一月には一七名が加入する。その会合のために宮内省所管の任有軒（麹町区宝田町五丁目に在った）の払下げを金曜会は同省に申し出ることゝなり、明治十八年五月二十二日に金曜会総代として増山正同、松平信正、武者小路実世の三名連署で願い出ている。当時の世話人は勘解由小路資生、松平乗承がおりこれらの五名は行動の主力であったようだ。任有軒会友として明治十五年十二月に次の名が挙っている。

三条実美　岩倉具視　徳大寺実則　蜂須賀茂韶　伊達宗城　前田斎泰

沢　為量　　久我通久　　万里小路博房　　池田茂政　　東久世通禧　　山本実政
鍋島直大　　藤堂高猷　　池田章政　　松浦　詮　　五辻安仲　　津軽承昭
藤堂高潔　　黒田長和　　前田利鬯　　勘解由小路資生　　戸田氏共　　南部利剛
京極高典　　松平乗承　　松平信正　　伊東祐帰　　増山正同　　酒井忠道
有馬頼方　　中御門経隆

前記解散式に先だって行われた物故会員の祭典には子爵武者小路実世、同増山正同、同八条隆吉の名が出ている。三条館長は金曜会の解散式の席で、同会は議会開設のため準備の会であったことを述べ、同会が解散したことについて華族会館は「九年間同族ノ稗益ヲナス者少ナカラズ」とし「小会ニシテ始マリ終リアル」会と評している。この小会に三条館長が参加したことはそれを裏付けている。

三条館長挨拶

本日ハ諸君金曜会ノ解会式ヲ挙行セラル丶ヲ以テ招請ヲ辱クス諸君ノ厚情感謝ニ甚ヘサルナリ抑金曜会ハ去ル明治十五年四月ニ起リ其主旨タル立憲政体挙行国会開設ノ年期予定アラセラレン聖旨ヲ敬戴シ同族ノ本分ヲ尽シ国家ニ報効センコトヲ企画スルノ誠心ヨリ同志諸君協心戮力シテ創設セシ所ナリ其際故岩倉大臣及余モ亦之ヲ賛成シ大ニ諸君ニ望ム所アリシ爾後諸君ノ勉励ニ依り我同族ヲ裨益スルノ功豈小々ナランヤ夫レ前日ニ在テ斯会ヲ設ケラレタルハ即チ貴族院創造ノ準備ヲナシタルモノニシテ貴族院設立ノ期已ニ迫ルノ今日ニ至テハ解会セラル丶モ亦其機ヲ得タルモノト謂フヘシ自今以後ハ諸君前日準備セシ所ヲ実際ニ施行シ積年培養セシ善良ノ結果ヲ見ルノ時ナリ冀クハ諸君解会ノ後ト雖トモ猶精神ヲ発揮シ奮発勉励アランコトヲ聊カ鄙言ヲ陳シ此ニ招請ノ辱キヲ謝ス

華族同方会　華族の団体としては特異な存在であった。多くは議会と直接関係のある団体であったが、この会は華族の前途を課題として、その目標によっての会であった。勿論議員も華族の任務の一つであるから無関係でない。明治十七年四月に同志七、八名が集まり懇親会を開き、華族の青年にたいし国家のために尽すよう奮起をうながすために設立したとある（同会報告）これは前年十一月二十一日に天皇の学習院に行幸があった、その時に勅語を賜ったことがその動機となった。

学習院は華族子弟の教育のために開設されたことなどを背景として準備を初め、同志は二〇余人で毎月一回集会を開きこの問題を討議していた。翌年六月にいたり時の学習院長谷干城（第二代明治十七年五月―明治十八年十二月）はこの会の主旨に賛同して、院長自ら中心となって華族の青年を集めた。会場は学習院とし会を「華族談話会」と名付けた。会員は一〇〇名の多きを数え、青年の指導、研修が続けられた。明治十九年二月十六日に学習院が火災で主要建物を失い、且つ又谷院長が第一次伊藤内閣の農商務大臣に就任したことによって、この会を更に整備し、集会場所を宝田町の華族会館とし、会名も「華族青年会」と改めて新発足した。その後明治二十一年一月になり更に会名を「華族同方会」と改め、会員資格を拡大して、これまでの華族青年から一般華族とし新たに同方会規約も作成された。これによって最初は華族の青年のための集会から華族全般を対象とする有力な集団に発達した。その活動は明治二十二年から活躍期にはいる。

同方という会名は、礼記の「合志同方」から得たもので、老荘其志を合せ其の方を同しくし以て国家に対するの道を講究審議するの意味であると説明（華族同方会報告第一号）し、更に設立の目標として

一、明治八年の華族に賜った勅諭及び明治十七年の有爵者の誓文に因り皇室の藩屏として又聖慮に奉酬すること。

二、華族協同のために設けるもので、華族は協同一致して社会に尽し、学術の探究、智識の琢磨に意を注くこと。

三、政体の変更の期に備えること、議会開設に備えての準備をすること。

四、華族の本分を審究することで、法律上の本分と徳義上の本分をはっきりさせ、これを身につけ、華族とは如何なる存在か、社会に何をなすべきか、国家に尽す役割は何かを身をもって知ること。

以上の四点を設立の主旨とし、そのための事業として、講究の項目を次の通り示している。

一、国体、政体、政府、帝王及び貴族に関する原理
二、内外国帝室の典例及び其現況
三、外国上院の法典及び貴族の現況
四、内外国の帝室と貴族との関係及び帝室と平民との関係
五、内外の貴族と平民との関係
六、我国華族の制度及び華族に関する諸般の事項
七、政事（政治）学、法律学及び経済学の大意

以上

規約は明治二十一年一月二十八日に第一次が作成され、明治二十二年四月二十九日に改正して次の十三条となった。

華族同方会規約　明治二十二年四月二十九日

第一条　本会ハ華族ノ本分ヲ審究スルヲ以テ目的トス
第二条　本会ヲ名付ケテ華族同方会ト云フ
第三条　本会々員ハ華族ニシテ学齢以上ノ者トス
第四条　本会々場ハ華族会館ト定ム
第五条　本会ハ毎月第二第四ノ土曜日午後一時ヨリ定時集会ヲ開ク但シ時宜ニヨリ時日ヲ変換スル事アルヘシ
第六条　第二土曜日ハ主トシテ学者若クハ経験アル人ヲ聘シ本会ノ目的ニ関スル演説ヲ乞ヒ第四土曜日ハ主トシテ会員互ニ是等ノ事項ヲ談論ス
第七条　本会ノ目的ニ関スル調査若クハ講究ノ為定時集会ノ外ニ臨時集会スル事アルヘシ
第八条　本会ノ事務ヲ処理スル為会員中ヨリ幹事六名ヲ選挙シ毎六ヶ月其半数ヲ改選ス
第九条　会員タラント欲スル者ハ本会幹事宛ニテ華族会館へ通報スヘシ
第十条　会日欠席スル者ハ必ス其事故ヲ幹事へ通報スヘシ

第十一条　会員ハ本会ノ常費ニ充ル為一ヶ年金三円ヲ出スヘシ

第十二条　会員ハ互ニ信義ヲ厚クシ学術ヲ研精シ履行ヲ端正ニシ以テ本会ノ体面ヲ損セサルコトヲ期スヘシ

第十三条　此規約ヲ改正セント欲スル時ハ会員過半数ノ同意ヲ以テ之ヲ決定ス

〔説明〕第三条は明治二十年一月宮内省達の華族就学規則による学齢以上であるから二二才以上となる。第五条は一回は学者等を招いてその演説を聴く会とし、他の一回は会員互に談論に当てるので第六条で示した。第七条の事業は会員の調査を印刷配布、外国の資料の翻訳など、毎月一回同方会雑誌を発行する。第十二条は明治八年の勅語をもう一度会員に服膺させるものである。

設立時の役員は不詳であるが、明治二十四年の改選による評議員は（一〇名）

侯　蜂須賀茂韶　　侯　佐々木高行　　伯　東久世通禧　　子　勘解由小路資生　　子　松平乗承

子　松平信正　　子　谷　干城　　子　曽我祐準　　子　大給　恒　　子　小笠原長育

で、幹事は次の三名であった。

子　小笠原長育　　勘解由小路資承　　佐竹義理

同会は明治二十六年五月二十七日にいたり当分停会（解消の意味）を決め、同会の所有する書籍、物品は全部華族会館に寄托している。しかし明治二十二年の創立時から停会の二十六年までの間に華族会館を使用しての会合は五七回に及び、その間法律研修の集合として法学博士富井政章による憲法講究会、文学博士加藤弘之による貴族発達に関する課題の研究会、福沢諭吉の華族教育論を聴く会、会員同志の討議、講演会などをしばしば開き、内容のある団体であった。なぜこの時期に停会となったのか、その理由は明示されていないが、二つの理由が考えられる。

一、中心となっていた会員が、華族会館の運営に多くの時間をとられて、同方会に専念できなかったこと。

二、華族会館自身が中心となるべき内容を持った会であり、今までは会館が娯楽社交的であったものが、研修の集会に力を入れ、主催する方針が打ち出され、そうなると同方会の趣旨と同じになることなどである。

〔谷　干城〕（たにたてき）　子爵

当家は土佐国長岡郡八幡村八幡宮神官の家　天保八年二月生　高知藩大監察　兵部権大丞　陸軍中将　陸軍裁判長　熊本鎮台司令長官　陸軍士官学校長　陸軍戸山学校長　学習院長　華族女学校長　勲功特授子爵農商務大臣　明治二十三年七月貴族院議員に当選す。

二、華族会館の研修会合

これらの諸団体はいずれも有爵議員選出の準備を含めての団体であった。貴族院令（明治二十二年二月十一日公布）の第四条に

「伯子男爵ヲ有スル者ニシテ満二十五才ニ達シ各々其ノ同爵ノ選ニ当リタル者ハ七箇年ノ任期ヲ以テ議員タルヘシ其ノ選挙ニ関スル規則ハ別ニ勅令ヲ以テ之ヲ定ム」

により、更に勅令第七八号貴族院伯子男爵議員選挙規則（明治二十二年六月五日公布）によりその第二二条の

「前数条ニ掲ケタル者ノ外選挙ニ関ル一切ノ規程ハ選挙資格ヲ有スル伯子男ノ協議ヲ以テ之ヲ定ムヘシ」

によって新たに任務がはっきりした。これらの諸団体は初期には規約上の制約はなく、したがって会員として資格も確立しておらず、正規の入会、退会の手続もなく、主旨賛同者はそのまゝ会員として扱われていた者もあった。政治会派としての公的団体でもなかった。

この頃華族会館としての考え方はどうであったのか、議会開設と貴族院の構成に華族が参与することゝなった以上、積極的に将来のために協力し、勅諭を戴し聖旨に報ずることは当然のことで会館の役割は重大であった。明治二十二年十月七日の臨幸記念日に三条実美館長は会員に対しはっきりと表明した。

「……本年二月憲法発布　貴族院設立ノ盛挙アリ　我華族ニ議員タルノ特権ヲ与ヘラル　今ヤ我同族ハ帝国立法ニ

参与シ国家皇室ニ対シ重大ノ責任ヲ負フモノナリ　冀クハ諸君本館設立ノ素志ヲ屈セス……皇家ノ隆運ヲ扶翼シ臣民ノ幸福ヲ賛助スルノ誓言ヲ忘レス　一層勉励海岳ノ寵恩ニ酬ヒ　議員ノ本分ヲ尽シ忠誠ヲ抽テラレンコトヲ乞フ……」

と述べた。この他会員として蜂須賀茂韶、東久世通禧らは機会ある毎に華族として議員の任務について言明している。中でも鍋島直彬の明治二十二年六月二十四日に発表した建議案は注目される。

我華族ハ十数年前同族有志相謀リ既ニ会館ヲ創立シ嘗テ臨幸ノ光栄ヲ辱フシ皋族一般協同従事スルノ所ト為リシヲ以テ今日ニ及テ更ニ此等ノ設立ヲ要セサルハ我同族ノ大幸ナリ既ニ此大幸アリ而テ会館ニ於テ将来為スヘキノ務ハ実ニ前日ノ比ニアラス況ヤ帝国議会開会ノ前後ニ於テ同族ノ協同勉励従事スヘキ要件ハ指応サニ屈スルニ遑アラサルヘキハ燎ト火ヲ観ルカ如シ蓋シ今日ノ会館ハ前日ノ会館ニアラサルナリ政体之ヲシテ然ラシムルナリ時勢之ヲシテ然ラシムルナリ我同族ノ任務之ヲシテ然ラシムルナリ然則又自ラ之レニ応スルノ措置ナカルヘカラス

これらの意見が会館の活動として現れ次の様な経過があった。

演習会議（議院法演習会）　明治二十二年七月に三条館長は貴族院の任務や法律、財務の調査研究を目的に会館主催の機関を計画し、館長は次の通り指名した。

特選委員

侯　蜂須賀茂韶　　伯　東久世通禧　　子　松平信正　　子　加納久宜　　男　長岡護美

幹事補助

子　松平乗承　　子　勘解由小路資生

この委員は会員としても有力であったから会館の協力態度が窺われる。第一回幹事会で「法律研究会ヲ本館ノ事務トナシ、同族一般ニ聴聞セシムルコト、演習会議ヲ開キ帝国議会開設ノ日、議員タルニ恥チサルノ準備ヲナスコト、伊藤博文ヲ特選幹事トナスコト等」を協議し（会館誌）、演習会は毎月二回開催、講義は毎月一、二、四の金曜日の定例集会日に行う、参加資格は華族の戸主、隠居、丁年以上の嫡子孫などとする、講師に穂積八束を迎えることを決めた。

演習会議規則

第一条　議案ハ議員ニ於テ文案ヲ作リ他ノ議員一人以上ノ同意ヲ得テ之ニ連名シテ館長ニ出スヘシ而之ヲ議案トナスヤ否ハ館長ノ決スル所ニ依ル
第二条　議長ハ議案ノ改マル毎ニ一読会ノ当日出席者ノ投票ヲ以テ之ヲ改選スヘシ
第三条　議員ノ席次ハ議案ノ改マル毎ニ一読会ノ当日抽籤ヲ以テ之ヲ改定スヘシ
第四条　議場ノ整理ハ議長之ヲ決行ス
第五条　議員発言中他ノ議員ハ黙聴スヘシ
第六条　議員ノ言論ハ国政ヲ誹議シ人身上ノ毀誉褒貶ニ渉ルコトヲ得ス
第七条　議長書記ヲシテ議案ヲ朗読セシメタル後議員発言セント欲スルトキハ必ス起立シテ議長ト呼ヒ自ラ番号ヲ唱ヘ議長其番号ヲ答フル後発言スヘシ又議員互ニ名ヲ呼ハス其番号ヲ用ユヘシ
第八条　議案ハ三読会ヲ経テ確定ス其手続ハ左ノ如シ
第一読会ニ於テハ議案朗読ノ後発議者本案ノ趣旨ヲ弁明シ議員ハ本案ノ大意ニ付可否ノ弁論ヲ為シ又ハ発議者ニ就テ疑点ノ弁明ヲ求ムルコトヲ得修正ノ説ヲ出スコトヲ得ス
第二読会ニ於テハ議案朗読ノ後逐条順次ニ弁論ヲ為シ其可否ヲ決スヘシ此場合ニ於テ一議員問題ヲ否トシ又ハ修正ノ意見ヲ出シ他ノ議員之ヲ賛成スレハ議長ハ之ヲ問題トシ各議員ヲシテ弁論セシメタル後其可否ヲ問フヘシ
第三読会ニ於テハ議案朗読ノ後議員ハ議案ノ大意及ヒ各条毎ニ只一回ノ発言ヲ為シ而後議長可否ヲ問テ之ヲ確

定スヘシ又発言若クハ修正ノ意見五名以上ノ賛成アルトキハ議長之ヲ問題トスヘシ
第九条　何レノ読会ニ於テモ議長ノ意見又ハ議員二名以上ノ請求ニ依リ委員ヲ選ヒ議案ノ全部ヲ付托シ又ハ各部ヲ修正セシメントスルトキハ会議ノ決ヲ取ルヘシ
第十条　調査委員ハ議長特選シ又ハ議員ヲシテ互選セシムヘシ其人員ハ必ス奇数トス
第十一条　会議中ハ別段ノ建議ヲ為スノ外問題外ノ意見ニ付発言スルコトヲ得ス
第十二条　議長自己ノ意見ニ付発言セント欲スルトキハ議員中ヨリ一人ヲ指名シ仮ニ議長トシ其席ヲ換ヘテ発言スヘシ
第十三条　会議ハ過半数ニ決ス可否同数ナルトキハ議長ノ可否スル所ニ依ル
第十四条　可否ヲ決スルノ法ハ起立ヲ用ユ出席議員ハ可否ノ数ニ加ハラサルコトヲ得ス
第十五条　弁論未タ了ラスト雖トモ議長ニ於テ論旨既ニ尽キタリト認ムルトキハ可否ノ決ヲ取ルコトヲ得

分担（掛）は
講義部　　蜂須賀茂韶　　東久世通禧　　千家尊福
議事部　　蜂須賀茂韶　　東久世通禧　　勘解由小路資生　　加納久宜
調査部　　蜂須賀茂韶　　東久世通禧　　黒田長成　　姉小路公義　　松平信正　　長岡護美　　本多康直
会合の内容は法律研究、諸法律の講義、外国上院、裁判権、憲法、皇室典範などの研究会であった。その費用は会館の事業として負担した。これらの会合によって議員としての準備に役立ち、一方では会員の中で議員に適している人物を見い出すことにも役立った。

華族会館調査部　明治二十三年七月十日に伯子男爵議員の選挙が行われ第一次の有爵議員は全部決定した。これによって会館は直接議員への協力を必要とする時機にはいった。新議員も会館にたいし要求が出た。八月十二日に公爵

徳川家達、公爵島津忠済、公爵徳大寺実則、侯爵池田章政、侯爵醍醐忠敬、伯爵東久世通禧、伯爵柳原前光、伯爵松浦詮、子爵谷干城、子爵大給恒、子爵鍋島直彬、子爵勘解由小路資生、子爵立花種恭、子爵松平信正、男爵槇村正直、男爵千家尊福ら一六名が新議員として会館に次の三つの要件を申出た。

一、議院内部ノ諸規則ヲ調査スル事
一、一般ノ法律ヲ調査シ諸規則ヲ研究スル事
一、右調査費用ハ会館歳入金ヲ以テ支弁スル事
以上

これは議員の研修と並行して諸調査の機関を会館の公的のものとして設立することの要求であった。会館はこれを受け入れる方針をたて、三条、九条両公の名を以て五爵の各議員に通知し、賛同を求めた。その趣意書は

「……此ヲ本館内ニ調査部ヲ設置スルノ起源トス　貴族院開発ノ期モ既ニ切迫候ニ付　議院諸規則ヲ研究調査スルハ有爵議員目今ノ急務ナリ　然ルニ初ヨリ議員一同該調査ニ従事スルモ　実際上混雑ヲ来シ其整理ヲ得ヘカラス依テ有爵議員中ニ於テ調査委員十五名ヲ互選シ議院諸規則ヲ調査セシメハ　頗ル便利相考候　右可否御多数ニ依テ決定可致ニ付御異存有之候ハヽ来ルニ十一日迄ニ華族会館ヘ向ケ御申出相成度御同意ノ方ハ別段御回答ヲ不要候也」

これは会館の行事であるから会員の了解を求めたのであった。調査部の事務機構は四部に分けて各部はそれぞれ諸規則を調査研究するもので、

第一部　皇室典範、帝国憲法及び之に属する法律諸規則
　部長　伯　柳原前光　　副部長　子　鍋島直彬
第二部　内務教育財務
　部長　子　鍋島直彬　　副部長　子　松平信正
第三部　外交農工商逓信

部長　男　長岡護美　　副部長　子　勘解由小路資生

第四部　司法陸海軍

部長　子　曽我祐準　　副部長　男　長岡護美

一、各部ニ部長副部長各一人ヲ置キ、該部ノ調査事務ヲ総提セシム

一、丁年以上ノ華族ハ部員トシ、調査所ニ出席シ其欲スル所ニ従ヒ各部ノ調査ニ従事ス

一、部長、副部長ハ部員ノ投票ヲ以テ之ヲ定ム

一、調査ノ事件ニ依リ部会議ヲ開キ討論審議スルコトアルヘシ

一、部員ノ研究調査ハ祭祝日及ヒ日曜日ヲ除ク

外部ノ便宜ニ依リ参会ノ日時ヲ定ム其他ノ事務ヲ分掌セシム

一、調査ニ必要ナル書類又ハ華族ニ有益ナル記事論説等ハ之ヲ印刷シ、丁年以上ノ華族一般ニ送付入ルコトアルヘシ

但シ印刷前華族会館長ノ閲覧ヲ経ヘシ

以上の規程のもとに部長、副部長の互選が行われ、調査事務を遂行した。明治二十三年九月に第一回帝国議会の召集があり、議会と会館とは新しい段階にはいった。そこで調査部としての役割は終り、第二段階としてこの調査部を発展解消して、拡張を計ることを立案し、三条館長はその協議書を華族一般に発送して賛同を求めた。その内容は

実美按スルニ憲法ヲ欽定シ国会ヲ興シ両議院ヲ置カレ其一院ハ貴族院ト称シ五爵ノ内公侯ハ世襲議員トシ伯子男ハ互選ヲ以テ之カ議員トナリ其他勅選議員アリ多額納税者議員アリト雖トモ名実ニ依レハ此一院ハ全ク貴族ヲ主トシテ設立セラレ同族ニ陛下立法ノ大権ヲ翼賛スルノ権ヲ付与シ其議定ヲ本務ト定メ命セラレタルモノナリ但伯子男ニ於テハ人員多数ナルヲ以テ已ムヲ得ス互選ニ定メラレタルノミナレハ則チ同族ハ議員非議員ノ別ナク均シク立法議定ヲ以テ本分ノ

職務ト心得ヘク既ニ此責任ヲ帯ヒタル同族ナレハ貴族院ニ関スル事件ニ於テハ相共ニ尽力セスンハアルヘカラス就中議員ノ本職ニ当ル者ハ法案ノ可否決最モ重シトス而其可否ヲ決スル法案ニ対シ之ヲ調査スルコト肝要ノ務ナリ然ルニ法案ノ種類固ヨリ一ナラス之ヲ調査スルニ当リ彼我ノ法律ヲ参照スル如キハ専門学士ト雖トモ一人ノ能ク弁スル所ニアラサルナリ実美同族ノ為ニ計ルニ広ク其材料ヲ集メ調査員ヲ設ケ之カ準備ヲナサスンハアルヘカラス抑モ華族会館ヲ創立セシ趣意タル同族諸君ノ国家ニ尽スヘキタメノミ是以嚮キニハ忝クモ陛下ノ嘉納ヲ蒙リ　勅諭ヲ賜ヒ以テ之ヲ奨励シ玉フノ栄典アリ今日ニ於テ会館ヲシテ同族本分ヲ尽ス所ト為サスンハ将タ何ヲ以テ当初ノ　勅諭ニ奉答センヤ就テハ前ニ設置セシ会館ノ調査部ヲ拡張シ広ク法律ノ書ヲ集メ調査員若干ヲ置キ議員ハ勿論同族一般法律ヲ講究スル所ト為サントス此事タル方今緊要ノ急務ナリ故ニ総テ館中尋常ノ事務ニ関スル費用ハナルヘク之ヲ省減スルモ会館現費ノ残余未タ法律調査ノ用度ニ充ルニ不足ナルヲ以テ其不足ハ議員諸君ト共ニ醵集補充センコトヲ欲ス今ヤ議会開場ノ期殆ント迫リ諸君ト会議ヲ為スノ暇アラス依テ愚意ヲ開陳シ諸君ニ協議シ明廿九日ヲ期シ回答セラレンコトヲ望ム若シ期日ニ至リ回答之レナキ人ハ賛成者ト確信シ多数ニ決シ実施可致候也

明治二十三年九月　日　　　華族会館長公爵　　三条実美

この拡張案によると、調査部を調査課とし、同族議員の政務調査の便を計り㈠同調査課員を置くこと㈡調査のために特約（専任）の人を置く㈢書籍を整備することの三項を示し、その費用として華族議員は一人宛三五円を拠金し、会館も二五〇〇円を負担する、成立した後には多額納税者議員にも協力を求めるとある。調査課の任務は一般政務の調査と貴族院議員の政務調査を引き受け、調査課の主査が取扱い、一般政務調査よりも議員の要請による政務調査を優先することゝした。この拡張案には不賛同者が多かった。その理由は従来の調査部の存続で差支えないし、意義あるものとしていることゝ、議員の負担が多額でありそれだけの成果は期待できないことにあった。不賛同の会員は会館に退会を申し出して来たので、三条館長はこれらの会員を招き、誤解であることを説き退会申出を取消すように求めている。又互選により選任されていた各部長のうち四名は、まだ調査部の存廃が決定していないのにも拘らず辞任するなどで、調査課問題は紛糾した。

この様な情勢のうちに明治二十三年第一回帝国議会の召集があり、これに応じて十一月二十五日調査課は仕事を始め、各種の調査報告書の配布や法案の意見書が発刊されている。しかし会館の仕事としてはその背景が華族であることから、華族を代表する意見と誤解されることが起り、やがて政務に関する集会や調査事務は別の団体に移されることとなる。

鹿鳴館の借用　華族会館が鹿鳴館の借用を宮内省に申し出たのはこの頃（明治二十三年六月二十日）で、この建物は麹町内山下町に在って、宮内省の所管で外国賓客の接待、官庁、皇族、大臣の用に供していた。会館は帝国議会開会を真近にして、その前年末頃から急に使用がはげしくなり部室の不足を生じ、かつ会館は上野公園内にあって中央からは遠く、建物も狭く不便であった。議会が開かれたら議員には一層不便となるので中央に移転を希望する様になり、議会との関係から急を要するとあってこの鹿鳴館借用の方針が決った。宮内省も好意的態度であったが、一方この借用に反対する会員もあった。二条基弘公、近衛篤麿公ら三曜会員一九名の連署によるものと、松平乗承、板倉勝達、新荘直陳の三子の連名によるものなどが主なるものである。その述べている反対理由は、一、会館は会員全員のものであるから変更は全員の納得によるべきであるのに、勲功による新華族七一人に特に通知しているのは何故か、一部の有力者の意見で運ぶべきではない　二、借用によって生じる権利関係が明確になっていない　三、鹿鳴館は借用であるから現在の本館も続けて使用すると、別に一ヵ年約二〇〇〇円の経費が必要となるなどであった。既にこの時には今日の社団法人的な考え方が会員の中にあって会員全員の諒解が必要としている。かくして反対はあったが、会館の借用願は明治二十三年七月三十一日付で許可となった。なお鹿鳴館を宮内省から払下を受けたのはそれから五年後の明治二十七年八月である。

三、有爵議員の政治集会

月曜会　第一回帝国議会の開会の年には種々なる準備が行われた。それは議員の選任と議員の任務についての諸機関の設立であった。月曜会はその後者として最も早く且つ内容が整っていた。しかしこの会が発足するにはその設立までの経緯を述べる必要がある。華族会館は前述の通り有爵議員の選出や研修調査などのために早くから調査部を設け活動していた。いよいよ議員が選任されるや、有爵議員に限らず勅選、多額納税者議員にも参加の途を開き、議会政治に貢献させるため調査部を改組して調査課を設立することゝなり（明治二十三年十一月八日）新機構により調査報告、参考書などを発刊した。更に貴族院議員一般に入会（課員になる）を勧誘した。しかるに有爵議員の中にこの行き方に疑問を持つものが出て、同族間では評判はよくなかった。同年十二月二十三日は華族会館特選幹事の連署による建言書が館長宛に出された。それは島津忠義、浅野長勲、松浦詮、壬生基修、大給恒、鍋島直彬、松平信正、山内豊政、長岡護美の九幹事で、調査課の名で印刷物を出すことは誤解が起るから改善してほしいというのである。即ち、一、調査報告書や参考資料の発刊は、時には衆議院に対して反対意見や政治上の諸問題を批判する内容のものがあり、それが華族会館調査課の名で刊行されるので、華族一般の意見ととられるが、実は課員には勅選、多額納税者議員も参加しているし、調査課主査は華族ではない法学士合川正道であることを挙げ、悪利用される恐れもあるので改善を希望している。会館は建言提出者が特選幹事連署であることを重く見て廃止を協議、結局翌年四月二十日に調査課廃止を通告した。

近衛篤麿公らはこの廃止の動きを知り、華族会館と切り離してこの調査課の事業を行うことを考え、その構想が月曜会となって実現したものである。近衛公らは初め同志と〈財政攻窮会〉を設立し、財政の調査をすることを目的とした団体にしようとした。三月十六日華族会館に近衛公の他二条基弘公ら二〇余名が参集して討議し、会名を〈月曜会〉とし、翌日に会則の成案を発表した。会員には有爵議員に限らず貴族院議員一般に呼びかけた。会名を月曜会としたことは開会日と一致させる上で便宜であったためである。

月曜会規約

第一条　本会ハ我邦ノ財政ニ関スル一般ノ事項ヲ調査講究スルヲ以テ目的トス
　但シ会員多数ノ決議ニ依リ其他ノ事項ヲ調査スル事アルヘシ
第二条　本会ヲ名付ケテ月曜会ト云フ
第三条　本会ハ貴族院議員中ノ同志者ヲ以テ組織ス
第四条　本会々場ヲ華族会館トス
第五条　本会ノ集会ハ毎月曜日午後一時ヨリ五時迄トス
　但シ時宜ニ依リ時日ヲ変換スルトキハ予メ之ヲ報知スヘシ
第六条　便宜ニ依リ会員ヲ数部ニ分チ各其調査ノ事項ヲ分担セシム
第七条　会日ニ当り会員ハ各自調査セシ事項ヲ報道シ之ヲ討論講究ス又時宜ニ依リ学識経験アル者又ハ当局者ヲ聘シテ意見ヲ聴キ疑義ヲ質問スル事アルヘシ
第八条　会員タルト否トニ関ラス其演説或ハ調査セシ事項ニシテ会員多数ノ決議ニ依リ有益ト認ムルモノハ印刷シ之ヲ会員ニ配付スヘシ
第九条　会員ノ互選ヲ以テ幹事二名ヲ置キ本会ノ事務及ヒ会計ノ事ヲ掌ラシム其任期ハ一ヶ年トス
第十条　本会々員ハ会費トシテ一ケ年金六円ヲ出スヘシ

月曜会規約細則

一、各部調査ノ日時ハ其部ノ定ムル所ニ任ス
一、部ニ於テ分担ノ事項全部ヲ査了シタルトキハ幹事ニ通報スヘシ幹事ハ其会議ノ日時ヲ定メ議案ヲ配付スヘシ
一、会議ヲ開クトキハ出席員中ヨリ議長副議長ヲ互選スヘシ
一、部ニ於テ規約第七条ノ趣旨ニ依リ学識経験アル者又ハ当局者ヲ捜シ其意見ヲ聴キ疑義ヲ質問セントスルトキハ予メ之ヲ幹事ニ通報シ幹事ハ之ヲ各員ニ通知スヘシ
一、貴族院規則ニシテ本会ニ必用（要）ナルモノハ之ヲ適用ス

調査分科

歳入	近衛篤麿	青山　貞	小松行正	三浦　安	富田鉄之助	
外務	二条基弘	大給　恒	松平信正	長岡護美	富田鉄之助	
内務	津軽承叙	日野西光善	松平乗承	槇村正直		
司法	清岡公張	新荘直陳	鶴殿忠善			
文部	勘解由小路資生	立花種恭	松平乗承	小幡篤次郎		
大蔵	五条為栄	由利公正	槇村正直	杉渓言長	周布公平	藤村紫朗
陸軍	谷　干城	山川　浩	安藤則命			
海軍	河田景與	島津忠亮	大村純雄	内藤政共		
農商務	谷　干城	板倉勝達	金子堅太郎			
逓信	内藤政共	楫取素彦	金子堅太郎	小幡篤次郎		

その中でも侯爵中山孝麿、子爵津軽承叙、子爵板倉勝達の三名の議員は、華族会館調査課所属であったが、この日同課を脱して月曜会に参加しているのが注目される。発表された月曜会規約と規約細則に示された会の組織、機構など

は優れている。調査部を置き、これを一〇の分科にして四一名の会員（議員）を配属させたことは政治上の調査機関として充実したものである。

月曜会は集会を常に会館で開き、明治二十五年五月までに三三回に及んでいる。月曜会がいつまで続いたかは明らかでないが、第三議会の成立した五月二日に芝紅葉館で懇親会が四〇余名出席して開かれ（華族会館誌）ているがその後は全く月曜会の名は会館誌に出てこないからこの頃に解散したものと思う。

懇話会　明治二十三年（一八九〇）十一月頃の創立で、議員の団体で政治会派をなす。その主唱者は子爵谷干城と子爵曽我祐準と勅選議員の山川浩らであって、いずれも硬派議員といわれ、したがって行動も常に議会では指導的存在であった。記録は明治二十五年三月十六日の会合がある。この日集会日を第一、第三月曜日と定め交渉委員には

子　曽我祐準　男勅　小沢武雄　勅　伊丹重賢　勅　渡正元　を選び、幹事には

子　鍋島直彬　子　松平信正　勅　安藤則命　勅　藤村紫朗　の四名が選任されている。創立当初の会員は不詳なるもこの日には公一、侯一、伯四、子九、男六、勅一五、多一五、合計五一名で五爵と勅、多の各種議員が参加し、有力な会派となった。会員は次の通り（貴族院議員各派ニ関スル調査による）

公　島津忠済	侯　伊達宗徳	伯　小笠原忠忱	伯　中川久成	伯　立花寛治
伯　上杉茂憲	子　岩下方平	子　伊集院兼寛	子　谷　干城	子　曽我祐準
子　津軽承叙	子　鍋島直彬	子　黒田清綱	子　松平信正	子　仙石政固
男　小沢武雄	男　神山郡廉	男　高崎五六	男　伊達宗敦	男　青山　貞
男　島津珍彦	勅　伊丹重賢	勅　岩村定高	勅　西村茂樹	勅　富田鉄之助
勅　小幡篤次郎	勅　渡　正元	勅　村田　保	勅　村田経芳	勅　山口尚芳
勅　山川　浩	勅　丸山作楽	勅　藤村紫朗	勅　安藤則命	勅　宮本小一
勅　三浦　安	多　原　忠順	多　馬場道久	多　林宗右衛門	多　岡野是保

多　角田林兵衛　　多　中村雅真　　多　梅原修平　　多　村上桂策　　多　桑田藤十郎
多　山崎慎三　　多　沢原為綱　　多　桜井伊兵衛　　多　三木与吉郎　　多　関口弥五
多　井芹典太

この会の議会においての活躍は多く挙げることができるがその中で、第一議会において貴族院における予算審議の日数が不足したことは衆議院が貴族院を軽視したことであり、短期間での審議は不可能として予算委員長を辞任すると申し出たのは、懇話会の有力会員である谷干城子であった。勿論会員もこの不満に同調した。第二議会でも政府の施政方針に関する建議案（勤倹尚武建議案）を提出（発議者）したのは同じく谷干城子で、この時は懇話会の他にも賛成者があり七〇余名となったが、同志の努力にも拘らず研究会派の反対で敗れている。更に第三議会での「選挙干渉ニ関シ政府ニ反省ヲ求メル建議案」は懇話会の山川浩が発議者となり二条公ら会員の賛成により八八対六八で可決した。次いで第五議会での対外政策にたいする強硬意見や、第九議会での日清戦争での政府の態度に不満を示し反政友会活動を行っている。この様に帝国議会初期においての懇話会は、次に述べる三曜会と共に強硬な会派であった。この会は会として統制のとれた形ではなく、一人々々が意見を持ち、それが一致した時に会の態度となった。この会は明治三十三年まで続き、同年三月になって分解が始まり会員四〇名のうち二四名は庚子会に入会、朝日倶楽部と合併して土曜会を組織する。土曜会は大正八年（一九一九）十一月まで続き、同成会となる。

三曜会　貴族院議員に就任したことにより、議員としての任務の万全を期そうと明治二十三年十一月四日に有志によって設立された。その中心は公爵近衛篤麿、同二条基弘、子爵勘解由小路資生らで、この会を同志会と称した。翌年四月二十四日に〈三曜会〉と改め、帝国議会及び同族（華族）に関する諸事を議することを目的に、毎月月、水、金曜日に集会を開くことゝした。その主意書には

（前略）帝国議会ヲ開設スルノ大詔ヲ下シ玉（給）ヒ其廿二年ノ紀元節ヲ以テ帝国憲法皇室典範及之ニ付随スル法律勅令ヲ発セラレ茲ニ於テ立憲制度ノ基礎ヲ確定スルニ至レリ今謹テ帝国憲法ヲ熟読スルニ第卅三条ニ帝国議

会ハ貴族院衆議院ノ両院ヲ以テ成立ストアリ蓋シ其精神ヲ按スルニ貴衆両院ヲ置キタル所以ハ貴族院ハ貴紳ヲ集メ衆議院ハ民選代議士ヲ会シ両院合同シテ帝国議会ヲ成立シ両院相互ニ牽制シテ其平衡ヲ保チ以テ輿論公議ヲ代表スルモノトスルニアリ是レ寔ニ学理ニ照シ歴史ニ徴シテ我帝国憲法ノ最モ善ヲ尽シ最モ義ヲ尽シタル所以ナリ今貴族院令ノ定ル所ニ依ルニ貴族院議員タルヘキ者ハ皇族華族及ヒ勅任セラレタルモノヲ以テスト雖トモ勅任議員ハ有爵議員ノ数ニ超過セシメス又華族ノ特権ニ関ル条規ヲ議決セシムルカ如キハ其重キヲ華族ニ置キタルコトヲ知ルヘシ又貴族院ノ名ノ由来スル所モ亦其主旨ニ外ナラサルヘシ是レ本会規約ニ成年以上ノ華族ヲ以テ本会ヲ組織ストシタル所以ナリ然レトモ苟モ身其班ヲ貴族院ニ保チ又保ツヘキ資格アル者ハ常ニ其尽スヘキ本分ノ如何ニ着眼セサルヘカラサルヲ以テ華族以外ノ人ト雖トモ其身現ニ貴族院議員タリ若シクハ議員タル資格ヲ有スルモノハ会員トシテ同一ノ権利ヲ有スルモノトセリ

夫レ貴族院ヲ置ク所以ハ蓋シ政権ノ平衡ヲ保ツノ機関トナリ彼ノ司法権ヲ代表スル女神「ヂユスチチヤ」ノ白布ヲ以テ自ラ其目ヲ蔽ヒ左手ニ衡ヲ持チ右手ニ剣ヲ提ケ設シ衡ノ偏重偏軽ヲ感スルコトアランカ忽チ一刀両断ノ処分ニ出テントスルノ状ヲナスカ如ク我貴族院モ亦政府ト衆議院トノ間ニ立チ「ヂユスチチヤ」ノ地位ニアラサルヘカラス之ヲ以テ其議員タルモノハ政府ノ政略ト政党ノ方策トヲ問ハス苟モ偏見ト認ムヘキモノアレハ決シテ之ヲ助ケス以テ誠意誠心我カ皇室ヲ護リ我憲法ヲ守リ又以テ忠実ニ国利民福ノ道ヲ講スヘキノミ是啻ニ本会員ノ確守スル方針ノミナラス亦タ之ヲ以テ貴族院ノ輿論タラシメント欲スルナリ而シテ世人ヤヤモスレハ本会ヲ目スルニ同党ヲ以テシ我主旨ヲ訛伝スルモノアリ然リト雖トモ敢テ顧慮スル所ニアラサルナリ

本会ノ主旨ハ唯之ニ過キサレハ各員ノ徳義心ニ訴テ此精神ヲ貫徹セシメントスルニアリ而シテ会名ヲ付シ規約ヲ設クルカ如キハ敢テ本会ノ欲スル所ニ非スト雖トモ本会ノ事務ヲ処理スルノ便宜上ヨリ規約ヲ設ケ且ツ一週三回ノ会日ヲ以テ会名トセリ要スルニ本会ハ唯皇室ノ藩屏憲法ノ守護人タルニ過キサルヲ以テ爰ニ其主旨ヲ表白スル耳

三曜会規約

第一条　本会ハ国家ニ対スル責任ヲ全フセンコトヲ期シ専ラ時務ヲ調査講究スルヲ以テ目的トス
第二条　本会ヲ名ケテ三曜会トス
第三条　会場ハ華族会館トス
　但時宜ニヨリ変更スルコトアルヘシ
第四条　本会ハ成年以上ノ華族ヲ以テ組織ス
　但貴族院議員及多額納税議員ノ議員ハ華族ニ非スト雖トモ会員タルコトヲ得
第五条　入会ヲ請フ者ハ会員一名以上ノ紹介ヲ要ス
　但入会ノ申込アルトキハ討論ヲ用キス在東京会員ノ無記名投票ニ依リ過半数ヲ以テ諾否ヲ決スヘシ
第六条　幹事及補助各一名ヲ会員中ヨリ選挙シ其任期ヲ六ヶ月トス幹事ハ会務ヲ担任シ補助ハ幹事ノ故障アルトキ代理ス
第七条　本会ハ月水金ノ三曜日ヲ以テ会日トス
　但時宜ニヨリ会日ヲ増減変更シ又ハ緊急問題アルトキハ臨時会ヲ開クコトアルヘシ
第八条　本会ニ関シ議決ヲ要スル事件アルトキハ在東京会員過半数ノ出席ヲ以テ議事ヲ開ク可否ハ出席員ノ過半数ヲ以テ決スヘシ
第九条　毎月一回本会ノ会誌ヲ編成シ会員ニ配付スヘシ
第十条　会費ハ一ヶ月金参十銭トシ幹事ニ差出スヘシ
　但数月分ヲ出金スルモ妨ナシ
第十一条　本会ノ収支決算ハ六ヶ月毎ニ之ヲ報告ス
第十二条　此規約ヲ改正増補セントスルトキハ総会員三分ノ二以上ノ決議ヲ要ス

補則
一、入会ノ申込アルトキ無記名投票ヲ行フニヨリ諾否同数ナルトキハ出席員ニ於テ再投票ヲ行ヒ尚同数ナルト
キハ承諾ニ決ス

設立時の会員は次の二五名である。

公　近衛篤麿	公　二条基弘	子　島津忠亮	伯　大村純雄	子　松平乗承
子　勘解由小路資生	子　本多正憲	子　板倉勝達	子　三浦梧楼	子　戸田忠行
子　一柳末徳	子　竹内惟忠	子　唐橋在正	子　佐竹義理	子　鍋島直柔
子　太田原一清	子　内藤政共	子　小笠原寿長	子　関　博直	子　新荘直陳
子　入江為守	子　松平信正	男　杉溪言長	男　本多副元	男　鶴殿忠善　以上

その後多額納税者議員も入会できることゝなり、二十五年六月には移動があって、大村伯、三浦子、戸田子、鍋島子、太田原子、入江子、松平信正子の七名が退会し、新たに侯爵徳川義礼、子爵では梅小路定行、久世通章、舟橋遂賢、五条為栄の四名、男爵若王子遠文、多額では五十嵐敬止、蟹江史郎、久保田真吾、菊地三郎、鈴木伝五郎の五名で、合計一一名が入会した。島津忠亮は子爵から伯爵に陞爵した。これらの会員はいづれも信念の強い議員であったから、貴族院の会派の中で懇話会と共に硬派とされ、議会での発言や行動は常に活発であった。

この会は明治三十二年二月二十日に解散となるが、その間華族会館において開催した集会は極めて回数が多く会員は二五名前後の小会派であったが、二十七年十二月までに二九三回に及び（以後は記録がないので不詳）二十六年二月の如きは一ヵ月間に二三回も開いている。これは中心である近衛公の積極的行動ではあるが、各会員も意欲的に討議に参加し社交的義理的集会ではなかった。殊に第二議会において懇話会の谷干城子提出の施政方針に関する建議案に賛成し、政府に対して強硬な態度を示した。次いで第三議会では衆議院議員選挙における政府の選挙干渉問題にも懇話会と共に建議案に賛同し成立に協力した。第五議会では伊藤内閣が陸奥宗光外務大臣の外交演説がおわるや、理

由無く突如衆議院を解散したことを不穏当とし、近衛公ら同志三七名で伊藤首相に忠告書（第二章に述ぶ）をつきつけた。これにつき伊藤首相は弁明書を出したが、それではなお不備として再度忠告書を首相宛に送付するなど強硬な態度を示している。その後も第一〇議会から第一二議会頃まで三曜会の活躍は続いたが、明治三十一年末には退会者が多く出たために自然消滅となった。

輝かしい活躍（一部からは横暴とも評された）の足跡を残して消滅したが、消滅の時にも近衛公の苦心が日記に見られる。

近衛篤麿日記の明治三十二年二月六日のところに三曜会の為華族会館に行き、三曜会を解散しそれを朝日倶楽部に合併することの方針を定め「政略上三曜会、朝日倶楽部両属の人々は先づ本会を脱し、続いて二条公、伊沢氏脱会して倶楽部に入り、倶楽部を拡張して他の方面の人々これに加はるに至りて、余脱会して同部に入り、残余の人々は最後に入部する事」を協議している。計画による自然消滅ではなく、むしろ発展的解消なのである。それより前に小沢男が研究会の紛糾を近衛公に伝え研究会員引き抜を相談しているし、前年の十一月には島津伯から情報として研究会の入江為守子が、同会を嫌って脱会するらしいとのことで、これを機に引き抜きに利用すべきだと記している。（十一月二十二日）又研究会の首領岡部長職子の収賄事件で、同会が大分混乱しているらしいから、不平脱会者が朝日倶楽部に入会するかも知れないと記している。いづれも近衛公の将来の構想を伺うことのできる事件である。公は政党は作らずに、形成された新集団の首領として、大きな政治活動への夢を持っていた。三曜会に在っては常に硬派といわれた行動をとり、会の中心ではあったが、どちらかといえば人望はあったが統制力には乏しく、会員にも一騎当千の勇者が多く議論には長じていたが一貫した団体としての政策を持つには乏しいものがあった。しかし近衛公の人物を評すれば、独逸留学で得た思想に基づき国家主義的であるが、日本の当時の情勢からすれば進歩的の考えであった。公は単に公家出身の門閥としての人望ではなく、華族界も一般からもその識見は高く評されて将来を期待されていた。

朝日倶楽部　近衛公の三曜会と関連して朝日倶楽部が取り挙げられたが、この倶楽部の沿革から述べよう。明治三十年第二回改選（総選挙）で新たに七年の任期を持った多額納税者議員が、過去七年間の経験から、同じ貴族院議員でありながら、政治上の見識からは低く見られたことがあったから一つの政治団体を作って見ようと協議し、明治三十年十二月十七日に多額納税者議員一三名によって〈丁酉会〉を設立した。その主唱者は菊地長四郎、五十嵐敬止、田中源太郎、鳥越貞敏らであった。しかし寄合世帯で議論が多くて会の方針は決まらず、政府支持か反政府派なのかすらはっきりできず、与党派と反政府派に分裂してしまった。この反政府派が朝日倶楽部を設立した（同三十一年五月二十五日）。中心は諫早男で会員は一四名、麹町区内幸町旭日会館にて発会式を行った。この倶楽部と三曜会とを結びつけたのは近衛公であるのか朝日倶楽部の要請を受けて乗り込んだのかはっきりしない。近衛公は三曜会解散の計画を決めた翌月（三月二日）に朝日倶楽部拡張決議案を示している。それによると、単なる貴族院の政治会派ではなく、国策研究会的性格を打ち出している。それには基金の問題があるので多額納税者議員の団体の協力を考えたとも思われる。近衛公の構想は、先づ院外会員（多額・有爵の貴族院議員選挙権者、衆議院議員、本倶楽部の適当と認めたもの）を入会させる。正会員の会費は年二〇円とする。調査部を設け、九課とし各課別に調査しその結果を議員総会で報告させる。九課は法制、財政、教育衛生美術、土木交通、殖産工業、軍務、外交、地方制度、社会問題、雑とする。しかしこの近衛公による朝日倶楽部拡張案は実現しないまゝ〈土曜会〉となる。

第四節　貴族院議員の選出
――規程の作成・三爵協議会・第一回選挙

一、互選規程の作成

憲法と共に公布された貴族院令（勅令第一一号）の第四条に

「伯子男爵ヲ有スル者ニシテ満二十五才ニ達シ各々其ノ同爵ノ選ニ当リタル者ハ七ヵ年ノ任期ヲ以テ議員タルヘシ
其ノ選挙ニ関ル規則ハ別ニ勅令ヲ以テ之ヲ定ム
前項議員ノ数ハ伯子男各々総数ノ五分ノ一ヲ超過スヘカラス」

とある。この勅令は明治二十二年六月五日に勅令第七八号貴族院伯子男爵議員選挙規程として公布になった。その第二二条に

「前数条ニ掲ケタル者ノ外選挙ニ関スル一切ノ規程ハ選挙資格ヲ有スル伯子男爵ノ協議ヲ以テ之ヲ定ムヘシ」

とある。これにもとづいて各爵の選挙資格者は選挙規程の作成にはいり、各爵別に案を作ってこれを持ち寄り合同会議（三爵会議）を開く手順となった。各爵共規程の作成には慎重であった。先づ各爵毎に五名の下調委員を選出し、作られた案を同爵間で検討し、承認を得たものを合同会議に提出し、最終案とするのであるが、その過程において子爵会が一番難航した。次に各爵の準備過程を記す。

伯爵の場合　二十二年六月二十六日に開いた伯爵会において、三爵連合協議会規程（選挙規程調査）のために五名の委員を選出することを決めた。このことを当日出席した二四名が連名して伯爵全般に報告書の形で通知を出した。この様な形式をとったことは、伯爵全般の了解をとるとともに選挙の意義を重く見ての慎重さを示したのである。その後七月二十二日の伯爵会会則の発表にも幹部一二名の連署で行っている。これは伯爵間内部の不統制からとられたものではなく、幹部が常に専横とならない様にとの配慮から出た態度である。五名の委員の選挙は七月二日に投票が行われ、

東久世通禧　柳原前光　伊藤博文　上杉茂憲　広橋賢光

が選出され順調に運んだ。

報告書　明治二十二年六月二十六日

一、本月四日貴族院伯子男爵議員選挙規則ヲ発令セラレタリ即チ其第十三条ニ遵由シ選挙細則及ヒ三爵連合協議ノ規程等ヲ起草調査スル為メ我伯爵中ニ於テ委員五名ヲ互選シ其事務ヲ委托セント欲ス

一、委員選定ノ後子男爵ノ委員ト共ニ協同調査ニ従事スヘシ男爵ニ於テハ已ニ五名ノ委員（千家尊福、槇村正直、神山郡廉、渡辺清、中御門経隆）ヲ公選シ子爵ニ於テモ不日之ヲ挙行スト聞ク

一、来ル七月二日午前九時ヨリ午後三時迄ニ該委員選挙ノ投票書ヲ出サレンコトヲ望ム其書体ハ左ノ如シ

委員氏名　□　□　以上五名

選挙者伯爵氏名

封書左ノ如シ

東京上野公園内華族会館ニテ

伯爵集会者　御中　伯爵氏名

一、該委員ノ選挙者及ヒ被選挙者ハ丁年以上ニ限ル若シ投票同数ノ時ハ年長ヲ取ル
一、来ル七月二日午後三時全爵者会館ヘ参集其投票ヲ調査シ之ヲ不出席ノ諸君ニ通報スヘシ
一、伯爵録一冊ヲ附呈ス
以上事件本爵ノ急務ナリト思慮シ協議一定セリ即チ同爵諸君ニ通報シ同意アランコトヲ厚望ス
明治二十二年六月

従二位　伊藤　博文
従二位　東久世通禧
正三位　佐々木高行
正三位　副島　種臣
正三位　寺島　宗則
従三位　柳原　前光
従三位　井伊　直憲
正四位　藤堂　高潔
正四位　宗　重正
正四位　正親町実正
正四位　甘露寺義長
正四位　清棲　家教
正四位　溝口　直正
従四位　小笠原忠忱
従四位　室町　公康

従四位　南部利恭
正五位　阿部正桓
正五位　中川久成
正五位　広橋賢光
正五位　徳川篤守
正五位　酒井忠道
正五位　有馬頼万
従五位　松平直亮
従五位　松木宗隆

この集会の参加も二四名であった。

子爵の場合　二十二年六月二十七日に子爵会仮事務委員によって準備が進められ、貴族院議員選挙規則第一三条に基く調査委員（下調委員）選挙を七月二日に行い、

大給　恒　　渡辺　昇　　鍋島直彬　　加納久宜　　松平信正

の五名が当選した。しかし子爵間には不満があり、三爵中で最も内部的に不安定が見られ、全会一致の状勢ではなかった。

男爵の場合　二十二年六月十五日選挙により手続を決め七月一日互選により

千家尊福　　槇村正直　　神山郡廉　　渡辺　清　　中御門経隆

の五名を下調委員に選出した。この選挙は男爵会によって行われたもので、この会は非常に纏りがよく、協議も選挙も円滑に運んでいる。これは同会会長である槇村正直男の統理が当を得ていたことによるものである。

三爵協議会　この様にして三爵から選ばれた五名の計一五名の下調委員によって作成会議を開き、約五ヵ月を要し

て漸く選挙規程と書式の原案ができ上り、同年十一月二十七日に一五名の委員連署をもって伯子男爵選挙権者に配付した。この二つの原案を審議し成立させるために先づ三爵協議会規程（議事順序、正副議長選挙手続等）を定める必要があり、その賛同を求めた。この規程にある正副議長選挙における選挙権者の資格に数名の疑義者があったために、選挙人名簿の決定が手間どり、翌二十三年一月二十日やっと正副議長の選挙が行われた。選挙の結果は議長に伯爵柳原前光、副議長に子爵大給恒が当選し、会議を開いて三爵協議会規程の承認が得られた。この様に非常に慎重であったのは、議員選挙への理解度が人によって差が大きく、将来議員の選出に関心の薄いものや責任を感じていないものなどがあり、協力の差が大きかった為である。投票と非投票の数は、選挙への関心の度を示している。

	投票	非投票	合計	%
伯　爵	四一	三三	七四	五五・四
子　爵	二〇八	九二	三〇〇	六九・三
男　爵	五四	三一	八五	六三・五
合　計	三〇三	一五六	四五九	六二・七（平均）

合計一五六名の中には海外在駐による棄権一四、無効一、延着八が含まれている。

承認された規則は次の通り。

伯子男爵協議会議（三爵協議会）議事規則

第一条　本会ハ貴族院伯子男爵議員選挙規程協議ノ為メ之ヲ開ク
第二条　議長ハ議場ノ秩序ヲ保持シ会議ヲ整理シ其開閉停止ヲ決定シ他ニ対シ本会ヲ代表ス
第三条　議長議場ニ於テ自己ノ意見ヲ述ントスルトキハ議員ノ列ニ着ク
第四条　副議長ハ議長故障アルトキ之ヲ代理ス議長出席スレハ議場ニ於テ議員ノ列ニ着ク

第五条　議長副議長共ニ故障アルトキハ議員ヲ指定シテ之ヲ代理セシム
第六条　議長副議長ハ委員会又ハ各部会ニ出席シ自己ノ意見ヲ述ルコトヲ得但シ可否ノ数ニ加ハラス
第七条　会議ハ三回ノ読会ヲ経テ議決ス
第八条　毎会ノ初ニ於テ議長書記ヲシテ議案ヲ朗読セシム時宜ニ依リ議長ノ意ヲ以テ朗読ヲ省略セシムルコトアルヘシ
第九条　書記議案ヲ朗読シタル後委員本案ヲ弁明シ畢テ議員発言ス
第十条　一読会ハ議案ノ質問ヲ為シ大体ノ可否ヲ討議スルニ止ル
第十一条　二読会ハ議案ノ逐条ヲ討議シ其可否ヲ決ス修正説アルトキモ亦其可否ヲ決ス
第十二条　三読会ハ議案ノ逐条ヲ確決ス二読会ニ於テ修正セルモノハ之ヲ先ニシテ議案トス但シ発言ハ一問題ニ付一回ニ限ル
第十三条　三読会ニ於テ二読会ノ修正案廃棄セラルヽトキハ仍ホ原案ニ就テ可否ヲ決ス
第十四条　二読会ニ於テ修正説ヲ提出セントスルトキハ五人以上ノ賛成者三読会ニ於テハ十人以上ノ賛成者ヲ得テ修正文ヲ作リ発議者賛成者連署シ開会前議長ヘ提出スヘシ席上ニ於テ臨時ニ修正説ヲ発言スルトキモ前文ニ掲クル定数ノ賛成者ヲ得サレハ問題トナスコトヲ得ス
第十五条　議長ハ時宜ニ依リ議案数条ヲ連合シ又ハ一条中ヲ分割シ或ハ条項ノ順序ヲ変換シテ問題トナシ決議ヲ取ルコトアルヘシ
第十六条　議員ノ発言セントスル者ハ起立シテ議長何番（自己ノ番号）ト喚ヒ議長ヨリ何番ト答ヘタルトキハ発言ノ許可ヲ得タル者トス此許可ヲ得タル者ハ進テ中央ノ机前ニ就キ議長ニ対シ発言シ之ヲ畢レハ己ノ席ニ復スヘシ委員ニ対シ質問ヲナストキモ亦同シ但シ他ノ説ヲ賛成スルトキ単ニ賛成ト言フノ外意見ヲ述ヘサルトキハ自己ノ席ニテ起立シ発言スヘシ

第十七条　委員ハ其席ニ在テ起立シテ議長ト喚ヒ発言ノ許可ヲ得タル後弁明討論ヲナスヘシ但シ修正又ハ特別ノ建議ヲ為ストキハ議員ノ例ニ同シ
第十八条　発言ハ問題外ニ渉ルヘカラス修正又ハ廃棄ノ説問題トナリ其議決セサル間ハ他ノ修正説アルモ予言スルニ限ル但シ特別ノ建議ヲナサントスルトキハ議長ノ許可ヲ経ヘシ
第十九条　発言中議長議員ノ姓名ヲ言フヘカラス必ス議長ト唱ヘ議員ハ皆其番号ヲ唱フヘシ又人身上ニ渉ル誹謗ノ言ヲ発スヘカラス
第二十条　議員ハ整粛沈黙シテ他人ノ発言ヲ妨ケサルニ注意スヘシ
第二十一条　議事ハ過半数ニ決ス可否ノ数ヲ算スルニハ議員ヲ起立セシメ時宜ニ依リ投票ヲ用ユルコトアルヘシ若シ両説相半ハスルトキハ議長其一方ニ決ス
第二十二条　議案ヲ調査セシムル為メ議員中ニ於テ委員ヲ置クコトアルヘシ其委員ハ議長ノ指定又ハ議員ノ投票ヲ以テ選定ス但シ其員ハ奇数トス
第二十三条　議員ノ席次ハ抽籤ヲ以テ番号ヲ定メ委員ノ席ハ議長之ヲ定ム
第二十四条　議員番号ノ順序ニ依リ議長之ヲ五部ニ配当シ毎部ニ於テ部長副部長各一員ヲ投票選定セシム
第二十五条　議員遅参又ハ早退スルトキハ書記ニ就キ其旨ヲ議長ニ報シタル後着席又ハ退席スヘシ
第二十六条　議長ノ許可ヲ得ルニ非レハ傍聴ヲナスコトヲ得ス
第二十七条　議事ハ議員出席五十人ニ満タサレハ之ヲ開カス

成立した協議会は協議会議員を五部に分け、各部に六八名を分属、合計三四〇名により、選挙規程の審議にはいった。この三四〇名は同時に選挙人でもある。会議は二月二十三日に開始し、三月一日にいたり第一読会を議了し、修正などの条項を含め議決したのは五月十日であったから前後六七日を要している。その間に熱心に論議が行われ、殊に第一七条は原案支持者と修正論者の間に激しい討論があり結局鍋島直彬提出の修正案が採択されたが、この一条のために四時間を費している。こゝに対立した委員を挙げると

原案支持……谷　干城、板倉勝達、渡辺　清、渡辺　昇

修正支持……鍋島直彬、曽我祐準、松平乗承、勘解由小路資生、堀田正養

議決された規程と選挙書式は五月十九日柳原議長から内閣に提出され、公布となった。

公布になった〈貴族院伯子男爵議員選挙規程〉は三八条からなっている。その最後第三八条には改正又は増補の場合を規程し

第三十八条　此規程ヲ改正又ハ増補セントスル者ハ毎爵選挙資格ヲ有スル十人以上ノ賛成者ヲ得テ在東京伯子男爵ノ各首席者ニ意見書ヲ提出シ三爵協議会ヲ開クヲ求ムルコトヲ得

とあり三爵協議会はその後も存置することになる。

この選挙制度は以上のような慎重な検討と伯子男爵の総意によって成立を見たが、これについて注目すべき制度上の要点は

一、選挙の管理は自主的に行い、選挙管理者、立会人、投票の手続などはその爵の者によって行うことである。

二、選挙規則は勅令で公布となるが、改正は三爵間で協議によって行われ、政府の介入がない。

三、現役の軍人に選挙権、被選挙権が認められた。

四、選挙人名簿の作成は宮内省（爵位局、宗秩寮）の長が行う。

五、連記記名投票制である。

六、委託投票ができる。

七、選挙の結果の報告は政府ではなく上奏とする。事務的な記録は貴族院事務局を経て議長に提出する。

八、罰則の規定がない。

九、選挙に要する費用は同爵者が支弁する（第一九条）同爵者につき年令の関係は明示がない。

十、選挙権者と被選挙権者の年令は衆議院議員の場合に比し五年づつ若く、衆議院議員選挙では選挙権者は満二五年以上、被選挙権者は満三〇年以上とある。（大正一四年五月には衆議院議員選挙の場合と同じに改正された）

以上の一〇点が挙げられる。このうち第五の連記記名投票については、貴族院議員選挙の著しい特異点であり、又しばしばその後議論の衝点となった。

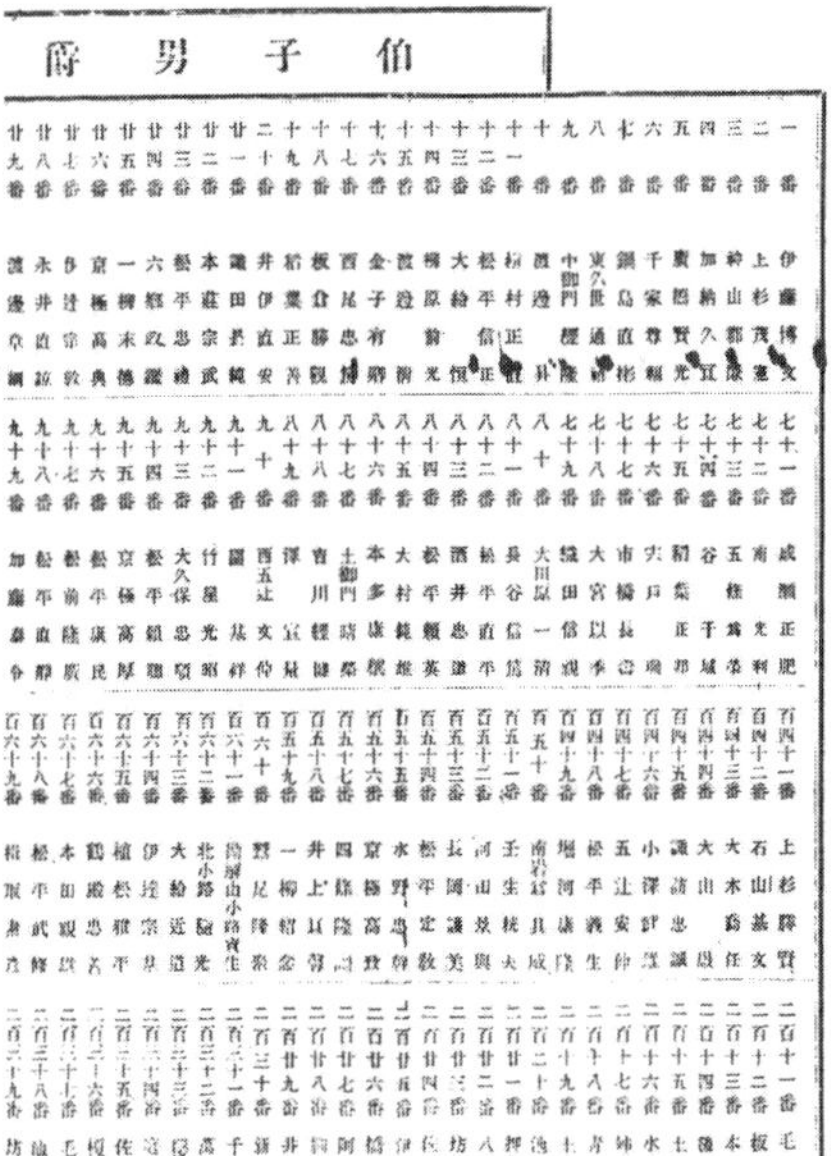
伯　子　男　爵

三爵協議会名簿

連記記名　何故連記記名と定めたかについては、これは最初の政府原案には何等表明はなく、勅令となって初めて連記記名と示している。これについて、金子堅太郎談が「青票白票第一六号」に、又研究会の会合での講演記録がある。金子談によると「連記投票と単記投票とは一利一害で、実はまあということで連記とした。然れどもこれは他日改正する便宜にもと、貴族院令第四条で選挙については別の勅令ということにした」とある。又「伊藤公が苦心されたのも連記と単記で、これは最初どちらにしようか、単記にするか連記にするかということについては、余程ヨーロッパの選挙法を調べた。所が単記にも弊害あれば、連記にも弊害がある……そこが伊藤公に、これは決まっておらぬがどちらにするか、これ以上はあなたのご裁決を願う、私にはどちらとも断定ができない、どちらにも弊害がある。あなたのご裁定を仰ぐ、そこで伊藤公も考えられて……これならよいという考えはない。これは将来に任せようじゃあないか、しかし日本の伯子男も連記にしても、まさか自分の親類や友人を集めて悉く出して、適材を適所に置かないということは我輩はないと思う。日本の貴族は皇室の藩屏である人民の儀表であるということを常に云うておるから、この選挙にも決してそんな偏頗なことはしないと思う。連記でよかろう……先づ連記とし選挙者の良心に信頼し、同党援引の偏狭心に左右せられず、人物本位として適材を選挙する公平なる判断に一任するの外なしと考えた……」と述べている。その後に連記の弊がとり挙げられて問題（貴族院改革の対象となる）となった時に、金子伯はこんなに重大問題となるとはあの当時は予想しなかったと語っている。貴族院嘱託の花房崎太郎が山口弘達子に「研究会で連記と単記の御研究をなさったことはないか」との問にたいし、単記は不利だと答えている（旧話会速記）。子爵団には尚友会があったから推薦や予選で決めるのは連記記名が絶対有利であることは認められる。しかし単記無記名でなければならないとするともいえないので連記記名を不法とはいえない。研究会は尚友会を設立して連記記名の制度を生かしたことがこの結果となったので、選挙制度制定時には、もっと違った意味で貴族院議員の権威を信じて連記記名としたのである。

記名について金子伯は旧話会で伊藤公の談として、貴族院有爵議員は互選とはいうが、実際は有爵者間での推薦であるといえる。記名はその所在を明らかにする上からそれがよいと考えていると、当時の経緯を述べている。

委託投票問題　規則（第一一条第一項及び第二項）により条件を付けて委託投票を認めている。それによらない委託投票は無効となるとある。それが早速問題を起している。この無効か否かの争いは裁判所で判決するのではなく、貴族院令第九条により、貴族院において判決を下し、議決し御裁可を請うのでしかも無効と議決されてもそれには罰則がない。これは貴族院議員の互選制度と自主選挙を建前としたためである。第三は第九の選挙費用の負担であって、衆議院をはじめ、貴族院多額納税者議員選挙も府県費又は国庫負担となっているのに、有爵議員互選の費用は同爵者の負担となっていることは理が通らない。それは華族会館なる特殊団体が介在していたことによるのである。

選挙規程

貴族院伯子男爵議員選挙規程

第一章　選挙人名簿

第一条　凡テ選挙資格アル者選挙人名簿ニ於テ人名ノ脱漏又ハ誤載アルコトヲ発見シタルトキハ其理由書及ヒ証憑ヲ具ヘテ選挙期日ヨリ三十五日前ニ爵位局長ニ申立テ其改正ヲ求ムルコトヲ得

第二条　爵位局長選挙人名簿ヲ確定シ又ハ貴族院ノ判決ニ依リ確定名簿ヲ改正シテ交付シタルトキハ選挙管理者直ニ之ヲ各選挙人ニ配付スヘシ

第二章　選挙管理者及立会人

第三条　選挙管理者選挙ハ選挙期日ヨリ四十日前ニ於テ之ヲ為スヘシ

選挙管理者ヲ選定スルハ投票ノ最多数ニ依ル若シ投票同数ナルトキハ生年月ノ長者ヲ取リ同年月ナルトキハ抽籤ヲ以テ之ヲ定ム

第四条　選挙管理者選挙会場ハ華族会館トス其期日ハ同爵中在東京首席ノ者ヨリ期日十日前各同爵者ニ通知スヘシ

第五条　選挙管理者選挙会場ノ整理ハ同爵中在東京首席ノ者之ヲ為シ又ハ首席者ノ指名シタル同爵者之ヲ為スヘシ

第六条　選挙管理者及立会人ハ正当ノ理由ナクシテ其任ヲ辞スルコトヲ得ス

第七条　選挙管理者当選シタルトキハ三日以内ニ同爵中在東京首席ノ者ヨリ貴族院議長及爵位局長ニ届出テ各同爵者ニ通知スヘシ

第八条　選挙管理者ヲ選挙セシ投票ハ選挙管理者任期ノ終ルマテ保存スヘシ

第九条　選挙管理者疾病其他事故アリテ闕席スルトキハ順次ニ投票ノ多数ヲ得タル者ヲ以テ臨時選挙管理者ト定ム

選挙立会人疾病其他事故アリテ闕席スルトキハ選挙管理者更ニ選挙立会人ヲ指定スヘシ

第三章　選挙会場

第十条　選挙会場ハ華族会館トス

第四章　選挙

第十一条　投票ハ午前七時ニ始メ正午十二時ニ終ル但シ選挙管理者ハ予メ公告シテ時限ヲ変換スルコトヲ得

第十二条　投票函ハ毎爵ニ之ヲ設備シ二重ノ蓋ヲ造リ二種ノ錠ヲ設ケ其一ハ選挙管理者之ヲ管守シ其一ハ選挙立会人ノ内一人之ヲ管守スヘシ

第十三条　選挙管理者ハ投票ノ初ニ当リ選挙立会人ト共ニ参会シタル選挙人ノ面前ニ於テ投票函ヲ開キ其空虚ナルコトヲ示スヘシ

第十四条　選挙人ハ選挙人名簿ノ対照ヲ経テ投票スヘシ

第十五条　投票用紙ハ選挙管理者其式ヲ定メ選挙期日前之ヲ各選挙人ニ交付スヘシ

第十六条　貴族院伯子男爵議員選挙規則第十一条ノ規定ニ依リ委託ヲ受ケタル選挙人ハ其証状ヲ選挙管理者ニ提出シ承認ヲ得タル後委託ノ投票ヲ投票函ニ投入スヘシ

第十七条　投票終ルノ時期ニ至リタルトキハ選挙管理者ハ其由ヲ告ケ投票函ヲ閉鎖スヘシ投票函閉鎖ノ後ハ総テ投票スルコトヲ許サス

第十八条　選挙管理者ハ選挙立会人ト共ニ投票函ヲ開キ投票ノ総数ト投票人ノ総数トヲ計算スヘシ若シ投票ト投票人トノ総数ニ差異ヲ生シタルトキハ其由ヲ選挙明細書ニ記載スヘシ

第十九条　総数ノ計算ヲ終リタルトキハ選挙管理者選挙立会人ト共ニ投票ヲ点検スヘシ

第二十条　前二条ノ場合ニ於テ選挙人ハ参観スルコトヲ得

第二十一条　左ニ掲クル投票ハ無効トス

一　選挙人名簿ニ記載ナキ者ノ投票

二　定式ノ用紙ヲ用キサルモノ

三　選挙人自己ノ爵姓名ヲ記載セサルモノ
四　資格ナキ被選人ノ爵姓名ヲ記載スルモノ但シ其列記中資格アル者ニ付テハ其効アルモノトス
五　誤字脱字又ハ汚染塗抹毀損ニ依リ選挙人又ハ被選人ノ姓名ヲ認知スヘカラサルモノ但シ通常ノ仮名字ヲ用ヰ又ハ誤字脱字ニ係ルモ明ニ其姓名ヲ認知スルコトヲ得ルモノハ此限ニ在ラス
六　貴族院伯子男爵議員選挙規則第十条第二項ニ規定シタル外他ノ文字ヲ記載シタルモノ但シ被選人ノ指名ヲ誤ラサル為ニ其官位勲等住所ヲ付記シ又ハ敬称ヲ用ヒタルモノハ此限ニ在ラス
七　貴族院伯子男爵議員選挙規則第十一条第二項ノ規定ニ依ラサル委託ノ投票

第二十二条　投票効力ノ有無ニ付疑義アルトキハ選挙立会人ノ意見ヲ聞キ選挙管理者之ヲ決定ス此決定ニ対シテハ選挙会場ニ於テ異議ヲ申立ツルコトヲ得ス

第二十三条　投票ニ記載シタル人名其選挙スヘキ定員ヨリ多キトキハ其定員ニ超エタル人名ヲ末尾ヨリ除却スヘシ其選挙スヘキ定員ニ足ラサルトキハ現ニ記載シタルモノノミヲ計算シ一人ノ姓名ヲ複記シタルモノハ一人トシテ之ヲ計算スヘシ

第二十四条　投票ハ一箇年間選挙管理者之ヲ保存シ期限ヲ経過シタル後焼棄ツヘシ
無効ノ投票ハ抹線ヲ加ヘ其由ヲ選挙明細書ニ記載シ前項ノ期限ヲ経過シタル後焼棄ツヘシ

第二十五条　選挙ニ関リ争訟アルトキハ前条ノ期限ヲ経過スルモ判決ニ至ルマテ其投票ヲ保存スヘシ

第五章　当選人

第二十六条　当選人定リタルトキハ選挙管理者ハ直ニ当選人ニ通知書ヲ発シ及其爵姓名ヲ選挙人ニ報告スヘシ

第二十七条　当選人当選通知書ヲ受ケタルトキハ当選ヲ承諾スルヤ否ヤヲ其選挙管理者ニ届出ヘシ

第二十八条　当選人東京ニ在ル者ハ五日以内他ノ地方ニ在ル者ハ三十日以内ニ当選承諾ノ届出ヲ為サヽルトキハ当選ヲ辞シタルモノト見做スヘシ其期限ハ当選通知書ヲ発シタル日ヨリ之ヲ起算ス

第二十九条　当選人ニシテ当選ヲ辞シ又ハ期限内ニ当選承諾ノ届出ヲ為ササルトキハ順次ニ投票ノ多数ヲ得タル者ヲ以テ当選人ト定ムヘシ但シ得票者既ニ尽キタルトキハ選挙管理者ハ再ヒ選挙ヲ行フヘシ

第三十条　当選人確定シタルトキハ選挙管理者ハ当選証書ヲ付与シ及選挙人ニ報告シ貴族院伯子男爵議員選挙規則第十四条ノ手続ヲ為スヘシ

第六章　選挙会場取締

第三十一条　選挙管理者ハ選挙会場ノ秩序ヲ保持スヘシ

第三十二条　選挙人ニ非サル者ハ選挙会場ニ入ルコトヲ許サス

第三十三条　選挙会場ニ於テハ一切ノ演説討論及喧噪ニ渉リ又ハ他人ノ投票ヲ勧誘スルコトヲ禁ス

第三十四条　選挙会場ニ於テハ選挙管理者ノ命令ニ対シテ異議ヲ申立ルコトヲ得ス選挙会場ニ於テ秩序ヲ紊ル者アルトキハ選挙管理者ハ之ヲ警戒シ其命ニ従ハサルトキハ之ヲ選挙会場ノ外ニ退出セシムヘシ

第三十五条　選挙会場ノ外ニ退出セシメタル者ハ其投票ヲ為サシムル為ニ再ヒ選挙会場ニ呼入ルルコトヲ得

第七章　補則

第三十六条　選挙ニ関ル費用ハ選挙管理者之ヲ報告シ貴族院伯子男爵議員選挙規則第十九条ニ依リ徴収スヘシ

第三十七条　此規程ニ関ル書式ハ別ニ之ヲ定ム

第三十八条　此規程ヲ改正又ハ増補セントスル者ハ毎爵選挙資格ヲ有スル十人以上ノ賛成者ヲ得テ在東京伯子男爵ノ各首席者ニ意見書ヲ提出シ三爵協議会ヲ開クヲ求ムルコトヲ得

貴族院伯子男爵議員選挙規程ニ関ル書式

選挙管理者当選届書

得票何枚　　爵姓名　年　月生

右何爵選挙管理者ニ当選承諾候仍テ及御届候也

年　月　日　　爵姓名　印

貴族院議長爵位局長　爵姓名　殿

投　票　書

被選人　爵姓名

爵姓名

選挙人　爵姓名

委託証状

名儀（東京府外居住・疾病・事故）ニ付貴族院議員選挙会場へ出席難致仍テ封緘ノ投票ヲ爵姓名ニ委託ス

年　月　日　　爵姓名　印

当選通知書

同爵者貴族院議員選挙会ニ於テ貴殿得票何枚ヲ以テ議員ニ当選ス此段及通知候条来何日限リ諾否可被届出候也

年　月　日

何爵選挙管理者

爵姓名

爵姓名殿

当選人名報告書

貴族院議員当選人名

得票何枚　爵姓名　年　月生

得票何枚　爵姓名　年　月生

右選挙立会人爵姓名爵姓名爵姓名ト共ニ検定ス仍テ之ヲ報告ス

年　月　日

何爵選挙管理者

爵姓名

何爵選挙人　爵姓名殿

当選承諾書

同爵者ノ投票ニ依リ貴族院議員ニ当選シ其任ニ就クコトヲ承諾ス

年　月　日

何爵選挙管理者　爵姓名　印

何爵選挙管理者　爵姓名殿

当選証書

得票何枚

位勲等　爵姓名

年　月生

同爵者ノ投票ニ依リ貴族院議員ニ当選シタルコトヲ証明ス

年　月　日

何爵選挙管理者

位勲等　爵姓名　印

選挙人へ当選人確定報告書

同爵者貴族院議員当選人ノ内爵姓名ハ当選ヲ辞ス承諾ノ届出ヲ為サス仍テ爵姓名得票何枚ヲ以テ当選ス其他去何日報告之通確定候此段更ニ及報告候也

年　月　日

何爵選挙管理者

爵姓名

何爵選挙人　爵姓名殿

上奏書

何爵中貴族院議員当選人名ヲ検定シ別紙ニ記録シテ上奏ス誠惶謹言

年　月　日

何爵選挙管理者

別紙

貴族院議員当選人名

位勲等　爵姓名　印

得票何枚　位勲等　爵姓名　年　月生

得票何枚　位勲等　爵姓名　年　月生

右選挙立会人爵姓名爵姓名爵姓名ト共ニ之ヲ検定ス

何爵選挙管理者

位勲等　爵姓名　印

貴族院議長へ当選人確定報告書

貴族院議員当選人名

得票何枚　爵姓名　年　月生

得票何枚　爵姓名　年　月生

右及報告候也

年　月　日

何爵選挙管理者

爵姓名　印

貴族院議長　爵姓名殿

選挙明細書送致書

貴族院議員選挙ニ関ル選挙明細書副本一通及送致也

年　月　日

何爵選挙立会人

爵姓名　印

爵姓名　印

爵姓名　印

何爵選挙管理者

爵姓名　印

貴族院議長　爵姓名轂

二、有爵議員互選

選挙規程は前述の通り選挙資格者全員参加の形で、三爵協議会を開いて作成した。この規程により第一回の互選に臨むことゝなった。互選議員の数は既に勅令によって伯爵議員一五人、子爵議員は七〇人、男爵議員は二〇人と定められている。今この数を有資格者数で比例して見ると、

伯爵議員は七四人につき一五人でその比例は二〇・二七％

子爵議員は三〇〇人につき七〇人であるから二三・三％となり、四・三人に一人の割合である。

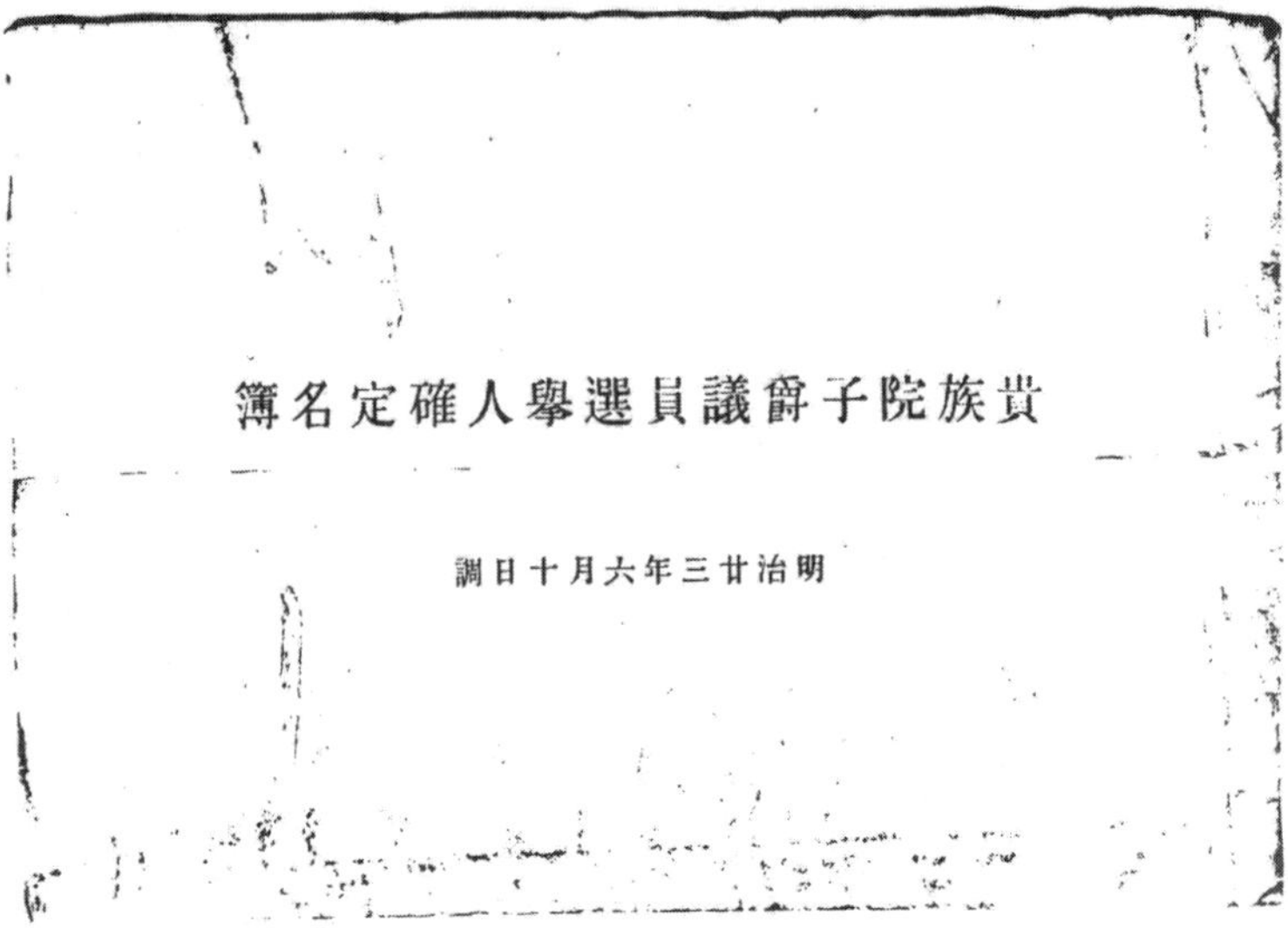
貴族院子爵議員選擧人確定名簿

明治廿三年六月十日調

六

子爵 東　胤城
子爵 細川利永
子爵 大岡忠明
子爵 堀田正頌
子爵 米倉昌言
子爵 本多忠貫
子爵 脇坂安斐
子爵 板倉勝弘
子爵 九鬼隆義
子爵 京極高典
子爵 松平乗命
子爵 櫻井忠興
子爵 伊東長辭
子爵 松平忠禮
子爵 松平直靜
子爵 稲葉正善
子爵 内藤政擧
子爵 大岡忠貫
子爵 大河内正質
子爵 松平直哉

男爵議員は八五人につき二〇人で、二三・五%で、四・二五人に一人が当選することになる。この選挙がどんな順序で実施されたか、これを経過の順を追って示して見る。

これより先、明治二十三年一月一日現在で、伯子男爵議員選挙権者の一覧表が配られている。(未確定者五名も最後に記してある)これによって各爵毎に会合して候補者を選んで、適任者には印をつけて選挙の準備をしている。選挙人へは宮内省で作られた五月二十一日付の名簿が選挙管理者を経てそれが配られる。その後つゞいて同じ形式で、宮内省は明治二十三年六月十日調べの選挙人確定名簿(二九七名)を作成し、これを選挙管理者を経て選挙人に送付する。これにもとづいて、連記記名の投票を用紙に記入し当日を待つ。当日出席して投票ができない者は、あらかじめ定められた形式による委託投票を委託人に渡すことになる。さて選挙の順序を示すと

第一　選挙管理者を選出する。

明治二十三年五月二十一日付を以て各爵の首席者から選挙資格者に、投票用紙を入れ、投票日、投票場所を明記して通知する。投票日である五月三十日には投票場所である華族会館(第一回は上野公園の東四軒寺町)にて投票が行われ午後一時で締切る。遠隔の地の居住者で投票が間に合わない場合には電信を以て被選挙人を申し送ることができるとある。

第二　投票結果は同日午後に発表

伯爵　東久世　通禧　二三票　次点　松浦　詮　一二票
子爵　勘解由小路資生　九〇票　次点　大給　恒　五八票
男爵　千家　尊福　三一票　次点　槇村　正直　一五票

これを貴族院及び宮内省爵位局に報告

第三　選挙管理者は選挙立会人を指名　六月六日　指名された者

伯爵立会人　松浦　詮　大原重明　中川久成

子爵立会人　谷　干城　大給　恒　松平信正　松平乗承

男爵立会人　西五辻文仲　槇村正直　神山郡廉　渡辺　清　伊達宗敦

第四　宮内省爵位局長官（岩倉具定）より確定名簿の交付があり、投票用紙と共に各選挙人に送付、投票用紙は色別になっていて、伯爵は桃花色、子爵は浅黄色、男爵は萌黄色である。選挙事務は宮内省の所管である。

第五　各爵別の選挙準備のための会合。誰もが初めての議員選挙であるから、選挙当日に支障なき様万全を期し、そのための会合が子爵では六月十日に臨時懇親会を開き、加納子、新荘子から選挙について話を聞いた。男爵は槇村男爵会会長によって懇親会を六月十日に開き有資格者が集った。七月八日には選挙のために上京した地方在住者との会合を開いている。伯爵は東久世伯を中心に団体としての交友関係が常々取られていたことから、特に選挙のための会合は開いていない。

第六　投　票　その順序を示すと

一、午前六時三〇分各爵選挙立会人来場

二、午前七時選挙場開場

三、投票者へは受付で名刺と引換に番号札を渡す

四、番号順に、順次選挙場に入り着席

五、立会人は番号を呼ぶ

六、選挙人名簿と照合する

七、投　票

八、正午をもって投票函を閉づ

九、午後一時開票

十、検了の時刻

伯爵　午後五時
子爵　七月十一日午前五時三〇分、事務処理終了は同日午前十一時
男爵　七月十一汩午前三時三〇分
投票当日は徹夜で開票業務を行った。
第七　投票得票数と当選者名の発表
第八　当選者に辞退者があり、そのため次点者の繰上げ当選を行う。これは宮内省が七月八日通達第二一号で、宮内官と議員は兼務できない職名を発表したことからの辞退者である。その職名は
侍従職　東宮職　大膳職　主殿寮　主馬寮　主猟局　帝室会計審査局　皇族家職と枢密顧問官である。
第九　当選者に当選の受諾か否を確認する、当選者に一人づゝ議員就任の諾否を問ふ。
第十　当選者確定し、当選証書が交付される。男爵議員が一番早く七月十七日、伯爵議員は七月二十四日に、子爵議員は七月二十八日であった。発行者はその爵の選挙管理者である。
第十一　議員名簿を奉呈（八月七日）併せて書類と共に貴族院議長に報告する。
以上十一の段階を経て互選は完了し、貴族院議員の誕生となるのである。
得票　今回の選挙の得票数を見ると

第一回伯子男爵議員選挙の結果

伯　爵

五五	東久世通禧	五四	松浦　詮	五三	伊藤博文	五二	柳原前光	五〇	上杉茂憲
四四	小笠原忠忱	四三	広橋賢光	四二	大原重朝	四〇	中川久成	三七	冷泉為紀
三二	松方正義	三三	立花寛治	三〇	勝　安芳	三〇	万里小路通房	二七	井伊直憲

以上一五人

子爵

二七七 勘解由小路資生　二七五 立花種恭　二七三 鍋島直彬　二七一 大給 恒
二六八 加納久宜　二六六 谷 干城　二六四 大河内正質　二六二 堀田正養
二六一 松平乗承　二四八 京極高典　二四二 曽我祐準　二四一 壬生基修
二四〇 榎本武揚　二三六 米津政敏　二三五 福羽美静　二三五 山尾庸三
二三四 岡部長職　二三四 小笠原長育　二三一 海江田信義　二二九 藤波言忠
二二八 仙石政固　二二六 品川弥二郎　二二四 由利公正　二二四 福岡孝弟
二二四 三浦梧楼　二二三 林 友幸　二二二 鳥居忠文　二一九 五辻安仲
二一八 板倉勝達　二一七 山内豊誠　二一七 新荘直陳　二一四 島津忠亮
二一二 久松定弘　二〇二 本多正憲　二〇〇 吉田清成　一九九 田中不二麿
一九七 河田景與　一九六 松平信正　一九六 久世通章　一九五 舟橋遂賢
一九四 佐野常民　一九三 香川敬三　一九二 竹内惟忠　一八九 松平忠礼
一八八 大迫貞清　一八三 野村 靖　一七六 高辻修長　一七三 鳥尾小弥太
一七〇 宍戸 璣　一六八 伊集院兼寛　一六八 青木周蔵　一六四 清岡公張
一六一 大宮以季　一五七 土方久元　一五七 柳沢光邦　一五六 酒井忠彰
一五五 田中光顕　一五四 九鬼隆義　一五四 五条為栄　一五二 杉孫七郎
一四九 内藤政共　一四八 黒田清綱　一四四 相良頼紹　一四二 井上 勝
一四〇 西四辻公業　一三九 松平直哉　一三九 青山幸宜　一三八 佐竹義理
一三八 山口弘達　一三七 関 博直

以上七〇人

次点 二六 清棲家教

次点　一二五　唐橋在正

男爵
七六　渡辺　清　　七六　長岡護美　　七五　槇村正直　　七四　神山郡廉　　七四　揖取素彦
七四　千家尊福　　七〇　菊池武臣　　六九　高崎五六　　六八　高崎正風　　六六　青山貞六
六六　金子有郷　　六五　中川興長　　六四　本田親雄　　六二　西五辻文仲　　六一　真木長義
五五　伊達宗敦　　五四　鶴殿忠善　　五三　杉溪言長　　四九　玉松真幸　　四五　小松行正
以上二〇人
次点　四一　本多副元

以上であるが、伯爵では山田伯は山県現内閣の司法大臣であるが（二五票）この他山県総理（三票）、西郷海軍（一〇票）、大山陸軍（三票）、井上外務（一一票）の各大臣が何れも落選していることは何を意味しているのか、当時は現役大臣は議員にはならないのだと敬遠する考え方が一般であったようであるが今日では異様に感じられる。しかし前述の通り宮内省通達により辞任者があり、その分は繰上げ当選となった。その数は伯三、子一八、男三合計二四名に及んだ。その中で北条、東園両子は七月十四日に一度は繰上げ当選となったが七月十六日再び辞任の手続をとった。これら選挙事務手続はかなり混乱があった。混乱の原因となった宮内省通達が何故選挙直前（七月八日）に出されたのか詳らかでないが、恐らく選挙規則を有資格者によって慎重に討議されていたので、公布を延期していたためと考えられる。辞任による異動は次の通りである。

七月十四日当選が承認されない者
子　土方久元（宮内大臣）　　子　曽我祐準（東宮大夫）　　子　杉孫七郎（内蔵頭）
七月十六日　辞任
伯　東久世通禧（枢密顧問官）　　伯　勝　安房（枢密顧問官）　　伯　万里小路通房（侍従）

子　榎本武揚（枢密顧問官）　子　山尾庸三（皇族別当）　子　小笠原長育（東宮侍従）
子　藤波言忠（主馬頭）　子　品川弥二郎（宮中顧問官・御料局長）
子　福岡孝弟（枢密顧問官）　子　五辻安仲（大膳大夫）　子　吉田清成（枢密顧問官）
子　田中不二麿（枢密顧問官）　子　佐野常民（枢密顧問官）　子　香川敬三（皇宮大夫）
子　松平忠礼（式部官）
七月十六日　辞任
子　野村　靖（枢密顧問官）　子　高辻修長（東宮職）　子　大宮以季（東宮侍従）
子　西四辻公業（侍従）　子　北条氏恭（侍従）　子　東園基愛（侍従）
男　高崎正風（枢密顧問官・御歌所長）　男　真木長美（宮中顧問官）
七月十四日　繰上当選
子　北条氏恭（繰上当選の後辞任）　子　東園基愛（〃）　伯　清棲家教
伯　山田顕義　伯　正親町実正
七月十六日　繰上当選
子　税所　篤　子　河鰭実文　子　一柳末徳　子　大村純雄　子　鍋島直虎　子　平松時厚
子　日野西光善　子　細川興貫　子　伊東祐麿　子　秋田映季　子　土方雄志　子　長谷信篤
子　松平康民　子　京極高徳　子　津軽承叙　子　本荘寿巨　子　久留島通簡　子　桜井忠興
男　本多副元　男　藤枝雅之
以上で伯爵議員は三名、子爵議員は一八名、男爵議員は三名の繰上当選者があった。その結果を表示すると

	議員定数	戸主	有権者	投票	非投票	対有権者比	対戸主比	実数
伯爵	一五	八〇	七四	四一	三三	二〇・二七%	一八・七五%	五・三人
子爵	七〇	三五五	三〇〇	二〇八	九二	三二・三三%	一九・七一%	五・〇人
男爵	二〇	一〇二	八五	五四	三一	三一・五二%	一九・六〇%	五・一人

以上の通りで伯爵議員は有権者七四人であるから二〇・二七%で、戸主では八〇人にたいし一八・七五%で、五・三人に一人が議員に当選したことになる。子爵議員の場合は戸主三五五人にたいし七〇人であるから五人に一人が当選したことになり、男爵議員では戸主一〇二人で五・一人に一人の割合で議員に当選している。この比率を衆議院議員の選挙に比べて批評したものがあったが、元来華族（丁年以上）は全員を就任させるのが憲法起草当時の案であったことからして問題とはならない。

第一回選挙により当選した有爵互選議員は次の通りである。〇印は後に研究会が創立された時点で研究会所属となる。

伯　伊藤博文　　伯　山田顕義　　伯　松方正義　　伯　柳原前光　　伯　井伊直憲
伯　松浦　詮　　伯　冷泉為紀　　伯　正親町実正　　伯　上杉茂憲　　伯　大原重朝〇
伯　清棲家教　　伯　小笠原忠忱　　伯　中川久成　　伯　広橋賢光〇　　伯　立花寛治
子　長谷信篤　　子　谷　干城　　子　青木周蔵　　子　壬生基修　　子　鳥尾小弥太
子　大給　恒　　子　福羽美静　　子　岩下方平　　子　宍戸　璣　　子　黒田清綱
子　河田景與　　子　林　友幸　　子　三浦梧楼　　子　伊集院兼寛　　子　伊東祐麿

子　海江田信義　子　井上　勝　子　清岡公張　子　田中光顕　子　五条為栄
子　鍋島直彬　子　大迫貞清　子　勘解由小路資生　子　平松時厚○　子　由利公正
子　河鰭実文　子　津軽承叙　子　島津忠亮　子　立花種恭　子　岡部長職○
子　細川興貫○　子　仙石政固　子　竹内惟忠　子　久世通章　子　唐橋在正
子　日野西光善　子　九鬼隆義　子　京極高典○　子　大河内正質○　子　松平直哉
子　一柳末徳　子　堀田正養○　子　松平乗承　子　米津政敏　子　松平信正
子　青山幸宜　子　舟橋遂賢　子　柳沢光邦　子　加納久宜　子　山口弘達○
子　大久保忠順○　子　酒井忠彰○　子　秋田映季○　子　鍋島直虎○　子　佐竹義理
子　板倉勝達　子　山内豊誠　子　土方雄志○　子　鳥居忠文　子　本多正憲
子　久松定弘　子　相良頼紹○　子　京極高徳
子　内藤政共　子　大村純雄　子　本庄寿巨　子　関　博直　子　松平康民○
子　新荘直陳　子　久留島通簡　男　千家尊福　男　槇村正直　男　長岡護美
男　神山郡廉　男　本田親雄　男　楫取素彦　男　渡辺　清　男　青山　貞
男　高崎五六　男　伊達宗敦　男　西五辻文仲○　男　若王子遠文　男　中川興長○
男　藤枝雅之　男　金子有郷　男　本多副元　男　菊池武臣　男　杉溪言長
男　小松行正○　男　鶴殿忠善

選ばれた新議員は一週間後の七月十七日に華族会館に参集し、五爵議員懇親会を開き、更に八月二十四日には有爵議員一三六名が会館において政務調査委員会の設置の必要を認め、協議員に次の一五名を選任した。

公　岩倉具定　公　徳川家達　侯　蜂須賀茂韶　侯　浅野長勲　伯　柳原前光
伯　松浦　詮　子　大給　恒　子　谷　干城　子　勘解由小路資生　子　鍋島直彬

子　松平信正　　子　加納久宜　　男　千家尊福　　男　長岡護美

互選によって当選した有爵議員一〇五名の年令を見ると、最高は文政元年二月生の子爵長谷信篤の七二才五ヵ月、最年少は慶応元年六月生の舟橋遂賢子で二五才一ヵ月である。伯爵では天保六年二月生の松方正義五五才五ヵ月が最高で、最年少は元治元年六月生の松浦詮二六才一ヵ月である。男爵では最高は天保五年五月生の槇村正直五六才二ヵ月、最年少は慶応元年五月生の杉溪言長二五才二ヵ月である。これを平均年令にすると伯爵議員は三五・八六才、子爵議員は四四・四八五才、男爵議員は四一・八五才となる。互選議員一〇五名の平均は四〇・七三才で議員の任務からして壮年の集りといえる。

三、勅選議員

勅選議員は貴族院令第一条第四項に示されている「国家ニ勲労アリ又ハ学識アル者ヨリ」勅任されるのであるが、政府が推薦上奏によって実現する。第一次は九月三十日に六〇名が発表され、十月二十四日に伯爵東久世通禧が勅選議員に勅任された。東久世伯は伯爵議員選挙では最高得点で当選したが、この時点で枢密顧問官であったゝめ辞任し、後改めて勅任された。以上の六一名についてその履歴によって分けると

宮中顧問官	四	元老院議官	三二	軍　人	四
県令・県知事	三	裁判・法制関係	二	東京帝国大学教授	六
日本銀行	二	その他（民間）	八		

である。元老院議官の経歴者は約半数の五二・四％を占めている。これは議会開設によって元老院は廃止され多くの議官がそのまゝ勅任されたのである。研究会にその後入会したのは三名（小畑美稲、福原実、菊池大麓）である。

四、多額納税者議員の選挙

多額納税者議員（通例は多額議員と略称している）については貴族院令第一条第五項の「各府県ニ於テ土地或ハ工業或ハ工業商業ニ付多額ノ直接国税ヲ納ムル者ノ中ヨリ一人ヲ互選シテ勅任セラレタル者」である。直接国税を納める者の上位一五人の中から一人が互選される。大正十四年の貴族院令の改正で一〇〇人の中から一人又は二〇〇人の中から二人を道府県単位に単記無記名投票によって選出する。当選者は道府県知事より上奏し、勅任されて議員となる。その任期は七ヵ年、定員は貴族院令（大正十四年改正）で六六名以内と定めた。（第一章第二節参照）

第一回の選挙は明治二十三年六月十日に行われ九月二十九日に四五名が任命された。この中で研究会の創立によって入会したのは一二名である。

第一回選出多額納税者議員（明治二十三年九月二十九日）　〇印は後に研究会に入会

男　島津珍彦　原　忠順　諫早一学　金須松三郎　渡辺治右衛門〇　川崎正蔵　野崎武吉郎
下郷伝平〇　馬場道久　若尾逸平　蟹江史郎　宮崎総五〇　野村治三郎　長谷川直則〇
前田謙祐　三木与吉郎　梅原修平　沢原為綱　久保田真吾　山田　穣　林宗右衛門
水之江浩〇　池田甚之助　市島徳治郎　吉田三右衛門〇　関口弥五　工藤寛得　鹿毛信盛〇
田部長右衛門　井芹典太　村上桂策　山田荘左衛門〇　桑田藤十郎　中村雅真　山崎慎三
岡野是保　桜井伊兵衛　角田林兵衛　渡辺甚吉〇　島内武重〇　鈴木伝五郎　菊池三郎
滝口吉良〇　五十嵐敬止〇　小田清兵衛

第一回の当選者四五名は殆んど農業を家業（地主を含む）として、商業と記載しているのは極めて少ない。納税額は上位から選ぶので納税額には制限はないが、当選者の最高は野崎武吉郎（岡山）の五、八六五円で、最少額は滝口吉良（山口）の四〇九円であった。年令では最年長は若尾逸平（山梨）の六九才、最年少は五十嵐敬止（千葉）三〇才であった。

五、補欠選挙

第一回選挙は以上の通り終了し新議員が就任したがこの年第一回の補欠選挙が公示された。補欠選挙の実施の経過を述べて見る。伯爵議員柳原義光が明治二十三年十一月十八日に枢密顧問官に任ぜられたので同月二十五日に議員を辞任した。こゝに伯爵議員は一名の欠員ができ、同年十二月十日に明年二十四年二月五日に補欠選挙施行の詔書が出た。

「朕……貴族院伯子男爵議員選挙規則ヲ以テ貴族院伯子男爵議員一名欠員ノ為メ補欠選挙ヲ行フヘキコトヲ命ス」と。

翌年一月六日に宮内省爵局長官は選挙規則第一六条第二項及第六条に依り補欠選挙人名簿を伯爵議員選挙管理者東久世伯に交付し、それを受けた管理者はこれにより名簿と投票用紙とを各選挙人に配付。一月七日に東久世管理者は松浦詮、大原重明、中川久成に対し補欠選挙立会人であることを改めて通知した。選挙は公示の通り二月五日華族会館で実施され、当日選挙管理者である東久世伯が病気のため出席できず、立会人の首席者松浦伯が代理となり、立会人には上杉茂憲伯が指名を受けて行われた。投票の結果は万里小路通房が二六票で、次点以下は酒井忠道八票、戸田氏共七票、徳川達孝二票、以下井上馨、大隈重信、後藤象次郎、板垣退助、徳川篤守の五伯は何れも一票で、万里小路伯が当選し、直ちに当選者に報告し、選挙場にて選挙の結果の発表があった。九日に至り当選者から議員承諾を得てはじめて確定、翌日伯爵議員選挙管理者は補欠選挙による議員確定の旨を上奏し一方貴族院にも通知、又各選挙人には郵送をもって報告。二月十二日に伯爵議員補欠選挙明細書を二通作成し、正本を会館に保管、副本は貴族院に送付してこれですべての処理は完了となる。これにより欠員発生（議員辞任）以来七三日を経て補充が完了したことになる。

第五節　貴族院規則の制定

一、沿　革

議会設立に必要な法律は憲法の付属法として公布になった。
一、貴族院令（勅令第一一号・明治二十三年二月十一日公布）
一、議院法（法律・明治二十三年二月十一日公布）
一、貴族院成立規則（勅令第二二〇号・明治二十三年十月十一日公布）
一、貴族院議員資格及び選挙争訟判決規則（勅令第二二一号・明治二十三年十月十一日公布）
一、衆議院議員選挙法（法律第三号・明治二十二年二月十一日公布）
一、議会並に議員保護法（法律・明治二十二年十一月八日公布）
一、貴族院伯子男爵議員選挙規則（勅令第七八号・明治二十二年六月五日公布）
一、貴族院多額納税者議員互選規則（勅令第七九号・明治二十二年六月五日公布）

等がある。この中で貴族院伯子男爵選挙規則については前述の通りで貴族院令第四条の後半に「其ノ選挙ニ関ル規則ハ別ニ勅令ヲ以テ之ヲ定ム」とあり、これに基く勅令は明治二十二年六月五日に公布になった勅令第七八号（貴族院伯子男爵議員選挙規則）であって、その第一三条に「前数条ニ掲ケタル者ノ外選挙ニ関ル一切ノ規程ハ選挙資格ヲ有スル伯子男爵ノ協議ヲ以テ之ヲ定ムヘシ」とある。選挙資格者がこの法律を作成することは形の上からして政府の押し付けではない処に意義があった。当然有爵者の参加によるのであるから華族会館が主体となったのである。

二、規則の草案作成

前述の通り議会成立に必要な諸規則は公布となり、次に議院運営に関する規程が必要であるが、未だ議会は開かれておらず、開会に先きだって制定しなければならない。その規則の草案の作成が有爵議員に課せられたのでその基盤は華族会館において行われた。こゝにどの様な経過で制定したかを少しく述べて見る。貴族院規則とは最初からはっていない、議院内部の規則、議事規則、議院運営規則などと呼んでいる。

明治二十三年八月十二日に芝公園内の三縁亭において集会が開かれ、この席上貴族院の議院内部の諸規則を調査検討することを決めた。これが議院内諸規則を調査し認承についての最初の会合であった。この日の出席者は公爵徳川家達ら公爵議員二、侯爵議員三、伯爵議員三、子爵議員六、男爵議員二の合計一六名と議員以外に侯爵醍醐忠敬が参加した。協議の結果これを華族会館の事業とし、調査要員を一五名としその委員は館長が有爵議員中から選任することゝし、八月二十九日次の十五名によって発足した。

公　岩倉具定　公　徳川家達　侯　蜂須賀茂韶　侯　浅野長勲　伯　柳原前光
伯　松浦　詮　子　谷　干城　子　勘解由小路資生　子　鍋島直彬　子　加納久宜
子　大給　恒　子　松平信正　男　千家尊福　男　槇村正直　男　長岡護美

このうち徳川、岩倉、谷、大給の四委員は辞任し、それぞれ次点者から

公　三条実美　伯　上杉茂憲　子　松平乗承　男　渡辺　清

の四名が選任された。調査委員会の幹事には勘解由小路、鍋島、松平信正の三子が選出された。これらの調査委員は有爵議員中の実力最右翼の人物であった。当初は貴族院規則を主とし、更に広く議員のための諸法律や制度の調査研究をも目標に加えている。この会は毎週月水金を集会日と定め、貴族院規則の審議を初めた。調査会の経過は次の通

りである。

九月十日（第一日）規則案を配布
　十二日　貴族院成立規則を討議、第一条より七条
　十五日　同第七条以下
　十九日　貴族院書記官長金子堅太郎を招き質疑応答を行う
二十二日　貴族院規則を討議、第一条より第三八条
二十四日　同第三九条より第七〇条
二十六日　同第七一条より第一三九条
十月　一日　同第一四〇条以下全部
　三日　同第三読会、金子書記官長との質疑応答、同第一条より第五六条
　六日　同第五七条以下全部
十五日　有爵、勅選、多額の三種議員による合同調査を決め、委員には前掲の有爵議員一五名と勅選議員
からは
細川潤次郎　三浦　安　加藤弘之　山口尚芳　伊丹重賢　金子堅太郎
尾崎三良　渡辺如元〔渡正元カ〕　小畑美稲　以上　一〇名
多額納税者議員からは
原　忠順　滝口吉良　鹿毛信盛　渡辺甚吉　桑田藤一郎　以上　五名

の合計三〇名が選任された。これらの委員によって審議を行い、二十四日に修正案を作成しこれを検討するために、次の七名の委員を互選した。

子　鍋島直彬　子　松平信正　男　槇村正直　勅　金子堅太郎

勅　村田　保　　勅　三浦　安　　勅　細川潤次郎

の七名を互選す。

二十七日　修正案討議委員会、第一条より第一七条まで
二十八日　同第一八条より第二七条まで
二十九日　同第二八条より第九〇条まで
三十日　同第九一条より第一六二条まで
三十一日　同第一六三条以下全部（終了）
十一月六日　修正案を提出
　七日　合同委員会を開き修正案を討論
　八日　問題条項第七一、七二、七三条
十一日　同第九二、九三条
十二日　修正討論終了
二十日　委員会案を貴族院議長に提出、議員に同案を配付

以上が貴族院規則草案の審議経過である。

委員会と新聞記者　貴族院の議会運営に関して、誰もが未経験の事柄を決めることであったから、是非の判断を下すことは容易ではなかった。この討議の中で後まで問題となったのは新聞記者の取扱いで、議会審議の模様をより効果を挙げようとする立場から、記者を委員会に入れ取材さすべきであるとの論が出ている。討議の結果貴族院は自由に委員会に入れることをせず、常時事務局の書記が委員会の審議の模様を筆記して、新聞記者に報告し説明することゝ決った。しかし衆議院は記者がはいることを認めていた。これは貴族院と異なり、衆議院には新聞記者出身の議員がかなりあったし、政党自身は新聞と結ばれていたものが多く、又支持を受けている新聞が少なくなく、地方（選挙

区）との関係があったことから自由取材が認められ、委員会にもはいることが許されることとなった。貴族院がそれを認めなかったのには色々理由が挙げられているが、会議は政府と共に腹蔵なく意見を述べることが必要で、それではじめて成果があがるとした。その点から委員会の速記も不必要とする論さえ出ていた。第一議会の時から伊藤議長は新聞人から委員会に入れろと強く要求されたが、華族会館における会議で決められたことを尊重するとして許さなかった。たしかに若し新聞記者がはいれば会議の報道に止まらず議員の姿などまで新聞に載るし、記者が委員会の記事を新聞に載せれば、本会議はいらない、議員は朝の新聞を読んで電話で可否を通告すればよいことになってしまうとまで評され、貴族院には新聞記者を入れなかったことは先見の明があった。それから後に何度も新聞記者から要請があったが遂に認められず、徳川家達議長が新聞記者の要求を聞き流して、只一言、議長室の扉を指差して「出口はあちら」と云って新聞記者を追い帰した話は後々までの語り草となっている。（近藤英明元書記官談）

華族会館誌には「本日ヲ以テ調査委員担当ノ事務全ク畢ル」と記している。そしてこの委員会案は政府にとどけられ、政府はこれにもとづいて貴族院規則の政府原案を作成した。

第二章　初期の貴族院と議会運営（明治二十三年）

——諸問題と審議論争——

第一節　第一回帝国議会の成立

一、席次の決定

明治二十三年十月九日に詔勅が発せられ

「朕帝国憲法第七条及第一四条ニ依リ本十一月二十五日ヲ以テ帝国議会ヲ東京ニ召集ス」と。各議員は万全を期しその日を待った。召集が十日後に迫った十一月十四日に華族会館館長浅野長勳侯は松浦詮伯ら同志一八人に呼びかけて主催者となって、会館に貴族院議員を招待して懇親会を開いた。この日来会するもの一四〇余名に達した。この集会は儀礼的ではなく、意義のある会合であった。今回就任した有爵議員は全華族の代表者であることの自覚を示し、新議員にたいする激励であり議員はその責任を心に銘し、会館は議員の本分を尽す上での基盤となり、協力することを表明した会合であった。この頃から会館の利用は急に多くなり、召集を目前にした十一月二十一日には新議員一三二名が会館に集まり議会に臨む準備のための集会を開いている。

第一回帝国議会（以下は第一議会と略記する）の召集は十一月二十五日に行われ、初代議長は伯爵伊藤博文、副議長には枢密顧問官を免ぜられ勅選議員に就任した伯爵東久世通禧であった。この日の会議は三つの事項が処理された。第一は議員の席次の決定で、これは貴族院成立規則第四条により皇族が上席に、その次は各議員を宮中席次による爵位順とし、その他は年齢順で決まるが、今回は同年同月生の議員があったため、規則により席次を決めるための抽選が行われた。伊藤議長は「安政元年三月生ノ同月議員四名ノ着席順ヲ抽籤デ定メマス……」と発言した。この四名とは桜井伊兵衛、山崎慎三、中村雅眞、岡野是保で何れも多額納税者議員である。その他に同じ多額議員で万延元年三月生が二名あったので、その席次も抽選で決めた。これは貴族院規則によったが、席次の決定方法にはなお異論を唱えていた議員があり、議会が開かれてからも、自己の持論を述べ、その方法を取り入れろと主張している。その一つは議員は全て平等であるとする理念から、全員の席次は抽選で決めることを希望した。「この論をいい出したのは、元老院議員の経歴の人で三浦安、渡正元、村田保が挙げられ」（旧話会速記）ている。三曜会は抽選論派ではあるが、勅選議員の席順は抽選で決めるべしとする案が出たため、貴族院規則をもう一度実情に合うようにするため、貴族院規則〈全部修正特別委員会〉が設置された（明治二十三年十二月八日）。これはこの規則の草案作成には有爵議員が参加（前述の通り）していたが、勅選議員は不参加であったことの不満からであった。委員会は修正案をまとめ提出した。その中で席次も改正し皇族以外の議員の席次は爵位に拘らず全員抽選によって定めることゝした。この修正案は明治二十四年二月二十七日に本会議に上程討議されたが委員会案は認められなかった。したがって席次も第一次の規則がそのまゝ実施されることゝなった。

二、部属の決定

召集日の議事の第二は議員の部属の決定であって、貴衆両院とも各九部に分属させるための抽選である。これは貴族院の場合は成立規則第五条の

「議員ハ書記官ヲシテ抽籤セシメ総議員ヲ九部ニ配分シ各部ニ号数ヲ付ス
均分スルコト能ハサルトキハ第一部ヨリ以下毎部一員ヲ加フヘシ
議長副議長ハ部員ノ中ニ入ラス」

によるもので、更に各部毎に部長、理事を互選（同第七、八、九、十、十一条）する。それが確定した点で議会は成

立する。

決定した各部の部長、理事は次の通り

部	部長	理事
第一	侯　浅野長勲	子　鍋島直彬
第二	勅　伊丹重賢	勅　小沢武雄
第三	男　本田親雄	多　島津珍彦
第四	子　清岡公張	勅　渡辺　驥
第五	子　谷　干城	男　青山　貞
第六	子　林　友幸	勅　伊東巳代治
第七	男　千家尊福	子　松平信正
第八	勅　細川潤次郎	子　勘解由小路資生
第九	子　鳥尾小弥太	勅　村田　保

これを以て議会は成立した。各部別に控室が設けられ、会議に出席するまでこゝで待機する。

さて何故この様な部別に議員を配属させることになったのか。貴族院は政党や主義主張による党派は認められていない。しかし議事、法案審議運営の公平と円滑のための方法として設けられたもので、議員はすべて同格で差異のないものとしての分属であった。この部を単位として協議事項の処理、対策に役立たせようとするものであった。特別委員や常任委員の選出もこの部を単位として行われた。しかし既に有志の団体や研修の会合は存在していたから、議員は控室が決まっていたが、その室にはいって見ても、お互に面識のない人であったりして、居づらく実際には歓迎されなかった。既に有爵者は華族会館を基盤とする各種の団体が存在していたから、自然会館に集まる様になった。

研究会の場合も同じで、既に政治会派として創立されていて、既成事実とはなっていたが、この様な議会の制度があったから、議会側の公認の形となったのはかなり後のことであった。この事情については後章で詳しく述べるが、部属制度は以上の様な実情から、極めて形式的なもので、部属単位による機能的な行動は最初からなかった。しかしこの部属の制度は昭和二十二年五月の貴族院解消まで存続していて、毎議会の成立時には全議員の部属表が作られ議員へ配布された。

衆議院も貴族院と同様に部属別が実施されているが、政党会派が貴族院より一層はっきりしていたから、この部別控室は不評であったので、第一五議会（明治三十三年十二月召集）から改め、政党別控室が設けられた。その時は憲政本党二室、帝国党一室、立憲政友会三室、三四倶楽部一室、無所属一室の八室が決った。これから後は党派及びその所属議員の異動があった場合は会期の始めに各派の協議の上で控室の割当を決めることゝなった。

これを以て議会は成立し、その旨を議長より上奏の手続がとられると、翌日次の様な開会の勅令が下される。

「朕　帝国憲法第七条及議院法第五条ニヨリ十一月二十九日ヲ以テ帝国議会開会ヲ命ス」

議院法第五条には「両院成立シタル後勅命ヲ以テ帝国議会開会ノ日ヲ定メ両院議員ヲ貴族院ニ会合セシメ開院式ヲ行フヘシ」とある。

三、貴族院規則の承認

部属の決定をもって議会は成立したのであるが、今回は第一回の議会であったから、貴族院規則を成立させるための承認議事が必要であった。これは貴族院における議事規則で、前述した通り、既に政府案として議員に呈示されていた。議長は「……議院規則ヲ開院後速ニ議院ニ於テ採用サレマスルタメニ（中略）御相談会ヲ開カレンコトヲ望ミマス」と述べ、しかも開会に間に合せる必要があったので二十八日までに制定を要請した。その間は三日しかない。各部は（既に九部の分属は成立していた）直ちに九部から二名づゝ計一八名を委員に選び審議にはいった。この結果は第一議会の項で述べる。

四、開院式

開院式は十一月二十九日に挙行されたが、今回は第一回議会であったことから、式に臨む前に、早朝議員一同は大礼服の正装で、宮中の賢所の参拝をし、御誓文といふ誓い文を供へたと子爵山口弘達は述べている（旧話会一ノ下・昭和四年七月九日談）。これは議会はすべて天皇の命によって開かれるので、それを神前に報告したのである。開院式当日賢所を参拝した記録は他に見ていないし、以後にも行われていない。この賢所参拝の意義は大きく、理解しなければならない。賢所参拝を済せた議員は開院式場へ直行した。

開院式は宮内省所管の行事である。召集日の翌十一月十二日に宮内省から〈第一回帝国議会開院式の諸次第〉を告示し貴族院を使用するのも議院側か宮内省に提供する形となる。それ故この日は議会の事務局員も用務上の必要の範囲で宮内省の属託となり宮内省の指揮下に属するのである。この事について元衆議院理事官（後に貴族院議員）の子爵松平銑之助は「自分は当日に限り宮内省属託となって、陛下をお迎えする仕事をし、陛下の御使用になる場所にもはいれたが、この日に限り宮内省属託でない議会職員は自由に動くことさえできなかった」と述べている。開院式は貴族院本会議場を使用して行われた。当日は議員は大礼服を着用した。位だけの者は位階服、勲章佩用は大礼服、燕尾服、その他はフロックコートであった。その後モーニングとなり、第二次大戦にはいってからは、制定の国民服又は黒の略礼服となった。両院議員は本会議場に会し、議席はあるが席には着かず、玉座に向って左に衆議院議員が、右に貴族院議員が整列し、天皇陛下より開院の勅語を賜る。貴族院議長がお受けする。この日の貴族院議員は二五二名で、こゝに立憲政治による近代日本は第一歩を踏み出した。顧みれば板垣退助、後藤象二郎、副島種臣、江藤新平らによって明治七年一月に民撰議院設立の建白書を左院に提出してから実に一六年目である。歴史的な開院式は、この日午前十一時に開かれ、明治天皇より次の様な勅語を賜った。

「朕貴族院及衆議院ノ各員ニ告グ、朕即位以来二十年間ノ経始スル所、内治諸般ノ制度粗々其綱領ヲ挙ゲタリ、庶幾クワ皇祖皇宗ノ遺徳ニ倚リ、卿等ト倶ニ前ヲ継ギ後ヲ啓キ、憲法ノ美果ヲ収メ以テ将来益我ガ国ノ光烈ト、我が臣民ノ忠良ニシテ勇進ナル気性トヲシテ、中外ニ表明ナラシムルコトヲ得ム朕又夙ニ各国ト盟好ヲ修メ通商ヲ広メ、国勢ヲ振張セムコトヲ期ス

幸ニ締約諸国ノ交際ハ益々親厚ヲ加ヘタリ

陸海ノ軍備ハ内外ノ平和ヲ保全スル為ニ歳ヲ積テ完実ヲ期セサルヘカラス

明治二十四年度ノ予算及各般法律案ハ朕之ヲ国務大臣ニ命シテ議会ノ議ニ付セシム

朕ハ卿等カ公平慎重以テ審議協賛スル所アルコトヲ期シ、併セテ将来ニ継クヘキノ模範ヲ貽サムコトヲ望ム」

この時大手門内の皇居からは一〇一発の祝砲が轟き、国民の喜びも大きく「実に千載未曽有の盛典、朝野歓喜の涙をこぼさゞるはなく……」と報じ（東京日日新聞）ている。

開院式に出席した有爵議員はいづれも大礼服を着用していたことは前述の通りで、その大礼服に少しく触れよう。有爵者の大礼服は五爵とも同じ形と模様ではあるが、各爵毎に襟と領袖と帽との素地布を色にして五爵を区別している。公爵は紫色、侯爵は赤色、伯爵は桃色、子爵は浅黄色、男爵は萠黄色であった。佩剣は一般は洋刀の黒鞘飾物であった。

五、議員記章と服装

こゝで議員記章について述べて見よう。山口弘達子の談（旧話会速記一の上・昭和二年十二月七日）によると、最初のものは勲章の略綬と見誤る様なものであって（円に括って中に金輪があり勲章の綬と同じ紫地に白の布で作って

あったという）勲章に紛らわしいとのことで第一議会で使用したが第二議会からはこれを廃め、紫のビロードの今の形のものになった。当時はフロックコートを着用しての登院で、和服を着るのは変則とされていたが第三議会頃からは和服が見られるようになった。そのためバッチは羽織の紐にくゝりつけていた人があった。

服装のことに関連し、旧話会速記に丁髷の話が載っているのでその内容を記す。

議員の中に丁髷の方はいたかとの成瀬書記官長の質問にたいし、川村元職員は二人か三人あって、竹内惟忠子爵、島津忠義、島津忠済両公爵を挙げている。山口弘達子は忠済公について、初めは丁髷で大礼服を着て、日本刀を差して来られた。あの頃は大礼服で日本刀を差していた議員はたくさんあった。三浦安さんは昔の金造りの太刀を提げていたし、島津両公の丁髷は覚えていると語っている。又議員の登院の時のお供の家令は皆丁髷であったようだ。衆議院では結髪（丁髷）代議士で東京第九区選出の芳野世経がいたと記している（林田亀太郎・政界裏面史上）、丁髷は明治四年八月九日の太政官布告に「散髪勝手タルヘシ」とあるが、禁止してはいない。大礼服に帯剣は正規の形式なのではあるが、普通は装飾の礼装洋刀を用いていた。

六、第一議会開会

第一議会は十二月一日に開かれ、先づ召集日に伊藤議長よりの要請のあった貴族院規則の採用の件を議題とし、協議委員会を代表して細川潤次郎が討議の結果を報告した。この規則の討議は僅か三日間しかなかったが、既に述べた通り華族会館にても充分に検討されていたものであるので政府案として提出はされたがその草案は議員の間で既に了承したものであった。細川委員も「……院外ニ於テ審議ヲ経テ起草モ略出来テ居リマスル所ノモノヲ採用シテ、以テ此議場ニ於テ報告イタシマスルコトヨリ外ニ手段ハアルマイト云フコトニ決定……」と述べている。採決の結果は賛成多数で議決となった。しかし勅選議員の渡辺清はこれを完全なものとするために、第一期の議会において不便な箇所や適不適を改めるため起草委員会を設けて、そこで作成することの建議案を出したが採択とはならなかった。この規則は最初は一八六条であったが削除があり全一七七条で、これにもとづいて貴族院の議事は運営されるのである。

このように議会運営の基本法規でありながら第一議会が開かれてから議決したことは、当初の議会開設の慌だしさが感じられる。この規則は第一章委員、第二章開議散会及延会、第三章議事日程、第四章議事、第五章議事録及速記録、第六章上奏建議及議案ノ奏上、第七章請願、第八章請暇及辞職、第九章警察及秩序、第十章傍聴、第十一章徴罰、第十二章衆議院トノ関係の一二章から成っている。

この規則はその後しばしば改正され、早くも明治二十四年二月二十七日には、先に制定されていた貴族院成立規則一一条をそのまゝ貴族院規則の第一章とする修正を行い、更に前後一二回改正されている。その要点を示すと

第一	明治二十四年二月十日	請願書署名の件
第二	同年二月二十七日	貴族院成立規則をそのまゝ第一章とす
第三	同年十二月四日	特別委員の選挙を議長又は各部に委任する
第四	同二十七年五月二十二日	常任委員の増員
第五	同三十年一月二十九日	両院協議会委員の選挙の件
第六	同三十二年三月二日	討論打切りについて異議申立に関する件等
第七	同四十年三月二十一日	予算、決算委員数の増加
第八	同四十三年三月十日	請願委員数の増加
第九	大正二年三月二十六日	予算委員数の増加
第一〇	同十年三月二十六日	慣例を明文化する全面改正
第一一	同十四年十二月二十八日	公侯爵議員の辞職の途を作る
第一二	昭和四年三月二十日	議席順は宮中議席順により、議長に一任

以上である。この他貴族院規則付属規則として予算案議定細則、決算議定細則、閉会中議案審議の継続に関する規則が作られた。

つゞいて全員委員長の選出と常任委員の選挙が行われ、委員長に勅選議員の細川潤次郎が当選した。常任委員は各部の互選である。これらの議事でかなりの日時が費された。

七、予算審議問題

第一議会で問題になった一つは予算案審議で、明治二十四年度予算案は衆議院の先議で行われ、修正（六〇〇万円減）され政府はこの修正に同意をし、貴族院に送付された。歳出七七、〇二一、二五二円三〇銭、歳入八三、四六二、五三二円七五銭五厘である。これを受けた貴族院に問題が起った。それは衆議院での審議に手間どり、送付を受けたのが会期を僅か四日をのこす三月三日で、しかも政府は三月五日に審議を終りその結果を報告するよう申し入れて来た。これでは到底審議は終えられず、審議期間の不足のため、若し政府の希望逼りに審議を終り報告することとすると、衆議院の議決に盲従するの他はなく、若し充分に審議を行うとなると会期の上から予算は不成立となるので、その場合の責任所在について論争となった。予算委員長子爵谷干城は短期間での予算審議はできないとして、予算委員長辞任を申し出た。三月三日の本会議（当日は全院委員会）では谷委員長の意見に賛成する議員と、政府の要望通りに五日までに審議を終ることに賛成の議員とはげしく対立した。政府の希望通り、予算審議に応じるか否やが問題となったのは当然のことで、短期間の審議を可とすることは余りにも形式的であり、貴族院自らが二院制の意義を軽視することになる。政府の方針にも貴族院を軽視するものがあったのか、或は期間の制約にこだわったためなのか二つの見方が考えられるが、その根本原因は政府と両院議員の両者とも議会運営の未熟から生じたことは明かである。

全院委員会について少しく述べると、議院の議決があれば直ちにその本会議場で全院委員会を開くことになる。この会は議院の全員が委員となる形で、委員の三分の一以上の出席を要する。議決には過半数を要することは議院の会議と同様である。全院委員長が議長の席に着き、書記官長の席には書記官が着く（衆議院は委員長が書記官長席に着く）。議事運営には規則による制約はないので発言は自由にできる。会議は原則として公開である。審議の結果は議院に報告しなければならない。延会、開会日の決定などは全院委員長が決定する。この全院委員会は両院共に初期には開かれたが、第一四議会以後は開かないことゝなり、この制度は日本の場合は進展しなかった。速記録もない。これは初期の各委員会には速記がつかなかったことにより、全院委員会もそれと同様に見たからである。

谷委員長はひと先づ予算委員会を成立させ、そこで審議に応じるか否かを決めようと提案し、それが認められた。予算委員会は三月三日午後一時二十分から開かれ、谷委員長はこの会合で「盲目判ハ捺クコトハ出来マセヌ、依テ本員ニヤレト云フコトデアレバ早速委員長ノ職ハ御断リ願ヒマス」と予算委員会で審議することになれば自分は辞めるといい出した。結局谷子は委員長の席を外し、委員会は副委員長細川潤次郎によって進められたが、本格的な予算審議というよりも、審議のあり方でかなりの論議が行われ、審議の内容は変則的なものではあったが、委員は全項目に渉って審議をして、三月五日夜半午前二時三十分に終了した。そして政府の希望通り、三月五日に本会議を開き、副委員長によって審議の結果が報告された。

しかし政府から押しつけられた貴族院側の不満は大きかった。勅選議員山川浩は衆議院では審議に九〇日もかゝったものを、貴族院が三月三日に受けて五日に審議を終了することは到底できないと反対論を述べ、同じく加藤弘之も二日間では不可能で、そのために予算が不成立となってもやむを得ないと強い意見であった。この反対論に賛成を表明（発言）した議員は津軽承叙子、谷干城子、槇村正直男、勅選の三浦安、清岡公張子であった。これにたいし既に衆議院において充分審議され、かつ修正して送付された原案であるとして賛成（発言）したのは岡内重俊（勅）、島内武重（多）、渡辺甚吉（多）、長岡護美男、外山正一（勅）らであって、これらの他賛否論について発言を希望したものは多く議場は騒然とした。三曜会と懇話会とは不成立を希望したが票数の上で不足するので、時間切れによる不成立を計り、清岡公張、山口尚芳、渡正元、小幡篤次郎らは長い時間の発言をし、三浦安はわざわざ蔵相の出席を求めるなどの時間稼ぎと思われる質問を行ったが、質疑が終り、先づ副委員長報告の採決にはいり、賛成一一二、否四二で可決し、三月六日は午後十一時十五分に散会した。翌六日は款項の審議を行い午後八時四十六分に散会し、結局衆議院の議決通りの予算案が成立した。この時の模様を男爵杉溪言長は次の様に語っている（旧話会速記七）「……三曜会ト懇話会ト両方ガ不成立ヲ希望シ……不成立ニスルニハ、努メテ総テノコトヲ長ク引張ッテ、日限ノ切レルヨウニ引張ッテシマオウ、皆努メテ長ク引張ハルダケノ質問演説ヲ考ヘテ来イトイフ話デ……山口尚芳、渡正元トカアアイフ人ガ努メテ長ク引張ッタガ、ソレデモ追付カナクナッテ来タ。ソレデ最終ノ日ニ今度ハ質問ノ種ガ尽キテシマッタ。ソレカラ今度ハ定足数ヲ欠カウト思フト、議長ガ扉ヲ閉鎖シテ外カラ錠ヲ掛ケテ出ナイヤウニシタ。ソレカラ夜十二時迄ダト云フノデ、予算ハ全部朗読スベキモノデアルト云フ議論デ、何トカ云フ書記官（矢代）デシタネ、アノ時分ノ、極ク丁寧ニ数字ヲ読ム人デシタ……（中略）ソレデ続ケ様ニ読マレタモノデアルカラ、何デモソレカラ病気ニナッテ悪クナッタト聞イテイル。サウシテ終ヒニ段々ヤッテイルト、イツマデ経ツテモ十二時ニナラナイ。サウシタ所ガ、何ンデモ十一時半頃時計ガ止ッテイタ（この点は速記録とは十五分の差があって、速記録には十一時十五分とある。恐らく記憶違いであろう。しかし時計が止められたことは確かなようだ）到頭根負ケシテ予算ガ成立シテ、家へ帰ツタノガ一時半カ二時頃デシタ。唯無暗ニ引張ッテ、若シ一日延バサレタナラバ、ソレ切リナンダガ、ヨモヤ延バシハスマイト云フノデ、懇話会ノ連中ト三曜会ノ連中トガ組ンデ乱暴ナト云フカ随分無理ナ運動ヲシタ……ソウナルト自分ノ時計モ見ナイ、向フニアル時計ニモ気ガ付カヌ、唯何時迄経ッテモ十二時ニナラヌト云フノデ、ソノ間ニ反対スル方ガクタビレテシマツタノデス」（昭和八年七月六日談）この談話の内容には記憶違いもあるようだが、議会における体験談として興味深いものがある。

当時は法案の審議に際し、予め各議員が法案や予算案について準備する機会も、予備討議もなく、政府からの説明も聴いていない。意見の調整がなく、すべてが本会議において討議、質疑が行われるのであるから、混乱も起るし、時間の浪費にもなる。こゝにも議会運営の未熟、討論や審議の方法、運営の洗練さを欠いていたことによる。それも当時としては無理からぬことであった。又会期の延長についても前例がなく当時としてはやむを得ないことで、色々と不備が見られた。

以上のような経過を経て明治二十四年度歳入歳出予算案は衆議院の修正案通り議決され成立した。

この予算先議権について少しく問題点を分析して見たい。衆議院が九〇日もかゝって修正可決して貴族院へ送付して来たことに問題がある。先議権は認めても日数に制限がなかったことで、衆議院では自由党の激しい政府攻撃で混乱している。それが原因ではあるが、その上予算の審議日数に制限を設けず衆議院に先議権を与えたのは憲法の原則であると見たからなのであった。衆議院の議決（修正を含め）はその価値を高く認めて、非常な国家存立に関することとか、皇室の尊厳に関することでない限り、衆議院の議決を尊重すべきであるとの論理からであった、伊藤貴族院議長もこれを認める態度で、特に貴族院の予算委員会の審議にかけなくとも、衆議院送付案をそのままで通したい意向であった。それを真向から反対したのは三浦安、谷干城子、山川浩らで、貴族院の審議権を主張した。予算審議の日数には制限はないはずで（予算等議定規則）、伊藤議長の要求を非としたのであった。憲法精神からして両院は同等であるとする論でもあるが、一面で貴族院が感情から引延しを策すことは品位の問題であるとの論が大勢を制し予算案を成立させたのである。

第一議会はこの様にして予算の成立となったが、決して対衆議院との関係は円滑ではなく、それが尾を引いて第二議会における先議権問題で、貴族院は衆議院の態度を非難し敢然と立ち向うのである。

八、貴族院における法案審議

弁護士法　第一議会に提出された法律案は一六件で、うち政府提出の法案は三件が成立し、審議未了と否決は合せて七件であった。議案の審議よりも会議の手続きに非常に時間がかゝっている。最初の法案は弁護士法で、この時も先づ特別委員を選ぶために無記名投票が行われ、村田保一二一票、穂積陳重一二一票、尾崎三良一一三票、子爵加納久宜九五票、加藤弘之七七票、岡田重俊六七票、細川潤次郎六三票、清岡公張六一票、今村和郎五七票で九名の委員が決定している。山口弘達子は「大抵特別委員の選挙ばかりで一日の議事が終ってしまいました」と述べている（旧話会速記一）。又討論になってから、討論終結の動議が出なかったから実際に発言者がなくなるまで続いていた。発言者がなくなった後に打ち切りの動議を出すことゝなる。この特別委員の顔振れは八名までが勅選議員で、有爵議員は唯一人が当選したに過ぎない。華族の議員にはまだ期待がなかったことが窺われる。

度量衡法　成立した法案の一つで、提出に先き立って有爵者間で議論された法案である。これは既に日本が明治十八年のメートル法条約に加盟していて、メートル法に関しては度量衡条例が公布されていたが、これでは不便であるので、新たにメートル法の法規を制定しようとするものである。これにつき貴族院は修正案を提出した。それはメートル法は学術的には必要であっても、一般社会生活には従来の慣習の尺貫法があるから、今急いでメートル法の使用を要請する必要はないから、検定を受ける期限を三年以内とあるのを修正して七ヵ年以内へと延長する修正案を提出した。それが通り可決している。これより前華族会館の調査課は度量衡法案が議会に提出されたため、議員の参考用にと度量衡に関する意見を印刷物として配布したが、これが問題を起した。この意見を華族会館の意見（即ち一般華族を代表する意見）として認めるのか否やの論議が起った。そのため会館はこれについての声明書を出して、調査課の発行した印刷物の論旨は華族及び華族会館の〈一定の意見〉ではない、参考材料であるとし、又更に会館はこの法案審議の参考にと理学博士菊池大麓を招き意見を聴いている。当時この度量衡法は有爵者間には相当な反響があり、子爵議員内藤政共は会館調査課が出した参考資料の内容を批判した意見書を有爵者に配っている。その主旨はメートル法を採用しても不可ではない。本邦の度量衡の基本を確定した上であるからインチ、ヤードも使用を禁じていない。要するにこの法案は本邦の度量衡とメートル法と文明諸国との関係を明らかにせんとするものであって、みだりには反対しないといっている。当時華族会館を舞台として有爵者間に種々な論議があって、この法案の成否には関心を示していた。

商法ニ関スル法律施行期限法　これは第二に論議を呼んだ衆議院議員提出のもので、その内容は現行の商法及び商法施行条例の施行期限は明治二十四年一月一日となっているものを二ヵ年延期し明治二十六年一月一日よりとする法案である。その理由はわが国の商法は商習慣を軽視した政府案であるので、この商法を商業界に徹底させるのに八ヵ月の期間（明治二十四年一月）では不充分であるから、明治二十六年一月一日まで二ヵ年延長することにあった。この法案について貴族院では賛否両論が対立した、賛成者には勅選加藤弘之、多額では渡辺甚吉、下郷伝平があり、反対者には勅選の渡正元、平田東助、岡内重俊らがあった。その他、最も熱心であったのは子爵鳥尾小弥太で、商法は既に御裁可を経ているのを延期するのは間違っているといい、この討論は二日間に及んだ。賛成の渡辺、下郷両多額議員は後に研究会に入会している。発言者の中で勅選議員穂積陳重の論は注目された。曰く、日本の商法は商習慣を軽く見て政府の天下り商法であるから、二ヵ年間の延期によりその間に学者や実業家を参加させて不適当の箇所を修正して完全なものにしなければならないと述べて、延期には賛成しているが、修正論には反対であるとしている。この他にも多くの発言者があったが、何れも熱心ではあるが、多くの議員は法案の解釈と、取扱いに関する質問が集中し各議員は主張を譲らず、そのために議場は騒然とした。山口弘達子は当日の模様を「議長ガ伊藤公爵デアツテ、モウドウニモ斯ウニモ仕方ガナイ、幾ラ鈴ヲ振ツテモイカヌ」……「演壇ヘハ登ラナイデ、自席ノ卓ヲ叩キ激烈ナル勢デヤラレタ、他ノ者モ鉄拳ナドハ振り廻サヌケレドモ、衆議院ノエライ時ノ騒ギ位ノ騒ギデアリマシタ。貴族院ニハアンナコトハ滅多ニアリマセン」（旧話会速記）と述べている。これも当時として審議、運営の不満からでもあったことによるが、議員の多くが元老院議官の経歴のある者と、軍人出身や老練な大家で何れも熱心な発言であったことによって生じたものである。

九、議会終了

第一議会は火災のために一時混乱したが、その他は予定通りに運び、国民の期待のうちに無事最終日を迎えた。明治二十四年二月七日議事が終了した後に議長は特に発言し

「本日ハ議会最終ノ議事ヲ終ツタ当日デアリマスルニ依テ、諸君ニ此会ヲ閉サルルニ臨ンデ一言ヲ呈シ、願ハクハ諸君ト共ニ此議場ニ於テ、一斉ニ天皇ノ万歳ヲ唱ヘタイト思ヒマス」

と述べ、議員一同は天皇陛下万歳を又憲法万歳を唱え、それにつゞいて富田鉄之助議員の発声で「伊藤議長閣下万歳」を唱えて午後五時五五分に散会した。

この第一議会における有爵議員の本会議や、全院委員会での発言は活発であった。中でも議事運営、議会事務処理に関するものが多かったが、内容のある法案にたいする発言では次の諸議員が挙がる。

板倉勝達	蜂須賀茂韶	堀田正養	本多副元	鳥尾小弥太	大給　恒
林　友幸	海江田信義	勘解由小路資生	加納久宜	谷　干城	渡辺　清
槇村正直	酒井忠彰	千家尊福	本荘寿巨	清岡公張	内藤政共
小松行正	長岡護美	舟橋遂賢			

会派別に見ると三曜会会員が多かった。第一議会が終了した当時の貴族院にたいする世評はどうであったか、東京日日新聞には「貴族院は不偏、不党の地位を保ち、能く大勢を支えていた。衆議院が遮二無二に通過させた政談集会及び政社法案や地租条例改正案を貴族院では不成立とした。又地租微収期限の改正案を強く支持したことなどでは好感が持たれた」とし、貴族院を〈自ら大人君子の風あり〉と評している。かくの如く、第一議会で既に二院制による貴族院の存在価値が、はっきり国民に認められたことは、有爵議員のとった行為も大いに認められたのである。それは地位に不安定がなく（特権ともいえる）、個人的な野心のない国家本位の見解をもって臨んだことで、衆議院に見ら

れる党弊党略もないことなどが、この様なよい結果を生んだのである。

十、議事堂焼失

たまたま第一議会の会期中の明治二十四年一月二十日午前零時三十分頃に衆議院本会議場付近から出火し、木造の両院は全焼し、午前五時頃にやっと鎮火する事件が起った。出火の原因は「衆議院政府委員室雷火管熱度暴騰の致す所」（華族会館誌）とあるから漏電の様である。この日の派出警部は

帝国議会出火ノ儀ニ付上申

「明治二十四年一月十九日当直ノ処、翌午前零時四十五分頃、巡査三村多松ヨリ衆議院内第四一号室入口廊下　天井ノ一隅ヨリ発火シタル趣急報ニ依リ、直ニ現場ニ臨ミタルニ電気灯線ヨリ青色ノ火気ヲ発シ居タルニ付……（以下略）

帝国議会派出

警　部　橋口常彦

警　部　山本喜勢治

と報告している。議場を失った両院は直ちに広急策をたて、貴族院議員は二十日午後一時に幸橋内の宮内省所管の鹿鳴館（後の華族会館）に、衆議院議員は虎の門の東京女学館（元工部大学校）にそれぞれ参集して、議事を続けることゝなったが、貴族院の本会議場にあてられた鹿鳴館の仮議場は狭隘のため、更に二十四日から内幸町の帝国ホテルの〈舞踏室〉を急拠改造してこゝを貴族院本会議場として移動した。当時一ヵ月五、〇〇〇円の借室料が支払われた。

焼失した議事堂は、第一議会開会に間に合せるための仮のもので、木造二階建であったが、勿論日本で最初の議事堂であった。当時すでに本建築の議事堂は建てることゝなっていて、政府はドイツの建築家ウィルヘルム・ベックマ

エンデ及ベックマン設計帝国議事堂(大蔵省　帝国議事堂建設案の概要)

ン(一八三三〜一九〇二)とヘルマン・エンデ(一八二九〜一九〇七)の両名に設計を依頼している。しかし議会の開会に間に合わないので仮建築となったので、この本建築の図面はできているが遂に着工されなかった。

焼失した仮建築については渡欧した桂太郎らの招きで来日したドイツの建築技師アドルフ・ステヒミュレルと日本人技師吉井茂則の工事監督のもとに行われ、明治二十一年六月に起工し明治二十三年十一月の第一議会召集の前日に竣工した。

議事堂が焼失したことについてエピソードがある。たまたま駐独公使であった西園寺公望にドイツ皇帝カイゼルは「日本の議事堂が焼けた由、お気の毒に思うが、一つヨーロッパ人の我々に解けないことがある。それはどうして貴国の議事堂は木造建築なのであるのか」と話かけられた。これには日本は先進国から見ると劣った国だとの言外の意味が受けとれた。当時のカイゼルは隆盛時代で、最も得意な時であった。これを受けた西園寺公使は直ちに答えて、「確かに議事堂は木造建築でございます。出火の原因は漏電でありました。この建物の建築と電気施設の工事設計は貴国の技師でございますとお答えしたら、皇帝は次の言葉が出なかった」と西園寺公は述懐されておられた(橋本実斐談)。

焼失後貴族院は仮議事堂として使用しようと議員が参集した鹿鳴館は(実際には使用せず、帝国ホテルに移る)我国の欧州文化の輸入の急なる時代に生れた話題の建物である。明治十三年に着工した国賓接待と内外国人の社交の場としてのもので、これを設計したのは当時二五才という若い英国建築技師ジョサイア・コンドル博士（一八五二〜一九二〇）である。コンドルは来日の途中、東南アジアを廻り、得た東洋調と英国風とを取り合せ、且つ地震国日本を忘れずに、日本に適する洋館としたから、純英国風ではなく、むしろ一八世紀のドイツの宮殿風であった。明治十六年十一月に完成した。工費は一八万円、建坪四四一坪余のレンガ造り白亜の二階建洋館で、所有者は宮内省であった。華族会館は明治二十三年七月に一部を宮内省より借用した。議事堂を一時こゝに移す計画であった、その場所は明記されていないが、二階の舞踏室であったと思う。明治十六年政府はこゝに内外の顕官を招待して大夜会を催した。集るもの千余人という。その後もしばしば舞踏会を開き、我国の欧化運動を盛り上げ、条約改正を願ったのである。明治二十年九月井上外務大臣の辞任するまでの間が所謂鹿鳴館時代である。鹿鳴とは詩経の小雅篇の中の「呦々として鹿の鳴くあり、野の苹（ヨモギ）を食う、我に嘉賓あり、琴を鼓し、笙を吹く……」とある。この鹿鳴の詩が出典である。その意味は諸侯卿大夫等の宴の席でこの詩を詩えば賓客をもてなすことができ、鹿がよい声で鳴くのと同じ様に天賦を楽しもうといわれている。鹿は神の使であるとされる故にこの洋館の落成を神前で共に祝うことの意味でもあった。

明治二十三年になり華族会館は宮内省からこの建物を借受けてここに移った。これより第二の鹿鳴館時代が始まる。同年十月二十三日から二〇日間有名な大夜会と慈善会が開かれているが、この時には華族会館はそのために一時立退かされた。大正末期に麹町区三年町に移るまで（今の霞が関三丁目三）会館として使用し、有爵議員の活動の場であった。この建物は昭和十五年に取壊された。尚友倶楽部五号室にあるテーブルは鹿鳴館の貴重な記念品である。この他コンドルの設計による有名な建築は一町ロンドンの愛称のあった三菱旧一号館、ニコライ堂、三田の三井クラブがある。

十一、大津事件

第一議会は国民の期待を裏切ることなく、初めての議会行事は総て滞りなく無事に近代国家へと船出ができ、国を挙げて祝福し喜んだが、一方この年には一大不祥事件と不幸な災害があった。一つは同年五月十一日の大津事件で、来日中の露国皇太子ニコラス殿下が滋賀県大津で一巡査によって重傷を負われたことで、日本が漸く大国と親善の途を開き得たと思った矢先の事件であって、官民の恐懼と不安は想像に絶するものであった。この事件は議会とは直接の関係はないが、華族会館誌に公電が記載されているのでその事項の全文を載せる。

「昨十日（明治二十四年五月）神戸発電報ニ云露国皇太子殿下市街御遊覧ノ後京都ニ向ハセラル

又同日午後五時京都発電報ニ云露国皇太子殿下只今当地常盤ホテルヘ着明後十二日滋賀県御遊覧大坂ヲ経テ奈良ヘ向ハセラルヽ筈ナリト」是日暴徒アリ露国皇太子ヲ滋賀県下大津町ニ傷ツク露太子神戸ヨリ上陸京都ノ勝地ヲ巡覧シ本日滋賀県ニ赴キ琵琶湖等ノ勝ヲ巡覧ノ帰途突然此危難ニ遭遇セラルヽハ啻ニ同太子ノ不幸ノミナラス実ニ本邦君民ノ不幸ト謂フヘシ右事変ニ関スル電報等聞クニ随テ左ニ録載シ以テ後来ノ記念トス

本日午後二時三十分大津発滋賀県知事ヨリ電報

露国皇太子殿下只今当地御立ノ途中大津町ニ於テ路傍配置ノ巡査一人抜剣皇太子殿下御横額ヘ切付ケタリ犯人ハ其儘縛ニ就キタリ御傷ハ横三寸御精神ハ確ニテ供奉員ニテ不取敢繃帯シ県庁ヘ御帰リアラセラレ目下療治中犯人ノ巡査ハ本県守山警察署詰津田三蔵ト云フ全ク精神狂ヒ此挙ニ及ヒタリト恐入リ居レリ御先導警部ハ該巡査ヲ一刀斬リ付ケ縛シタリ何共恐入タル次第ナリ不取敢上申ス

同午後五時京都発式部官ヨリ電報

皇太子殿下只今当常盤ホテルヘ御着相成リタリ

依テ午後四時四十分能久親王並ニ侍医池田謙斎海軍々医総監高木兼寛等ヲ滋賀県ニ差遣セラシ同夜臨時汽車ヲ発シ

西郷内務大臣青木外務大臣橋本陸軍々医総監京都ニ向ヒ出張ス
同五時十五分京都発電報
御気分変リナシ御怪我ノ軽重ハ今ヨリ診察ニ取掛ル所ナリ
同夜九時内閣総理大臣松方正義ヲ御前ニ召シ勅セラルヽ左ノ如シ
今次朕カ敬愛スル露国皇太子殿下来遊セラルヽニ付朕及朕カ政府及臣民ハ国賓ノ大礼ヲ以テ歓迎セントスルニ際シ図ラサリキ途上大津ニ於テ難ニ遭ハセラルヽノ警報ニ接シタル殊ニ朕カ痛惜ニ勝ヘサル所ナリ速カニ濹行者ヲ処罰シ善隣ノ交誼ヲ毀傷スルコトナク以テ朕カ意ヲ休セシメヨ
同夜五時三十分滋賀県知事ヨリ電報
露国皇太子殿下県庁ニテ御手当ノ上午後三時五十分特発汽車ニテ西京ニ御帰リアリ停車場マテノ御途中ハ人力車ニテ御徐行御精神確カナリ御疵ハ浅シ
同夜八時四十分滋賀県知事ヨリ電報
兇行者津田三蔵ヲ斬付タルハ御先導警部ナル旨電報致シ置キシカ右ハ警部ニアラスシテ露国皇太子殿下ノ人力車夫カ兇行者ヲ引倒シタル際取落セシ刀ニテ他ノ車夫カ切リ付タルモノニ付正誤ス
同夜一時京都発宮内大臣ヘ川上陸軍中将ヨリ電報
露国皇太子殿下本日午前八時京都ヨリ人力車ニテ御発大津所々御巡覧ノ末滋賀県庁ニテ御昼餐午後二時前県庁御発僅ニ七八町ナル大津京町御通行ノ際右側ニ在ル途上警衛ノ巡査津田三蔵ナル者突然抜刀皇太子殿下ヘ斬掛ケテ帽子ヲ通シ右ノ御鬢ノ上部ヲ後ロヨリ前ニ掛ケテ二ケ所ノ疵ナリ察スルニ一太刀ニテ斬レシモノナリ暫ク路傍ノ小店ニテ出血丈ケヲ止メ繃帯ヲ纒ヒタル上静カニ県庁ニ御引戻リ暫ク御休憩京都大阪等ノ医者ニ電報ヲ発シタリ夫ヨリ馬場停車場ヨリ汽車ニテ京都ニ御着同五時十五分頃御旅館ヘ御帰リ相成リ直ニ御治療ニ取掛リタルニ御負傷ハ頭蓋骨マテニハ達セス疵口一ケ所ハ長サ（九センチメートル）一ケ所ハ七（サンチメートル）トノ診察ナリ

只今御治療済ニテ御気分ハ至テ確カナリ狼藉者ハ希臘親王殿下杖ニテ打倒サレタル所ヘ何者カ狼藉者ヘ重傷ヲ負セタリ是ハ只今取調中ナリ右上申ス

○十二日午前六時十分

車駕東京ヲ発シ京都ヘ行幸ス露国皇太子遭難御訪問ノ為メナリ同太子遭難訪問ノ為メ同族総代トシテ館長浅野長勲午前六時三十分ノ汽車ニテ京都ニ赴ク依テ分局ニ電報シ館長ノ旅館ヲ定メシム同ク皇太子訪問ノ為メ貴族院議員総代トシテ本日出発セシ者近衛篤麿千家尊福等ナリ」今般露国皇太子遭難ノ事タル隣交上重大ノ関係アルヲ以テ宮内省ハ勿論諸官衙混雑狼狽車馬往復織ルカ如ク都下警戒警視庁ノ注意殊ニ厳密ナリ又本日午前二時五十五分京都発ノ電報（威仁親王ヨリ宮内大臣へ）

其後御容体御変リナシ

京都知事ヨリ

御帰京後御容体至極宜シ

式部官ヨリ

御療治御変リナシ二時頃御寝相成リタリ

○十三日昨日午後十時五分

車駕京都御安着直ニ露太子ヲ御訪問アラセラルヘキ所太子ノ都合ニ依リ今朝御訪問ノ事ニ御決定アラセラル

（昨十二日午後十一時京都発電報）

御安着祝賀奏上ヲ同族一般ヨリ在京都浅野長勲ニ依頼ス

本日午前七時十分発館長浅野氏ヨリ電報

九時着京露国皇太子殿下ノ疵軽シ此儀同族ヘ通知アレ

昨十二日長岡護美東京市参事会員総代トシテ露国皇太子訪問ノ為メ只都ニ赴ク」学習院華族女学校ハ露国皇太子遭

難痛惜ノ意ヲ表シ昨日ヨリ本日ニ至リ休学セリ」

十二、濃尾地震

第二の事件はこの年十月二十八日に起った濃尾の大地震で、この災害は死傷二五、〇〇〇人、家屋の被害一一九、〇〇〇戸と発表されている。華族会館誌には

「東京ニ於テ去ル安政甲寅以来ノ大地震トナス（中略）最初ヨリ地震大小五百三十四回……地裂ケ道路橋梁堤防ノ破壊其幾千ナルヲ知ラス」とし、災害状況を纏めて、

愛知県下

死亡	二、三四七人
負傷	二、六六八人
潰家（全半を含む）	九八、一七八戸
全半焼建物	九三戸

岐阜県下

死亡	五、九四七人
負傷	一一、四〇二人
全半潰家	七二、四〇〇戸
火災戸数	一〇、二八〇戸

と報じている。

第二節　初期の貴族院

一、勤倹尚武建議案

第一議会の閉院式は明治二十四年三月八日に宮中豊明殿において挙行された。この日には議事堂の再建がまだ完成していなかったことによるのである。再建の新議事堂は第一次の議会建築に参加した吉井茂則技師とドイツ人建築技師オスカール・チーツェによって突貫工事で行われ、工事日数僅か十ヵ月で十月二十日に竣工し、第二議会の開院式はこの新議事堂において、十一月二十六日に挙行された。この第二次仮議事堂も大正十四年九月十八日に焼失した。

この第一議会において政府の行った施政方針演説について、これを不満とした子爵谷干城（懇話会）は「施政ノ方針ニ関スル建議案」を提出した。これには七六名が連署している。一般では、その内容から〈勤倹尚武建議案〉と呼ばれている。要は国力の充実が必要で、そのためには勤倹を第一としなければならないとするもので、現政府に対し「国家ノ独立ヲ永遠ニ保持シヤウトスルナラバ、富強ヲ図ルコトデアル　富強ヲ図ルモトハ勤倹デアル　奢侈ヲ斥ケ国力ヲ養ヒ武力ノ整備ヲ厳重ニスルコトナリ」と述べ、政府にたいし財政の健全を計るために財政整理と行政改革を求めたものである。政府にたいし、実行と精神面の二面への強い要求を示している。谷子は陸軍の軍人出身であって、曽て西南戦争の時は司令官として熊本城を死守した武勲談がある。既に明治二十二年八月に予備役に編入となり、学習院長、第一次伊藤内閣の農商務大臣に就任した経歴を有し、伊藤派を支持する軍備増強論者であった。この考え方はヨーロッパを視察した際に得た持論でこの考え方はその後日清戦争の後には変って来た。軍備は財政の確定を第一義にすべしとして、それには農村の健全と民力との増強を第一とする考え方に変化し、更に明治三十一年頃から日露、日英の国際関係を重視して協力外交政策を望み、露、英、独の列強の強大さと極東進出を深く心配する態度を示す様になる。しかしこの時点では政党にたいして批判的態度をとっていた。この建議案は質的には貴族院が出した政府不信任文であったから賛否の論争が起った。この建議案に反対を表明したのは（勅）加藤弘之、（勅）小畑美稲、加納久宜子、福羽美静子、千家尊福男らで、賛成派は反政府派の議員であった。結果は賛成七八、反対九七で否決されたので政府は救われ、これで建議案問題は落着した。

建議案　について、大日本帝国憲法第四〇条に「両議院ハ法律又ハ其ノ他ノ事件ニ付各々其ノ意見ヲ政府ニ建議スルコトヲ得但シ其ノ採納ヲ得ザルモノハ同会期中ニ於テ再ヒ建議スルコトヲ得ス」と規定されている。その手続等は議院法第五〇、五一、五二条及び貴族院規則第六九条に建議について記してある。建議案は法的には拘束力はないが、政府の施政に及ぼす政治的影響力はある。

二、小沢武雄事件

この事件は勅選議員男爵陸軍中将小沢武雄が議会における舌禍によって中将を罷免された事件で、小沢男が貴族院で谷子の提出した建議案に関連して、本会議での演説の中で帝国の国防の不備や軍制の欠陥をとり挙げた。その発言内容が軍機の秘密漏洩とされたためであったが、この罷免には問題があった。議員の議場での発言は議院外では責任はないと憲法第五十二条に明示されていることからである。

今小沢議員の発言を速記録によって見ると

「……今日我国ノ陸軍ト云フモノハ世人或ハ略々備ツテ居ルカト思ハレル人モアリマセウガ、決シテ左様デハナイ……近衛師団ニ於テモ……決シテ全備シタモノデハアリマセヌ……騎兵ノ多分ヲ欠イテ居ル様ナ訳デアル、又要塞砲兵ハ四連隊ヲ置ク定メデアリマスルカ　今日ハ其一小部分ヲ東京湾ト下ノ関ニ置イテアリマスルノデ此完成ノ期ハ未ダ知レマセヌ……島嶼ニ於テ……防禦ニ対島《ママ》、小笠原、佐渡、隠岐、大島、沖縄ニ置ク定メニナツテ居リマスルガ現ニ対島《ママ》ニ一隊ガアルノミ……丘器弾薬等総テ出師準備ノ如キハ我々ガ甚ダ懸念ニ椹ヘザル所……」

この様な表現であるから、小沢議員の言わんとする所は軍事費の充実を必要とすることにあったので軍機の暴露が目的ではなかったことは充分に理解できるが、陸軍中将という経歴がある者の発言であったことがこの結果を生んだのであった。衆議院はこれを知り直ちに罷免の理由の質問を文書をもって行い、貴族院でも疑問として質問書が勅選男爵議員山川浩によって提出され、これには三一名（公二、子一七、男五、勅六、多一）の賛成者があった。その質問書は、議員は議場における発言につき、議院外では責任はない筈であるとするものであった。この質問書にたいする政府からの回答はなかったが、二十五日に陸軍大臣よりの回答が出た。

それによると

「文武官ノ任免ニ関シ　政府ハ其理由ヲ議院ニ対シ説明スルノ義務ナシ。又新聞紙所載ノ事項ニ就テハ　政府ノ関知スル所ニ非ス」

と、これで形の上では一応決着したのであるが、質問についての理由説明ではなかったから、政府と議会との間に大きな溝ができてしまった。更にそのあとの衆議院における海軍予算案の質疑にたいする説明で樺山海軍大臣の態度がよくなかったため議員は不満をいだき、これを薩摩、長州閥の横暴と決めつける程に悪化してしまった。その後に第二議会は途中で解散となってしまった。

小沢武雄議員の陸軍中将免官の問題はその後に又起った。第四議会の明治二十六年一月十三日に谷干城、鳥尾小弥太、曽我祐準の三子の発議で二条基弘公外四一名の賛成により小沢武雄議員の陸軍中将免官に関する上奏案が提出された。これは第二議会に質問書が出されたが、その回答を不満としての再度のもので、その内容は前回の質問書と大体において内容は同じで、議員の発言は憲法によって認められていて責任はない筈とのことを上奏案として聖裁を乞わんとして出したものである。同年一月十七日に投票により採決した結果は白票（可）四五、青票（否）八三で否決となった。これをもって小沢問題は消滅したのであるが、貴衆両院議員の中にはなお疑問は根強く残り、納得した解決とはならなかった。

三、予算修正問題

第二議会は解散となったため、衆議院総選挙後の第三特別議会は五月六日に開院式、会期四〇日で開かれた。この議会には三つの問題があった。その一つは予算の修正の問題で、衆議院に提出された追加予算中の海軍に関する軍艦製造費等を削除して可決の上、これを貴族院へ送付して来た。しかるに貴族院はこの削除を修正（復活）の議決をなし再び衆議院へ回付した。衆議院は先議権を理由に貴族院の修正は不合法で、衆議院の決議を合法として、衆議院は貴族院より回付の予算案を非合法として受理すべきでないとする件を採決に問うた所、賛成一五七、否一二六で貴族院回付の追加予算案を不合法とすることに賛成多数で議決して、その旨を貴族院へ通達して来た。今度は貴族院は「本院においての追加予算案は合法」と確認して衆議院の通達受理を拒否したから、両院の間で修正権の合否で対立となった。これは衆議院の先議権の解釈の相違から生じたもので、衆議院は削除した予算案は先議権からして貴族院では復活はできない（林田亀太郎―政界側面史）としている。谷干城子は議事日程の変更の緊急動議を提出し、この問題を議事となし、貴族院の修正を合法のものと確定すると述べれば、勅選議員清浦奎吾は法律論をもって貴族院の修正に賛成、研究会の大原伯、山口子、大久保忠順子、西五辻男の他に曽我子、勅選では三浦、小畑らがこれに賛成した。中でも小畑は衆議院が貴族院の議決を不合法なりと議決したことは「違法ノ決議…憲法ノ精神ニ背反シタル決議……、貴族院ヲ凌辱シタル決議……此ノ議決ハ返シテ衆議院ガ反省スルコトヲ希望」などと強い態度の発言であった。これにたいし貴族院の予算修正に反対したのは僅かに伊達宗敦男、勅選の村田保の二人であった。その修正反対の理由は衆議院が受け取らないのなら更に戻しても無意味だとし、手続上のことで問題は重大ではないとしているに過ぎない。

この様に両院の間での解決の途は見出せなくなった。ここにおいて研究会が中心になり各派に呼びかけ協議し、上奏によって解明を願うことゝなり、黒田長成侯、谷干城子、由利公正子、松平乗承子、千家尊福男、勅選から細川潤次郎、三浦安、清浦奎吾、木下広次の九名が上奏文の起草委員となり、貴族院の総意として作成し、蜂須賀議長名で御裁断を仰いだ。

叡聖文武天皇陛下ニ上奏ス

本院ハ政府ヨリ提出シ衆議院ヨリ送付シタル明治二十五年度歳入歳出総予算追加案ヲ議スルニ当リ衆議院ノ削除シタル海軍省所管第一款軍艦製造費及文部省所管第二款震災予防調査会設備費ノ両款ヲ急要ノ歳出ナリト認メ憲法ニ依リテ与ヘラレタル協賛ノ権ニ依リ政府ノ原案ニ基キ衆議院ノ修正案ヲ修正シ議院法第五十五条ニ依リ衆議院ニ移シタリ抑予算案ハ前ニ衆議院ニ提出セラルヽノ外憲法上予算ニ対スル協賛ノ職権ニ於テ両院ノ間ニ軽重スル所ナキヲ信シ又此職権ニ依テ修正ヲ行フニ当リ政府ノ提出セル原案ノ款項ヲ復スルニ付テハ法律上何等制限ナキヲ信ス是ヲ以テ本院ハ憲法ノ命スル職務ヲ尽シ且議院法ノ手続ヲ履ミ以テ衆議院ノ同意ヲ求メタリ然ルニ衆議院ハ更ニ之ヲ挿入シタルハ不合法ノ議決ナルヲ以テ回付ヲ受クヘキモノニアラストシテ返付セリ本院ニ於テハ本院ノ議決ヲ合法ノモノト確信スルヲ以テ更ニ之ヲ衆議院ニ回付シタルニ衆議院ヨリ再応返付シ両院ノ所見遂ニ相合フ能ハサルニ至レリ

今憲法上ノ疑義ニ関シ両院ノ所見互ニ相合ハス従テ憲法ノ進行ヲ現在及将来ニ妨クルノ懼アルニ於テ本院ハ謹テ状ヲ具ヘ上奏シ仰テ聖明ノ親裁ヲ待ツアルノミ臣恐懼ノ至ニ堪ヘス謹テ上奏ス

明治二十五年六月十一日

陛下はこの上奏文を枢密院に下され、枢密顧問官に諮問された。枢密院ではこの御下問により会議を開き、協議の結果、決議として上奏した。陛下はこの上奏をそのまゝ勅諭として貴族院に下され、蜂須賀貴族院議長は参内し拝受した。

勅 諭

憲法上予算ニ対スル貴族院及衆議院ノ協賛権ハ、我帝国憲法第六五条ニ依リ、衆議院ハ貴族院ニ先ダチ、政府ヨリ予算案ノ提出ヲ承クルノ外、両院ノ間ニ軒輊スル所ナキモノナリ。故ニ後議ノ議院ニ於テ削除セル款節ヲ存留スルノハ素ヨリ、後議ノ議院ノ修正権内ニ属スヘキモノトス。但シ後議ノ議院ハ前議ノ議院ニ対シ、議院法ノ命スル所ニヨリ同意ヲ求ムルヲ以テ唯一ノ手段トスルノミ。朕ハ、此枢密顧問ノ議決ヲ採納シテ、其院ノ上奏ニ答ヘ、之ヲ領知セシム。

明治二十五年六月十三日

この勅諭によって、貴族院の上奏の結果は可とされ議決権は認められたことゝなり先議権と後議権の合法、非合法問題は解決し、先議、後議の解釈も明確となった。こゝにも憲法の解釈や議院の認識に尚不充分なものがあったことによって生じたのであるが、議員各自の責任感と貴族院議員の確固たる信念による権威を認めねばならない。衆議院の削除にたいし、貴族院は製艦を外国に依存するために高くなっても国防上の必要を認めたものであった。貴族院の予算修正が認められたことによって両院協議会は議院法の第五六条より六一条によって開かれるのである。委員数は両院各十人以下とし、両院からそれぞれ正副議長を互選し、会議は毎回交替で議長をつとめ、第一回目は抽選によって決める。採決には議長は加わらないから、議長を出した時に採決が行われると、その院は不利になる。議事は各院の主旨の説明が主で、上程された法案の内容は論議の対象とはならない。要は何れの案（修正を含め）を承認するかにある。議決されたものが協議会案（成案）となって、両院に持ち帰ってそれを承認するか否かを決めるのであって、成案の再修正はできない。若し両院のいづれかが認めなかったら不成立となる。

今回は衆議院案が一六対一で採決となったから、これが両院協議会案と決った。この時の正副議長及び委員は

〔貴族院〕

委員長　子　谷　干城

同副　子　林　友幸　子　加納久宜　子　鍋島直彬　子　由利公正　男　千家尊福

勅　南郷茂光　勅　清浦奎吾　勅　富田鉄之助　勅　田尻稲次郎

〔衆議院〕

委員長　渡辺洪基

同副　大岡育造　河野広中　島田三郎　曽弥荒助　安部井磐根　杉田定一　山田東次

中村弥六　尾崎行雄

上奏　とは議院の意思を天皇に奏聞することで、大日本帝国憲法第四九条に「両議院ハ各々天皇ニ上奏スルコトヲ得」とある。これによって上奏権が認められている。上奏の手続は議院法第五一条に規程がある。上奏は天皇にたいし一般的には何等法的効力は発生しないが、その内容によっては、儀礼的な上奏は効力はないが天皇の決裁を得なければならない場合は起る。時には上奏により勅語を賜る例はしばしばあった。

四、選挙干渉問題

松方内閣の積極政策による予算案八、三〇〇万円を計上したが、民党（金子堅太郎が用いた表現で反政府派を民派、民軍などとの表現もある）が予算案の総額を七、五〇〇万円に削減しようとしたことで衆議院は議会開設後最初の解散となった。その事由には「衆議院ノ取レル行動ハ甚ダシク国家ノ昌運ト国民ノ福利トヲ阻害シ、内閣ノ執レル施政方針ト相容レヌモノアリ」と声明した。二十五年二月五日第一回解散による総選挙が行われたが、政府派（民党に対し吏党ともいった）は当然対抗的態度で臨んだし、品川弥二郎内務大臣も積極的方針をとったから、結果ははげしい政府の選挙干渉が全国各地で起り、多数の死傷者が出る程であった。選挙の結果は与党の一三七名に対し、反政府派は一六三名であった。

衆議院では河野広中ら一二〇名による選挙干渉に関する上奏文と、中村弥六のものと二つが提出された。結果は後者が可決されたが、実際に上奏の手続はとっていない。

貴族院においても、直接の関係はないものゝこの衆議院議員選挙にたいする選挙干渉を重く見て、政府の態度を問題とした。勅選議員山川浩が発議者となり、起案し選挙干渉に関する建議案を提出した。これには二条基弘公、近衛篤麿公、島津忠済公、谷干城子ら八五名が賛成者であった。これは議員個人の意志によって賛成者となった形ではあるが、当時既に結成されている政治会派である三曜会、懇話会と大和倶楽部の三者の協議会が開かれ、それに加納久宜子の一派が参加していたから、実際は貴族院の各派共同発意であった。五月十日に上程されたが、反対論もあった。岡内重俊はその一人で、事が衆議院のことであり既に衆議院が相当の処置をとっているのに、貴族院がそれをとり挙げ院議で決めることは二院制の上から悪例となり、有爵間の問題に衆議院が建議案を出すのと同じことであると不同意を表明している。議場では各議員が感情的に発言し紛糾したが、翌十一日にこの建議案は六九対一五六の多数で可決し、近衛議長より政府に送付した。なお品川内相は両院の非難により辞職した。

選挙干渉に関する建議案　　　明治二十五年五月十日

衆議院議員ノ選挙ハ官吏ノ職権ヲ以テ干渉スヘカラサルハ論ヲ待タス故ニ政府ニ於テハ決シテ干渉ノ命令訓諭アルヘキノ理ナシ然ルニ本年二月衆議院議員総選挙ヲ行フニ際シ官吏ノ其競争ニ干渉シ之カ為メ人民ノ反動ヲ激成シ遂ニ流血ノ惨状ヲ呈スルニ至レリ此事タル衆目ノ視ル所衆ロノ訴フル所ニシテ今ヤ地方到ル処官吏ノ選挙ニ干渉シタルヲ忿怒シ官吏ヲ敵視スルノ状アリ今ニ於テ政府ハ宜シク速カニ之ニ処シ其公正ヲ衆庶ニ示サヽルヘカラス若シ之ヲ忽カセニスルトキハ実ニ国家ノ安寧ヲ害シ其極ヤ復タ救済スヘカラサルノ大不幸ヲ招クニ至ラン因テ本院ハ政府ニ於テ深ク此事ヲ省慮シ之ヲ現在ニ処理シテ之ヲ将来ニ遏止センコトヲ希望シ茲ニ之ヲ建議ス

五、議員資格問題

五月七日第三議会開院式の日に、大河内正質子、青山幸宜子、千家尊福男らから、壬生基修、島津忠亮、大村純雄の三名の伯爵議員の資格についての異議を申し立て、貴族院資格審査委員会に提訴した。これは三議員が明治二十四年四月二十三日に子爵から伯爵に陞爵（何れも先代の勲功によるもので、壬生基泰はこれは所謂七卿落の七名がその勲功が認められたことによったことと思うと述べている・昭和五〇年）したことから、議員当選の時は子爵であって互選によるので、それがそのまゝ伯爵議員にはなれないとする理由からであった。これにたいし、審査の結果は五月二十七日に議決され、同審査委員長（勅）小畑美稲は三条からなる報告書をもって、貴族院令により伯爵議員の資格はないことを明らかにし、貴族院議長に提出した。これにより決着を見たが、これがために溯って問題が起った。それは議員の資格を失った島津忠亮伯が伯爵議員酒井忠道の当選無効の訴えを起したことである。それは前年の二十四年九月二十五日に伯爵議員の補欠選挙が行われ、この選挙で伯爵島津忠亮は三〇票をとり、伯爵酒井忠道は二十九票であったが、選挙管理者は最高点の島津伯は伯爵に陞爵して（四月二十三日）いたが、この時点では子爵議員の資格は消滅していない（任期七ヵ年を有効として）と判断し、島津伯の投票を無効とし次点の酒井忠道伯を伯爵議員当選者とした。これが違法であるとしての訴えである。貴族院はこの審議を行い五月三十一日判決を発表し、選挙管理者のとった処置は原告にも被告に対しても適法でない。したがって酒井被告の当選は無効とし、島津原告を当選者とするとの判決が下された。これにより島津伯は伯爵議員に就任、酒井伯は資格を失った。酒井伯はその後山田顕義伯の議員を辞任による補欠選挙により伯爵議員に当選した。

六、地価修正法案

政府は第四議会に田畑地価特別修正法律案を提出した。これは現在の「地価ノ偏重ナルモノヲ特ニ修正低減ス（第一条）」ることを目的とし、偏重の地租を修正（減少）し、その不足の財源（二七〇万円程）は酒、煙草、所得の三税に求めようとすることが内容である。衆議院は関連のある財源を得る法案とは切り離し単独法として議決し貴族院に送付して来た。貴族院はこれを不安とし、特別委員会（委員長侯爵黒田長成）は一、修正すれば国家財政は減少し、その補填が不確実。二、修正しても効果はなく一時的の姑息な手段である。三、修正の時期でないとの理由で否決すべきものと議決した。第一読会の続きで委員長報告にたいし、曽我子は修正実施論を述べたが、（勅）武井守正の慎重論が出た。千家男、酒井忠彰子、五条子、鳥尾子、（勅）原、尾崎らも地価修正は困難とし不安論が多く出た。賛否発言の通告は一五名を越し、討論は三日間続いた。更に三浦安、山口尚芳が賛成を表明したが、地方に関係を持っている多額納税者議員には修正法案実施賛成者が強力であったため貴族院は激しい論戦の場となった。多額の林宗右衛門、鈴木伝五郎らはこの際は表決延期すべしとの論を唱えた。硬派といわれていた谷子さえ「人民の怨の貴族院とはなりたくないが賛成できない」といっている。採決の結果可とするもの（白票）四九、否とするもの（青票）十二四で第二読会を開くことができず廃案となった。

七、忠告書提出

明治二十六年十一月第五議会が開かれたが、政府と議会は対立し、自由党はその中心となった。衆議院議長星亨の弾劾案にはじまり、不信任の上奏案可決、処分問題は除名問題に、更には条約励行建議案の提出があり政府はこれらのことを解決するため、同年十二月十九日に議会を十日間停会、続いて同月二十九日から再び十四日間の停会とし、同月三十日に衆議院を解散した。

この解散には政府は何等その理由を示さなかったから、貴族院の中に不満を持つ議員があり、谷干城子と渡辺清男の両名が直接伊藤首相に会い質したが、衆議院が条約励行建議案を出したことに反対したゝめと分かり、政府の態度に満足できず、貴族院議員の有志によって政府へ忠告書を送り反省を促すことゝなり、明治二十七年一月二十四日に提出した。忠告書はかなり長文で対外問題を理論的に論旨を尽そうとしている。外国との条約は国力の充実によって始めてよい結果が生れるものであることを強調し、議会の尊厳を認めることを望む。それを実現することが天皇の御信任に報いるものではないかとしている。賛成者は二条公、近衛公ら三八名の賛成者の連署である。今この三八名を分けて見ると公二、伯一、子二〇、男五、勅八、多二で侯爵議員だけが含まれていない。又会派別にすると、懇話会一六、三曜会一三、無所属(所属不明を含め)七と研究会系二となる。この研究会系は山内豊誠子、青山幸宜子でこの両子は当時は正式会員ではない(貴族院議員各派ニ関スル調査)むしろ無所属として見るのが穏当である。そうすると研究会は参加していないから貴族院各派の有志とはならない。むしろ懇話会と三曜会の連合忠告書とする方が実際に近い。これから考えれば研究会は参加し得ないことは理解できるし、賛成者派が硬派といわれていたのにたいし、研究会が時の政府に協力する方針であることがこゝにも表われている。

忠告書提出を受けた政府はその後二月十日付の書簡の形式で伊藤首相から回答を出した。非常に長文のもので、その言はんとする所は、反論ではなく、伊藤の考えを述べることに重点があり、その上でとった手段を理解されたいとしている。有志は尚これを不満として「復論に服する能はざる理由」とする辯駁書を送っているがこれには回答は出なかった。近衛公は第六特別議会が六月二日解散となったことを患え有志議員と連名で衆議院解散反対論を唱え、立憲政治の不純をなげき国家の前途を憂えた意見書を公表した。

議会の混乱は尚続いていたが、たまたま日清両国の間に開戦となったため、一転して挙国体制がとられ、対立は休戦状態となった。

第三章　研究会創立期（明治二十四年〜二十八年）

――創立過程と活動――

第一節　議員の研修と研究会

一、政務研究会

明治二十三年帝国議会開設の年となるや有爵者は準備のための会合は華族会館を使用して行われ次第に活発となった。同年七月十日には伯子男爵議員の選挙があり、議員が誕生してからは、議員としての任務を目的にした会合が数多く開かれている。先づ九月二十二日に交詢社（京橋区南鍋町）に子爵議員が懇親を兼ね政務研究会を開いた。参加者は山内豊誠、加納久宜、大河内正質、堀田正養、京極高典の各子爵であったが、その後に会員として参加したのは大久保忠順、青山幸宜、鍋島直虎、酒井忠彰、山口弘達、仙石政固、九鬼隆備、松平直哉、米津政敏の各子爵議員の他に伯爵議員大原重朝が参加して、団体としての活動を計画し、会合場所は交詢社或いは華族会館を使用すること、幹事二名を選ぶ、一ヵ月交代の月番制とすることなどを決めた。その後議会が開かれてから会員は更に増し、岡部長職、鳥居忠文、松平康民、細川興貫、京極高徳、平松時厚、久留島通簡らの子爵議員が入会し集会としての存在がはっきりした。しかし会則はまだ作られておらず制約のない、有志の会合の形であった。しかし次第に会としての活動は整い、会合は毎木曜日に華族会館で定例に開くようになったので〈木曜会〉と呼ばれるようになった。後に男爵議員によって設立された〈木曜会〉があるが、これとは同名異質である。

同盟会　明治二十四年一月九日になって更に新入会員があり、それを機会に、この政務研究会（木曜会）の会名を〈同盟会〉と改称し、（政務研究会とか木曜会とかは正規の会名というよりも便宜上の呼名と考えた方がよい）毎週木曜日に政治に関する研究集会を開いた。この会名の改称はいつからか、又政務研究会と木曜会と同盟会との関係を明確に記した資料は見つかっていない。こゝでは後に述べる同志会の日誌や、華族会館誌等に散見するものによった。当時は集会や、会派などを一々文書によって議会事務局に届出ることもなく、会合名も互の申し合せで、便宜上集会の曜日をそのまゝ会名の呼び名とした場合が多かった様だ。

同志会　同盟会は同年三月十九日（三月十二日とも一月ともいう）に男爵議員、勅選議員も参加させることゝなり会名を〈同志会〉と改めた。この会には規約がある。この規約は一月二十二日に起案し検討をして三月十六日に第一次の成案ができ、これを加納久宜子が提出者となり木曜会に配布し、その承認を得て〈同志会〉は設立された。

二、同志会

成立した同志会の会員には伯子男の他勅選議員も参加したがその会員は詳らかでないが、同志会日誌に出て来る人名によると

関　博直	山口弘達	大久保忠順	松平直哉	松平康民	山内豊誠
大河内正質	青山幸宜	加納久宜	本庄寿巨	小松行正	酒井忠彰
佐竹義理	鍋島直虎	鳥居忠文	京極高典	平松時厚	立花種恭
大原重朝	長谷信篤	嵯峨公勝	林　友幸	柳沢光邦	細川興貫
秋田映季	万里小路通房	堀田正養	土方雄志	久松定弘	米津政敏

以上三〇名で、この中で侯爵議員は一名（嵯峨）あり、他は全部子爵議員で勅選議員の名はない。又リーダー格は加納久宜子で、この三〇名は殆んど〈研究会〉の創立に結び付く人々である。規約は

同志会規約

明治二十四年三月十九日承認

第一章　本会ノ目的及成立

第一条　本会ノ目的ハ協同一致シテ国家ニ尽サントスルニ在リ

第二条　会場ハ華族会館ト定ム　但シ時宜ニヨリ会場ヲ変換スルコトアルヘシ

第三条　会日ハ毎月第一第三ノ木曜日午后三時トス　但シ緊急事件アルトキハ臨時会ヲ開クコトアルヘシ

第四条　本会ノ庶務ヲ整理スル為メ輪番ヲ以テ幹事二名ヲ置ク　其任期ハ二カ月トス
幹事ハ会長トナリ議事ヲ整理ス　若シ欠席シタルトキハ投票ヲ以テ之ヲ定ム

第五条　会費ハ会員ノ負担トス

第二章　本会の決議及施行

第六条　国家重大ノ問題ハ必ス過半数ヲ以テ之ヲ議決ス　可否同数ナルトキハ会長ノ決スル処ニ従フ

第七条　前条ノ会議ハ会員三分ノ一以上出席スルニ非サレハ議決スルコトヲ得ス

第八条　本会ノ決議ハ全会員ニ於テ必ス之ニ服従スルノ義務アルモノトス

第九条　本会ノ決議ヲ代表スル為メ帝国議会ニ於テノ発議者ハ会員協議ヲ以テ之ヲ定ム

第十条　会員ハ本会決議ノ意思ヲ敷衍スルノ外之ニ反対ノ運動ヲナスコトヲ許サス

第十一条　会員ハ本会ノ決議ト一致スル針路ニ非レハ或ル動議ノ発議者トナリ若クハ賛同者トナラント欲スル者ハ
先ツ之ヲ本会ニ提出シテ其承認ヲ経ヘキモノトス

第十二条　本会ノ決議会務ノ状況等ハ決シテ他人ヘ漏洩スルコトヲ許サス
本章ノ規約ニ違フ者ハ会員三分ノ二以上ノ同意ヲ以テ之ヲ除名スヘシ
其方法ハ無名投票ヲ以テ之ヲ決ス

第三章　審査委員

第十三条　審査ノ後ニ非レハ議決ヲ為シ難キ問題ニ付テハ会員中適当ナル員数ヲ定メテ之カ審議ヲ委托スヘシ
第十四条　審査委員ハ会員ノ協議ヲ以テ之ヲ定ム　若シ協議成立セサル場合アルニ於テハ投票ヲ以テ之ヲ選定スルモノトス
第十五条　委員ハ会日間歴過セシ審査ノ状況ヲ会員ニ報告スヘシ

第四章　幹事及会員心得

第十六条　幹事ハ本会決議ノ事項ヲ当日欠席シタル会員ニ通告スヘシ
第十七条　幹事ハ任期ノ終リニ於テ会費ノ決算報告ヲナスヘシ
第十八条　入会者アルトキハ紹介会員ヨリ其爵氏名ヲ幹事ニ通告スヘシ
幹事入会者ノ通告ヲ受クレハ規約書及会員氏名録ヲ入会者ヘ送付スヘシ
第十九条　会日欠席及旅行転居等ノ節ハ其都度幹事ヘ届出ツヘシ
第二十条　此規約ハ会員三分ノ二以上ノ同意ヲ以テ加除改刪スルコトヲ得

以上

国会前途策　同志会が団体として第一議会においてどんな活動を行ったかは詳かではないが、第一議会の終了後、三月二十六日付で加納子は〈国会前途策〉を会員に配っている。このようなことから、提案者の加納子は会を代表する立場にあったといえる。提案の国会前途策の内容は

第一　第一議会で六〇〇余万円の政費が節約となり、目下国庫にある。来議会でも衆議院は政費の減額を主張しているし、地租の軽減も議案として取り挙げようとしているが、今は日本は国権の拡大を計る時であるから新税徴収の途を開いてもよい筈である。自分は軽減論には反対で、税収入を増し国家として必要な事業は積極的に行うべきで、その点からして、

（一）、河川の修理、堤防の強固化が国家経済上の急務であると思うがどうか。

(二)、国債を償還して財政整理すべきではなかろうか。
(三)、海岸防禦の事業は急務と認めたいが如何。
(四)、公立鉄道の敷設、私鉄の利益保護、農工商会社の保護のために出費し奨励すべきではないか。
(五)、興業銀行又は農業銀行を設立する必要があるのではないか。
以上の五項目が具体案として示されている。
第二　地租軽減、政費節約の衆議院の方針にたいし貴族院は全く相反しているので来議会では両院の衝突は避けられない。「餓虎の肉を争うの愚」を避けるにはどうしたらよいか、本会での審議の資とすること。
第三　日本は目下発展期であるから政費の増加は当然である。衆議院の主張する政費の節減が現実に行われているだろうか、具体的に示すことかできるか。
(一)諸税は相当な額となっているが、その徴収にも莫大な失費がある。町村に自治体を組織させて徴収すれば業務の簡素化、政費の節減となるが如何。
(二)国税の徴収を郡、区役所を廃して新たに徴税署を設置したが、これは何程の経費の節約となったか、むしろ徴税署を廃して郡役所補助金を出して復活させたらどちらが得か。
(三)官有鉄道を民間に払下げることはどうか。
(四)登記役所を廃し、町村長に登記官吏の仕事を兼ねさせてはどうか、そうすることによって経費の上から又民間人の便益の点でどうなるか。
第四　米価は世上の景色(景気)と深い因果関係にある。現在米価は石当り七円二十銭であるとすると全国農家は合計五千万円の利益を得ていることになるのに、地租軽減は言ふに足らない。そこで具体的に農業経済の本義からして
(一)農業銀行のようなもの(株式会社)を設立して、政府の保護のもとに穀類の売買をさせ価格の安定を計るこ

と。

(二)この企業に海外輸出米の専売権を与え、輸出米にたいし輸入の損失を防いではどうか。

(三)株式を民間にも所有させ、政府が利益を保証する、農産物、田畑山林を担保にしての金融を行わせる。

第五　長者議員（多額納税者議員）は四〇名程でその存在は権威のあるもので、それらの議員に接近したいと考えている。同志会との気脈を通じる様に計り、印刷物を送ることは将来に役立つことゝ思はれ大切なことである。

これらの点を審議する様にと求めている。

以上が加納子の提出の内容である。これに基いて、同志会は臨時集会を開き検討することゝなった。更に事項別に担当を決め、幹事は松平康民、長谷信篤（予備）細川興貫

治水の件　大原重朝、平松時厚、立花種恭、鍋島直虎、山内豊誠

海岸防禦の件　佐竹義理、青山幸宜、松平直哉

興業農業銀行の件　小松行正、山口弘達、大久保忠順、関　博直

租税の件　大河内正質、京極高典、加納久宜

国債償還、財政整理の件　関　博直

鉄道の件　小松行正

この様に議会に提出される議案に関係ある諸事項についての検討、審議が行われたから、政治会派として性格は充分に表わしていた。又七月十日に行われる補欠選挙についても、同志会内で予め投票によって候補者を決める方法を議している（これは実現しなかった）。

同志会二分案　同志会員の子爵山内豊誠は五月十四日に二分案を提出した。同会は規約によって明白な通り国家利害に関する調査研究をなす一方で、議会における議決には協力する方針によって会員は行動を共にする必要があり、この二つを分け、調査研究には外部からも「万般ノ学芸及技術家、実際経験ノ輩等広ク其人」（学識才能者）を客員

会員として迎える。この会は調査討論に止め議決はしない〈同志研究会〉とする。他の一つは法案の取扱いの態度を議決し「会論ヲ定メ」て、その議決に服従する〈同志協力会〉とする。両会とも同志会の現規約を遵守すべきものとすること、同志研究会には「現今ノ貴族院議員ニ止マラス、別ニ有力者デ有為ノ人ノ入会希望者「拒マナイ」と述べている。これは山内子が第一議会で得た経験を生かし、同志会を一層充実発展させようとしたものである。この提案は五月二十一日の集会で決定した。その後この山内子の構想には次第に賛成者を増し、同志研究会のために外部〈同志会員外〉の議員との交渉がはじまり、これが本題の〈研究会〉設立の基礎となる。

〔子爵　山内豊誠〕

天保十三年二月生土佐国高知新田一万三千石を領す、藩主、明治維新後は侍従、華族第五部長、宮内省、司法省各御用掛、判事、東京地方裁判所検事を歴任。明治二十三年第一回貴族院議員に当選す。研究会幹事明治四十一年二月十九日没

第二節　研究会創立

一、同志会と有志者会

山内豊誠子の同志会二分案は構想に止まったが、同志研究会を組織するための動きは漸く具体的となった。同年十月十六日の同志会日誌に

「大原山内ノ両氏ヨリ、中山、千家、広橋ノ三氏近来組織セントスル研究会へ同志会会員総テ入会シテ発起者タランコトヲ相談致シ満場一致可決ス」とある。こゝに出て来る中山は侯爵中山孝麿ですでに同志の団体である〈有志者の会〉を作っている。（有志会ともいう）又千家尊福男も一派を持っていたので、中山侯ら三名だけではなく、正親町実正伯、岡部長職子らによって〈有志者の会〉に参加することとなっていたのである。その会合が華族会館で行われ、この時は大原重朝伯、山内豊誠子が発議者となって、同志会はそのまゝで合併することで協議が纏った。一同は十月二十日に築地精養軒に集まり、研究会を設立することを決めた。これが研究会の発足である。同志会は同月三十日に全員研究会に入会することを議決した。この時の研究会なる会名は山内子の同志会二分案によるものが用いられた。

二、研究会創立

同年十一月四日にこの同志研究会を改めて〈研究会〉と称したから、この日が〈研究会〉創立日といえる。第一議会からの議員である男爵西五辻文仲は「……コレハ初メテノ議会デハナカツタカト思ツテ居リマスガ、築地ノ精養軒ニ寄合ヒマシテ、ソレガ同志会デモナク、何カイフ名前デ初メテ寄ツタ名ガ、段々〈研究〉トイフ名前ヲ著ケテ研究会トナツタ……」（旧話会速記第拾・昭和九年六月七日談）といっている。たしかに会名ではなく研究の会として会合がそのまゝ〈研究会〉となったことははっきりしている。

子爵山口弘達はこの日のことを旧話会で次の様に述べている（旧話会速記一の下）十一月四日「初メテ研究会ト言フモノヘ出席シマシタ。其時ニ中山サンモ来マシテ、千家男爵ナドガ彼方ノ其時ノ研究会ノ発起人トシテ創立者トシテ出テ来タ。私ノ方モ同志会ガ創立者ニナツテ居ルノデスガ、私ノ方ニハドウ云フ人ガ居ツタカト云フト先ヅ加納久宜子、米津政敏子、京極高典子、堀田正養子、大原重朝伯、万里小路通房伯、酒井忠彰子ソレカラ松平康民子、鳥居忠文子、大河内正質子、大久保忠順子、関博直子ソンナモノデアリマス。ソレ等ガ合同シテ発起人ニナツタ訳デス。ソコデ打合セガ済ミマシテ……」と語っている。

この創立が具体化したのには他にも理由があった。それは、谷干城子が第一議会での政府の施政方針演説の内容に不満を持ち、この施政方針に関する建議案の提出を準備し、その内容からこれは勤倹尚武の建議案といわれているものであった。これを知った同志会派の議員はこれは穏当でないとし、上程された時は否決すべきであるとし、その対策を協議するために研究会（会名ではない）が開かれた。十二月九日谷子よりこの建議案が議会に提出されるや、十日には大原伯によって帝国ホテルで秘密会議、十一日には三曜会員が華族会館で秘密会議などが開かれたことが華族会館誌に記されているのはそれを裏付けている。この建議案は大論争の後否決となった。ここに研究会が開かれたことが功を奏したのであるから（そのまゝ会の創立となる）それからすれば〈研究会〉の発足は勤倹尚武の建議案の賛否論争が蔭の原動力となり、誕生したことになる。

一方三曜会はその政治力を強化しようと近衛篤麿公らによって研究会から同志会系の引き抜きをはじめたため、却って研究会は結束を強化する結果となった。

研究会の創立までを年表型式で列記すると、

明治二十二年三月九日　子爵有志により憲政研精会を設立、毎月第二、第四火曜日に会合と定む
同　三月十二日　第一回会合を開き、会頭、子爵大給恒、副会頭、子爵鍋島直彬、幹事七名を選ぶ
同　五月一日　第二回会合を開く、会頭制を廃し、事務委員制となる。委員五名（大給恒、鍋島直彬、加納久宜、松平乗承、松平信正）を選ぶ
同　六月十五日　事務委員会合、選挙準備を開始、子爵会設立の準備
同　六月十九日　研精会を解消し、子爵会を設立
同　十月十二日　子爵会会則成る。子爵会委員決定
明治二十三年九月二十二日　政務研究会を設置、木曜日を集会日とす
明治二十四年　三月十二日　同志会と改む、集会日の曜日を以て木曜会とも称す
同　九月二十七日　研究会設立を協議
同　十月二十日　同志会と有志者会の合併を協議
同　十月三十日　同志会全員研究会へ入会を議決す
同　十一月四日　研究会発足
同　十一月三十日　研究会発会式を行う

研究会なる会名は極めて漠然としていて会の目標や性格を示していない個性のない通俗語であるが、この頃は他に政治団体として××研究会なるものは見当らないから、混同される心配はなかったのであろう。

〈研究会〉はこの様にして新しい政治団体として発足し、会員数は最初は約四〇名で、同年十一月二十六日事務所として麹町区山王下の丸山作楽の家屋を借り受けた。この時の幹事は

伯　大原重朝　伯　万里小路通房　子　岡部長職　子　堀田正養　子　山内豊誠
子　酒井忠彰　子　松平康民　子　鍋島直虎　男　千家尊福

で、何れも曽ての同志会の幹部である。（研究会小史六頁）この中に加納久宜子は研究会設立の重要な役割をなし、元同志会の中心人物であったがその名がない。その理由は詳かでないが、山口弘達子の談として旧話会速記に「加納久宜子トカ米津政敏子トカ云フ人ガ大分アリマシタ。ソレガ子爵ノ河田景與ト云フ一派ガアリマシテソレト合同シマシテ尚友会ニ反対ヲシタ……」とある。理由はこれしか見当らない。高辻修長と諏訪忠誠と河田景與の三子は尚友会の設立を私党的団体とし、選挙の公平を汚すものとして批判して、明治二十五年八月に声明を出し、申合せ規則を発表した。賛成者は土方久元、田中不二麿、大給恒、鍋島直彬、谷干城、大宮以季、小笠原長育、由利公正、立花種恭、福羽美静の一〇名であった。加納子が研究会設立時の首領に加わっていないのは河田子の考え方に共鳴して研究会から離れたものであろう。その後河田子らの一派は解消し、明治三十年頃から加納子は研究会に接近して、同三十七年七月の総選挙で再選してからは正式に入会している。それまでは無所属であった。

その他研究会設立に同志会会員として協力していた関博直子、佐竹義理子は近衛篤麿公の三曜会の会員であった（但し関子は明治四十年十二月から研究会会員となる）。

［子爵　加納久宜］

当家は内大臣藤原鎌足の末裔明治維新の際は上総国一宮藩主家、嘉永元年三月生立花種道の次男、慶応三年加納久恒の養子となる、明治二年一宮藩知事、文部省八等出仕、第七大学区巡視、中視学、盛岡師範学校長、新潟学校長、判事、熊谷始審裁判所長、検事、を歴任、明治二十三年第一回貴族院議員に当選す。

丸山作楽　研究会が設立されその事務所として借りた家の所有者である丸山はどんな経歴の人であったのか、何故

こゝを借りることになったのか、少しく資料を見よう。
天保十一年十月生で、政府派の新聞〈明治日報〉の社長の福地源一郎と共同して立憲帝政党を組織す（明治十六年九月に解党す）。公職は長崎総督府本学局督学、集議院下局次官（明治二年七月）、外務大丞（明治二年八月～明治三年十月）を経て、元老院議官となる。第一次任命の勅選議員で、懇話会に所属した。明治三十二年八月に没す。この様なことから有爵者にはよき理解者であったと思われるが、直接研究会との結び付きは詳らかでない。後に議員になる子爵稲垣太祥は「自分が実際の紹介者だ」と語っている（旧話会速記）。

研究会の整備と組織　研究会が設立された頃には別に公侯爵議員の政治団体や山県系勅選議員の団体もあって、それぞれ議員としての任務の遂行に万全を期している。第一議会終了後伊藤博文が貴族院議長を辞し宮中顧問官に就任し、侯爵蜂須賀茂韶が第二代議長に勅任された頃には研究会は急速に整備され充実して来た。会員は次の議会の準備や上程が予定されている法案の研究などを続けているが、内容的には政治会派の運営には苦心したようであった。

研究会主趣書と規則　明治二十五年にいたり帝国ホテルでの会合で研究会主趣書（趣意書）と規則書が決定し、直ちに会員に配布した。この主趣書は伊藤博文の指示により伊東巳代治が起草したとなっている（鍋島直虎・研究会小史）

研究会主趣書

宝祚ノ隆ナル天壌ト窮リナク統治ノ権元首ニ総攬シ元首ノ之ヲ行フ必ス憲法ノ条規ニ依ル国体ノ美己ニ宇内ニ冠絶シ政制ノ美亦万世ニ渉リテ磨セス大号煥発シテ大典茲ニ宣布セラレシ以来国家ノ隆昌人民ノ慶福必ス之ニ遵由シテ謀議計画セサルヘカラス愛国殉公ノ心ヲ以テ和衷協同ノ事ヲ行フハ我輩臣民ノ務ニシテ一日モ懈怠スヘカラサル所ナリ余等不敏ナリト雖モ亦夙夜孜々奮テ屛翰ノ責ヲ尽シ以テ臣民ノ本分ヲ全フセンコトヲ期ス

和ハ付和ノ謂ニ非ス同ハ雷同ノ謂ニ非ス国ヲ愛シ公ニ殉スルノ心固ヨリニナシト雖モ其道ヲ求ムルニ於テ亦各々見ル所ヲ一ニセス是ニ於テカ議院其議論ヲ上下シ政党其主義ヲ以テ分峙ス洵ニ止ムヲ得サルニ出ツ唯侃々諤々ノ言

必ス諄々個々ノ誠ニ発シ決シテ国体政制ニ戻ラス国利民福ヲ忘レサル事ヲ要ス不磨ノ大典ハ固ヨリ紛更ヲ試ルモノアラサルヘシト雖モ危激ノ政論先入主トナルモノ朋党功利ノ見ト相投合スルニ於テハ知ラス識ラス国体ニ戻リ政制ニ杵フテ自ラ悟ルコトナキノ徒ヲ出スモ亦未タ知ルヘカラス万一国体相同シカラサル邦制ヲ採テ以テ踧ク我ニ擬スルカ如キコトアラハ国家ノ紛乱ヲ致ス蓋シ之ヨリ大ナルモノアラサルヘシ是レ最モ戒慎ヲ加フヘキ所ナリ其斯ノ如キニ至ラサルモ今日我国体政制ヲ明ニシテ憲法ヲ護持スルコトナカランカ浮言相動カシテ或ハ紛更ノ端ヲ発クコトナキヲ保セス故ニ余等本会ニ於テハ憲法ノ大義ヲ表明シ之ヲ護持スルヲ以テ第一ノ主義ト為ス

議員法其他憲法付属ノ法令ナルモノ改正ヲ必要トスル条項ヲ求メ或ハ之ナシトセス而シテ本来憲法ノ之ヲ其条章ノ中ニ定メスシテ特ニ付属ノ法律トシタルハ亦時勢ノ必要ニ応シテ其宜キヲ制セシムルノ意ナルヘシ然レトモ既ニ憲法ニ属シテ之ニ密接ノ関係ヲ有シ以テ政制ノ運用ヲ支配スル以上ハ其補修改正ニ於ケル決シテ軽卒ニスヘカラサルハ論ヲ竢タス殊ニ憲法ノ大義ヨリ流出スル条項ヲ更メテ暗ニ国体政制ノ源泉ヲ攪乱セントスルモノニ至リテハ本会ノ断シテ同意セサル所ナリ

維新以来茲ニ三十有余年智識ヲ海外ニ求メ文化ヲ万国ニ競フ其ノ進歩固ヨリ観ルヘキモノ多シ然レトモ国権ノ未タ張ラサル国力ノ未タ振ハサル防備ニ経済ニ教育ニ欠ク所尚尠ナシトセス西欧東亜形勢相依リ生存競争ノ狂瀾宇内ヲ捲カントスルノ今日ニ於テ顧テ本邦ノ行程ヲ望メハ前途猶悠遠ナリ然ラハ則チ国権ノ回復国力ノ発達ハ国家ノ全力ヲ尽シ協同一致シテ従事スヘキ所ニシテ朋党功利ノ犠牲ト為スヘキモノニアラサル故ニ余等国家問題ニ於テハ互ニ相研究シテ公平中正ノ意見ヲ定メ全力ヲ傾倒シテ之ニ尽瘁シ朋党比周ノ為ニ国家ノ公利愛国殉公ノ精神ヲ失墜セサランコトヲ期ス

こゝに示す主趣書は内容として日本の国政と憲法の意義を説き、その進むべき途を示したもので、何等研究会の創立の意義については論及されていない。伊藤博文は恐らく研究会の創立に際し所信を述べたものと受けとれる。それ故に、伊藤侯の名が記された方がよかった。

研究会規則は創立時のものは未だ見ていない。前述の研究会小史に載せてある規則は次の通り（大正五年五月改正）

研究会規則　　大正五年五月改正

第一条　本会ヲ研究会ト称ス
第二条　本会ハ貴族院議員中有志会同シテ必要ノ事件ヲ研究ス
第三条　本会ニ常務委員九名ヲ置ク
第四条　常務委員ハ投票ヲ以テ選挙シ其任期ハ満一ヶ年トス但初期ハ満六ヶ月ヲ以テ三名ヲ改選ス其退任者ヲ定ムルハ抽籤法ヲ以テス
常務委員ニ当選シタルモノハ其任ヲ辞スルコトヲ得ス但継続重選セラレタル者及正当ノ理由ヲ本会ニ陳述シ認諾ヲ得タル者ハ此限ニアラス
第五条　常務委員ハ本会諸般ノ事務ニ関シ適宜其方法ヲ審議計画ス但時宜ニ依リ会員外ノ者ト交渉スルコトヲ得
常務委員ハ互選シテ前項事務ノ外本会ノ記録通告及会計ヲ分担ス
第六条　会長ハ毎会出席員中ヨリ投票ヲ以テ之ヲ定ム但時宜ニ依リ指名ヲ以テ之ヲ定ムルコトアルヘシ
第七条　本会ノ意見ハ出席員ノ過半数ヲ以テ之ヲ決ス可否同数ナル時ハ会長ノ決スル所ニ従フ但総会員三分ノ一以上出席スルニアラサレハ意見ヲ決スルコトヲ得ス
第八条　本会ノ決議ハ会員総テ之ニ従フモノトス但万止ムヲ得サル理由アリテ其決議ニ従フ能ハサルモノハ予メ其趣旨ヲ本会ニ陳述シ之カ認諾ヲ得可シ若シ至急ヲ要スル場合アル時ハ常務委員ニ協議スヘシ
第九条　前条ノ認諾ヲ得タル場合ニハ其問題ヲ協議スル議席ヲ避クヘキモノトス
第十条　本会会員外ノ議員ヨリ提出スル上奏案又ハ法律修正案、建議案、質問書ニ記名賛成セントスルモノハ本会ニ協議シタル後賛否ヲ決スヘシ若シ至急ヲ要スル場合アル時ハ常務委員ニ協議スヘシ

第十一条　本会ノ意見ヲ他ニ発表セントスル者ハ予メ本会ノ許諾ヲ受クヘシ
第十二条　本会ニ加入セントスル者ハ会員三名以上ノ紹介人ヲ要シ其諾否ハ総会員過半数ノ同意ヲ以テ之ヲ決ス
第十三条　本会会計年度ハ十一月一日ヨリ翌年十月三十一日ヲ以テ一カ年度トス
第十四条　本会ノ予算ハ毎年議会召集ノ際総会ヲ開キ之ヲ決ス
第十五条　本会会費ノ徴収期日ハ常務委員適宜之ヲ定ム
第十六条　毎年一月前年度ノ決算書ヲ編制シ報告スルコト
第十七条　決算ニ残余アル時ハ次年度ニ繰リ入ルヘシ
第十八条　本会規則ハ総会員三分ノ二以上ノ同意ヲ得ルニアラサレハ之ヲ改正スルコトヲ得ス

この頃の経過については山口弘達子の述べている（旧話会速記）のと、研究会小史とでは多少違う。山口子によると「其ノ十六日ハ午後ハ精養軒ニ於ケル研究会ニ出席シタ。此時ニ研究会ノ会則ガ出来、双方ガ相談ヲシ、決議ヲシタ。是デ初メテ研究会ガ完全ニ成ツタ。ソノ前ノ創立会デ、ソノ時会則ガ出来タ。コレデ以テ六七十名ノ人ガ集ツテ十九日ニ初メテ研究会ノ総会ヲ開イタノデス。ソノ時ニ貴族院ノ全院委員長ハ中山侯爵ヲスル、予選ヲシテヤル、コウイフ様ナコトデ始メテ、コレカラ段々ト研究会がオ互ニ親密ヲ重ネテ来……」とあり「明治二十四年十二月十四日研究会ノ趣意書ヲ発表」したとなっている。

研究会の特色は何処に在ったか、創立当初の規則は見られないので、大正五年のものによると目的は貴族院議員有志の団体であって、議員として立法上の必要からの事項を研究するものであり、第一〇条と第一一条が制限規定として注目される。団体の一員として会の決議に従わねばならないことはそのことは不都合ではないが、その制約が厳しいことが目立っていて、義務拘束が強度であって、同時に最高の役員である常務委員の権限が大きいことである。これが後に反幹部の動きとなる原因となるが、これはむしろ一面有爵者の持つ共通の弱さを補っていた。衆議院の政党、貴族院の他会派等からの圧力に耐えるための手段でもあり政府にたいして研究会が議会政治の上で有力な存在として認められていたことはこの方法があったからだといえる。貴族院議員特に有爵議員が常に公平な立場をとり、質実な態度を示し得たのも、又進んでは二院制度の価値を表明できたのも、この統制的行動がとれたことによるものである。

この統制は成果を得たが、会員の間では必ずしも歓迎されてはいなかった。中でも主義主張の強い者や多額納税者議員の場合は出身地（選挙区）との関係から、無条件で研究会総会の議決に順うことはむづかしい場合があった。その様な場合のために規則の第八条の但し書が必要なのである。勅選議員についても、推薦された時の政府につながりがあったから、同様のことが起ったが、勅選議員の場合は山県系がはっきりしていて、団体的統制には了解がついた。

このような政治団体としての貴族院における公的な位置付けはどうであったか。貴族院は二院制の立場から研究会は政党ではなく、又当時は政治会派として公認の団体とは認められていなかった。前述の貴族院の議員組織に九つの部屋制がとられたことはその意味であって、公認されたのはかなり後のことで、当時は公然の秘密であった。「色々会派ニ関スル書類ガゴザイマスルト、調ベテ御参考ニ差上ゲ得ルノデアリマスガ、先程モ御話ガ出テ居リマシタヨウニ、会派ノコトハ元ハ非常ニ秘密ニナツテ居テ、公ノ名前ニナツテ居リマセヌデシタノデ、事務局ニモ頼ル所ノ書類が余リゴザイマセヌ」（昭和九年六月・旧話会）と長世吉書記官長が語っており、近藤英明貴族院事務局課長も次のように話している。

「貴族院はその建前から、政治会派又は政党的団体の存在は認められなかったから、当時は極めて非公的の存在であって、控室も部属単位に設けられていたから、院内での団体活動は行わず、集会所として華族会館が使用されていた。その後次第に団体の存在が実現して来ているが、昭和の初期でも尚公認はされていない。議会職員は会派別名簿を持っていながら、これは公開してはならないといわれていた」と。

研究会の役員　創立当時は前述の通り九名の幹部が、幹事として会を掌握していた。明治二十五年十一月に研究会は華族会館において総会を開き、その決議により交渉委員五名と特務委員五名を選出した。これにより役員は幹事、交渉委員、特務委員の三種であって（幹事九名は前述参照）兼務が認められている。

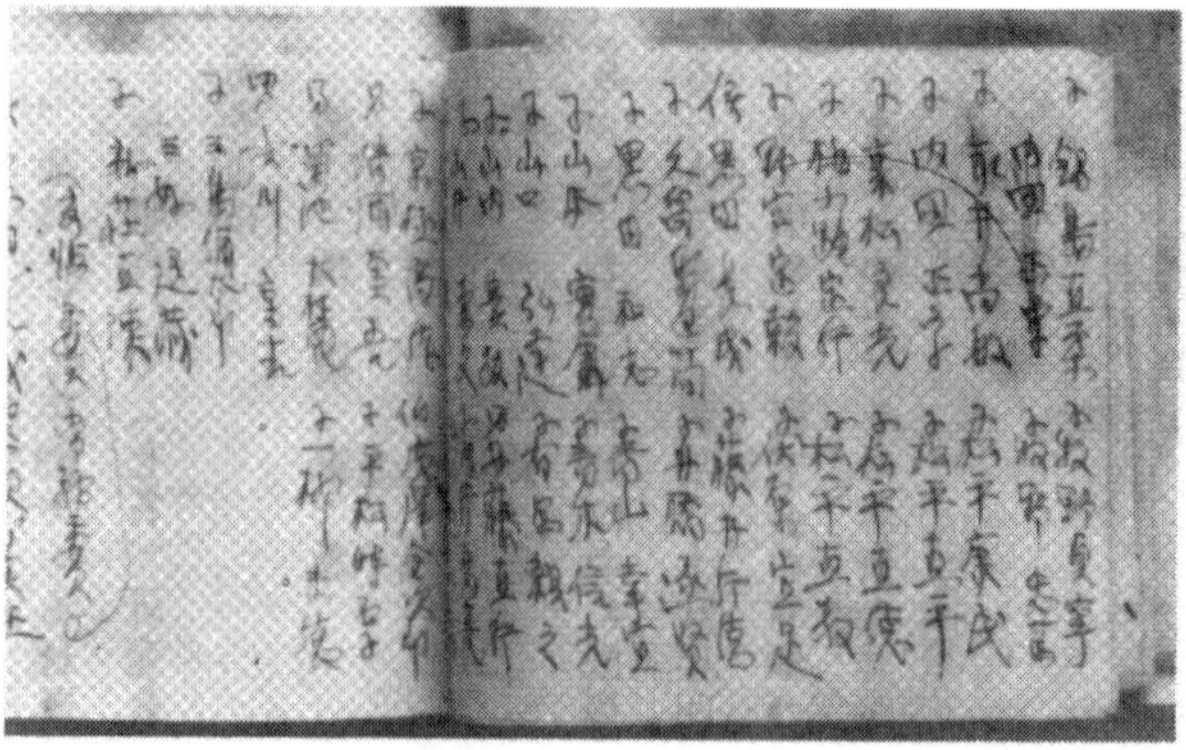

研究会所属議員簿　参議院所蔵

交渉委員

子 岡部長職　子 堀田正養　男 千家尊福　勅 小畑美稲

勅 菊池大麓

特務委員

子 岡部長職　子 堀田正養　男 千家尊福　勅 小畑美稲

勅 木下広次

同年十二月には研究会規則によりこれまでの幹事、交渉委員、特務委員を廃し、新たに常置委員四名と幹事三名を置いた。

常置委員

伯 大原重朝　子 鳥居忠文　男 千家尊福　勅 小畑美稲

幹事

伯 万里小路通房　子 岡部長職　子 大河内正質

更に明治三十二年十一月に規則を改正して、常置委員と幹事を廃し、新たに常務委員七名を置いた。（大正五年五月の改正で常務委員は九名となる）。これまで常置委員四、幹事三の計七名を改め、常務委員を七名としたことは、議員として年齢からも経歴にも大した差がないのに幹事は雑用を含めて極めて多忙であって不合理であったから、増員して（七名）研究会の事務に当ること〻したためであった。

常務委員は、

伯 清棲家教　伯 勧修寺顕允　子 京極高典　子 岡部長職　子 一柳末徳

子 鳥居忠文　勅 渡辺洪基

第二次帝国議事堂
明治二十四年十月竣工大正十四年九月焼失

帝国議会貴族院本会議場
明治二十四年十月竣工

であった。これら幹部の中に広橋賢光伯の名が出ていない。同伯は研究会の創立には尽力し重要な役割を果している一人である。明治二十八年四月になって調査部の幹事に選任されているに過ぎない。この事につき、山口弘達子は、広橋伯が研究会の首領の位置から離れなければならない事情があった様で、残念だと追憶している（旧話会速記一の上）その事情は詳かでない。

調査部の設置　明治二十七年一月貴族院は公爵二条基弘、公爵近衛篤麿らによる伊藤首相に衆議院解散の態度を非難する忠告書を提出したが、研究会は会としては参加しなかった。むしろ法案の審議、政府の対貴族院問題など独自に一層の調査の必要を認め、同年四月正親町実正伯らの提案により、研究会内に調査部を開設することゝなった。調査部の幹事三名（正親町実正伯、岡部長職子、勅選清浦奎吾）が選出され、法案の審査に積極的にとり組み、政府当局の説明を聴き、議会に臨む態度に役立たせた。翌年二十八年四月になり更に組織を充実し、幹事も一名増員し四名（広橋賢光伯、京極高典子、堀田正養子、勅選柴原和）を選出して調査審議の成果を得た。その後明治三十年七月になり審査規程を作り調査部を審査部と改めている（この件は後に述べる）。

第三節　尚友会の設立

一、設立の経過

研究会が設立されたことにより、議会における活動は新しい動きが見られ、勤倹尚武の建議案が不成立となったのも新しい研究会の勢力の表れであった。幹部はこれを取り挙げて入会の勧誘に努めた。それが効を奏して研究会は貴族院における会派としての存在は重きを加え、その政治力は強化されて行ったが、最初幹部が予期していた程には入会者は増加しなかった。たまたま明治二十五年五月に壬生、島津、大村の三子爵が伯爵に陞爵し、三名の子爵議員の補欠選挙が行われることゝなった。それがため議員希望者が名乗り上げ、個々に運動を始めたり、推薦があったり戸別訪問などで、全く見込や予想は立たなかった。その上、かねてから研究会に対し批判的な立場に在った近衛篤麿公は三曜会から推薦者を立て、曽我祐準子、谷干城子らの懇話会も反研究会の態度をとって三曜会と懇話会は連合して候補者として三曜会の会員である子爵戸田忠行、子爵高野宗順、子爵大田原一清の三名を立てた。これにたいし研究会は子爵堤長功、子爵稲垣太祥、子爵阿部正敬を立てて争うことゝなった。この状勢では三曜会派が有利との観測が出たことから、研究会は憂慮し、選挙に勝つために、今後のことも考え票を多く取れるようにする必要から急拠団体を設立することゝなった。投票日は七月三十日で、その目前の七月二十五日に子爵有権者を集める会合を開くことゝなった。集会の通知は次の通りで研究会が主体であったから、伯子男各爵の名が発起人に列記されている。あわたゞしい間に進められたのではあるが、形式的には前々から準備がすゝめられていたようになっている。

拝啓　同志会合親睦を厚うせんが為め、別紙の通り会則起草致し及御送付候間、御繰合せ来る二十七日午後五時華族会館へ御来集被下充分御討議被下度別紙御送付旁々此段奉願候也

明治二十五年七月二十五日

発起人　大原重朝　万里小路通房　堀田正養
　　　　大久保忠順　本多実方　堀　親篤
賛成者　岡部長職　平松時厚　松平忠恕
　　　　槇村正直　千家尊福　山口弘達
　　　　菊池武臣

以上で当時は謄写版がなく、飴版という紫色に写る蒟蒻版で、発会並びに会則議決と入会勧誘状であった。これは七月三十日に承認された。規則は二一カ条、細則は七項からなっている。その条文は用語において隔世の感がある。無記名投票を「無名投票」、入会金は「貯金ハ確実ナル銀行ニ貯蔵シ」、「入会金定額ハ十円ヨリ多カラス二円ヨリ少ナカラズ」、「議決事件ノ処分」、全納を「皆納」、「推選」などと記している。

尚友会規則

尚友会規則

第一条　本会ハ同志相集マリ智識ヲ交換シ互ニ親睦ヲ厚クスルヲ以テ目的トス
第二条　本会ヲ尚友会ト称ス
第三条　本会ハ本部ヲ東京ニ支部ヲ京都ニ置ク
第四条　本会ハ有爵者貴族院議員中ヨリ之ヲ組織ス
第五条　学識又ハ名望アル者ヲ以テ名誉会員ト為スコトヲ得　其選挙ハ会員五名以上ノ同意ヲ以テ被選者ノ氏名ヲ

幹事ニ提出シ全会員半数ノ賛成ヲ得テ之ヲ定ム

第六条　入会ヲ欲スル者ハ会員五名以上ノ紹介人ヲ要ス　其申込ヲ紹介人ヨリ之ヲ幹事ニ通告シ会員過半数ノ同意ヲ以テ之ヲ認諾ス　東京ニ於ケル入会ハ本部会員之ヲ定ム　京都ニ於ケル入会ハ支部会員之ヲ定ム

第七条　入会ノ承諾ヲ得タル者ハ入会金ヲ納ム　貯金ハ確実ナル銀行ニ貯蔵シ其利子ハ本会積立金トス

但シ名誉会員ハ入会金ヲ要セス

入会金定額ハ十円ヨリ多カラス二円ヨリ少ナカラストシ本支部各自ノ適宜ニ従ヒ之ヲ規定ス　積立金ハ万止ムヲ得サル場合ト雖トモ所属部会員過半数ノ同意セサルニ非レハ之レヲ支出スルコトヲ得ス

第八条　会員止ムヲ得サル理由アリテ退会ヲ請求スル者アルトキハ会員過半数ノ同意ヲ以テ其退会ヲ認諾スベシ

但シ表決ノ手続ハ第六条ノ例ニ依リ本支部各自ニ是ヲ決行ス

第九条　第八条ニ依リ退会シタル者ハ入会金ヲ返付ス

第十条　本支両部ニ於テ各自適宜ノ時日ヲ期シ毎月一回ノ定会ヲ開ク

但シ必要アル場合ニ於テハ臨時会ヲ開クコトヲ得

第十一条　有爵者ノミニ限リ協議ヲ要スル事件アルトキハ有爵者全員ノ臨時会ヲ開クコトヲ得

但シコノ場合ニ於テハ会費ヲ徴収ス

第十二条　会長ハ毎会出テ議員中ヨリ指名又ハ投票ヲ以テ之ヲ推選ス

第十三条　会長ハ会場ヲ整理シ議決事件ノ処分ヲ定メテ之ヲ幹事ニ付ス

第十四条　幹事ハ本部ニ於テ三名支部ニ於テ二名トシ各部其部員中ヨリ無名投票ヲ以テ之ヲ互選シ庶務及ヒ会計ヲ分担セシム

但シ任期ハ六ヵ月トス

第十五条　本部会員京都ニ寄寓シ支部会員東京ニ寄寓スルトキハ其地所在ノ部員ト同一権利義務ヲ有ス

第十六条　本支両部ノ経済ハ之ヲ各別トス
第十七条　協議ノ性質ニ依リ之ヲ会外ニ漏洩スルコトハ禁ス
第十八条　協議ノ事件ハ各部ニ於テ出席会員過半数ノ同意ヲ以テ之ヲ議決ス
　但シ重大事件ハ各部又ハ両部議員ノ票数ヲ通算シ之ヲ決ス
第十九条　前条ノ場合ニ於テ可否同数ナルトキハ会長是ヲ定ム
　但シ前条但シ書キノ場合ニ於テ可否同数ナルトキハ協議開始ノ部ニ於テ更ニ協議会ヲ開キ出席員ノ多数決ヲ以テ確定ス
第二十条　本会ノ細則ハ各部々員協議ヲ以テ各適宜ニ之ヲ定ム
第二十一条　本会規則ハ全会会員ノ三分ノ二以上ノ同意ヲ得ルニ非レハ之ヲ改正スルコトヲ得ス

尚友会本部細則

一、会員出入又ハ協議決了シタル事件ハ其協議会ニ出席ノ有無ヲ問ハス之ヲ本部会員一般及ビ支部幹事ニ報告シ支部ヨリ本部幹事ニ通知事件ハ之ヲ本部会員ニ報告スヘシ
一、幹事ハ協議録ヲ製シ各部協議ノ要旨ヲ記シ其他本会ニ関スル全般ノ事件ハ別ニ之ヲ記録シ存留スヘシ
一、本部ニ加入スル会員ハ入会金五円ヲ納ムヘシ
　但シ入会ノ日ヨリ五ヵ日以内ニ皆納スヘシ
一、本部会員支部ニ転籍スルトキハ定規ノ入会金ヲ徴ス
一、会員ハ一ヵ月金三十銭ヲ出金シ之ヲ会費ニ充ツ

会名は〈尚友会〉とし、七月二十七日に創立した。会名を尚友と名付たのは漢文古典を生かしたもので、尚はねがう、くわえる、なお、ひさし、たつとぶなどと読む。孟子尽心編上に「天下之善士、斯友天下之善士、以友天下之善士、

為未定、又尚論古之人、頌其詩、読其書、不知其人、可平、是以論其世也、是尚友也」。又吉田松陰の士規七則の中に「読書尚友、君子之事也」とある。当時漢学の造詣の深かった者を発起人に求めるならば第一に堀田正養子、その他に大原重朝伯、千家尊福男がいる。この中の誰れかの発案と思われる。

二、補欠選挙と尚友会

尚友会が発足して僅か四日目に補欠選挙が実施されるので、はたしてこの会の発足がどれだけ今回の補欠選挙が有利になるか全く分からなかった。

補欠選挙は予定通り七月三十日に行われ、この日選挙管理者の子爵勘解由小路資生が病欠席となり、臨時管理者として子爵大給恒が、立会人には松平乗承、松平信正、加納久宜、山内豊誠及び新庄直陳の五子爵がなり、投票は午前七時に開始した。開票の結果は

当選　一六五票　堤　功長
当選　二五四票　阿部正敬
当選　一四五票　稲垣太祥
次点　九八票　高野宗順
　　　九五票　戸田忠行
　　　八五票　大田原一清　以下略

当選したこの三名はいづれも尚友会設立の同志の推薦による三子であって三曜会所属の三候補は全員落選し、尚友会側の勝利となり、当選した三子は直ちに研究会に入会したから、研究会が企図した尚友会設立の目的は達せられたし、将来議員に当選するには尚友会の推薦が絶対有利と見たため急に入会希望者は増加し、尚友会は研究会所属議員

の選出のために選挙母体としての役割を荷い活躍することゝなる。

尚友会は選挙の前のあわたゞしい時の設立であって一応七月二十七日の発足であったから、実際は選挙に対する申し合せの程度に止まっていた。七月三十日に会則が公表され、八月二日に入会の申し出を受理した。その結果、尚友会の設立の会合を正式に開いたのは八月四日で、発起人には

伯爵　大原重朝　　伯爵　万里小路通房　　子爵　堀田正養　　子爵　大久保忠順

子爵　井伊直安　　子爵　本多実方　　子爵　堀　親篤　　男爵　小松行正

の八名がなり華族会館で発会式を行った。

尚友会が設立されたことは、貴族院の各方面に大きな衝撃を与え、三曜会、懇話会などは急拠対策を討議した。中でも三曜会の新庄直陳子は各方面に奔走して尚友会の非を説き、東久世通禧伯と伊達宗城侯は連名で抗議書を八月四日に尚友会へ提出している。その主旨は。

「……会の目的は社交親睦を目的としていながら、入退会には厳しい制約がある。これは何か秘密の趣意が含まれていると考えられ、同族として貴族院議員としての責任を思う時、弊害ありと信ずる」と次の様に述べている。近日同族中四五名首唱シ尚友会ト名ツクル同盟会ヲ設クル企アルヲ聞ク頃日其規則ナルモノヲ視ルニ第一条ニ曰ク本会ハ同志相集リ智識ヲ交換シ互ニ親睦ヲ厚フスルヲ以テ日的トス以下二十一条及細則ヲ設ケ堂々一派ヲ組織スル結構タリ夫智識ヲ交換シ親睦ヲ厚クスル善事ト雖モ其会則ノ列記スル所其趣意ト頗ル相合ハス其第六条ニ曰ク入会ヲ申込ムト雖モ会員過半数ノ同意ヲ得サレハ入会スル事ヲ得ストス又其第八条ニ曰ク退会セント欲スルモ会員過半数同意セサレハ退会スル事ヲ得サルモノトス是甚束縛ノ規約ニシテ不自由亦甚シト云ヘシ此ノ如ク束縛ヲ受クル其不便論ヲ待タス抑モ親睦ヲ趣意トスル会ニシテ此ノ如ク圧制ナル規則ヲ設クル殆ト会名ト其趣意トニ矛盾ス又一歩ヲ進メテ論スレハ其第七条ニ曰ク協議ノ性質ニ因リ之ヲ会外ニ漏洩スル事ヲ禁ストアリ読テ此処ニ至リ人々如何ノ感覚ヲ発スヘキヤ必ス本会ハ其第一条ノ趣意ノ外ニ秘密ナル趣意ノ含蓄スルモノト推測スヘシ是ニ於テ愈々会名ト其趣意トニ合ハサルモ

ノト謂ハサルヲ得ス是本会ニ疑ナキ能サル所以ナリ今ヤ同族ハ其本分タル貴族院ニ立チ立法協賛ノ重任ヲ負担スル者ナリ宜シク各其去就進退ヲ慎ミ介然貴族院ニ立ツ事ヲ念ハスンハアルヘカラス尚友会ト名ツクルモノノ如キ其名善シト雖モ其実弊害アルヲ信ス是ヲ以テ我輩之ヲ賛スル能ハス聊カ意見ヲ述ヘテ諸君ニ告ク冀クハ熟慮アランコトヲ

明治廿五年八月四日

東久世通禧
伊達　宗城

これに対し尚友会側も明治二十五年十一月十六日付をもって弁明書を出している。

尚友会之儀に付本年八月四日付を以て東久世通禧、伊達宗城両君より華族一般に通知書を発し其文中に尚友会は趣意外に秘密なる趣意の含蓄するものと推測せざるを得ずと明記し当会を賛成する能はざる所以を論ぜられたり然るに東久世伯等の通知書を発せられたるは協議の性質に因り之を会外に漏洩することを禁ずと云ふ条の如きは治定せし規則中には記載する所なし且会員の出入は会員過半の同意に依り定むるが如きも会員外の論者は不自由又は圧制と論ずべしと。然も是同志相集り規定する所にして素より不可あること無し依て某等東久世伯を訪問し詳かに前述の次第を談話せしに同伯に於ても規則治定以前に通知書を発したるを以て疑なき能はざりしも今聞く所に依れば前日の疑惑は氷解し其弊害なきことを信ずと述べられたり依て伯の氷解せられたる次第は華族一般に通知するも妨なきやと問しに毫も差支なしと答へられたり是此書を諸君に報告する所以にして諸君は尚友会の趣意は規則外に秘密の趣意の含蓄するにあらざることを明察あらば何の幸か之に加へん

明治廿五年十一月十六日

尚友会総代　万里小路通房
同　大原重朝
同　平松時厚

同　　　千家尊福
同　　　堀田正養

これを以て解決とはならず。伊達宗城は個人で更に反駁の意見書を出し、尚友会を牽制した。

嚮きに尚友会の起るや宗城其規則を視、之を不可とす、偶ま東久世氏と同意するを以て連署して諸君に告く、聞く其後諸氏等東久世氏に告る所あり十一月十六日諸君へ云々報道せり宗城実に其理由を聞かす更に一層の懸念を生ず。抑も尚友の規則始めには秘密を漏洩すべからざるの条あり。現行には之を削除すと雖も猶其後八条に会員已むを得ず退会せんと欲する者会員過半数の同意を得されば退会することを得ずと云意の文あり、夫尚友の趣意は智識を交換し親睦を厚ふする旨に非すや。然り而厳重の束縛法を設く其意果して如何、是尚親睦を為す旨に合ふと云ふや名実の合はさる論を待たず。中合は互の勝手と云ふと雖も名を親睦に依りて、実は束縛をなす豈奇怪と謂はさるべけんや。是以宗城は氷解すること能はず。頃日以来宗城国府津に在り今日帰府したるが故に聊又愚意を諸君に告ぐ

十二月六日　　　伊達宗城

この他尚友会に反対する団体や将来議員を希望する者によって別に同志を集め正義と公明をモットーとして新団体の結成を計画している。その中心は高辻修長、河田景與、諏訪忠誠の三子で、それに賛成者として名を連ねているのは

土方久元　大宮以季　田中不二麿　小笠原長育　大給　恒
谷　干城　福羽美静　由利公正　鍋島直彬　立花種恭

の各子爵である。この反尚友会の動きは一時は同志一四〇余名に達したという。この中には議員の他に有爵者と有位華族が含まれている。しかし尚友会の同志の結集は堅く、この同志の会はその後の選挙に際しての立場は不利で、長くは続かず明治二十九年には解消した。（第四章第五節参照）

三、尚友会の運営

尚友会にたいする与論にもかなりの疑問が出ていたようで、貴族院は華族議員を中心とし、政党的色彩の全くない至正至公の存在として期待していたにも拘らず、尚友会が表面は社交団体を表明しているが多分に党派的性格を有する団体と見られたからである。たしかに会則には選挙団体であることには触れていないことは疑惑を生む点である。第二は子爵議員選挙を有利にしようとの手段でありながら発起人には伯子男の三爵が見られることが疑問とされた。これは会の主旨に沿ったものであったが、後には男爵は自分たちの会を作り、伯爵も一時ではあるが独立している。

尚友会の会員は個人的な野心は示さず団体の構成員としての態度を示し、選挙に際しても協力的活動をしている。知識と経験によって独自の信念を表明するものは離れて行った。なぜこの様な協力的行動がとれたのか、そこには一家言をなし見識を表はすことは遠慮し、常に社交的な行動をとろうとした者と、相手を敵視せず、徒らに刺激して互に立場を不利にしてはならないとする考え方が働いていたからである。前者は公家華族に、後者は大名華族の中に長い間に培かわれていたものがあったからであろう。これは有爵者の弱点ではあるが、これを特質として発揮できれば権威となるものである。この事は研究会にもいえる。

運営　尚友会は創立の動機からして、研究会とは表裏をなしていたから、運営は研究会の幹部が当った。尚友会幹事も議員が任用されている。選挙の対策は尚友会の第一の仕事となり、議会政治は研究会にと、はっきり分かれることができた。事務所は創立当初は決めてはなかったが、やがて整備し研究会内に事務所を置いた。

これによって選挙に臨んでも尚友会が準備に当った。今まで選挙のため各自が個々にその運動をして混乱したが、尚友会ができてからは、それは不利となり、尚友会の推薦が得られなくなり、従って当選の見込が薄くなってしまった。尚友会の幹部（一五名の評議員）によって推薦者を決めることゝなったので、自己売込や戸別訪問をした者は推薦しないことゝし、評議員会の価値判断により推薦、非推薦が決ることゝなった。

この様に一五名の評議員による推薦制は、結果的には当選確実となるのであったから、評議員の存在は絶対の権威となった。これが悪用されゝば一部の人間の専断となり、場合によっては黒い噂の種となり、尚友会が非難される理由となる。たしかに評議員の権威は大きかった。議員に当選するか否やが評議員会で決まるからで、選挙運動が若し認められるとしたら、この辺である。この様に推薦には多くの問題はあったが、推薦は当然評議員の責任となるから、問題のある人物や、議員として資格の有無の判断は評議員の責任にかゝっていたから、結果は尚友会の存在はプラスといわねばならない。しかし敢えて非難すれば、合議推薦制であるために、特異の人物よりも、難点のない人物を選ぶ結果となってしまった。伯爵、男爵の場合にも推薦母体はあったが、性格は尚友会とはかなり異っていた様で、殊に男爵団の協同会にそれが見られる。

会員構成　会員は有爵者と有位華族を主体とし、勿論有爵議員も入会した。その他に学識名望ある者が名誉会員として入会できた。実際には勅選議員で研究会所属の人達であった。規則第一二条にある会長は尚友会会長ではなく、今日でいう議長、座長に当るのであるから党首としての会長制はとっていない。

尚友会が選挙母体として全面的に活動したのは明治三十年七月十日の有爵互選議員の総選挙からであった。創立以来日を経るにつれて充実しこの年の一月には子爵議員七〇名のうち六五％に当る四五名は尚友会会員であった。その後明治四十四年になって新たに選挙母体として結成した談話会の出現により、一時は激しく対立したが、その時以外は尚友会だけが選挙母体として活動し、貴族院解消の時まで存続して役割を果した。明治二十七年発行の会員名簿によると侯爵一、伯爵一二、子爵八三、男爵二一、勅選議員（名誉会員）四、合計一二一名である。

本部会員

侯　徳川篤敬	伯　大原重朝	伯　正親町実正	伯　室町公大	伯　前田利同
伯　万里小路通房	伯　甘露寺義長	伯　沢　宣量	伯　清棲家教	伯　広橋賢光
子　井上正己	子　入江為守	子　花園公季	子　丹羽長保	子　錦織教久

子　細川興貫
子　戸田忠行
子　大久保忠順
子　大給近道
子　高松実村
子　土御門晴栄
子　鍋島直虎
子　久留島通簡
子　松平忠恕
子　牧野忠篤
子　安藤信守
子　京極高宗
子　平松時厚
子　久松勝慈
子　酒井忠彰
男　本田親雄
男　菊池武臣
男　千家尊福

子　堀田正養
子　戸田忠義
子　大岡忠是
子　岡部長職
子　高木正善
子　南部信方
子　鍋島直柔
子　山口弘達
子　松平忠慎
子　阿部正敬
子　青木信光
子　京極高徳
子　土方雄志
子　森　長祥
子　井伊直安
男　辻　健介
男　吉川重吉
男　安藤直行

子　堀　親篤
子　戸田保泰
子　大河内正質
子　岡崎国長
子　田沼　望
子　永井尚敏
子　内田正学
子　山井兼文
子　松平直平
子　秋元興朝
子　相良頼紹
子　水野忠敬
子　久松勝重
子　松平定教
男　生駒親忠
男　中御門経隆
男　南　光利
男　南岩倉具威

子　本庄寿巨
子　藤堂高義
子　奥田直紹
子　小笠原寿長
子　冷泉為勇
子　永井直哉
子　野宮定穀
子　松平康民
子　松平直敬
子　秋田映季
子　酒井忠亮
子　水野忠弘
子　一柳紹念
子　三宅康寧
男　板倉勝英
男　中山信実
男　鹿園実博
男　酒井忠弘

子　本多実方
子　千種有梁
子　大田原一清
子　渡辺寛潤
子　堤　功長
子　長谷信篤
子　黒田和志
子　松平直幹
子　牧野貞寧
子　有馬頼之
子　京極高典
子　水野忠宝
子　一柳末徳
子　鳥居忠文
男　林　忠弘
男　中川興長
男　平野長祥

名誉会員

清浦奎吾
男　菊池大麓
男　福原　実
男　小畑美稲

京都支部会員

伯　冷泉為紀　伯　勧修寺顕充　伯　油小路隆晃　子　伏原宣足　子　高野宗順

子　持明院基哲　子　藤井行徳　子　山本実庸　子　藤谷為寛　男　藤枝雅之

男　西五辻文仲　男　小松行正　男　玉松真幸

第四節　日清戦争と議会

一、第四議会

明治二十五年（一八九一）十一月二十五日に第四議会が召集され、この議会では国防問題に関心が集まった。この頃アジアの国際情勢は極めて不安定であったのにも拘らず、衆議院の反政府党（民党）は政費の節約と民力の休養を理由に海軍拡充費（製艦費）などの国防費を削減し、政府に同意を求めたが政府（渡辺国武大蔵大臣）は真向から反対したため混乱した。勿論政府は解散で臨もうとしたが詔書は出ず、国防予算は不成立の危機を迎えた。この時（二十六年二月十日）天皇はこれを案じられ「在廷ノ臣僚及帝国議会ノ各員ニ告グ」の詔勅を喚発されて国防費はゆるがせにすべからざること、国防費の一部として内廷費を節約し製艦費を補足するため、向う六ヵ年間三〇万円づゝを下付すること、また文武官もその間それぞれ月俸の一割を割いて納めるようにと告げられた。

在廷ノ臣僚及帝国議会ノ各員ニ告ク

古者皇祖国ヲ肇ムルノ初ニ当リ六合ヲ兼ネハ紘ヲ掩フノ詔アリ朕既ニ大権ヲ総攬シ藩邦ノ制ヲ廃シ文武ノ政ヲ革メ又宇内ノ大勢ヲ察シ開国ノ国是ヲ定ム爾来二十有余年百揆ノ施設一ニ皆祖宗ノ遠猷ニ率由シ以テ臣民ノ康福ヲ増シ国家ノ隆昌ヲ図ラムトスルニ外ナラス朕又議会ヲ開キ公議ヲ尽シ以テ大業ヲ翼賛セシメムコトヲ期シタリ而シテ憲法ノ施行方ニ初歩ニ属ス始ヲ慎ミ終ヲ克クシ端ヲ今日ニ正シ大成ヲ将来ニ期セサルヘカラス顧ルニ宇内列国ノ進勢ハ日一日ヨリ急ナリ今ノ時ニ当リ紛争日ヲ曠クシ遂ニ大計ヲ遺シ以テ国運進張ノ機ヲ誤ルカ如キコトアラハ朕カ

祖宗ノ威霊ニ奉対スルノ志ニ非ス又立憲ノ美果ヲ収ムルノ道ニ非サルナリ朕ハ在廷ノ臣僚ニ信任シテ其ノ大事ヲ終始セムコトヲ欲シ又人民ノ選良ニ倚籍シテ朕カ日夕ノ憂虞ヲ分ツコトヲ疑ハサルナリ

憲法第六十七条ニ掲ケタル費目ハ既ニ正文ノ保障スル所ニ属シ今ニ於テ紛議ノ因タルヘカラス但シ朕ハ特ニ閣臣ニ命シ行政各般ノ整理ハ其ノ必要ニ従ヒ徐ロニ審議熟計シテ遺算ナキヲ期シ朕カ裁定ヲ仰カシム

国家軍防ノ事ニ至テハ苟モ一日ヲ緩クスルトキハ或ハ百年ノ悔ヲ遺サム朕茲ニ内廷ノ費ヲ省キ六年ノ間毎歳三十万円ヲ下付シ又文武ノ官僚ニ命シ特別ノ情状アル者ヲ除ク外同年間其ノ俸給十分ノ一ヲ納レ以テ製艦費ノ補足ニ充テシム

朕ハ閣臣ト議会トニ倚リ立憲ノ機関トシ其ノ各々権域ヲ慎ミ和協ノ道ニ由リ以テ朕カ大事ヲ輔翼シ有終ノ美ヲ成サムコトヲ望ム

議会（衆議院）はこの聖旨を載き、予算の削減を取り止め、政府との妥協が成立し、製艦費は復活した。研究会はこの聖旨に感銘して研究会所属の議員は歳費を向う六ヵ年に渉り十分の一を献納することを決めた。

製艦費削除問題には後日談があるのでこゝに記す。貴衆両院議員が軍艦松島を見学に行った時、艦長は悲憤慷慨して演説をし、この軍艦は役人の月給が削られてそれや何かで出来た。議員のお方は削ろうとした。海軍はお嫌いなのだとやったら、その場で貴族院議員はそれは違う、削ろうとしたのは我々ではない、衆議院なのだ、我々は製艦費の予算には賛成し復活したのだとやり返した。その後で艦長は改めて衆議院議員の方だけに申し上げるとして、又演説を始めた……と旧話会速記七に記されている。

二、茶話会の結成

明治二十六年（一八九三）になり、勅選議員は新たに政治団体として〈茶話会〉と無所属団を設立した。勅選議員は時の内閣の上奏によって勅任されるのであるから、その政府の与党的立場になる。したがって勅選議員の誕生には多分に政略的なものがある。既に第一議会の時に元老院議官の経歴のある勅選議員と地方官出身の議員が細川潤次郎副議長を囲み茶話会を開いている。この時は二〇人程が集っていた。これが〈茶話会〉の会名の始まりである。明治二十四年十二月第二議会には子爵谷干城によって勤倹尚武建議案が提出された時は、建議案は否決されたが、その時の投票では僅かに一九票の差であったから、今後の議会運営を有利にするため与党的立場の勅選議員の増員（補充）を計ったゝめ、十二月二十二日には、一八名の勅選議員が誕生した。いづれも山県系官僚出身であって会合を持ったのは明治二十五年七月二十二日であった。これが議会と直接関係を持ったのは同二十七年三月一日で、細川潤次郎を囲んで開いていた茶話会を政治会派〈茶話会〉とつけた。その中心は平田東助、古市公威、船越衛、南郷茂光らであった。明治二十八年三月には二二名の会員（子爵二、男爵勅選二、勅選一八）の名が明記されている。これより先二十七年一月には一一名の勅選議員が就任されているが野党的と与党的とはっきり分かれ議会人として論争が行われることゝなる。

三、戦時議会

朝鮮半島では遂に動乱が起り、日清両国の対立となった。貴族院では、これらの外交問題について、国際協約上の見解から論争が起きている。同年八月朝鮮問題で日清両国間の戦争となったことから議会はこれまでの議員の論争は止み、挙国一致の戦時体制を示し、戦時下の非常時の態度をとった。第七臨時議会は広島に召集、広島には既に日清戦争のために大本営が設置されていた。こゝに仮議事堂を十八日間で急造し開会の前日に竣工、一月十五日から七日間開かれた。「議会は床机みたいな椅子で後ろに依り掛ることが出来ない」というからベンチの様な椅子であろう。「下は砂の上でした」とあるから砂を敷いた土間で、こゝに天幕を張った様だが、杉溪言長子は「天幕ではなく藁葺屋根みたいなもので、下は砂で、ぐるりを幕で張って、椅子の上に藁を置いて白い布を張った床机みたいなもので、白木の机が前にあるきり」といっている（昭和八年七月六日旧話会速記七）。ここで開院式も行われたし、当時としては国費の一年半分よりも多い一億五千万円の臨時軍事予算を、衆議院は午後二時に上程し十二分で可決し、貴族院は十月二十一日に谷委員長が報告し、「委員は少しの異議なく可決」したと述べ、本会議でも質問者はなく、直ちに満場一致で可決した。明治二十三年の国家予算は八千三百万円程であったから、二年分のものを一気に成立させたことになり、議員の熱意の程が窺われる。

この第七臨時議会の開会には、一部議員の中で、戦争を目前にして議会の協賛を受ける手続をとらなくても宜いではないかと不必要論が出た。しかし議会は国民代表の議員の任務であるから、むしろ議会を開いて戦争に如何に協力しているかを示す機会で、議会の煩わしさよりも国民に範を示すよい場となることの意義が大きいとした意見の方が多かった。

第八議会は十二月二十二日に東京に召集、同月二十四日開院式があり、九〇日の会期で翌二十八年三月二十七日に閉会した。前回に引き続いて戦時議会であって、臨時軍事費追加予算一億円の成立、朝鮮独立支持の貸与予算の議決、戦地の陸海軍将兵への感謝決議案の採択などがあった。戦争に遭遇し、議会はどうこれに臨んだらよいのか、莫大な軍事費予算をどう取扱ったらよいのか何れも初めての経験であったが、議会運営も無事に、戦争も同二十八年四月に講和条約の調印をもって終ることができた。議員各自の臨戦任務と国家への協力は遺憾なく発揮できたといえる。

第五節　三つの資料

一、華族会館誌

華族会館が所蔵している日誌であって、会館誌二七巻、同索隠（索引）一巻、同提要完一巻の合計二九巻からなる会館の公的記録で、型は和紙和綴タテ二六・五センチ、ヨコ一九・五センチ、楷書篆書の堂々としたものである。記載の内容は慶応四年（明治元年）三月の五箇条の御誓文にはじまり、最後は明治二十七年十二月二十八日までの二七年間の記録で、会館に関する事項の他に華族一般、議会、議員の記録、華族として当然関心を持つべき事件（例えば大津事件、濃尾地震など）もかなり精しく記載している（別掲参照）。二十七年以後はどうなったのか、恐らく続けられたと考えられるがまだ見ていない。この会館誌は清書されたもので、この源になる原稿もあると聞いているから、この会館誌は保存を目的に作られたものであろう。何んとしても貴重な資料である。本書にも議会関係はできるだけ原文のまゝで引用した。

華族会館誌

二、旧話会速記

貴族院議長公爵徳川家達は貴族院に関しての懐古資料を集めるため、長く議会に関係のある人々から談話を聴き、それを記録することを計画した。半ば公的なもので、議会事務局が参加し、規約を（法的ではない）作成した。先づ

事務所は貴族院事務局内に置く

会員　十年以上貴族院議員として在職した者と貴族院に関係のある者、旧職員も参加し協力する。

会長　貴族院議長　　事務は書記官長

会名　旧話会（霞南会、虎北会、温故会、温旧会、霞陽会、華南会などが出た中から決まる）

第一回旧話会は昭和二年十月十一日に貴族院内で開いた。この時は現、旧議員二一〇名に招待状が出た。毎回速記され原稿のまゝ製本され保管された。現在は第四、第五、第六が欠本で合計十冊が参議院事務局議事部長のもとに保管してある。旧話会を開いた目的は徳川議長の挨拶で「……貴族院議員又ハ貴族院事務局ノ職員及過去ニ於テ議員又ハ職員タリシ諸君ノ御集リヲ請ヒマシテ、憲法制定当時ヨリ引続キ貴族院ニ関係シタル色々ノ事件、制度ノ沿革等ニ関スル逸話、感想等ヲ談ジ合ヒマシテ、且ツ面白イト思ハレル談話ナドヲ記録ニ止メマシテ、実際上ノ参考ニモ供シ、又懐古ノ資料トモスル……」ことであった。

旧話会速記

旧話会速記（甲号）昭和二年十月十一日

旧話会速記壱（上）　昭和二年十二月七日

出席者　子　京極高徳　子　西五辻文仲　子　稲垣太祥　子　金子堅太郎
子　松平乗承　子　松平直平　子　牧野忠篤　子　青木信光
伯　大村純雄　男　古市公威　男　平山成信　男　南岩倉具威
男　平野長祥　伯　徳川達孝　男　南　光利　多　五十嵐敬止
勅　石井省一郎　勅　鎌田栄吉

旧話会速記壱（下）　昭和四年七月九日

出席者　子　山口弘達
（聴く側）成瀬達、山本秋広、長世吉、石橋、興津、花房、天野、梅田、川村、小宮

旧話会速記二　昭和四年七月十六日

出席者　子　山口弘達
（聴く側）前回と同じ

旧話会速記三　昭和四年七月二十三日

（聴く側）前回と同じ

旧話会速記七　昭和八年七月六日

発言者　公　近衛文麿　侯　佐佐木行忠　男　杉溪言長　公　徳川家達
子　青木信光　若槻礼次郎　伯　徳川達孝　石渡敏一
宝田義文　長　世吉　三宅　秀　木場貞長
阪本釤之助

（出席者氏名なし）

旧話会速記八　昭和八年十一月七日
　発言者　侯　佐佐木行忠　男　紀　俊秀　伯　松平頼寿　小原新三
　　　　　小松謙次郎　富井政章　鎌田勝太郎　石渡敏一
　　　　長　世吉

（出席者氏名なし）

旧話会速記九　昭和八年十二月十一日
　発言者　伯　松平頼寿　子　入江為守　侯　佐佐木行忠　木場貞長
　　　　長　世吉　花房崎太郎（嘱託）

（出席者氏名なし）

旧話会速記拾　昭和九年六月七日
　発言者　伯　松平頼寿　子　仙石政敬　男　杉溪言長　阪本釤之助

（出席者氏名なし）

旧話会速記拾壱　昭和九年七月四日
　出席者　公　徳川家達　伯　徳川達孝　侯　佐佐木行忠　子　梅小路定行
　　　　伯　松平頼寿　男　南岩倉具威　子　青木信光　伯　黒木三次
　　　　男　東久世秀雄　阪本釤之助　三宅　秀　河井弥八
　　　　長　世吉　石渡敏一　花房崎太郎

見ることのできたのは以上の十冊である。四、五、六は欠けているし、最後の第一一巻にも「又十月ニデモ、八、九ハオ休ミヲ願ヒ」とあるので更に続けたと思われるが、まだ入手できない。これらに語られている内容は正規の記録には見られないもので、各議員の体験等の座談でありその時の思い出なので記憶ちがいもあるのはやむをえないが貴重な資料で、殊に山口弘達子、杉溪言長男の懐古談は充実したもので、本書にも随所に引用した。

三、貴族院議員各派別に関する調査

貴族院の政治会派については前章に述べた通りである。有志の団体、同志の集会や集団が議会開設以前から実際に団体活動が行われていた。しかし議会初期には貴族院は政党を認めず、会派も党派の意味から公的には認めていなかった。三曜会などはその例である。議会事務局は事務上に、議員の所属会派名が必要であったから、常にその実体を把握しようと努めていて、職員の中には私的に（私的というよりも秘密に）調査表を作って所持していた。大正七年一月現在の貴族院議員所属会派一覧表が印刷されてから後は、小型の会派別議員名簿が毎期作られ議会職員は携帯するようになった。

たまたま旧話会でこの会派のことが話題となり（昭和八年十二月十一日の第九回集合）、その要求にもとづいて、貴族院書記官長長世吉の手で調査書を作成し、第十回旧話会にて配布された。それがこの調査書である。B六版二七〇頁で、明治二十五年の三曜会に始まり、昭和七年十二月火曜会までの会派別年度順に会員氏名が記載されている。最後に貴族院各派変遷一覧表が添付してある。これだけ明確に表記したものは他にはなく、極めて重宝な資料である。しかしその会の創立時の会員氏名は、明治二十五年以前の創立の場合は記していないので分らない。この刊行に奥書がないので編者は分からないが、前記の様に事務局が調査したからにはその信頼性は高い。氏名は明記されているが、各会派の沿革には全く触れていない。当時会派に関して最も精通していたのは嘱託の花房崎太郎（幸倶楽部事務職員）であったから同氏が関係していたことは確かである。これを刊行する原本と思われるものはポケットに入れていたであろう小型の会員名簿が十数種ある。（第二節研究会所属議員簿挿図）その中で一番古いのは研究会が作成した明治三十四年十二月調で、半紙に謄写印刷したもので、その他ペン書のものや、孔版印刷のものもある。これらも参議院事務局が資料として保管している。

第四章　研究会発展期（明治二十九年〜四十年）

――研究会の拡大――

第一節　清浦奎吾の入会

明治二十四年（一八九一）十一月研究会が発足したことにより、貴族院は三曜会、懇話会と三つの政治会派の鼎立の時代となった。研究会は政府に協力の立場をとったのにたいし、他の両会は所謂硬派であって常に独自の立場にあって譲らず、会員各自が自由に討論を行っていたから、会派として団体力は研究会には及ばなかった。第二議会は研究会が発足したすぐ後に開かれ、懇話会の子爵谷干城提出の政府の施政方針に対する質問を内容としての勤倹尚武建議案が上程となったので、研究会はこの建議案についての賛否の態度を決定しなければならない責任の立場では初めての試練にたった。研究会はこの建議案には反対することを申し合せた。採決の結果は賛成者は七〇名にとどまり、研究会の方針通り否決となって、目的を達した。

第三議会では選挙干渉に関し、政府に反省を求める建議案が出た。つづいて予算先議権問題でも研究会の交渉が功を奏したから、会の存在は早くも注目されるところとなった。

この頃一方では勅選議員がその学識経験を生かしての議会における発言力や態度が優れていて、その影響力は大きかった。その勅選議員の一人である清浦奎吾（明治二十四年四月九日就任）が、研究会の設立に協力した形で、入会したことは当時政界の注目を集めた。清浦の入会は簡単に実現したのではない。勅選議員に任ぜられる以前から、懇話会の谷干城子、曽我祐準子は清浦の人物の大なるを認め、懇話会に入会することを希望していた。又清浦は山県系官僚出身であったから、勅選議員の集り（この後茶話会として設立する）からも勧誘があったから清浦獲得は競争となり、各会は猛烈な入会交渉を行った。結局子爵岡部長職の働きかけが功を奏して研究会へ入会となったのである。

清浦はこれから長く研究会のため重要な役割を果すこととなる。

〔岡部長職〕子爵（おかべながとも）

泉州岸和田五万三千石を領有　安政元年十一月生　岡部長発長男　伯父長寛の養嗣子となる

岸和田藩知事　外務省参事官　外務次官　特命全権公使　東京府知事　明治二十三年七月貴族院議員に当選す。

第二節　政務審査機構

研究会は既に会則によって会員の団体行動はとれたが、つづいて機構の拡充が必要であるとして、伯爵正親町実正ら一八名は、法案審議のための調査機関を持つ必要があると提案し、その結果研究会内に〈調査部〉が設置された。これにより常置委員を中心に会員は前以て議会へ提出される議案の審議、調査を行い、審議に際しては政府当局から法案の説明を求めるとともに、広く学識経験者を招請し、その意見を聴く会を開くこととなった。これによって政治会派として法案審議機構は整った。第一次の調査部幹事には正親町伯、岡部子、清浦の三名が選ばれた。翌年四月になって広橋賢光伯、京極高典子、堀田正養子、勅選の柴原和の四名が選任された。

この制度は明治三十年九月十五日にいたり廃止し、内容を充実して新たに〈審査部〉を設立した。審査部の構成は研究会会員全員が参加することを建前とし、審査部に内治、外交、軍事、教育、財政の五つの部を設け会員はその何れかに分属（二部以上を兼ねることも差支えない）し審査に従事することとなった。これにより議員はそれぞれ或る程度の専門色が出ることとなった。審査部委員として第一次は一七名が、その後に追加され次の二五名が選任された。

伯　正親町実正	伯　大原重朝	伯　万里小路通房	子　岡部長職	子　京極高徳
子　堀田正養	子　鳥居忠文	子　丹羽長保○	子　黒田和志○	子　山井兼文○
子　入江為守○	子　松平直平○	子　牧野忠篤○	子　三島弥太郎○	子　青木信光○
子　稲垣太祥	子　久留島通簡	子　一柳末徳	子　堤　功長	子　松平康民
子　永井尚敏○	男　中川興長	男　吉川重吉	（勅）菊池大麓	（勅）山田春三

○印の九名は二ヵ月前に初当選した議員である。

審査部は政務審査の他に、調査や地方視察などを実施することとし、その為に必要な経費は会員の醵金による方法をとり、会員は向う五ヵ年間毎年百円づつを積み立て、その利子を経費にあてることとした。この時の会員数は七九名であるから、全員参加すれば五ヵ年後には三九、〇〇〇円の基金が得られる計算であった。

第三節　常務委員制

研究会は会則に示されている通り、会長を置かないで、委員による合議制をとっている。したがってこの委員が首領であり最高執行部で、この合議によって会の運営や渉外事務を処理する制度である。創立時は幹事制で、第一回幹事には伯爵大原重朝、同万里小路通房、子爵岡部長職、同堀田正養、同山内豊誠、同酒井忠彰、同松平康民、同鍋島直虎、男爵千家尊福の九名によって処理された。その後に特務委員と改め五名が就任、更に明治二十五年十二月には常置委員四名と幹事三名の名が記されていて、同三十二年十一月研究会規則の改正があってこの常務委員制となり次の七名が選任された。

伯　清棲家教　　伯　勧修寺顕允　　子　京極高典　　子　岡部長職　　子　一柳末徳
子　鳥居忠文　　勅　渡辺洪基

大正五年五月に規則の改正があり常務委員の定員数を九名とした。研究会はこの選任された幹事、委員が会の運営、政府との交渉、法案審議や会の法案取扱態度を決める最高機関である。一時会長制を企画したことがあり、初代会長に公爵徳川家達の就任を希望したが立消えとなった。規則第六条に会長のことが規定してあるが、これは会議に臨んでの長であって議長にあたる。常務委員の任期は会則によって一ヵ年とし、一ヵ年毎に改選（第一次は六ヵ月をもって三名を改選する、その退任者は抽籤で決める）常務委員の数はその後九人、一一人などになった。この制度は昭和二十二年五月研究会が解散になるまで存続した。

第四節　予算・法案審議と研究会

研究会に清浦奎吾が入会したことは、清浦が山県系官僚派であったから、会は当然その系統色が出て来た。この事は伊藤派にとって相容れない立場が生れることが予想できた。はたして明治二十八年（一八九五）十二月召集の第二次伊藤内閣による第九議会に現われている。政府が提出した郡制改正法案は第二読会に移せず、否決となり、衆議院議員選挙法改正法案も貴族院では否決されてしまった。山県、伊藤の対立は単に郡制廃止の問題に止まらないもっと根深いものであった。

衆議院議員選挙法改正法案　この法案は衆議院議員の選挙区の区劃を改めることを主としたものであった。既に第八議会でも衆議院では修正可決していたものが、貴族院では否決となっている。今回の第九議会でも衆議院は修正可決して貴族院へ送付して来たものである。この特別委員会の委員は五名で委員長は正親町実正、同副は林友幸で正親町伯は研究会の領袖であり、茶話会の平田東助は山県系官僚派であった。その他子爵では谷干城、平松時厚が委員であった。衆議院は自分らの直接利害をともなうものであったが、貴族院はそれと全く立場を異にしての審議態度をとることができた。これは結果の可否よりも二院制として意義が示される処に意義があった。しかしその裏には法案の内容よりも伊藤内閣への対抗の態度を示し、伊藤内閣不信任を意味していた。結果は時期尚早論が認められて本会議では否決となった。更にこの頃伊藤派は政党化推進の方針を示したのに対し、山県派は真向から政党化反対を唱えていたから、山県系勅選議員が先頭に立ち、反伊藤運動を展開している。

新聞紙条例改正法案　を見るとこれは特別委員会で、研究会の正親町伯と清棲伯は発行停止を全廃することに反対したが入れられなかった。本会議においても、修正案を提出したが六六対九六で破れ、研究会案は否決された。このことは、研究会と山県系官僚議員との貴族院における勢力が、まだ絶対ではなかったことを示している。この頃の研究会は、あらかじめ法案の審議検討の上で態度を決めるのではなく、山県系のいだいている政府の政党化に反対する態度から出ていたことが原因で、平田は研究会の会員ではなかったが、清浦との密な提携により、この動きが研究会の有爵議員への働きかけとなり、大会派である研究会の力に期待しての活動となっていた。何故この様に研究会を山県系勅選議員（山県系官僚派議員）が重く見ていたのか。それは会員数からよりも、研究会には曽ての大名、公家の流れで壮々たる有為の、社会的にも人望のある人の集っている会で、党利党略に引き廻されることのない、二院制の意義があるとする点に在って、貴族院を政党の弊のないものとして敬意を示し、期待したのであった。少なくとも清浦、平田の認識ではこの考えであったから、伊藤と研究会との間は益々悪くなって行った。

その後成立した第二次松方内閣にたいしても、この内閣が衆議院の進歩党との接近と薩摩閥とされていたことから研究会は警戒した。

二十九年度予算案　公爵近衛篤麿予算委員長は、委員会における審議の経過並びに結果を本会議に報告した。この予算案には、陸軍の六か師団の増設、海軍の七か年継続の拡張の軍備拡張案が組まれていた。これにたいし、谷干城子、曽我祐準子の一派は陸軍の師団増設に反対し、政府に予算案の修正を求めたが否決となり、勅選の山川浩は予算案審議の延期を求める動議を提出したがこれも否決となり近衛委員長の報告通りで成立した。いずれもこの動議は懇話会所属の議員の提案であって、研究会はこれに反対し与党的態度をとった結果である。

三十年度予算案　第一〇議会において貴族院予算委員会（委員長子爵谷干城）は明治三十年度予算案中の巡洋艦二隻の新造費一六〇七万余円の削除を決めて本会議に報告した。これについて採決の結果は五〇対一七〇で軍艦新造費の削減（予算委員会可決）は否決となり、政府原案通りの予算案が成立した。この決定にも懇話会にたいする研究会の政府与党的方針が生かされたもので、中道政治を目標とする態度が表われている。そのあと谷子は曽我子と協議し軍縮緊粛上奏案を提出した。その要旨は軍備の拡張は認めるが、その財源を公債依存によっている現政府の財政は不健全であるとの非難であった。これも六九対八二で否決となったがこゝにも研究会の努力が実った。

事務所移転　明治二十九年（一八九六）一月一日第三代貴族院議長に公爵近衛篤麿の就任を見た。この年研究会は今までの麹町山王下丸山作楽方に在った事務所を移転した。会は創立当初から見ると、次第に会員が増加し、会の機構も整ったので本格的な事務所を持つ必要があったからで、新事務所は麹町区内幸町一丁目五番地に設けられた。この建物は古市公威らの設計によったもので、こゝを大正二年まで事務所として使用した。

第五節　有爵互選議員の改選

貴族院令第四条により有爵者の互選議員は任期七年であるので、明治三十年七月十日が第一回の総選挙となる。これに先立ち各会派は新しく議員の獲得による強化策をたて、議員希望者の自薦他薦も含め必然的に激しい競争の形となった。子爵議員の選挙対策は既に選挙母体として尚友会が設立されていたから、推薦体制（前章尚友会の設立の項参照）は整ってはいたが、設立後なお日が浅く、批判もあったから、幹部は選挙に勝つ絶対の自信はなかった。これにたいし近衛篤麿公を中心とする議員候補者の推薦があり、これと対立してしまった。しかし三曜会は研究会にたいし無益な有爵者間の争いは避けるべきであるとして申し出があった。研究会もこの申し出を受け入れ、話し合いの結果、研究会系は四〇名、三曜会系は二五名の候補者を立てることに決った。これには研究会に示した有爵者としての道義ある理解があったからである。しかしこれは両会の首脳部の態度であって、実際には有権者の間には不満があり、殊に子爵者の間には反尚友会の動きは続いていた。一般世論の批判にも厳しいものがあったから、尚友会として、今回の総選挙の如何が、将来の研究会の運命にかゝわるものであるから、準備は慎重であった。明治三十年六月七日の週報日本には大々的に尚友会を批判する記事が出た。これには尚友会の成立から現在にいたる経過が詳しく書かれていて、一部幹部の専横として党派的だとしている。又九、十両日の新聞も「尚友会一派の卑劣手段」として攻撃している。これらの記事は反尚友会派の謀略であったのかも知れないが、七月十日の選挙当日は不穏な空気があって物々しい警戒の中で行われたようである。その模様を子爵山口弘達は「…此ノ選挙ハ午前七時ニヤルト云フノデ、午前六時ニ出マシタガ、反対側（反研究会系）ノ壮士ガ道ニ要シテ委託証書ヲ…投票ヲ奪フト云フ噂ガアツタノデ、警察ノ方デ巡査一名ヲ付ケ、ソレニ護衛サシテ華族会館へ出マシタ……」（旧話会速記三、昭和四年七月二十三日談）。「非常ナ激戦デシタ、子爵議員ノ選挙ノ中デ此位激烈ナコトハナカツタ……壮士ヲ使ツタリ、護衛ガ付イタリシタト云フノハ此ノ時バカリデス、此時程ノ選挙ハアリマスマイ」（旧話会速記二、昭和四年七月十六日談）と述べている。選挙は午前七時から始まり正午で締切った。開票は午後一時から始め、夜を徹して行い、終ったのは翌十一日の午後三時であった。この様に時間がかゝったのは選挙管理処理の不手際や不慣れもあったことは確かで、その上子爵議員は七〇名の連記であるから集計には手間がかかった。それよりも全国に散在している有権者から票を集め、棄権を防ぐ苦心は大きかった。積極的な投票者ばかりではなく、むしろ議員選挙に関心の薄いものがかなりあり、それらの有権者は七〇名にも達する候補者名を記さねばならないし、その投票を委託する場合でも、手続が難しかった。委託投票は書式がありそれに一致しなければ無効となる厳しいもので、委託証状一通と、投票は封緘に「×爵議員投票　×爵姓名」に実印を押し、裏面二ヵ所に緘印を付さなければならないものであった。尚友会は勿論、三曜会も、又個人関係においても、議員選挙に出席しない者の投票を集めるのに激しい競争が行われている。家系により親戚関係などによる責任を持って集めたものもあった。人によっては委託投票を四人も五人も、或る人は十人以上から集めた。

投票の結果は尚友会推薦の研究会派は、伯爵は一五名全員、子爵は四五名が当選し、非研究会派は（中立を含め）二五名で尚友会派は予想よりも五名も多かった。この非研究会派は中立派九名、三曜会、懇話会系は一六名に止まった。この様に尚友会は予想以上の好成績であったが、幹部は決して初めから楽観はしていない。むしろ非常に不安をいだいていたらしく、結果が判明するまで心配した。尚友会勝利を知ったのは十一日の午前七時頃だという。

第一回改選による伯子爵議員の異動

新任　　　　　　　　　　　　　　　　　　　　　　　　　　　　〇印は研究会入会者

伯　壬生基修〇	伯　坊城俊章	伯　勧修寺顕允〇	伯　大村純雄	伯　広沢金次郎〇
子　山本実庸〇	子　長岡護美	子　錦織教久〇	子　京極高厚〇	子　藤井行徳〇

子　野宮定穀○　子　戸田忠行○　子　大宮以季○　子　内田正学○　子　高木正善○
子　松平定教○　子　黒田和志○　子　戸田忠義○　子　三島弥太郎○　子　千種有梁
子　入江為守○　子　山井兼文○　子　松平直平○　子　青木信光○　子　丹羽長保○
子　牧野忠篤○　子　永井尚敏○

研究会所属退任者

伯　広橋賢光　伯　冷泉為紀　子　阿部正敬　子　関　博直　子　田沼　望
子　土方雄志　子　堀　親篤　子　本多実方　子　柳沢光邦

この改選で当選した新議員は伯爵五、子爵二二名で、この内二三名が研究会に入会し、後年の幹部となる三島、牧野、青木、松平直平が含まれている。研究会会員数は同三十一年には五六名とある（貴族院議員各派別ニ関スル調査）同年九月二十九日に多額納税者議員も改選が行われ、新任議員は新たに丁酉会を設立したから研究会には一名も在会者はなくなった。男爵議員も改選後は研究会には残らず（吉川重吉男は研究会に留った）に新たに設立された木曜会（同年七月一八日）に入会した。この時に研究会の創立に参加した千家尊福男、藤枝雅之男、金子有郷男、小松行正男らが脱会した。

改選後の研究会は陣容も新しく、幹部は正親町伯、岡部子、京極高典子の三名が主流となり、これに万里小路通房伯、大原重朝伯、松平康民子、鳥居忠文子らによって運営されることゝなった。これらの議員は今回の改選の推進力でもあった。

尚友会派の勝利に不満をいだいていた子爵者は少なくなく、中でも梅小路定行、舟橋遂賢、唐橋在正、久世通章の四子は連名で近衛公に尚友会の今後の専横を警戒することを訴え、書簡にて「平素藩閥の爪牙となり、貴族院の空気を腐敗せしめ、以て国家の推運を害する彼尚友会を、一挙して打破するの策を回らし、我硬派の為めに大に声勢を張るの快挙を取られんことを」と述べている（明治三十一年七月三日、近衛篤麿日記）。この四子は何れも三曜会の会員であった。

立憲中正党　尚友会が党派的性格を持っているとして反対を表明していた団体に立憲中正党があった。この党は既に明治二十五年四月十四日に発足している。伯爵鷲尾隆聚を首領とし、男爵池田徳潤、毛利恭輔、安藤良介、南亮助、三黒万右衛門、邦友家良らが発起人である。当時貴族院議員は鷲尾伯一人で、民間人（華族以外）が数名いる。この党が尚友会を非難していたことははっきりしているが、果して何を目的にしているのか具体的な活動は全く分らない。又いつまで存続していたのかも分らない。純粋の政党とも見られない。主意書には

「皇室の尊栄を政治の革新」に示して、「建国の理義を明かにし、彼の朋党私派を矯正せんと欲す」とあり、綱領には

一、立憲中正党は皇室を奉じ、聖謨を体し、其尊厳を無窮に祈る。
一、立憲中正党は大義名分を明にし、立憲為政の議を賛し、国権発揚の実を挙げ、以て民福の増進を力む。

とあるから、党派の弊をのぞく国粋運動であったようだ。

申合派　尚友会の発足にたいし東久世、伊達宗城らの批判があったことは前述した。その他に発足当時、尚友会を党派的団体として排斥したものに高辻修長、河田景與、諏訪忠誠らによって子爵議員選挙についての申合せを発表し、他からの申請は一切受けないこと、選挙を他人に委託しないことを決めた。明治三十年七月十日の子爵議員改選に対処したが、今回の選挙には生かされていない。尚友会の活動に対抗し得ず解消した。

木曜会　男爵議員によって明治三十年七月二十八日に設立された会派であって、明治二十三年に設立した子爵議員によって発足した同名の会とは全く関係はない。設立の理由は研究会に在会するとなると、先輩の子爵議員の指示に従わねばならないことから、それを嫌った男爵議員によって計画したもので、設立時は男爵議員のみ一〇名余が集った。その中心は男爵千家尊福と同南岩倉具威であった。三十一年には一九名となり、その後五〇余名の会員があったが、明治四十四年七月の総選挙の後は大部分の会員が退会し清交会に移ったゝめ、残ったのは一〇名（男六、勅四）

となり、この内勅選議員は交友倶楽部へ、男爵議員は清交会に入会し大正二年一月に解消した。そのため選挙母体も新たに二七会を作っていた。

丁酉会　明治三十年九月の第二回多額納税者議員の改選によって新たに就任した者が何れの会派に入会するかが問題であった。有爵者間を主体とした会にも、又勅選議員ともなじめないものが多かったから、すゝんで会派を希望するものは少なく、会派の受け入れの態度も積極的ではなかった様である（旧話会速記、鎌田勝太郎談）この点では研究会は対多額納税者議員にたいしてはやや異って入会は積極的であった。明治三十年九月に就任した多額納税者議員が中心となって、新たに多額議員だけの団体を発足させることゝなった。この年が丁酉の年であったからそれを会名とした。しかし会員は何れも実業界や地方名望家であったから、知事との関係で政党色のあったものが少なくなく、又一方旧藩主との（有爵議員）関係がかなり深く、法案審議に臨み、政策や討論では個々に立場が異なり、団体としての活動力には乏しかった。この様なことから、この会は長くは続かず、次回の改選（明治三十七年九月）を機に解消したから一期七ヵ年で終った。

無所属　貴族院の所属別の一つに無所属というのがある。これには二つの性格があり一つは何れの団体にも属さない議員のことで、これを純無所属或いは略して純無と表示している。これに対し、会派とはならないが何れにも所属していない議員が団体（或は連絡機関）を作っている。これを無所属といい、その無所属議員の団体が一段と組織を作っていると見た場合には無所属団とも称した。しかしその区別ははっきりしない。団体とはいえ全く任意であって統制もなく離合も自由で一致した政見も持っていない場合が多かった。しかし各自の意見や立場から、反政府派、与党派、懇話会派、茶話会派、研究会派などに分けることはできる。無所属としての団体と見ることのできるのは明治三十一年頃からである。その世話人は伯爵坊城俊章、男爵有地品之允、松平正直、高橋新吉の両勅選で、会員は四一名（侯四、伯三、子四、男五、勅二五）であった。世話人らは内密に芝の烏森の伯爵林友幸邸を集会場としていた。林邸は今日の愛宕山下の東側に在り敷地は三千坪であったという。この団体を第一次無所属と見る。この団体はどんな政治活動をしたかには資料はないが、所属議員の氏名は一応はっきりしている。

その後明治四十四年三月三十日に多数の男爵議員が参加して纏ったのが第二次無所属とする。大正七年には五九名中三六名が男爵議員であった。この時の幹事は男爵では高木兼寛、中川興長、内田正敏、山内長人、安場末喜、坪井九八郎、勅選では石黒五十二、伊沢多喜男と多額の田中源太郎の九名で、組織があり政策にたいして定見が出ている。研究会とは対立していた。大正八年六月に男爵議員が大部分脱会し公正会を組織したから急に衰え消滅してしまった。大正十年十二月に研究会を脱会した岡田良平らの勅選議員と純無所属の議員によって無所属の団体を設立した。これを便宜第三次無所属とする。会員は二五名（公三、侯八、子二、男三、勅九）であった。

これらの無所属は政見上の一致ではなく、貴族院の各派交渉会における発言権を得るためと、委員指名を得る機会を求めての団体であった。しかし個々にははっきりした意見の持主であった。

第六節　政党と研究会

日清戦争には挙国一致の臨戦体制で臨み、日本の勝利となり、列国は日本に注目し、日本も亦外国に勝った喜びを味うことができた。しかし戦後思いもよらない三国干渉を受け、再び我国は並々ならぬ苦しい時代を迎えた。第二次伊藤内閣の総辞職の後、明治二十九年九月十八日に第二次松方内閣が成立したが、野党は藩閥内閣として衆議院の激しい攻撃を受けたため衆議院を解散したが、僅かに三ヵ月で総辞職となってしまった。

この頃貴族院にも幾つかの会派が設立されていて、各派はそれぞれ対策を掲げ政策を批判していた。その流れは大きく分けると二つになる。一つは研究会が中心で、これに茶話会（平田東助、南郷茂光ら）と無所属ではあるがその中の協力者がある。他の流れは懇話会（谷干城、曽我祐準、立花種恭、松平信正、松平乗承、竹内惟忠らの子爵議員が所属している）と旧三曜会（近衛篤麿公、二条基弘公、梅小路定行、久世通章、舟橋遂賢、唐橋在正、新庄直陳ら子爵議員が所属、明治三十一年解散）の他に無所属の一部に賛成者が加わっていた。両派の差は僅か一六名に過ぎなかったから（牧野文書）両派の対立は政府批判にとゞまらず激しいものであった。

〈研究会派〉

研究会　六五名　茶話会　二二名　無所属　五一名　計一三八名

〈懇話会派〉

懇話会　六四名　旧三曜会　二〇名　無所属　三八名　計一二二名

第一〇議会で新聞紙法の投票採決では三〇票の差で破れ軍事に関する上奏案では一三票の差で研究会派が勝ったのは

これを物語っている。両派ははっきり相異点があって、政府に対しての態度に表われている。研究会は山県系官僚派と結んで、伊藤系との対立となるが、党派的態度を排して高潔なる判断と態度は失われてはいなかった。しかるに懇話会系は、どんな内閣といえども党利的な見解をもって激しく時の政府に要求してやまない所謂万年民党であり、硬派なのである。そのために既にしばしば反政府声明が出され、上奏案の提出などを行っている。

衆議院議員選挙法改正案　有爵互選議員と多額納税者議員の第一次改選の後における貴族院の活動はどうであったか、明治三十一年一月に成立した第三次伊藤内閣によって第一二特別議会で、衆議院議員選挙法改正案が再び提出された。これは既に第八、九議会で成立しなかった法案で、再度提出となり、今回は衆議院の選挙は買収、干渉など多くの問題が起った後なので、その解決を目的としていた。論議は選挙人の資格を財産に標準をおいていることを改めたいことと、単記か連記かが衆議院の特別委員会でとりあげられ論議を呼び、一利一害ありとしたが連記が認められ可決した。貴族院では弊害の発生を防ぐことには賛成していたが慎重論が強く審議未了となって、又々成立しなかった。

増徴案否決　伊藤内閣は三十二年度予算について、歳入の不足を補うために、地租、所得、酒造の三税の税率を改め、その増税によって三千百六十余万円の増収する案を建て、又鉄道、電信の収入増を計る二つの増収案を衆議院に提出した。衆議院の委員会ではこの増税案は否決ときまり、地租等の増徴案も本会議で二七対二四七の大差で否決となった。これにより政府は六月十日に衆議院を解散した。衆議院が解散されて僅か数日後に進歩党と自由党とが合体して新たに憲政党を設立して（党首は大隈重信と板垣退助）藩閥政権に立ち向った。驚いた伊藤首相はこれには抗し得ず、その二十日後に内閣の総辞職を行った。このことは政府が薩長閥による政権として攻撃を受けたことであって、結局政権の弱さを示したことを表わしている。更にその裏には官僚閥による政府攻撃も介在していて、伊藤と山県の両派の対決でもあった。

大隈、板垣内閣　政権の強化安定には強力な政治力の維持には政党に基盤を置く政府を作る必要を認めた元老は、伊藤内閣総辞職の後は、この理念を反映させて、大隈・板垣連立内閣の成立となる。しかしこの政党には軍部との関連がなく、陸・海軍大臣が得られなかった。これについて明治天皇の御親計により、伊藤内閣の桂陸相、西郷海相の留任が決って成立している。この内閣は明治三十一年六月三十日に憲政党による日本最初の政党内閣として誕生し、政界も一般からも大きな期待が寄せられた。

内閣総理大臣	伯爵	大隈重信
外務大臣		首相兼摂
内務大臣	伯爵	板垣退助
大蔵大臣		松田正久
陸軍大臣	子爵	桂　太郎
海軍大臣	侯爵	西郷従道
司法大臣		大東義徹
文部大臣		尾崎行雄
農商務大臣		大石行已
逓信大臣		林　有造

先づ行政整理と政費節減を実行したが、財政的には成功せず、財源不足となったために、増税を計画したが実行できず、漸く総選挙によって憲政党の勝利となり、その勢力を発揮しようとしたが、党内の抗争（憲政党は旧自由党、旧進歩党とその他があった）を生じ、期待された政党内閣は党内の紛争が次第に激しくなって行った。

共和演説事件　大隈、板垣内閣の文部大臣尾崎行雄の演説が問題を起した。事件は同三十一年八月二十一日に帝国教育会で金力崇拝、共和主義にたいする警戒を説いた演説で「仮りに共和政治ありという夢を見たと仮定……」の言葉があったことを殊更にとりあげ、文相の発言として不穏当な言葉として攻撃の種にした。演説の内容の問題ではなく、旧自由党派の憲政党攻撃の手段に使われたのであったことは、問題化した直後からの各党派の動きがそれを語っている。即ち政府内では板垣内相、桂陸相が、一方貴族院においては平田東助（茶話会）、金子堅太郎、清浦奎吾（研究会）、千家尊福男（木曜会）が政府攻撃を支持している。期待された政党内閣は逆に党派閥の抗争を煽る結果となり、尾崎文相はこの事件で辞職せざるを得なくなった。大隈首相はその後任として貴族院議長公爵近衛篤麿を文部大臣にと就任を要請したが、公はこれを受けなかった。

第二次山県内閣　明治三十一年（一八九八）十月三十一日に大隈内閣は閣内不統一を理由に辞職し自壊した。それは旧自由党と旧進歩党との派閥対立のためであったから、連立内閣の未熟を暴露したもので、この内閣は一度も議会に臨めずに僅か四ヵ月の短命に終った。元老も亦一般からも政党政治の尚早論が出た。山県侯はこれに便乗し、たまたま伊藤博文侯が清国へ旅行中であったので、この間を生かし、積極的に活動して、桂、板垣、星らと会談して意見を纏め自由党にも憲政党にも接近して、次期政権は超然内閣とすることを主張した。このことが効を奏し、明治三十一年十一月八日に第二次山県内閣が発足した。超然内閣とはいえ、一〇大臣のうち四大臣は山口出身で、他に鹿児島出身の大臣が四であったから藩閥政権といわれた。第二次山県内閣は

内閣総理大臣	侯爵	山県有朋
外務大臣	子爵	青木周蔵
内務大臣	侯爵	西郷従道
大蔵大臣	伯爵	松方正義
陸軍大臣	子爵	桂　太郎
海軍大臣		山本権兵衛
司法大臣		清浦奎吾
文部大臣	伯爵	樺山資紀

農商務大臣　　　　曽弥荒助
逓信大臣　　子爵　芳川顕正
内閣書記官長　　安広伴一郎
法制局長官　　　平田東助

更に貴族院にも近づき与党的関係を保つことにも成功した。この工作には表面に子爵桂太郎（明治二十八年八月二十日授爵）があり、裏面には男爵伊東巳代治（明治二十八年八月二十日授爵）が動いた。法相に研究会の清浦奎吾が就任し、同じ山県派の直系の平田東助が法制局長官になったことから、研究会は政府を支持するとゝもに、政府も研究会を支援する形ができ、研究会は活躍期にはいる。

地租増徴案　政府は先づ前内閣で不成立となった租税増収案を計り、その一つである地租増徴案は衆議院で難行し、政党間の問題ではなく、農民と経済界の対立となった。反対派は地租を増徴すれば農村経済の発展を阻害することになるから、地租を増額するよりも、その前に政府は財政整理をなすべきで、農村の発展のためにはむしろ減租すべしとの論が出た。一方政府は、日清戦争後の国内及び台湾の経営に国費が増大しているためだとしているが、実際には日清戦争の結果、軍備の充実が必要であったからなのであった。貴族院にては賛否両論が起り、谷干城子、曽我子（共に懇話会）は農村経済の健全性から反対した。研究会内でも賛成派と反対派が対立し、山県内閣は清浦、平田を通じての説得により結局予算案とともに成立した。研究会員が単なる幹部の指示によって態度を決めるものではなく、会員各自が法案の審議に積極的であったことがうかがえる。又会としては山県、清浦の線に結ばれていたことも明らかである。

宗教法案　研究会は清浦を中軸にした政府支持であり、その存在が次第に有力化していたが、決して絶対ではなかった。それを語るのが宗教法案で明治三十二年十二月に提出され、これは宗教団体（寺院、教会等）を法人として、公的に保護監督しようとすることを内容としていた。しかしこれに関連して仏教団体は仏教を国教としてほしいとの運動を起し、一方キリスト教では信仰の自由の憲法精神から差別扱に反対するなど、貴族院へ陳情運動が起り激しいものとなり難行した。貴族院の各議員も直接国民の陳情を受けたことから態度は真剣で、従来の国家観や皇室中心論では対処できなかった。特別委員会の委員長は研究会の黒田長成侯で、委員会において宗教法案の条文の意味が不明確だとの議論が出て、小委員会を設け修正を行って政府の意図も尊重して委員会で可決し本会議に報告された。本会議は二月十七日に開かれ、第二読会に移すことの採決を投票によった処、白票（可とするもの）一〇〇対青票（否とするもの）一二一であったから、第二読会に移すことを認められず、この法案は不成立（否決）となった。研究会は与党の態度で臨んだが、近衛篤麿公を中心とする三曜会が反対であったから、結果は研究会は三曜会に敗れたのである。しかし審議に際しては従来の様な幹部の方針に盲従したのではなく、各議員が自己の判断を充分に生かしての態度をとったことは新しい動きとして注目を集めている。

二つの教育関係建議案　研究会は山県内閣との連繫を生かし、教育問題に意を燃やし〈高等学校及帝国大学増設に関する建議案〉を纏め第一三議会に提出した。発議者は三島弥太郎子と久保田譲の両名で、賛成者は黒田長成侯外七三名である。建議案はかなり説明的の長文で、曰く

「近年教育之進歩に伴ひ中学校を卒業し進て高等学校に入り更に進て大学に入らんとする者漸く多きを加ふるも、高等学校の説明不足なるか為めに有為之青年をして希望を空しくせしむること尠なからす（中略）数年来中学校増設の結果、其卒業生著しく増加し、高等学校入学志望者益多きを加へ、随って大学に進入せんと欲する者亦倍加するに至るへし。然し高等学校の不足已に現況の如し、大学亦忽ち不足を告くるに至るは明なり。政府若し此の如き状態に委して顧みさるか如きことあらは、学校施設の不備なるか為に青年進学の障碍をなし国家の進運の遅滞せしむるの虞なしとせす。是れ国家の一日も緩慢に付するへきことにあらさるへし。故に政府は高等学校及帝国大学増設の計画を定め、其急要に属する者は可成速に其予算を帝国議会に提出せられんことを希望す依て茲に之を建議す」

この建議案の説明は三島子が行い、一月二十一日に全会一致で可決した。研究会が教育国策に熱意を示したものとして評価される。

第二の教育関係の建議案は発議者黒田長成侯、谷干城子、加藤弘之、船越衛、久保田譲の五名、賛成者は二条基弘公外一三七名で、一月二十八日に〈学制振張に関する建議案〉として提出した。その内容は

「国家の文明富強は一に道徳教育に基く。蓋し国民の道徳精神より国政民業に至る迄、其得失利弊皆教育の結果に由らさるものなし（中略）大に学政を振興拡張し、以て国家の進運に伴ひ益々文明富強の基を固とすへきことを希望す

因て妥に建議す」

この建議案の説明は発議者として侯爵黒田長成が行ったが、つゞいて子爵谷干城が更にこの建議案提出の重要性を力説し、つゞいて加藤弘之が補足説明をして、これは教育という重要な内容であるから文部大臣も臨席して聴くことを要請している。

この二つの建議案は何れも教育の重要性を強調している点からして同じ主旨のものであるが、たゞ前者は各論、後者が総論にあたる点が異っているに過ぎない。何故時を同じうして提出したのか。研究会は有爵者が中心となって提出して、貴族院全体の賛同が得られたこと（全会一致）に懇話会系が反発し、僅か一週間に第二の建議案の提出（一月二十八日）となった。懇話会系の勅選と谷干城子らが中心となって、如何に教育の重要性に意を注ぎつゝあるかを強調しているが、むしろ内容は示威である。発議者として研究会の侯爵黒田長成をたて、又説明を行っているのは、研究会とのつながりがあることを示すものではなく、第二の建議案の権威を裏付けるための工作であった。両建議案は何れも日本が日清戦争に勝利を得たが、国内の充実、対外交渉には多くの問題を持っている重要な時機で、そのための根本は教育の充実であることに発している。前者は説明に止まったが全会一致で可決し、後者は多数で可決したが、要求により伯樺山資紀文相が所感を表している。

二つの建議案の内容と経過とは以上の通りであるが、研究会の提出の建議案が先に上程になり可決された意義は、研究会にとって特記すべきものである。それは議会開設後しばらくは、元老院議官などの優れた前歴のある有爵議員が、勅選議員に劣らない論争を行っていたが、この頃になると勅選議員には一歩を譲り、論争も及ばなくなって来ていた。それがために、貴族院の主流は勅選議員にうつり、代表的存在になり、独走の不安が出ていた。しかるに今回の教育に関する建議案は有爵議員の提出として少しも引けをとらず、勅選議員はそれに付いて来ている。発議者に三島子の他に久保田譲がなっているがこれも文部行政の関係での発議者で、提案の説明も三島子に譲っている。これによって研究会内での有爵と勅選の両議員は同格となったのである。三島子の功に負う所が多かったが、これを機会に両議員が協力することゝなって、研究会の発展となるのである。しかも全会一致でこの建議案は可決しているから、研究会の面目は輝しいものであった。第二の建議案は懇話会系が対抗して出したものであって、格をつけるため、特に文部大臣の出席を求めている（研究会はしなかった）。内容も総論的であり、採決は多数での可決となった。

立憲政友会の設立　伊藤博文侯の清国旅行中に山県有朋侯の超然内閣の成立となってしまったことは、伊藤侯としては極めて不満であった。しかし彼の清国の訪問は大きな収獲があった。列国は清国の弱体に乗じ、アジアへの経済進出を成功させ、列強の市場化とされようとしている実情を見て、我が国の政党は党利党略に尽している現状を改めて、政党も国家的見地にたったものでなければ天皇をいたゞく憲政の実は挙らないこと、こゝに翼賛政治の精神があることを知った。この観点に立った政党を作るべきであると説くようになった。それが伊藤侯の憲政党離党となり（実際は憲政党を解党し、伊藤の指示に従った）立憲政友会の設立となった。綱領に「忠誠以て皇室に奉じ国家に対する臣民の分義を尽さむと欲す」となって示され、同三十三年九月十五日に結党式を行った。

政友会の設立を見た山県は直ちに内閣の総辞職を行っている。これは伊藤侯の既成政党への挑戦と受け止め、山県も改めて対伊藤閥への対決策を練り直すことに在った。その目標は清浦、平田らを通じての貴族院の結束方策であったから、研究会もこの政友会の攻勢にどう対処するのか、その協議が行われた。清浦、平田は勅選議員の対政友会態度を固め始めている。

第四次伊藤内閣　山県内閣の辞職のあとを受け、明治三十三年十月十九日に第四次伊藤内閣が成立し、立憲政友会内閣が実現した。先づ、翼賛政治の大義名分を掲げたから、衆議院においては絶対多数が得られるが、貴族院にも政友会党員を多数獲得し政権の強化と政策の円滑化を計らんとし、貴族院議員の政友会へ入党を呼びかけて来た。勿論多数の会員を持つ研究会にも働きかけて来て、この勧誘を受けようとする者も出て来た。研究会は会の設立趣旨にある通り政党と結ぶことはできないし、二院制の上からも問題であった。研究会はこれらの点から慎重に対処し、会員に呼びかけて、政党には入党しないことを申し合せた。その申合せは次の通り

「本会員にして従来政党に入り、若くは貴族院議員をもって組織せられたる他会派の会員を兼ねるものなかりしは、本会創立以来自ら不文の成約となれり。故に将来において、此の習慣に従ひ本会の団結をして、純一ならしめんことを期す」

しかし後に問題となった子爵秋元興朝、同堀田正養はこの頃には非公的ではあるが政友会に入党したともいわれている。その他勅選、多額議員には就任時の関係から政友会系であって研究会に所属しているものがあった。しかし党員としての個人的単独行動はとっていなかった。

研究会が政友会の接近を警戒したのは貴族院の政党化反対の他に、山県系官僚派の反伊藤の動きが大きかった。研究会の他に近衛公らも伊藤内閣のとっている増税政策には反対の運動を計画し、貴族院議員以外よりも参加させ、政党化に反対するとともに伊藤内閣に反対する運動として〈同志倶楽部〉を発足させている。これは政治会派とせず社交団体の形式とし、将来は近衛公の理念である対外硬派の新政府樹立を望んだものであった。発会は明治三十三年十一月二十日で、参加者は貴族院からは懇話会と三曜会（既に解散し土曜会を設立）の会員であった。この様に伊藤内閣に対しては（実は政友会）官僚派の立場からだけでなく貴族院全般が反対の立場となっていた。

庚子会　結成されたのはこの年で（三十三年三月三日）懇話会の一部の議員によって貴族院の会派として発足した。

参加者は政友会系であったから、将来貴族院の政友会とする構想があったのかとも考えられる。会員には子爵では谷干城、鍋島直彬、曽我祐準、竹内惟忠、仙石政固があり、勅選では西村亮吉、何礼之、富田鉄之助、小沢武雄らがいる。この会は一年余の後に朝日倶楽部と合併して土曜会となる。

第七節　各派交渉会
―その沿革と活動

その沿革は詳らかでないが、明治二十五年頃から、当時の政治団体であった研究会、茶話会、無所属等の各派は、議会運営や議案の取扱いについて協議をする必要を生じた時、その都度代表者を選任して会議を開いていたことは分かっている。

明治三十一年六月七日になって、大隈、板垣内閣による第一二議会の運営と議事事項の調査を始めることを協議するため、研究会がその会合を計画した。この時研究会が呼びかけた会派は、木曜会、茶話会、無所属団であった。会合は研究会事務所において開いた。会議は非公式ではあったが、議会の運営上有意義であったことが認められ、これが後に公的な院内各派交渉会に発展する。

この他にも会派の交渉会はあったが、いづれも非公式で開いている。同年五月三十日の第一二特別議会において伊藤内閣の提出した増税案が衆議院で否決されたことを重く見た貴族院の山県派の勅選議員は貴族院の各派の交渉委員（渉外委員）を集め協議会を開き、六月二十二日伊藤内閣弾劾を決めた。それが伊藤内閣総辞職に結びついている。公式の開催は三十三年十月に第四次伊藤内閣が成立した時、時局の重大さを憂えた研究会は各派に呼びかけ交渉会を開いたのが最初である。この会合では伊藤の政党政治論にたいし、又官紀の乱れにかねてより不満をいだいていた貴族院の各派（六派）が反政府の方針を固めることを決めた。これも亦山県系官僚議員が中心で、研究会では勿論清浦が中心ではあったが、貴族院はこの各派交渉会によって歩調を揃えることができた。

続いて十二月十四日にも研究会事務所で各派交渉会が開かれている。この時は六会派で参会者は次の一八名であった。

研究会	八名	侯	黒田長成	伯	清棲家教	子	伏原宣足	子	堤　功長
		子	京極高典	子	堀田正養	子	岡部長職	勅	清浦奎吾
庚子会	三名	子	曽我祐準	勅	久保田譲	勅	谷森真男		
木曜会	二名	男	本田親雄	勅	松岡康毅				
茶話会	二名	勅	南郷茂光	勅	鍋島　幹				
朝日倶楽部	一名	公	二条基弘						
無所属	二名	男	有地品之允	勅	高橋新吉				

以上の各議員が出席している。何れも会の代表者又は幹部で、研究会は常務委員である。三十三年十二月十七日には星亨問題で各派交渉会が開かれた。この時も研究会の呼びかけによって

研究会	二	（清浦、岡部）
庚子会	四	（谷、曽我、谷森、久保田）
木曜会	一	（本田）
茶話会	一	（南郷）
朝日倶楽部	一	（二条）
無所属	一	（有地）

の六派一〇名が出席して協議した。問題は星亨逓信大臣が利権とからみ、東京市会を動かし、それが汚職事件となったことである。この交渉会によって、貴族院に伊藤内閣の政党政治にたいする排撃の火をつける結果となった。交渉会の協議の結果は、星逓相の処分と官紀振粛の励行の意見書を貴族院として提出することを決めた。この意見書には

一八七名の連署と、二八〇名の賛成者があり、このために結局星は辞表を提出せざるを得なくなった。

その後三十四年二月にいたり、政府は貴族院に増税案を上程した。貴族院はこの増税案について各派交渉会を開き協議が行われ、この時には六派連盟を形成して、政府にたいして増税反対の声明を行った。これは法案にたいする反対ではあるが、その裏には伊藤内閣にたいする不信の表明が存在し、これは貴族院の一致した態度のあらわれであった。

この様に各派交渉会の活動は政治上に強い活動となり、政府を追いつめてはいるが、これはどれだけの法的効力があったのか。各派交渉会の決議に関しては貴族院令にも諸規則にも見当らない。貴族院の慣例によったものであって、従って制度としても手続上ははっきりしないが、明治四十四年の西園寺内閣の時、研究会、土曜会、茶話会、無所属等の各派の委員が研究会事務所に会合を開き、この時規約を定め、

一、将来各派交渉委員会に加入し得るものは既設と新設とを問わず交渉会の決議を要する。

一、原則として二十五名以上の会員を有すること

とした。その後に二十五名以下でも貴族院事務局に届出ることによって参加できるようになった。しかし実際は二十五名の原則はその後も守られていて、個人は勿論、任意の団体（組織のない集団）、倶楽部的集団は参加資格はなかった。研究会はこの委員には常務委員が兼ねていた。

この各派交渉委員会は法規上の根拠はなかったが、非公式の会合でありながら実際には次第に議院運営上に益することが多くなり、自然公認の形となったのである。各派交渉会は議長が召集し、会場は議長応接室が使用され、後には議長官舎のこともあった。事務は議会事務局（書記官長）が処理した。議会側からは議長、副議長と書記官長が出席した。大正年代からは議会運営、議会行事などはこゝで纏め、その他勅語奉答文、事変、戦役に関する決議文などもこの会で事前の了解をとり、特別、常任委員の選定の協議の他議長一任となった事項などの諮問に応じ、開催度も年々その度が多くなって行った。参加委員は事務局に届出（二五名以上の会員数のある団体）の会派の代表者である。

研究会は常務委員全員、無所属団は幹事が交渉委員を兼ねている。大正七年一月十五日付の貴族院議員一覧表によると

（研究会）　三島弥太郎　松平直平　青木信光　酒井忠亮　前田利定　水野　直
村上敬次郎　加太邦憲　木本源吉
（茶話会）　浅田徳則　高崎親章　江木千之　南岩倉具威　藤田四郎　仁尾惟茂
橋本辰二郎
（無所属）　高木兼寛　中川興長　内田正敏　山内長人　安場末喜　坪井九八郎
石黒五十二　伊沢多喜男　田中源太郎
（土曜会）　小沢武雄　真田幸世　谷森真男　木村誓太郎　鎌田勝太郎
（交友倶楽部）　河村譲三郎　石渡敏一　佐藤友右衛門　鎌田栄吉

と発表されている。

議会開設の当初は部属を生かし各部の部長会議で決めることゝしていた事項が、この様に各派交渉会に移ったのである。貴族院は規則に基くより、事例、慣習、前例が重んじられる傾向が強かった。

第八節　増税案問題と研究会

星亭をめぐる東京市疑獄事件で示した研究会の態度は強硬で根強いものであり、世論も研究会を支援している。これはかねてからの伊藤首相の行動が政党弊を助長していたことにたいする反発なのである。それ故従来の研究会が示していた是々非々とは異っていた。今回の星逓相の辞職によって対政府問題は解消してはいなかった。その一つが増税問題となって現れて来た。

明治三十一年一月の第一一議会（第三次伊藤内閣）において否決となった酒、砂糖、海関、石油などの諸増税案を再び第一五議会（第四次伊藤内閣）に提出した。今回は前回と異なり華北事件に必要な事変費を得るためとし、北清事変に便乗したものであった。衆議院でも賛否両論があり、憲政本党の中には脱会者まで出たが、結局政府原案通り可決し、貴族院に送付された。研究会は直ちに総会を開き、増税案に関しての政府よりの勧誘に乗ぜられないことを申し合せ、研究会が今までいつも政府与党的、或は御用党的に見られていたことに反発を示し、藩閥政権の横暴を阻止せんとする態度を決めた。

この酒造税法中改正法律案外七件は三十四年二月二十三日に上程され、次の一五名の特別委員に付託となった。

委員長　侯　黒田長成○　　　　○印は研究会所属

副委員長　子　谷　干城

伯　正親町実正○　伯　吉井幸蔵○　子　曽我祐準　勅　中村元雄

勅　渡辺洪基○　男　石田英吉　男　小原　適　男　紀　俊秀

男　吉川重吉○　　勅　石井省一郎　　勅　小幡篤次郎　　多　田中源太郎
多　早川周造

この特別委員会はこれらの法案を否決し、二十七日の本会議で委員長が報告、研究会を代表して伯爵正親町実正は法案に反対の討論を行った。政府は直ちに伊藤首相の哀訴演説が行われ、その中で「七重の膝を八重に折る」といわしめたことは後々までも話題となっている。

政府は貴族院のこの増税案反対を解決するため、二月二十七日から八日まで一〇日間貴族院を停会とした。議員の発言から貴族院を停会としたことは全く前例がなかったし、これが貴族院を一層強硬態度にさせた。首相は停会中に元老の井上、松方、山県と西郷従道らに相談し解決を計った。元老はそこで主な貴族院議員を華族会館に召集したが、増税案は政府自ら譲歩修正すべきであって、議員に求めるのはすじが違う、出席の要なしと拒絶している。三月八日の停会最終日になって四元老は貴族院各派交渉会の代表三〇余名と華族会館において会見し、政府のために修正案を作成することを協議した結果両者は漸く話し合いがついた。そのため停会期間を更に五日間延長し、修正案を政府に提出した。今度は首相がこれを受け容れず、どこまでも政府は原案通りで押すと決め、首相自ら重大決意をなし「憲法の中止か、貴族院改造の外執るべき方途なし、しからざれば自ら野に下らんのみ」と言明し全く対立してしまった。この様に貴族院が強い態度を示し首相と対立した中心は研究会の動きの反映であった。しかし元来伊藤博文と研究会との関係は、始めから悪くはなかった。研究会は清浦奎吾を中心として、山県―清浦―平田の線から反伊藤内閣ではあっても、政府の示した政治活動を独自に判断し態度を決めようとする道義心は捨ててはいなかった。しかるに明治三十三年九月に伊藤が政友会総裁に就任し政権をとってから、前述したように貴族院議員に政友会入党の勧誘が表面化したことから反伊藤に固まったのである。

この様な情勢から当時六派連盟の会員数は合計して約一七二名となるから政府は絶対に勝算はなかった。しかるに三月十三日の停会最終の日に突如貴族院に勅語を賜わることとなり、近衛議長は参内して拝受した。この勅語は今回の増税案の取扱いについてのものであったから貴族院は恐懼した。

勅　語

朕中外ノ形勢ニ於テ深ク時局ノ艱ナルヲ憂フ今ニ於テ必要ノ軍費ヲ支弁シ竝ニ財政ヲ鞏固ニスルノ計画ヲ立ツルハ誠ニ国家ノ急務ニ属ス

朕先ニ議会ヲ開クニ方リ示スニ朕カ意ヲ以テシ政府ニ命シテ提出セシメタル増税諸法案ハ既ニ衆議院ノ議決ヲ経タリ

朕ハ貴族院各員ノ忠誠ナル必ス朕カ日夕ノ憂ヲ頒ツヘキヲ信シ速ニ廟謨ヲ翼シ国家ヲシテ他日ノ憾ヲ貽サラムコトヲ望ム

この勅語を拝した貴族院議長は急遽研究会からは岡部子、堀田子、庚子会からは曽我子、谷子らを招き協議し、その結果、問題は急変して増税諸法案を再び特別委員会に差し戻すことを決め、議長はこの旨を伊藤首相に回答した。今回の勅語は直接貴族院議長に賜ったものであって政府は全く知らなかったとし、伊藤首相は宸襟を悩したことに驚き天皇に進退を伺い奉るに至った。又首相をはじめ各大臣と西園寺枢密院議長は「聖慮を煩し奉った」ことを恐懼して三月十三日に待罪書なるものを呈出した。この経過からすれば形の上では政府は全く勅語が出ることを知らなかったことになるが事実は何等かの形で対立の顚末を上奏した（上奏文の稿がある）と考えられる。これにより増税諸法案の特別委員会は三月十五日に再開し、僅か三時間で衆議院送付の原案通り満場一致で可決した。貴族院は勅語にたいする奉答文を十七日可決し議長はこれを参内して捧呈し、十九日の衆議院では政府の不信任案を上程したが一二八対一五五の僅かだが否決となり、これで貴族院にとっての一大事件は解決したことになった。

かくの如く増税案は結局成立したが、研究会が政府にたいし絶大なる発言権を持っていたことを示すと共に、一面では二院制度の本質を発揮したものといえよう。それには会の統制と団結があったからできたことであるが、他面からは会の横暴の誹りは免れられない。こゝに幹部の重大な責任が生れる。政府としては勅語を賜ったことにより、法案は成立し危機は切り抜けたが、議会終了後財政問題で閣内の意見不統一によって退陣した。

研究会の動きの中心になっていた清浦奎吾について触れる。彼は明治二十一年成立の黒田内閣の内務大臣山県有朋のもとに警保局長であって、憲法発布時の治安維持に功績があり、山県の雙璧となった。その後第一次山県内閣の時の第一回衆議院議員総選挙の実施にあたっての警保局長での役割を見事に果している。以来山県のもとで四天王（白根、平田、大浦）の一人といわれていた。政府委員として第一議会における議場における説明は「政府委員中老巧にして満場を響亮し、稀に見る技倆あり」と評されている。研究会も清浦奎吾の将来を見抜いて勅選議員となるや入会に努力を払うことゝなったのである。清浦の入会が決ったことは、研究会の前途の期待を大にした。

財政調査会　研究会は今回の事件によって財政の研究が重要であることを認め、今後のために会内の機関として財政調査会を設置して、国家財政についての調査研究に乗り出すことゝなった。選ばれた委員は黒田侯、正親町、清棲の両伯、岡部、京極、堀田、三島、松平、山井の各子と吉川男、勅選の三好退蔵の一一名である。

明治三十六年になると満洲問題を中心に国際情勢は緊迫してきたため、政府は対露方針を決定し、五月八日に第一八特別議会を召集した。会期は短かく二四日とし、この議会において海軍拡張案を可決しているが、政府提出の鉄道敷設法中改正案には研究会は反対した。この改正案は地租増徴にかえて、公債による支弁を九五〇〇万円から一〇二〇〇万円に増額することであった。研究会は僅三〇〇万円の公債の追加が何故必要なのか、当初の九五〇〇万円の枠の中で処理できるとした。しかし原案通りで可決したので、この改正案に財政建議案が付いた。その内容は

「政府が再び公債支弁を復活したことにたいし、遺憾とする。やむを得ない場合の他、今後は公債の募集を避けること」

というものであった。内容には何等特別の事項の表示はないが、この裏には研究会が既に設置した財政調査会が〈財政方針維持建議案〉を起草していたことによる成果であった。

第九節　研究会の充実
——大会派への基盤

明治三十七年（一九〇四）二月十日日本は露国にたいし宣戦を布告した。満洲における日本の権益を護るためのやむを得ない行動であった。挙国一致して国民と共に立ちあがり成功を祈った。第二〇臨時議会は三月十八日に召集、一〇日間の会期であった。政府提出の臨時軍事費三億八〇〇〇万円、予算外支出一億五六二三万円、臨時事件費四〇〇〇万円、合計五億七六二三万円を議会は可決成立させた。研究会はこの時、金三万円を戦争のために献金した。この金員はかねてより会員によって積み立てていた調査研究費基金であって、会員は奉公の赤誠を表明した。

華族会館の法人化　この年四月一日に華族会館は社団法人として認可され、十一日に手続を完了した。これまでは活動の内容は如何に充実していたにしても、又設立の沿革において他に類を見ないものであっても、任意団体に過ぎないものが、法的の人格を持つ法人となって社会活動を始めることゝなった。定款は四章三八条からなり、その第一条に会館の目的を次の様に示している。

「本館ハ勅諭ヲ奉体（戴）シ華族ノ教化ヲ奨メ学芸ヲ励シ和親ヲ敦シ共同ノ利益ヲ図り兼テ一般ノ公益ヲ増進スルヲ以テ目的トス」

とある。第一回の役員は

館長　　公爵　徳川家達
常務幹事　　蜂須賀正韶　　子爵　青山幸宜

幹事　伯爵　正親町実正　伯爵　徳川達孝　男爵　有地品之允
監事　伯爵　広沢金次郎　子爵　三島弥太郎　男爵　吉川重吉

で、これによって華族会館の性格は明確となり、その根本の理念は明治八年に賜った勅諭に置き、一つは華族のための教養、勉学、懇親等の実を挙げることを計り、一つは社会一般への公共事業の発展に寄与することであった。この法人化には有爵議員を直接にとり挙げてはいないが、議員は同時に会員であり、華族としての責務は自ら議員にも相通じるものであった。

第三回改選　日露戦争の最中の明治三十七年七月十日に第三回伯子男爵議員の総選挙（改選）が華族会館において行われた。今回は七年前の時のような諸団体からの候補者推薦による競争による混乱はなかった。それは一つは選挙母体としての尚友会が固って来ていたことゝ、日露戦争中であったため、戦時下の国情によるものであった。選挙の結果は伯爵議員一七名中新任者は五名でその中には柳原義光、子爵議員七〇名中には伊東祐弘、豊岡圭資、前田利定、水野直が新任され、水野直は二六才であったから最年少者であった。男爵議員は五六名でその中に二七会に所属の二〇人が当選し注目された。第二期の議員が決定したので、研究会の常務委員も七月二十六日に改選し、黒田長成侯、正親町実正伯、岡部長職、京極高典、堀田正養、三島弥太郎、牧野忠篤の各子が就任した。正親町伯は清浦男（明治三十五年二月特授）が桂内閣の司法大臣として入閣したのでその後任にあたる。これから正親町、岡部、堀田の三名を中心として研究会が活動したので、この頃からを三頭政治時代といい、三島子はこの堀田子の参謀格であった。同年末の研究会は侯一、伯一〇、子六一、男二、勅五で合計七九名となった。

第一〇節　第一次貴族院改革

憲法の制定時において貴族院の制度を決めるのに種々な案が出た。日本の国情に照した独自のものを生むことが望ましかったが、総てが未経験によることであったため、諸外国の例を調べて一応の成案を得たのであった。しかし実際に議会が開設されて見ると、貴族院の運営には不満な事項が出て来た。伊藤博文は貴族院制度の確立には最も自信を持っていたのが、伊藤内閣が最初に貴族院制度に改正の必要を認めることになった。それは明治三十四年に増税問題で貴族院と衝突した時で、伊藤内閣は詔勅を賜ってその難関を切り抜けることができた。貴族院は詔勅を賜った以上は、聖旨を奉戴せざるを得なかったが、最後まで反対の意志は捨てず、この詔勅に大臣の副署がなかったため正規のものではないと反論した。このことは貴族院の品位の問題であると共に伊藤首相の対貴族院観を変えさせ、貴族院改革論の口火となった。

日露戦争の終末に近い明治三十八年二月桂内閣は貴族院改革をとり上げ、第二一議会にその改正案を提出した。その内容は

一、貴族院令第四条第二項の「前項議員ノ数ハ伯爵一七人以内、子爵七〇人以内、男爵五六人以内トシ各爵其総数ノ五分ノ一ヲ超過スヘカラス」と改めること。

一、第五条の次に「前項勅選議員ノ数ハ一二〇人ヲ超過スヘカラス」の一項を加えることの二点に在った。

内容からは単に議員の数を一定限度におさえるに過ぎないが、男爵議員の場合は戦争などの論功行賞において新授爵者が増加することが考えられたので、現行の貴族院令では単に総数の五分の一を越えられないとのみの制限であるの

で、或る爵が増加すればそれだけその爵の議員の数も自然に増加することになるのを制限するものであった。これについて研究会は定員数比例のこの案に賛成したが、男爵側は今後男爵が増加することが予想されるのに定員数をおさえると議員数の比例が落ちるので反対であった。第二の勅選議員の数についても制限して勅選議員の団体的活動力をおさえることを目的としたものであった。貴族院では多くの論議がなされ、殊に子爵派と男爵派の対立は激しかった。

貴族院令中改正案特別委員は次の一五名で（○印は研究会員）あった。

侯　菊亭修季（委員長）　伯　徳川達孝（副委員長）

伯　松平直亮○　子　長岡護美○　子　三島弥太郎○　子　鍋島直彬○　子　堀田正養○

男　千家尊福　男　伊達宗敦　男　川口武定　勅　小松原英太郎　勅　谷森真男

勅　富井政章　勅　小幡篤次郎　勅　穂積八束

委員会は挙手によって採決が行われ七対六で原案を可決した。委員は一五名で委員長が加わらないとすると一名の棄権か欠席者があったこととなる。これが本会議で報告されるや、少数意見ではあるが原案は公平を欠くとして、修正案が提出された。提出者は千家、伊達、川口の三男、徳川伯、勅選の小幡の五名であって、その説明は千家男が行った。先づ議長はこの修正案を議題とするか否やを計った処成立した。そこでつゞいてこの修正案を採択することの可否の採決を投票によった。投票の結果は修正を可とするもの一二九票（白球）、修正を否とするもの一二八票（黒球）であったから、一票の差で修正案が可決成立した（二月二十三日）。これで男爵議員派は絶対優位ではなかったが目的は達せられた。可決した修正案は

「前項議員ノ数ハ通シテ一四三以内トシ伯子男爵各其ノ五分ノ一ヲ超過スヘカラス」

となり、これによって男爵議員数は男爵者の増加が反映できることゝなり、第一次貴族院改革はこの様な結果となったが、男爵議員と子爵議員との反目は解消したのではなく、むしろ深まっていった。

第二一議会の閉会後に研究会常務委員の改選があり

新任　子　松平直平　子　堀田正養　勅　岡田良平
再任　子　岡部長職
が選出された。

第一一節　西園寺内閣と研究会
――有力会派としての研究会

明治三十九年（一九〇六）一月に第一次西園寺内閣が成立した。西園寺首相は既に三十六年七月に政友会総裁に就任していたからこの内閣は政友会による政党内閣であった。研究会は創立の趣旨により常に政党には批判的態度で臨んでいたから、この西園寺内閣に対しても厳しいものがあった。政府も亦研究会にたいしては慎重な態度をとっていて、その政策や議会対策で、特に研究会に了解を事前にとる必要があった。この政府の方針は研究会の貴族院における存在価値を次第に大きなものにしていった。

この頃政界には次の三つの動きがあった。その第一は西園寺系と山県系、桂系の三派が各々研究会と結ぼうとして三派間が対立していた。第二は清浦男（後伯爵）が枢密顧問官に就任したことで、男はこれまで研究会の重鎮であり、研究会は清浦男を通じての山県系の存在であったのが、今研究会を去ることゝなったのである。

これは桂首相が退任の時の工作であった。研究会にとっては大きな変化が起りかねない状勢となった。清浦男のあとは三島弥太郎子が継いだのでこれから三島時代にはいる。第三は桂侯と三島子の接近であった。これも貴族院対策の一面を示したもので、桂侯と研究会はこれまでとは少しく異った接近が起っていた。しかし研究会は西園寺内閣の政党色が及ぶことを警戒し、研究会は独自の立場と判断をもって政策に対処した。これが研究会の権威であり、政府の恐れる処であった。この様にして研究会は貴族院における存在価値を高めていった。

郡制廃止法案　第二二議会における郡制廃止法案の取扱にそれが表われている。この法案の要旨は郡制を廃止して行政の簡素化を計り、合せて費用を節減しようとするもので、郡の自治の要素は乏しいから町村の自治体で足りるとするものである。郡の廃止については既に第一議会でも〈郡分合に関する法案〉として提出されたが、この時は不成立となったもので、それを一層明確にして第二二議会に提出した。衆議院においては満場一致で可決したが、貴族院では先ず研究会が政友会の無策な接近を嫌い、総会を開いて協議した結果この法案は否決する態度をとることにしたため、貴族院では不成立（審議未了―第一読会を開いたゞけ）となった。しかるに西園寺内閣は第二三議会に、再びこの法案を提出した。これにつき研究会はこの法案には問題があるとして常務委員の岡部長職子は西園寺首相にたいし、この法案の提出を撤回することがよいと考える旨の申し入れを行った。しかし政府は唯一の政策立法として提出していたので首相以下全閣僚が成立を希望し通過に努力する方針であって、研究会の申出を断って上程した。衆議院では憲政本党の反対があったが与党の政友会の支援によってやっと（一六四対一八八）可決し、貴族院へ送付して来た。貴族院では官僚派議員が、西園寺内閣にたいし反対の立場をとったし、研究会も三月八日に総会を開き、この法案の取扱について協議し、投票の結果四二対二二で否決する（郡制存続の）態度を決めた。しかるに木曜会では協議の結果三〇対一二でこの法案を成立させる（郡制廃止の）ことを決めた。これは伯子爵団と男爵団との対立であったからその成行は注目されたし、政府も内務大臣原敬の政党と貴族院との接近の課題でゞもあった。

委員長　子　曽我祐準（土曜会）
副委員長　子　加納久宜（研究会）
委員　子　三島弥太郎　子　牧野忠篤（以上研究会）
男勅　岡内重俊　勅　一木喜徳郎　勅　広海二三郎　男　伊達宗敦
男　船越　衛　勅　小松原英太郎（以上無所属）
勅　千坂高雅　多　内藤宇兵衛（以上茶話会）
男　紀　俊秀　男　二条正麿　男　南岩倉具威（以上木曜会）

委員会における採決の結果は九対四で政府原案を可決した。この反対の四名は研究会所属の三名と小松原で、その他の委員は郡制廃止に賛成したことで木曜会の方針通りに決まり、研究会は敗れた。さて本会議において委員会の審議の経過と結果が曽我委員長より報告があり、討論にはいり郡制廃止に賛成には鎌田栄吉、馬屋原彰が行い、一方廃止に反対で存続に賛成の討論は小松原英太郎、村田保によってなされ、先づ第二読会に移すことの可否を投票によって計った処、賛成（白票）は一〇八票、移すことを否とするもの（青票）は一四九票で、その差四一票をもって第二読会に移すことができず、この法案は成立しなかった。この法案の内容は難しいものではなく、容易に了解できる単純なものであり、特別委員会では可決したものである。それが本会議において（三月二十一日）逆転して不成立となる結果を見たのであって、そこには何かが存在していたからである。何が原因であったのか、前述の様に最初から研究会は政府にたいし提出を見送ることがよいと申し入れていた。この申し入れを西園寺首相は受け入れなかった。今研究会の申し入れ通りの結果が出たのである。その研究会が反対した理由は法案の内容に問題があったのではなく、西園寺内閣にたいする桂系官僚派の反抗があったからで、この事は桂、三島の線から分っていた。それを政府が面目にかけて強引に衆議院を通過させたことにある。そこで貴族院に移るや三島子（研究会常務委員）が大きく動いたのである。即ち原敬が中心となっての貴族院工作と政府と政友会を攻撃しようとする桂系と、それを支持した研究会との攻防であった。原敬はこの敗北で貴族院工作のむづかしさと、研究会の偉大さを知ったのである。この法案が成立しなかったために、同時に提出されていた市、町、村、府県制改正法案と東京市制案も成立しなかった。

つゞいて政治集会へ婦人の参加を認めようとする〈治安警察法第五条改正案〉についても貴族院はこれを否決したことで一層桂、三島の接近が政争に結びついた様に見られたが、研究会は条理に徹しての判断は崩してはいない。その後の諸法案は政府原案通りで通過に協力し、明治四十一年度予算案は無修正で可決している。研究会と木曜会は法案の個々について正面から対立もしたが、又協力することもできたのもそれがためであった。

鉄道国有化問題　地方の一地域の鉄道以外はすべて国有とするため、既存の私鉄を買収することゝする法案が第二二議会に提出となった。この国有化案は既に二十四年に早くも論議されて、第二、第三議会では否決、第一三議会では衆議院は通った。第一四議会では未了となった。今回も国有化は議論が多く出ている。私設鉄道の奨励の意味か、産業及軍事上の必要なのかにあった。貴族院は審議の結果原案修正（買収線の減少、買収額に不服の時の訴願など）した上で衆議院に回付、衆議院はこれに同意したので、多年にわたった国内交通の統一が実現の運びとなった。

鉄道の国有化は西園寺内閣の大きな政策として認められたが、その後に鉄道敷設費及び改良費の予算問題が政府内での対立を起し、更に阪谷芳郎蔵相と山県伊三郎逓相の意見の対立が起り、一時は総辞職となる動きを見せたが、両相の辞任によってからくも切抜け、内閣改造が行われる。

第五章　研究会拡充期（明治四十一年～大正七年）

――政友会と政党問題――

第一節　子爵堀田正養の入閣
――政友会への接近

研究会は衆議院の政党との関係については、規約の上にも明記され警戒していた。それは二院制の上からして貴族院本来の使命からして当然のことである。しかるに政友会が設立されてからそれが崩れ始めた。その一つは子爵堀田正養が西園寺内閣の逓信大臣として入閣し、更に第二次桂内閣では子爵岡部長職が司法大臣として就任したことである。両子はともにその経歴からして、又人物として大臣の資格は充分に認められるが、研究会の幹部であって、しかも旧大名家の有爵議員（堀田家は近江国宮川藩一万三〇〇〇石、岡部家は和泉国岸和田六万石）として初めてのことで、政界の新例である。

西園寺内閣は予算問題で阪谷蔵相、山県逓相が辞任したので、第二四議会の終了後の四十二年三月二十五日に内閣改造を行い、松田法相が蔵相に転じ、新たに逓相に堀田子を迎えたのである。法相には貴族院の木曜会の男爵千家尊福が就任した。西園寺内閣は政党内閣であったことが問題となった。研究会は政党を警戒していたが色々な形で接近を計っていて、その中でも政友会が最も強かった。今回の堀田子の入閣はその表われであって、実際には研究会員中にはかなり政友会と深い関係をもっていた者が他にもあることも確かとなった。そこで政党との接触の是非について会内に大きな波紋を捲き起した。今日まで政党を極力排除し、敵視さえしていた政友会と接触できたことを喜ぶものと、研究会の統制を乱したものとして強硬な態度をとろうとする者との対立が起った。会の幹部は大部分が後者で、堀田子の入閣は研究会を代表したものであるのか、衆議院と政府との連繋をとるためであるのか、或は全く会とは関係なく個人として入閣したのかなど大いに論議された。やがて堀田子の入閣は研究会を代表したものではなく、政友会に接近していた個人関係であることが確認された。堀田子は入閣の決定の前に一応研究会へは了解を求めているので、手続上では統制を乱したとはいえない。堀田子の入閣について、松平直平子、稲垣太祥子、関博直子らは三島弥太郎子と協議して、三月二十三日の研究会常務委員会に報告している。たとえ報告前に入閣が決定したとしても、形式的には会の承認をとったことになる。それにより四月三日に形式的ではあったが、研究会と尚友会は合同して入閣祝賀会を烏森の湖月楼において盛大に挙行、当日の参会者は一〇五名に達した。

さて堀田子は研究会の創立時からの中心幹部であり、会を代表する程のものが突如として政友会内閣に入閣したので、そこにどういう意図があったのか、どんな経緯で実現したのであるのか、色々と推測はできるが、その根本には西園寺内閣が研究会の存在を重視したことは確かで、貴族院対策上研究会に接近することが議会運営上、政策の円滑が期待できるとしたからである。そのために既に種々の手が打たれている。先づ前年四月に清浦奎吾子を枢密院に送り込んで研究会から切り離している。その後研究会内に政友会色のグループを作らせ、西園寺内閣も対貴族院政策として貴族院からの入閣を実現したので、これらの計画は原敬がたてたものと思う。

西園寺内閣は閣内不統一から七月四日に総辞職したので、堀田逓相も大臣としては僅かに三ヵ月余で終った。しかし政友会の研究会への働きかけは続いている。後に起きた子爵談話会問題がそれである（後章で述べる）。

研究会会員で最初の大名華族出の有爵議員として大臣に就任した堀田子はどんな人物であったのか、原敬はその日記に「智慧者であり、談判に巧妙、世情にも通じ、酸いも甘いも味はった苦労人、性行が親分肌の男で乾分を作る事が巧み」であったと記している。堀田氏は明治維新の時は近江国宮川藩主で一万三〇〇〇石を領した。正養（まさよし）は嘉永元年に生れ宮川藩主、藩知事となる。東京府会議員、同副議長の経歴を持ちこの時は六一才である。

同年七月十四日第二次桂内閣が成立するに際し子爵岡部長職が司法大臣として入閣したが、岡部子は研究会の三頭政治（正親町、岡部、三島）時代の幹部である。これも貴族院対策としての政友会の接近であったから、研究会にとって政党問題は重大な課題となった。二院制の確立のためには貴族院の政党化が問題であるが、又研究会の会員中にも政友会系と反政友会系の反目が起り紛争が心配されて来た。これを反映して打ちたてられた会の方針は、〈研究会は一政党を支持せず、その時の政府の政策について適正なる判断をもって議会政治の運営を計ろう〉とする所謂是々非々の態度が生れる骨子となった。

扶桑会　第三の事件は扶桑会の設立と研究会の伯爵議員の脱会である。研究会がかねてからとっていた政友会への警戒態度と山県系勅選議員の研究会を牛耳っていた現状に不満をいだいた者があり、伯爵議員ではその首領が正親町伯であったことから、同伯への反感となり、会員である松木宗隆、広沢金次郎、宗重望、川村鉄太郎の四伯は研究会を脱会した。この四伯と、研究会に入会していなかった者を併せ一三名によって扶桑会を設立した。明治四十一年十二月十八日で、この会の結成には政友会系勅選議員である鮫島武之助、児玉淳一郎の働きかけによったものであった。これは研究会に在った政友会接近派と、これに反対する山県系官僚派勅選議員の対立が原因であって、これから研究会の対政友会問題は複雑となった。

新たに伯爵議員の会派が成立したことから、伯爵議員選挙母体として新たに伯爵同志会もこの頃に設立され、尚友会から五伯が移った。研究会はこれらの脱会者があったため、会員数は減少し八〇名となった。これら事件に共通している原因は研究会がとった反政友会態度にあった。

伯爵議員の動揺はこの時点に始ったのではなく、明治三十七年七月の改選後から動きがあった。改選後の研究会は新しい幹部による運営が始ったためで、明治四十年十一月の伯爵議員補欠選挙では川村鉄太郎、大木遠吉の両伯の激烈な競争があった（大木遠吉伝）のはその現れである。しかも結果は同点であって、年長により川村伯が当選と決定している。伯爵議員選挙母体として新たに伯爵同志会が設立されるのもこのすぐ後である。

第二節　堀田子の除名
―三島子との対立

堀田正養子が西園寺内閣の逓信大臣として入閣したことにつき、研究会は尚友会と連合して大臣就任の祝賀会を開いたにも拘らず、急転して研究会は同子を除名することゝなった。何故この様な事が起ったのか、研究会にとっては大事件であり政界の大問題であった。事件の解明は後にして、経過を説明する。堀田子大臣就任の研究会と尚友会合同祝賀会が四十一年四月三日に盛大に行われたが、西園寺内閣は同年七月四日総辞職し、堀田子の逓相も四ヵ月で終り、七月十四日は第二次桂内閣が成立した。この内閣には研究会の子爵岡部長職が司法大臣に就任し、この事が研究会に新しい問題を起した。三島子を中心とする一派はこれを機会に桂太郎侯との接触は密接度を増したことを示すことゝなり、それが西園寺内閣の逓相であった堀田子と研究会内での対立のきざしが出た。つゞいて明治四十二年三月十一日に幹部の一人である正親町伯が賞勲局総裁に就任したことで、研究会の岡部、正親町二幹部が会の役員を辞すことになり、更に四十二年四月末に行われる次期常務委員選挙が協議された。三島子、入江子、吉川男、波多野男が任期満了で退任するし、牧野子、酒井忠亮子も辞任の意向を表明しているので、このまゝでは次期の研究会幹部は堀田子とその一派で占められることがはっきりした。そうなると、堀田子を通じて研究会が政党と接近することも予想できたから、三島派の対堀田子派への牽制の躍起の運動を始めることが協議され、或いは大磯の三島別邸、或いは千駄ヶ谷邸にしばしば協議の会合を続け、四月十五日には次の九名が三島子邸に集まり具体策を協議した。

子　牧野忠篤　　子　松平康民　　子　酒井忠亮　　子　稲垣太祥　　子　入江為守

子　青木信光　　子　前田利定　　子　水野　直　　男　波多野敬直

この会合で先づ堀田子の本意を確めてはとの意見が出たが、期待できないとして、直接退会を勧告することを決め、波多野男が堀田子に会う手配をとり、一方では堀田子は到底その勧告には応じまいとして、十七日の午前に研究会、午後に尚友会はそれぞれ臨時総会を開くことを決め、堀田子問題を協議することゝし、この総会で、堀田子を除名処分としようとの計画であった。

波多野男は予定通り十六日に研究会を代表して同日午後七時に堀田子を訪問し、その席で、波多野男は堀田子にこの際自ら研究会を退会してはどうかとの意見を述べ勧告した。勿論堀田子はこの勧告は受け入れなかった。一方研究会と尚友会との臨時総会は予定通り開かれたが、会議では研究会の元老である堀田子を除名することは穏当でないとの論がでた。これについて三島子は先きに正親町伯、三島子、波多野男らが堀田子と会見して、同子が自分から進んで進退を決する様にとすゝめた処、同子はその必要なしと反論があった顚末を報告し、更に今回の除名の理由として総会で次の三点を挙げた。

一、研究会を政党組織化せんと画策し、少壮会員を勧誘した。
二、研究会の内部事情を新聞通信に曲解して暴露し、会の平和を攪乱した。
三、反研究会の団体たる子爵談話会に歓を通じ談話会を支持した。

この様な説明を行っている。

臨時総会で同子の問題を協議した結果、「研究会としては、堀田子の言動には信を措くこと能はず故に除名す……」と決議してしまった。この決議書を同子に送った処受け取らなかった。曰く「……総会の決議書御送付に接し候得共右は理由判明を欠くものにして服従の義務なきものと相認め候につき……」と、更に談話会に関しては「自分の持論は貴族院には政党の必要は認めていないし、若し必要なら正式に議論するつもりでいる。談話会に関しては、同会の首領秋元子なる人物は知らない。入会を求めることはない筈だ。若し必要なら秋元子と主義綱領について議論し

てから、その上で態度をとるのは当然である」又退会勧告にたいしては

「予は自己一人が如何に処分せらるゝも敢て関せず、而も研究会の創立者にして兼ねて会のために多年の心血をそゝぎ来りし者として、自ら同会を愛し、会が一定の主義方針をとり、その信用を得るに就き、当然の責務を感ぜざるを得ず。而して退会勧告の理由として、貴下の挙げられたる談話会への入会、秋元子との面会等の如きは、当然無根のことに属す。仍ち事は断固流言浮説に基く退会の勧告を受くる能はず……」

と語っている。堀田子は総会での除名決議の通知にたいし、受ける理由はなく服する必要もないとしたばかりでなく、逆に研究会にたいし、はっきり理由を示せといっている。勿論研究会は改めてこれに答える必要はないとしたから、除名問題は両者の対立のまゝとなり、研究会は除名の手続を終えたとし、堀田子は除名は了承しないが研究会を去ることになり純無所属となっている。

堀田子除名問題はこの様な経過であるが、これまでの関係からして研究会のために重要な役割を果し、創立時から参画し、正親町伯や岡部子と共に会の発展に尽したその功績は大きかったにも拘らず、この様な前例のない処分をしなければならなかったのか、除名処分の推進は那辺にあったのかを考えて見よう。除名支持者として次の一八名を主力としている。（新聞切抜資料）

〇印は除名第一次支持者

伯　正親町実正	子　稲垣太祥〇	子　岡部長職	子　鳥居忠文	子　松平康民〇
子　新庄直陳	子　堤　功長〇	子　三島弥太郎〇	子　人江為守	子　青木信光
子　牧野忠篤	子　酒井忠亮	子　前田利定	子　松平親信	子　水野　直
男　波多野敬直	男　吉川重吉	勅　岡田良平		

以上の顔振れはいづれも三島子を囲む系統であるから、これによって堀田派との研究会の内部分裂を防ぎ三島閥の強化となったことははっきりしている。外に対しては桂太郎侯が存在していて、すでに桂内閣は研究会への接近を画し議会対策を有利にしようとして三島子との接触となったが、堀田子はこれに反対であったことから、除名はこの障害

を取り除くための犠牲と見ることができる。

第三には堀田子は自分が中心となっての貴族院の団体を持とうとしていたことが判明したから除名に追込んだとされているが、この事実の他にもう一つ根本の問題がある。それは研究会所属の官僚派勅選議員の動きで、これらの勅選議員の大部分は山県系長州閥官僚出であったから、政党内閣である政友会の活動とは真向から心よしとしていない。しかるに研究会の幹部である堀田子の入閣が実現したのであるから、研究会は原敬（西園寺政友会内閣の内務大臣）の策に敗れたことゝなり、原は目的を達したのである。これに対し当然研究会所属の官僚派勅選議員は対抗し圧力をもって研究会の幹部にせまったことがこの様な堀田子の除名の結果となったのであるから、最終段階では原敬が敗れ官僚派が勝ったことゝなった。

第四は談話会との関係で、これについては別の章で精しく述べるが、反研究会である談話会を堀田子が支援していたことは確かである。以上の様な諸点があげられるが、その根本は三島子の研究会統理の野心（是非は別の問題）に発したといえる。しかし結果的にはそれによって研究会の充実が実現し、内部分裂は避けることができた。原敬もその日記に研究会内部の対立について
「堀田子の除名について首相に報告をかねて相談に行った時、談話会に入会を意味する会話があり、研究会創立者たる自分は、会の趣旨を貫徹するために、研究会を退会するとの口実を語っている。除名の根拠は政党問題とはいわれるが、実際は三島子ら官僚派が堀田子の存在を排除しようとしたこと」

にあると記している。

堀田子除名の理由の一つにあげられていた新団体設立の動きは、四十二年七月六日に宣言書として発表になり研究会に対抗する構えを見せていた。

宣言書
研究会及尚友会が本年四月十七日予を除名したるの理由判明を欠けるに因り、予は之に服従の義務なきものと

認め、其の通知状を返付すると同時に的確の理由を指示すべしと両会に要求したり、然るに両会は既に八旬の久しきに及ぶも何等の理由を指示せず。荏苒今日に至り、是が為め予の態度に対し、疑惑を挾むものあるを以て茲に予の立脚地を宣明す。

予は研究会及び尚友会が創立の初めに当り、声言せる趣旨を循守践行して毫も渝るところ無し。即ち天壌無窮の宝祚を奉戴し、宇内冠絶の国体を擁護し而して国家の隆昌と人民の慶福とは一に憲法に遵由して之を謀議計画し愛国殉公の心を励して和衷協同の美を発揮するを以て予の目的となす。

苟も憲法の大義を表明し、護持せんと欲せば、明党比周の弊を去り、公平中正の意見を定め、全力を傾倒して之に尽瘁すべきなり。想ふに憲法施行以来、帝国は日清日露の二大戦役を経て、世界列強の伍伴に入り国威の宣揚顕著なると共に、上下臣民の任務益す重大となれり。故に斯の任務を全うせんと欲せば、両院制度の精神を謬ることなく、党たるを問はず、和衷協同の実を挙ぐべきなり、予は今後斯の方針に拠りて、斯の目的を貫徹せんため、別に研究会及尚友会固有の主義を発揮せんと欲す。

明治四十二年七月

子爵　堀田正養

堀田子はこの新団体を〈中立党〉とし、研究会と尚友会宛の通告には「研究会、尚友会本来の主義精神を発揮する行動」を目標としたものにしている。この構想が発表されるや五島盛光子、松平忠禎子、梅小路定行子、関博直子、岩城隆邦子が加入することゝなった。しかしこの新団体の設立は挫折し（或は初めから具体化は考えていなかったのかもしれない）同年十一月三日になり大木遠吉伯の斡旋により、これら五名は堀田子とともに談話会に入会している。

堀田子除名は研究会史上の大事件であったが、もう一つ他にも除名問題があった、明治三十三年十月に第四次伊藤内閣（政友会内閣）が成立するにつき、司法大臣に金子堅太郎男が就任した。金子男は明治二十七年第二次勅選議員に就任し、在職の間は研究会会員であって（正確な資料はない）研究会員を全員政友会に引っ張ろうと働きかけたことがある。この時研究会員は一人も政友会に入会しなかったし、それればかりでなく逆に研究会員であって政友会の党員たることは許さずとして、金子男を除名することとなった。研究会が政党を警戒していたことは既に述べたが、伊藤と山県の対抗がその裏に介在していたからである。金子男の除名は男自ら退会した形となっているので、殆んど事件とはならなかったし、外部にも出なかった。

正親町伯、岡部子、堀田子が研究会の幹部の地位を去ったから幹部に異動が行われ（十一月十七日）

常務委員　　子　三島弥太郎　　子　入江為守　　子　酒井忠亮　　男　吉川重吉

　　　　　　勅　波多野敬直　　多　下村辰右衛門

となり、尚友会は七月二十六日に役員の改選を行い、幹事に子爵堤功長、子爵青木信光、子爵水野直を選任している。これらの人事は堀田子除名事件の行賞と今後の研、尚の強化策であった。

少壮者懇親会　堀田子問題であわたゞしい動きがあった間に、もう一つの会合が開かれていたことを記す。五月十八日の華族会館での華族の少壮者懇親会がそれである。これは党派や主義の如何を問わず華族の品性人格の崇高を目的としたもので、内容は貴族院問題に在った。発起人は

伯　松木宗隆　　子　朽木綱貞　　子　大河内輝耕　　子　武者小路公共　　伯　寺島誠一郎

子　松平親信　　侯　小村欣一　　男　南岩倉具威　　子　黒田清輝　　子　仙石政敬

伯　溝口直亮　　　　西園寺八郎　　子　渡辺千冬　　男　斯波忠次郎

以上の一四名で、年令は松木伯の四三才、黒田子の四四才を最高とし、あとは三〇才代の前途ある人々であった。参加申込者は四六名に達したとある。この会が各爵に渉り、嗣子も参加し、研究会員もあり、無関係者も、又反研究会の考えの人もあることが注目に価する。堀田子の除名問題の醜い事件をとりあげ、華族の派閥争いなどについて話し合ったことは明らかであるが、この会合が大会派や団体の整風とまではならずに立ち消えたことは残念である。

第三節　談話会の成立と尚友会
――選挙母体の対立

談話会は研究会と直結した子爵議員選挙の推薦母体である尚友会に対抗して創立されたものであった。それ故堀田子がこの会に関係していたことが除名された理由の一つともなったのである。同会は明治四十二年二月一日に華族会館において発会式を行った。正しくは子爵談話会（華族談話会）と称したが、通常は華族、子爵を省いて呼んでいる。子爵議員推薦の選挙母体は既に明治二十五年七月二十七日に尚友会が成立していたから、談話会の設立によって二つの選挙推薦団体が対立して争うこととなった。（第三章第三節参照）この両会の関係について記す。

設立の理由　談話会が発足するにいたった理由は色々と挙げることができるが、主な理由は三点であった。一つは尚友会は議員に当選の上は研究会に入会させることを目的としていた推薦団体であったから、このような結び付きは独占的だとして、不満をいだいていたものが、尚友会の推薦を受けないで議員に当選できる途を拓き当選後も研究会へ入会しないですむことを目的とするものであったから、反研究会、反尚友会の性格を持った団体である。そこで元来平穏であるべき子爵議員の選出にこの様な二つの団体が対抗する形となった。第二の理由は子爵議員と政党との関係の反目であった。実際は政友会との関係であって、談話会は政友会を背景とする子爵議員の選出にあった。談話会の発起人は子爵秋元興朝、同勘解由小路資承、同相良頼紹の三人が第一に挙げられる。この三人の中で最も積極的であり、且つ首領の立場にあったのは秋元子で、子は既に明治三十年九月に尚友会を退会している。

その時の退会理由は詳らかでないが、政友会への接近にあったのであろう。その後政友会東京支部長（明記はな

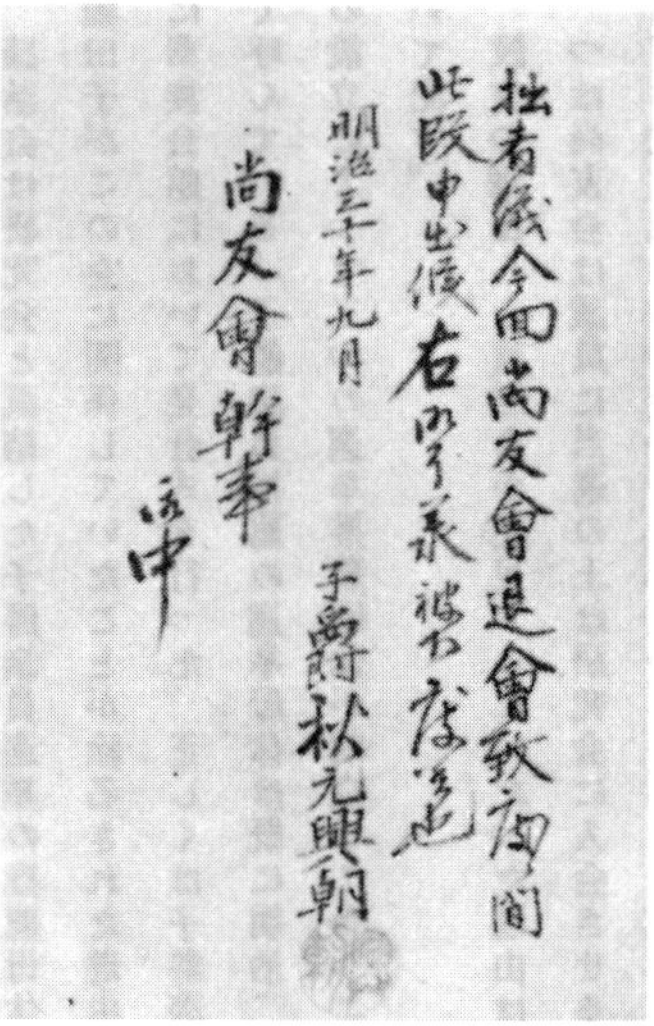
拙者儀今回尚友會退會致度間
此段申出候右御承諾被下度候也
明治三十年九月
子爵秋元興朝
尚友會幹事
御中

子爵秋元興朝の退会届

い）であったから、談話会の発足は政友会が背景に在ったことになる。稲垣太祥子が研究会へ報告したのによると、秋元子は最初は堀田子の立場に同情していたことを稲垣子に話している。秋元子の談によると「自分の発意から（談話会の設立の話が）起ったのではない。実は火元は研究会にある。堀田が在職僅かに三ヵ月で逓相を罷め、悶々の情あるを見、広橋（賢光伯）と古賀（廉造）が密かに堀田を訪い、政友会の主義政見を述べて子爵級を中心とする華族の一団体を設け、研究会の勢力を削いで、新たに優勢なる集団を設立し、貴下がその巨頭となり、再び廟堂に立つの準備をなしては如何とすゝめた。堀田子は西園寺公や原敬に接近し、心既に政友会の味方となって居た際でもあるから、研究会は山県や桂の勢力圏内故、自分が地位を進める事は出来まい。成程子爵級の集団を作り、之を土産として提げ、政友会に入るのが策を得たものであらう」といっている（三島弥太郎伝）。これが最初の動機と考えられ、これは後になって堀田子除名問題に重大な関係を持つのである。当時研究会の政治活動に比べて政友会の政治理念の方を高く評価した人達は、これを取り入れた貴族院の政治団体を設立しようとしたのであった。たしかに政友会の設立の主旨には、政治家として共鳴できるものがあった。

第二は外部即ち政友会の働きかけが要因となった。政友会は研究会にたいし政友会系化を計り、それによって議会を操縦せんとする行動であって、将来は政友会系の第二研究会の実現を期していた。

それらが具体的になって表われたのが談話会の結成なのである。この頃研究会と政友会とは排撃か、接近かの問題に直面したのである。原敬は談話会の結成にあたり、その中心人物である秋元興朝子にたいし、成立を期待ししばしば助言をしている。これらの事からして談話会の発足は単に秋元子らの尚友会への反抗ではなく、政友会の貴族院工作の一端を荷ったとすべきで、政友会の基盤を貴族院にも作り出そうとした政友会の強力な接近策である。

第三は山県と桂の政治勢力の対立と、西園寺と桂の研究会工作からの反目から、政友会がとった対策が研究会及尚友会内の反幹部派を刺激したことによって談話会の結成となったのである。

要は談話会は発会式の時の主旨の通り、研究会が大会派となって、政府との間に独占的な勢力を持ったことを排撃し、政党主義をもって臨まんとする談話会側の貴族院浄化運動の表われであった。しかしその裏には子爵級の不平組の研究会・尚友会打倒運動を見ることができる。これまでの子爵議員選挙は研究会と一本となって尚友会の推薦がなければ殆んど当選できず、当選の上は研究会に入会することが建前となって、会の勢力の増強を計り、研究会首脳(尚友会の幹部と一致)の独占的活動を許していたとするのであって、これに対抗する選挙母体の設立であった。

談話会設立の首領の一人である秋元子の明治四十二年五月一日に行った談話は、談話会の考え方がはっきり分る。

「子爵談話会は組織以来何等政治上の意見を定めず、単に社交団体として各会員各自の親族関係等により、入会者を勧誘する位の事に過ぎざりしが、同時研究会が堀田子除名問題に関連する会内の動揺を防遏沈静するの一手段として何等根拠なき流言浮説を放って談話会に対し、離間中傷を試むるのみならず、其態度は明かに我談話会に対し、挑戦的圧迫を加ふるものなるを以て、談話会は已むなく茲に平素抱懐する政見主義を公にし、以て会員相互間の意思を堅め、協力一致以て反対派の挑戦に応ぜんとするものなり。而して茲両三日中に発表せんとする政見主義の主要点とする処は

(一)官僚政治を排す

(二)国体と政体とを同じくすべし

と謂ふに在り。前者は既に立憲政治の下にありて、五千万の同胞等しく参政権を有する以上は、国政の運用を挙げて、一部官僚の手に委するを許さゞること論を俟たず。後者は我国体は建国三千年来、炳として照明するが如く、義勇奉公の大義に至りては、五千万同胞の等しく遵奉する処のものにして、此間官僚たると貴族たると将た平民た

るとの区別するなきと同時に、其政体に於て付与せられたる参政権が、等しく平等なる以上は、貴族院と雖も民意を代表したる衆議院と同じく一定の主義政見の下に、参政するを以て、当然のことゝし、常に官僚政治の走狗となるを許さず。故に結局は貴衆両院における政党の大縦断を行い、憲政有終の美を挙げ得べし」云々

談話会は設立当初は尚友会に申し入れをなし候補者は尚友会が三分の二、尚友会以外から三分の一を出したいとし、これを徳義上の提唱としている。勿論尚友会は受け入れなかった。

談話会の役員　談話会の設立時の役員並びにその構成は分からないが、明治四十三年一月二十五日の総会の時の役員は常務委員一二名、幹事九名、評議員二五名、他に伯爵同志会の四名が顧問となっている。（水野直―尚友会幹事日誌、カッコ内は日誌にない）

常務委員　一二名

相良（頼紹）　松平乗承　本庄（寿巨）　高野（宗順）　板倉（勝貞）　鍋島（直彬）
仙石（政固）　土井（忠利）　梅溪（通魯）　梅小路（定行）　久世（広業）　秋元（興朝）

幹　事　九名

佐竹（忠利）　松平頼平　曽我（祐邦）　秋元春朝　鳥尾（光）　町尻（昌弘）
石野（基道）　勘解由小路（資承）

評議員　二五名

柳沢光邦　柳沢徳忠　松平義生　安部（信順）　西尾（忠篤）　（松平）忠慎
白川（資長）　松井（康義）　慈光寺（恭仲）　五条（為功）　松平忠敬　南部信方
吉井信宝　奥田直紹　細川（立興）　櫛笥（隆督）　北小路（明）　足利（於菟丸）
（松平）直幹　本多正憲　成瀬（正雄）　久世（隆業）

顧　問

伯　松木宗隆　　伯　林博太郎　　伯　寺島誠一郎　　子　堀田正養

顧問の四名は何れも研究会脱会者である。

談話会の選挙対策　明治四十二年二月発足した談話会は、先づ子爵議員選挙にそなえて、有権者の獲得に力を注ぎ、尚友会と争った。両会は手を尽して執拗に入会の勧誘や脱会の防止に努め、その苦心は想像以上のものがあった。

明治四十二年四月三十日に子爵由利公正の逝去による補欠選挙が同年七月十日に行われることゝなるや、談話会は推薦候補として子爵相良頼紹を立てたから両会の激しい競争となった。談話会の推薦状には八名の署名があり、筆頭は小川文次（男爵）、続いて渡辺国武、谷干城、曽我祐準、松平乗承、秋元興朝、三浦梧楼、仙石政固となっている。更に別紙の相良子の紹介状には略歴を記して曰く「……到底公平ヲ保ツ能ハサルヲ慨シ断然研究会トノ関係ヲ絶チ爾来中立側ニ在リ昨年三月秋元子ト意気相投シ実ニ談話会創立委員ノ一人ナリ」と記している。相良子は明治二十三年七月の第一回選挙で貴族院議員に当選し、研究会の創立委員の一人でもあった。しかし明治三十一年に研究会を脱会し、無所属となり、尚友会も退会している。明治三十七年七月の総選挙には再選とならず、任期満了となった。

選挙の結果　この選挙は両会にとって最初の試練であって、注目のうちに四十二年七月十日に行われた。談話会は会員数においては尚友会には及ばないが、来る四十四年七月の改選を目標としての試金石であった。当日は両会の主たる幹部が選挙場に現われた。

尚友会側　酒井忠亮　山口弘達　水野　直　稲垣太祥　前田利定　松平康民　牧野忠篤

談話会側　本庄寿巨　板倉勝貞　高野宗順　佐竹義理　松平乗承　松平正威　白川資長

相馬順胤　谷　干城

宮内省爵位局から岡田属が立会、選挙管理人子爵清浦奎吾のもとに投票が行われた。選挙の結果は

投票総数二九七票

尚友会推薦　子爵　藤谷為寛　一九六票

談話会推薦　子爵　相良頼紹　九八票

この外に秋元興朝二票、加藤泰秋一票で、九八票の差で尚友会推薦の藤谷子が当選した。当時の両会の会員数は判明しないが、尚友会は談話会の設立によって会員四二名を失っているが、約一〇〇名の差があったと見られるから、これは当然の結果ではあるが、両派共に最善を尽したことを物語っている。同年十二月八日の記録（水野直尚友会幹事日誌）には、談話会の正会員八八、賛成者二二、計一一〇名とあるから殆んど全員が投票したことになる。尚友会はこの選挙では談話会に勝ったが、目標を四十四年の総選挙に置いて努力をつゞけている。この仕事は尚友会幹事の三名（堤功長、青木信光、水野直）が第一線の仕事を担当し、これを援助したのが稲垣太祥、新庄直陳、前田利定、京極高徳、堀河護麿の五子であった。

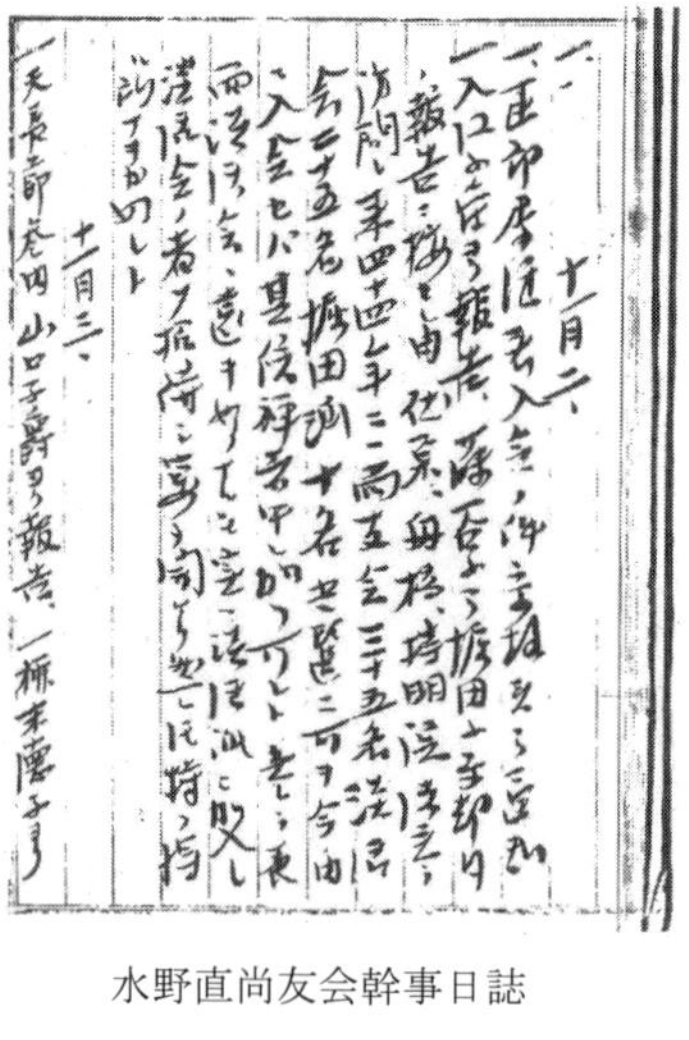

水野直尚友会幹事日誌

水野直尚友会幹事日誌（明治四十二年十二月四日）には

一、保科正昭君ヲ訪ヒ（松平）容大君病気ノ件及ビ投票ノ議ヲ話ス
一、間部子ヲ訪問来八日長松ヨリ帰京ノ上小笠原子ヲ訪フ由　桜井義功子ノ件引受
一、稲垣子ハ一柳子ニ訪問ヲ依頼セリ
一、酒井子ヲ訪問松平直平子来会
一、関博直子ハ京成鉄道ノ重役トシテ年五百円ヲ受ク由　コノ鉄道ハ見込ナキ故近日某銀行ニ転スル由
一、森俊成子ノ投票ヲ秋元子ニ売リタル件ニ付堀田子ト不和ヲ生ス
一、今回堀田子西下ニ付同伴ヲ勧メル者アレドモ応ゼス

一、（松平）直平子ノ力ニ依リ研究会ニ復帰セント欲ス　議会問題ノ起ルニ及ビテ研究会ニ賛成シ是ヲ条件トスト
一、大原重朝伯ノ件ヲ（松平）直平子ニ依頼
一、同君ヲ招キ富小路隆直、秋田重光ノ件ヲ依頼ス
一、同君ヲ宮内省ニ世話ス
一、加藤克明子ノ前夫人ハ大原伯ノ養女（実ハ岩倉氏ノ娘）死亡ノ際ニ其持参セル品物ノ大部ハ（松平）直平子ノ力ニテ戻セリ
一、内田正学子韓国銀行及南満鉄道ニ付利益ヲ得
一、大原家ト岩倉家トハ養子ノ干係アリ　大臣モ亦大原伯救済ノ必要ヲ認ム
一、富小路ヨリ岩倉ヘ嫁セシ者アリ
一、品川弥一子ト平田男トハ親戚ノ干係アリ
一、石野基道子ヨリ（松平）直平子ニ宛テ訪問サレ度キ書状参ル

（以下略）

この記載の様に有権者への交渉、入会勧誘は少しも怠らず工作に努力を続けている。

翌四十三年四月十六日の補欠選挙では、尚友会推薦の子爵榎本武憲が一二〇票を得て当選して、前回に続き尚友会は崩されなかった。更に同年八月二十日に行われた補欠選挙で尚友会の推薦による子爵松平乗長が二〇〇票で当選し、談話会の票は七八票であった。続いて同年十月の補欠選挙では一一〇七票対七〇票で尚友会推薦の子爵井上匡四郎が当選している。この様に談話会は努力したにも拘らず得票数は延びないのみか減少している。一方では幹部であった勘解由小路子は、その一派である交野、白川、櫛笥、牧野（康弘）の各子と共に尚友会に復帰したことは、談話会の団結が崩れ始めたことを示している。最大の目標である四十四年七月十日の総選挙（改選）ではそれが一層はっきりした。

伯爵議員選挙母体の動き　この様な対立が、伯爵、男爵議員選挙にもあった。先づ伯爵議員では、明治四十一年十

二月に研究会所属の一二名が、研究会を脱会して新たに扶桑会を結成したことから、選挙母体として新たに伯爵同志会を設立した。この会は研究会脱会の議員によって設立されたから、当然研究会、尚友会に対抗する態度を示した。その後四十三年六月になると伯爵同志会が反研究会であることを不満として土方伯ら八名が脱会し、別に非同志会派を作ったので（正規の会名は明らかでない）、尚友会会員である芳川、正親町、大原、万里小路、清棲、冷泉の五伯はこの機会に尚友会から非同志会派に移った。非同志会は親研究会であり、伯爵同志会は反研究会であったから両者は対立した。非同志会派は従来から伯爵議員推薦母体であった伯爵会を不要として解散しようと計画したが、伯爵同志会はこれに反対した。この時は伯爵同志会は五八名で、非同志会派は四九名であったからこの時は実現できなかった。しかるに四十四年一月十四日に小笠原、奥平、柳原、副島の各伯は伯爵同志会を脱会してしまったので、漸く両会は妥協が成り立ち、大正三年六月に新たに大正会が発足したことによって漸く伯爵議員選挙母体は纏った。

男爵議員選挙団体　男爵議員の選挙についても混乱があった。明治四十三年二月に男爵議員と勅選議員による貴族院の有力会派であった木曜会で、西五辻文作男が退会させられたことに端を発し、同会所属の男爵議員は全員退会してしまった。その内の千秋秀隆、杉溪言長ら一六名は新たに清交会を結成した。又これまで男爵議員の推薦を木曜会がやったので、これに代り、清交倶楽部を設立した。発足は明治四十三年二月十三日で清交会と同時に発会した。この頃には既にいくつかの男爵の団体があり、それらが選挙の時には推薦を行っていた。次に列記する。

清交倶楽部　明治四十三年二月十三日結成。会員五〇名

二七会　明治三十四年に設立、嗣子、未成年者も含め八一名、木曜会と結ばれ、男爵議員の選挙母体。八一名

軍人同志会　二七会に所属していた陸軍軍人の社交団体、明治三十五年十一月結成。男爵議員選挙に一勢力となる。

三六名

海軍親睦会　二七会に所属していた海軍軍人の社交団体、設立の年月日は不詳なるもこの頃に結成。会員二二名

中立　何れの団体にも所属していない者、約九五名とする。

協同会　既に団体としては明治三十四年頃から存在していた。大正四年十一月が正式の成立で、それ以後拡充して長く男爵議員選挙の推薦団体として活躍する。会員数は不詳なるも、推定すると一〇〇名となる。昭和二十二年五月貴族院の消滅まで選挙母体として存続している。

伯子男爵議員総選挙　この様な激しい離合、新設のあった後、明治四十四年七月十日に総選挙が行われた。その結果を見ると、先づ伯爵議員一七名の当選者中、反研究会系は一名、研究会系（非同志会派）は一六名であった。男爵議員は六三名中協同会推薦者が四三名当選している。これは伯爵、男爵共に激しく競争したが、この裏に在った研究会の力を切り崩すことができなかったことを示している。次に子爵議員を見ると、

投票総数　三〇二票　　棄権　四一票　　計三四三票

尚友会派　二一一九票

談話会派　　七三票

当選者　再選　五二名　新任者　一五名

この新任者は全員尚友会派であったから、談話会は完敗であった。新任者は

子　伊東祐弘　子　東坊城徳長　子　豊岡圭資　子　西大路吉光　子　本多忠鋒

子　丹羽長徳　子　勘解由小路資承　子　吉田清風　子　本多実方　子　今城定政

子　五辻治仲　子　野村益三　子　池田政時　子　冷泉為勇　子　櫛笥隆督

再選されなかった者（任期満了となった者）は七名である。この結果談話会会員では将来議員に当選することは望みがないと考える様になり尚友会へ復帰の動きが出はじめた。

伯子男爵とも反幹部派（反主流派）は目的を達することができなかった。この様な状勢からして、政友会が意図とする貴族院への接近は容易には固まらず、依然として研究会は山県、桂派が背景をなし、幹部の基盤の堅いことを示している。研究会が激しい会の内外の抗争の中にあって、その主流がよく基盤を守り得たことは、三島子を中心に動

選議員有松英義らの苦心と、その一派である酒井忠亮、前田利定、松平親信、水野直、森清らの所謂少壮組の活躍が功を奏したのである。しかし一方では反三島派の不満はなお続き、表面は研究会に服しながら対抗は捨てゝはいなかった。

談話会の坐折　談話会はこの数回に渉る選挙で予期の発展が実現せず、このため、役員会並びに総会を開き協議した結果、来る四十四年十月に行われる補欠選挙には、会からは推薦候補を立てないことを決め、事実上解散の方針を打ち出した。しかしその理由の声明には談話会の失敗には触れず、大義名分論を述べている。

「談話会の起るや憲政の進歩に献替するを以て其の主たる目的となせり。本会員の政治上に於ける行動は一に此の目的を貫徹せんとする趣旨に出づる事は又絮説を要さざるなり。本会員は議員選挙場裡に於て、同族相争ふを快しとするものに非ず。唯其憲政の運用に関係あ三る場合に当りては、競争亦止むを得ずとなすのみ。而して補欠選挙の事たる憲政の進歩に対し、其関係影響の大小軽重必ずしも一ならず。各々其の時機と場合によりて異る。今回の如きは、殆んど何等特殊の意義なきものと云はざるべからず。本会は昨夏の補欠選挙以来会勢大いに伸張したりと雖も、徐ろに大局に鑑み、堅忍持久憲政の前途に貢献するを以て心となし、今回の競争は之を避くる事としたり。若し夫れ将来の事に至っては本会本領のあるあり。益々実力の充実に努め素志の大成を期す」

一方談話会を支援していた伯爵同志会も、次第に脱会者が出て、この頃には会員僅かに三人となり、団体としては有名無実のものとなってしまった。伯爵議員は四十四年十二月二十二日に新しく辛亥倶楽部を結成したことから、談話会の将来は益々不利となって来た。遂に翌四十五年十月十日に正式に解散した。こゝにおいて激しかった尚談の対立は終止符が打たれ、これから後は子爵議員の選挙母体は再び尚友会一本となり、昭和二十年の終戦まで続き、昭和二十二年五月二日解散となった。

一時期ではあったが、この様な同爵者間の激しい対立があったことを顧みると、結局貴族院と政党との関連についての考え方の相異と、政党からの接近策の影響に原因があるといえる。談話会の成立も政友会との結びつきに源があり、伯爵同志会にしても、原敬の対貴族院工作が関連している。何故に原敬が貴族院の各会派を重視したのか、勿論政党政治の成果を期しての行動であるが、その他に山県系官僚閥との対抗にあった。政友会の努力も、貴族院を政党化しようとする目的は達せられなかった。これは貴族院議員がその本質論に立っての態度を崩さなかったことによるのであった。又一方から見れば研究会の存在が、政友会にとって、又政党によって接近をせざるを得ない存在であったことを示したもので、衆議院にとって貴族院との円滑なる議会運営には研究会工作が如何に重要であったかを語るものである。

立憲政治の理念からして貴族院は衆議院とは全く別個の存在であることが条件で、地域選出の公選によるよい面は衆議院が持つべきである。第二は必要が生じた時政府を統理できる力を貴族院は持っていなければならないし、官僚政治の行き過ぎを是正できなければならない。貴族院はそれらの力を内在して初めて二院制における立法府の重責が全うできるのである。政党内閣の場合は一層そのことを意識しなければならない。

第四節　第二次西園寺内閣と研究会

——衆議院議員選挙法の改正問題

明治四十四年（一九一一）七月に日本は英国と同盟協約を締結した。これは日本としては欧米の列強と並んだことになり、祝福されたが、これが後にロシア問題で日本は英国のために協力しなければならなくなり、ひいては我国の海軍の拡張の必要を生じ、英国のアジアにおける権益を援助する義務を負うことになるが、大国との協約を結んだことは成功であった。その後間もなく桂内閣は総辞職したため、後継内閣として第二次西園寺内閣が成立した。

この内閣は政友会による政党内閣であって、第一次の時からと同じく研究会にたいしては積極的に取組む態度をとり、その主力は原敬（内務大臣）であった。しかし研究会は既に桂、三島の結びつきがあったから、第二次西園寺内閣の貴族院工作は思うようには行かなかった。

衆議院議員選挙法改正案　明治四十五年の第二八議会に提出された同改正案は、大選挙区制を小選挙区制に改めようとするもので、衆議院を通過して、貴族院に送付されて来た。研究会はこの改正を重視し慎重な態度をとり、先づ穂積八束博士を招き、意見を聴き、それに基いて協議した結果、三月二十日の研究会総会で、この小選挙区制は不合理と判断し、改正案中の小選挙区制の条項を削除することと、罰則規程を修正することとした。この特別委員会の委員は委員長に子三島弥太郎、副委員長には男有地品之允、他は公二条基弘、侯徳川頼倫、伯川村鉄太郎、子松平直平、子松平親信、子水野直、浅田徳則、村田保、男久保田譲、江木千之、石渡敏一、高木豊三、有松英義、鎌田栄吉、浜口吉右衛門、桑田熊蔵らである。委員会では同改正案の中で小選挙区制に関する事項が論議の中心となり、江木、有松ら勅選議員が激しく論議をなし、小選挙区制に賛成は鎌田、江木らの少数で、従来通り大選挙区制（修正）に賛成は研究会所属の委員である勅選有松、子水野の他浅田、男久保田ら多数であったから、この小選挙区制の条項を削除し、又罰則についても修正した。これは研究会の他に幸倶楽部の茶話会と同一態度をとったことによるものである。貴族院は本会議でもこの修正を可決したから両院協議会へと持ち込まれた。この時の協議会の委員は

貴族院　議　長　男　久保田譲
　　　　副議長　子　酒井忠亮
　　　　　　　　男　吉川重吉　男　田健治郎　男　目賀田種太郎　一木喜徳郎
　　　　　　　　　　谷森真吉　　　桑田熊蔵　　　穂積八束　　　有松英義
衆議院　議　長　伊東大八
　　　　副議長　改野耕三
　　　　　　　　戸狩権之助　　小久保嘉七　　長島鷲太郎　　奥繁三郎
　　　　　　　　松田源治　　　小川平吉　　　阪東勘五郎　　鵜沢総明

の両院一〇名づゝによって開かれたが、両院とも主張を譲らず、討論の結果、漸く協議会案が成立（協議会は法案の審議が目的ではなく、両院の妥協による案の成立を目的とするものである）し、衆議院の主張する小選挙区制を含むものとなり、これを両院に報告した。しかし貴族院は三月二十三日の本会議でこの協議会案を上程した処小選挙区制は「選挙区と議員数の増加を目的とするもので、十年来の大選挙区制を些少の不便のため急遽これを改革するの要なし」との態度を示し、投票採決した結果は、一一八対二一一で、圧倒的多数をもって否決したためこの改正案は成立しなかった。この事も研究会が最初から示していた通りの結果となり、反政府の態度を示したことになる。しかし研究会として全面的に西園寺内閣のとった政策に反対はしていない。適正と判断された法案については、極めて協力的で、円滑に法案の成立に努力していることが認められるから、研究会は二院制の使命にたいする自覚と良識は充分に

発揮されているし、貴族院によって政党弊害によって生じる行き過ぎは是正していた。

この年七月三十日に明治天皇が崩御になり、そのため第二九臨時議会が開かれ、貴族院は先づ哀悼の上奏文を可決し、大喪費一五四万円の予算を即決した。西園寺内閣はその後陸軍の師団増設案をめぐり、閣内に対立が起り、陸軍は軍備の整理によって増師が可能としたが他の閣僚は財政上に余裕がないとしてこれを拒否したことから、上原陸相は単独で辞表を捧呈するという不祥事となってしまった。首相は上原陸相の留任は到底望めないと判断し、新たに後任を求めたが陸軍は大臣を出さないとする態度をとったゝめ、それが原因となって総辞職することゝなり、同年十二月五日退陣した。西園寺公望はこの時元老の待遇を賜った。

第五節　研究会事務所の新築
——研究会の発展

明治二十九年九月に研究会は初めて独立した事務所を持ち、赤坂溜池の間借を引き払って麹町区内幸町に移った。その頃の会員は七〇名と記している。その後会員は増加して、明治四十四年七月の互選議員の総選挙後入会者が急に増して、この年の十二月には一〇六名になった。又尚友会も談話会の解散により選挙母体として一本化されたので、事務所の移転が協議された。新事務所を新築する場所を求め、その条件として議会に近いこと、交通の便利なことに置いて探している。

その結果、芝区新桜田町二九番地の東京市の土地の払下入札によって入手することができた。この土地は江戸城の外濠を埋立てた所で虎の門から南へ土橋に続いていた。この地を手に入れた時の思い出を当時尚友会幹事であった青木信光子は

「虎の門の下は堀だったんですよ、そこから滝が落ちて川がずっとあった。その埋立てた時、水野さんがあれを一つ……研究会の事務所を立派なものをこさえようではないかと僕に相談に来られた。その払下げを入札したら落ちた。もし会員のうちに反対があったら借金しても二人で地面を買ってしまえばいいじゃあないかということで、段々と説いて皆さんも賛成をして呉れて寄付を募った。そして初めて所有の土地ができて研究会ができた」と語っている。（水野直を語る座談会）

この場所はあたらし川（外濠の一部）に掛っているあたらし橋の脇で、今日ではその川も橋もなく住居表示では東京

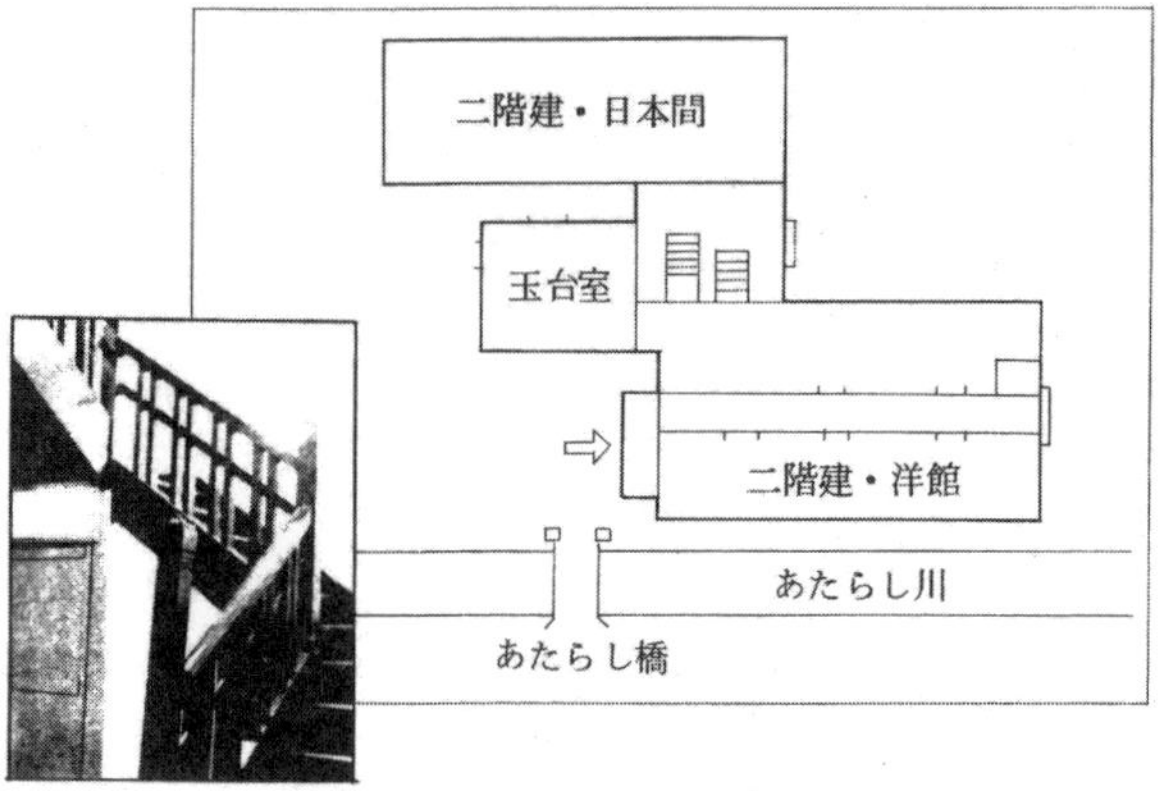

新桜田町事務所

都港区西新橋一丁目一番地で日本中央競馬会の建物がある。事務所は洋風の木造二階建とし、それに古い木造二階建の日本家屋があるので、それを繋げた建物である。当時としては近代的感覚の溢れた洒落れた洋館であった。（口絵写真）

　大正二年十月に完成し、それより昭和二年まで約十五年間研究会と尚友会が事務所として使用した。洋館は広間（会議室）の他事務用、会議用、応接用の洋間が一階及二階に設けられている。

　この十五年間は研究会の拡充期であったから、多くの政治史上に残る重要な会議は、この建物の中で行われたので、政府の要人もしばしばこゝに足を運んだ。中でも首相では原敬が一番多くこゝに足を運び、研究会の首脳との交渉や協議をくりひろげたとのことである。

第六節　山本内閣と貴族院
―シーメンス事件

第三次桂内閣　西園寺内閣の総辞職の後の次期首班には、侯爵松方正義、子爵平田東助、伯爵山本権兵衛らの名が挙っていたが、結局公爵桂太郎（明治四十四年四月陞爵）が首班と決り第三次桂内閣は大正元年十二月二十一日に成立した。西園寺前首相に元老待遇の優諚を賜ったのは、桂首相の対政友会工作であったが、政友会の反政府活動は解消しなかった。桂首相はこの時憲政擁護運動に対応するために、かねてよりの計画である新党設立を発表し準備が進められたが、野党の反撃は激しく、内閣不信任案が提出され、国民の間には護憲運動が起って、そのため議会は再三停会となり又解散の準備をしたが政局の安定の見込は立たず、内閣は組織以来僅か四〇日という短命で大正二年二月十一日に退陣しなければならなくなった。この政界の動きにたいし、研究会は桂内閣には多大の同情の態度を示し、一方では政友会の動きには強い警戒をなし、反政友会でもなく、政党の存在は否定せず独自の態度をとっていた。これは一般からは、貴族院は憲政を軽視した態度で、特権意識をもっての行動だとして非難を受けた。研究会は衆議院の動きには深入りしないとする態度が終始していた。これが研究会を含め貴族院が批判を受ける結果となった。しかし衆議院がやゝもすれば党利党略に陥る危険がおこり、それを是正する役割を貴族院が果すことができたのはこの態度があったからである。

山本内閣の成立　桂内閣の後継内閣の首班を上奏する元老会議は西園寺新元老も出席して開かれ、現役の海軍大将伯爵山本権兵衛を推挙した。その間の山本伯の行動は異例のもので、先づ桂首相に直接辞職を勧告し、その後政友会に乗り込み、西園寺総裁に会い次期内閣を組織することを勧告し、その後直ちに陛下に政情を上奏している。二月十一日に組閣の大命が降下するが、その間三日間のことであった。

山本伯は組閣の大命は拝したが、もともと政治家ではなく一軍政家であったから政友会に支援を求めた。政友会は閥族内閣に反対する立場から山本伯を支持し、その間原敬、松田正久の努力も効を奏し、二十日に山本内閣の親任式が行われた。政友会から原内務、元田逓信、松田司法の他高橋大蔵、山本農商務、奥田文部と、更に政友会系である牧野外務が加ったから実際には政友会内閣であった。新内閣の成立が議会開期中であったから、予算等の取扱いでは苦心した。しかしこの顔ぶれから行政、財政には極めて実行力のある政府であったから、多年の懸案であった行政整理や、任用令の改正など多くの業績が見られた。一方研究会では三島子一派の山本内閣にたいする感情は、今回の桂公の失脚に関連し、決して円満ではなかった。山本首相と三島子とは同じ薩摩出身ではあったが、それよりも桂公の失脚の方が比重が大きく、三島子は桂公に同情した。

区裁判所廃止問題 第三一議会において、政府が提出した裁判所構成法中改正案の審議にあたり、研究会に異例の事件が起った。政府の法案の説明によると全国一二八ヵ所の区裁判所を廃止又は統合することによって経費の節約を計ることであるが、実際にはそのために地方民の不便は大きく、その割には経費の節約とはならないとの見方から、研究会には賛否両論が出て両者共に譲らず強硬に対立した。そのために研究会総会で会の態度決定の議決ができなくなり、議場での賛否は会員各自の自由とせざるを得なくなり、幹部の意向が成立しなかった。この事は研究会としては全く異例のことで、これまでは会内の意見は統制のとれた一致した態度で臨んでいたからである。これは反三島派(反幹部派)の勢力が大きくなったことを示すものである。しかしいよいよ法案採決(三月二十四日)に臨んでは各会員は判断を誤ることなく、幹部派の方針通り政府提出の原案を可決している。

海軍汚職問題(シーメンス事件) 議会は無事に運んだと見られていた処、政府は突如重大問題につき当った。衆議院に提出された予算によると海軍の整備を急ぎ海軍拡張費は莫大な額になったのに比し、陸軍の師団増設案は閑却して重視していない予算であることから、陸海軍備の不均衡を問題視し不満が出ていた処へ、突如予算には関係のないシーメンス会社の書類窃取事件の裁判の中で、日本の海軍将校に造艦並び付属品の発注に関しての瀆職があったことが報道されたのである。これが両院議員間は勿論、民間でもこれを重視して社会の大問題となってしまった。この事件が衆議院の予算にたいする不満に油を注いだ結果となった。貴族院では幸倶楽部の田健治郎男が中心となり、研究会と話し合い、会内には硬軟両論があったが、常務委員会ではこの海軍瀆職事件には厳正な態度で臨むことゝなり、結果としてたとえ倒閣となってもやむを得ないとし、陸軍の予算は原案通り認め、海軍建造費七、〇〇〇万円のうち新規製艦費を削除するという統一態度を決めた。又更に田男は幸倶楽部の代表として土曜会の曽我祐準子、小沢武雄男と意見を交換している。予算委員長として曽我子は「陸軍は六箇師団を増設せしに過ぎないが、海軍は二五万噸を六六万噸増とした。しかも、海軍のみ拡張するのは不公平である」旨を述べた。既に予算総会では四八対七で修正案を可決。本会議における採決の結果は四四対二四四で研究会の統一態度の通り削減案を可決した。削除の理由文は幸倶楽部の男爵田健治郎が起草した。

これより先衆議院では海軍拡充費一六、〇〇〇万円中三、〇〇〇万円の削減を可決していたため、両院協議会に持ち込まれた。

貴族院

議長	公 二条基弘		
副議長	伯 柳沢保恵		
子 曽我祐準	子 牧野忠篤	子 入江為守	男 吉川重吉	男 有地品之允
男 目賀田種太郎	男 田健治郎	多 桑田熊蔵		

衆議院

議長 伊藤大八

副議長　改野耕三

野田卯太郎　小川平吉　鶴原定吉　長島鷲太郎　菅原　伝　奥繁太郎

井上角五郎　村野常右衛門

奥は辞任につき補欠として佐竹佐太郎就任

この協議会では抽籤により二条公が議長となり開会し、衆議院は院議で決めたとして主張を変えず、貴族院は内閣不信任の考えがあり、削除を主張した。採決の結果は一〇対九で衆議院案が両院協議会成案と決まった。貴族院はこの協議会案を本会議で報告した。曽我祐準子はこの案に反対した。石渡敏一は賛成を表明、つゞいて徳川慶久公は反対せざるを得ないと述べている。採決を起立に問うた処、起立者は僅かに十数名で議長は「少数と認む」と宣し、協議会案を否決したため、大正三年度の歳入歳出予算は不成立となってしまった。山本内閣は責任上総辞職しなければならなくなった。研究会のとった政府にたいするこの態度は真に冷たいものであったといわれている。当時の研究会の最高幹部は三島子で、同子と山本首相とは同郷出身であり、牧野外相とは親戚の関係にあった。その上高橋蔵相の就任後に日本銀行総裁に推薦されていることなどからして、もっと研究会は山本内閣を支持すべきであるとの見方を一般ではしている。シーメンス事件は海軍内部の不祥事であって直接予算を不成立に追込むには及ばないのではあるまいか（阪本辰之助―子爵三島弥太郎伝）。この事件の時には三島子は病気と称し一切会議に出席しておらず、表面的活動はしていない。これも子の政治的配慮によるのかも知れない。元来桂公と三島子は研究会を通してはよい関係にあった。その桂内閣を強引に退陣に追い込んだのは山本伯であるから、立場上三島子は欠席せざるを得なくなり、外から見ると山本伯に冷淡であるといわれる態度をとったとする見方ができる。

原敬は山本内閣が退陣しなければならなくなった時、研究会へ働きかけ、退陣を防ぐため奔走したが功を奏さなかったことから、今後研究会工作を考え直したことゝ思う。山本内閣の総辞職に際し上奏した原敬の辞職願は風格ある文である。

臣敬　曩に大命を拝し切に重任を忝ふす爾来夙夜効を図りしに宿痾累を為し負荷の重に堪へず　仰ぎ願くは
　聖恩臣が職を解き給はん事を
　　　　　　　　　　　　　　　　　　　　　　　　　　誠恐誠誠
　　　　　　　　　　　　　　　　　　　　　　　　　謹みて奏す
　　大正三年三月二十四日
　　　　　　　　　　　　　　　　　　　　　　　内務大臣　原　敬

原敬は山本内閣を退陣に追い込んだのは、自分の責任のように感じていたし、一面政界の複雑さを身をもって学んだことにもなった。

幸倶楽部　既に何度かこの名が出て来ているので触れておこう。研究会は創立して一〇年を経て次第に充実し、貴族院における発言力は大きく他会派は会員数においても、政策においても研究会に抑えられる場合が多くなった。他会派の議員（主として男爵、勅選議員）は研究会に対抗できる団体を作ることを考えたが、既に会派は設立されていて脱会することもできず苦慮していた。時の首相山県侯は官僚系の田健治郎男（明治三十九年一月勅選議員に就任）、平田東助をして、団体を作らせること〻なった。目的は反研究会派として、新しく会派とはせず、社交倶楽部の名目での集会となった。社交団体であるので研究会員も入会できた。設立は第一四議会の開会の直前の明治三十二年十二月の事である。事務所は麹町区内幸町にあった社交団体の幸倶楽部に置いた。それ故、正しくは幸倶楽部派と称すべきである。参加者は平田を中心に茶話会、憲政会系勅選議員で主なる議員には

〔木曜会〕男　千家尊福　男　渡辺　清　男勅　長松　幹　勅　松岡康毅　男　園田安賢
　男　本田親雄　男　杉溪言長
〔茶話会〕勅　平田東助　男勅　船越　衛　勅　武井守正　勅　周布公平　勅　秋月種樹
〔丁酉会〕多　田中源太郎　多　米谷半平　多　山田卓介

〔無所属〕伯　坊城俊章　　勅　沖　守固　　勅　松平正直　　男　有地品之允　勅　高橋新吉

ら七〇名が参集して創立している。その後倶楽部員は増加し一二八名にもなった。平田東助と共に幸倶楽部を纏めていた田健治郎は茶話会に所属しているが、勅選議員に就任したのは創立時より後の明治三十九年一月七日でそれからの活動である。反研究会のための集団ではあるが、この中には平田東助がいて清浦奎吾との結ばりがあるから、これらの関係は複雑であり微妙であった。もともと会員は別の会に所属しているから、倶楽部員としては二重の所属になる。大正年代になり会派の離合があって、この頃には茶話会、公正会、同成会、無所属の議員の集りとなった。これを一般は政界の幸無三派と呼んだ。設立の目的は研究会に対抗することであったが、後には海軍汚職問題（シーメンス事件）や中橋文相の綱紀粛正問題などでは研究会と共同行動をとったこともあった。（第六章参照）。山県侯は清浦子を通しての研究会工作をなし、一方では田、平田に幸倶楽部派を操縦して研究会対策をとらせることができたことは、山県侯の政治手腕の偉大さを認めねばならない。

清浦奎吾に組閣の大命　山本内閣は直接政府の責任ではなかった海軍汚職事件により信任を失い、それが海軍予算問題に影響して辞職しなければならなくなったのである。山本内閣の辞職により、次期内閣の首班について御下問により、首班推奏のために元老の協議が行われ、元老会議では政党内閣はこれまでの事実から政争が起り易く不安定であるとなし、元老は超政党を望むものが多かった。その結果最初は再び松方正義侯を推したが受ける意志がなく、改めて会議を開き、そこで公爵徳川家達と決ったが、公も拝受の意志がないため、第三に子爵清浦奎吾を決め推奏した。これは政争政権の対立が避けられるとの判断と、貴族院を高く評価した事によるのであった。清浦子は長く勅選議員をつとめ、山県内閣では司法大臣としての評価は高かった。三月三十一日に枢密顧問官枢密院副議長子爵清浦奎吾は組閣の大命を拝受した。この時清浦子は全く準備がなく、政友会から入閣させると政党色が濃くなるので、超然内閣の方針には沿わないので、結局曽ての研究会時代の関係により閣員の選考を行うことゝなった。先づ三島子に大蔵大臣就任を懇請したが、子は受けなかった。三島子は桂公（大正二年十月十日没）との関係と原敬に対する遠慮から辞退したのであろう。文部大臣に子爵入江為守、大蔵大臣に荒井賢太郎、逓信大臣には土曜会の子爵曽我祐準、鉄道院総裁には子爵酒井忠亮を推し。その他入閣の交渉を受けたのは子爵松平正直、男爵田健治郎、男爵平山成信、男爵阪谷芳郎、男爵目賀田種太郎であった。しかし研究会所属の議員は何れも受けなかった。これは勿論三島子の指示である。最後に海軍大臣については次官の加藤友三郎中将を予定した。加藤中将は就任に条件を出した。海軍予算が山本内閣の時大幅削除されていたことに不満を持っていたから、海軍予算の責任支出することを認めることの条件であった。清浦子はそれを受け入れなかったから海相就任を拒否し、海軍は清浦内閣に大臣を出さないことゝなったため、遂に組閣は不可能となり、清浦子は組閣を拝辞し、研究会を中心とする内閣は実現しなかった。

第七節　大隈内閣と還元問題
――研究会の内閣不信任

大隈内閣　清浦研究会内閣は遂に実現せず、後継内閣の首班の決定は難行したが、漸く政界の先輩格である伯爵大隈重信に組閣の勅命が降った。大隈伯は元来自由民権論者であって、元老政治や閥族の政治には反対の態度を示していたのに、それが今回元老の奏薦となったのであるから意外であった。しかし、それには理由があった。当時後継首班の人選難であったことと、大隈伯が七七才の老齢であって従来からの考え方が変って円満さを示していたことを認めたからである。更に元老は奏薦に先き立ち、外交・内政について元老との間に了解がとれたことや、山県、井上を通じ長州閥が背後の力となったことによって実現したのである。組閣にあたり桂公の遺構である立憲同志会（初代総理加藤高明、以下同志会と記す）を与党とし、大正三年（一九一四）四月十六日に第二次大隈内閣は成立した。第一次大隈内閣から十六年ぶりのことである。

内閣総理大臣兼内務大臣　伯爵　大隈重信
外務大臣　男爵　加藤高明（同志会）
大蔵大臣　若槻礼次郎（同志会）
陸軍大臣　岡市之助
海軍大臣　八代六郎
司法大臣　尾崎行雄（中正会）

文部大臣　　　　　　　　　　一木喜徳郎（貴族院幸倶楽部）
農商務大臣　　　　　　子爵　大浦兼武（同志会）
逓信大臣　　　　　　　　　　武富時敏（同志会）

新内閣は内外庶政の刷新を計ることを声明し一般は立憲政治の上から歓迎した。

第一次世界大戦　大隈内閣成立後間もない七月二十八日にオーストリアとセルビアとの両国間に戦争が起り、時を移さず続いてロシアは総動員令を決めるなど、欧州の戦乱の不安は日一日と増大している情勢であった。これを見て研究会は八月十七日の総会の席で、挙国一致のもとで国策を援助する決議を行い、欧州の戦乱の拡大にたいして、率先して会の態度を明らかにした。政府は日英同盟による関係に基き、英国の求めに応じ参戦することを決め、ドイツに宣戦を布告し、ドイツにたいし膠州湾租借地を中国へ還付することを要求して最後通牒が発せられたので、第一次世界大戦はアジアにも波及するにいたった。同年十一月になり日本軍は青島を陥落占領した。それより二ヵ月後の大正四年（一九一五）一月十八日大隈内閣は中国政府にたいし、東洋の平和維持のためとの主旨をもって、中国領土内の鉄道、鉱山等の利権に関して所謂〈対支二一カ条要求〉を提出し、若し不承認なら武力解決もありうるとの意向を示した。結局中国は承認はしたが、両国の友交関係は破られ、中国は排日運動を起し、又欧州各国は日本の行為を非難したから、日本は外交上から不利な立場となってしまった。又前年の六月に開かれた第三三臨時議会では第三一議会で不成立となった海軍拡充費の一部として六、五二六、〇〇〇円を貴族院は成立させ、続いて第三四臨時議会では第一次世界大戦参加のための臨時軍事費及予備費として六、六五〇万円などを可決し、議会は戦時体制をとって来た。

第三五議会と戦時体制　同年十二月通常議会では衆議院は予算案と共に陸軍二個師団増設費を否決した。これは野党である政友会と国民党に敗れたので衆議院は解散となり、翌大正四年の総選挙で与党（同志会、中正会、大隈派）が多数となり、第三六特別議会で、漸く予算案と陸軍二箇師団増設と八・四艦隊建造計画を成立させることができた。しかるにこの増師計画について、大浦内相の議員買収の事件が暴露した。そのため大浦内相は辞表を提出し政界引退等謹慎することで起訴は免れたものの、内相単独の責任か、内閣の連帯責任かの論議が起って、結局一部閣僚の入換えを行い切り抜けようとしたが、閣内の硬派は承知せず、遂に大隈内閣は全員辞表を提出することとなったが、元老会議で大隈伯の留任を決め上奏したことにより、総辞職は取りやめになった。しかし世論の不信を買い、貴族院も現内閣を非難する態度を示し、研究会は政友会を背後にした原敬と山県のつながりが働き、次第に反政府の動きが拡大されていた。

減債基金還元問題　大正四年（一九一五）十一月二十九日召集の第三七議会は大浦事件が原因で大隈内閣にたいする態度は攻撃的であった。翌五年一月に貴族院の予算委員会で、減債基金還元問題が起った。貴族院の各派はこれにたいして稀に見る強硬な態度を示した。その主導をしたのは研究会であって、この政府攻撃は突然発生したのではなく、前年からの大隈内閣への不信が暴発したのである。研究会は前年京都において行わせられた大正天皇御即位の大礼の折に、大礼参列のために京都に滞在していた会の幹部がこの還元問題で政府と対決しようとの協議が行われたものだといわれている。であるから既に前年から論議され準備されたのである。研究会がとった態度は真向から反対し少しも譲ろうとしなかった。予算がそのために不成立になってもやむを得ないとしていたから、大隈内閣の運命に拘わる大事件となった。この研究会のとった強硬な態度と活発な行動は、当時国民一般の間では研究会に厚い信頼と関心を示した。この事件の経緯を阪本辰之助―子爵三島弥太郎伝によって述べて見る。

問題の起りは、明治三十九年の第二二議会に遡る、この議会で〈国債整理基金特別会計法案〉が、貴族院で可決された時に、この法案に付帯条件がついた。しかるにその後それが実行されていないことが（特に大隈内閣にたいし）問題となったのである。この法案の内容は、日露戦争のための臨時費にあてるため発行された公債に、年々一億一千万円づゝを繰り入れることにしたが、今回それでは元金の償還が大変な負担となるので、これを改正して適当に償還ができるようにするとゝもに、この償還金五千万円を三千万円だけ減じ二千万円とし、この分を鉄道会計に組み入れることゝする法案であった。これは経済上の原則を破るものとして特別委員会では反対論も出たが一二名の委員の中で九名が賛成したことによって可決した。この法案が成立するに際し「経済界の事情にて、鉄道会計資金募債に可能なるの際は、減債基金を三千万円となしたるを、五千万円となすべし」との付帯条件が付けられた。即ち経済情勢が好くなって来たら、鉄道会計資金は募債の方法をとり、二千万円分は再び減債基金に繰り入れて五千万円とすることを政府は約束させられたのである。その後経済界は世界大戦の影響によって景気はよくなっていたのにも拘らず、政府はこの付帯条件の公約を守らず、三千万円のまゝとしていたのでこれが今議会で貴族院の各派の政府を攻撃する材料となった。若し政府がこの貴族院の付帯条件を尊重していたならば、当然今の好景気によって二千万円を戻して、五千万円にして還元できるのではないか。それなのに予算に計上していないではないかと政府の不誠意を非難し詰め寄った。これについて武富蔵相や一木内相は研究会にたいし懇談によって解決を計ったが、受け入れられず、この際国債整理基金法を改めて、関連法である鉄道作業会計法を改正すべきであるとの結論を示した。更に別に一件問題が生じた。それは兵器売却代金の特別会計組入れは、経理法則に照して不適当とするもので、これを不当とする決議をなすに至った。

これらの問題で研究会は幸倶楽部の各派及び土曜会とに呼びかけ、激しく政府を攻撃した。この様に強硬な態度に出たのは、研究会内では山県系の反政府派が中心であった。既に山県公が枢密院へ転じた後でも有力な背景をなしていたことを示すものである。研究会の常務委員である牧野忠篤子、酒井忠亮子、堀河護麿子、勅選の山田春三の各委員らは協議の結果、政府には悪意はないとし、還元問題を穏便に取扱い、議決はこの際保留することに決めた。しかしそれが却って形勢を一層険悪としてしまい対立した。政府はこれが解決を計るため貴族院にたいし、予算の審議期限を三日間延長し、その間に山県公に斡旋を懇請した。山県公は二月一日大隈首相をはじめ一木内相、平田東助、有松英義ら有力な勅選議員らと対策を協議した。一方二月二日に研究会の領袖である三島子は青木、前田両子と研究会審査部の大蔵部員数名を自邸に招き、出されていた平田東助の妥協案を検討した。その案は

「国債基金、鉄道会計は共に衆議院送付案を可決し、之に付帯して国債整理基金法を改正し、五千万円とす。

但本法の施行期限は、勅令を以て大正六年度より実行する」とある。三島子らはこれを受け入れようとしたが、会内の少壮派はこの妥協案に反対し、二月三日の研究会審査部大蔵部会は「鉄道資金削除、基金は復活」を決める態度に出た。同日幸倶楽部派の同和会の浅田徳則と江木翼は研究会へ左の提案を示して来た。

一、予算は全部の成立を図り一切修正せず。

二、公債二千万円募集の法律案は提出せしめ、募入した金額を国債基金に繰入れる。

この提案を受けたので研究会の岡部長職子は首相、内相と連絡をとり、二月四日に研究会は幸倶楽部、土曜会の参加を求め、三派で協議し、次の妥協案を作成した。

一、予算案には修正を加えず全部可決す。

二、内国債二千万円募集の追加予算を提出せしむ。

三、内国債を償還する場合に於ては、国債整理基金法第五条の規定に準拠せざる事を得との単行法律案を提出せしむ。

付帯希望

一般会計に於て二千万円の内国債を募集し、之を国債整理基金に繰入れる事

作成されたこの妥協案は二月五日の研究会総会で「可決すべきもの」と議決された。法案は次の通りに決った。

政府ハ外国債ヲ整理償還スル為メ、必要アル時ハ、国債整理基金特別会計法第五条ノ規定ニ依ラズ　内国債ヲ発行スルコトヲ得

付則　本法ハ公布ノ日ヨリ之ヲ施行ス

大正五年特別会汁歳入歳出予算追加案

歳　入

第一款　国債整理基金収入　　二〇〇〇万円
第三款　公債募集金　　二〇〇〇万円
歳　出
第一款　国債整理基金支出　　二〇〇〇万円
第一項　国債整理基金支出　　二〇〇〇万円

二月七日の予算総会も通過し、二月十一日に開かれた本会議で、予算委員長子爵岡部長職はこの追加案を含む予算の他三案の経過並びに結果を報告し、翌十二日に無修正で可決した。研究会の岡部予算委員長の努力は大きかった。

混乱に混乱を重ねた大問題は漸く終りを告げた。この問題に関し、研究会は幹部といわず少壮派といわず全員が関心を持ち、賛否に非常な活気ある行動に出ていたから、ここに妥協と予算が成立した時は、大任を果し終えたとの気持ちは想像以上のものであった様だ。「斯く交渉となり、鎮圧となり。不平となり、慰諭となり、千態万状、遂に大悟徹底の境に解脱し、妥協成立、此の夜研究会の諸子、緑屋に宴を張る」（同伝一九一頁）とその時の模様を伝えている。この活発な行動は、研究会の歴史に残るものであった。

この法案の他に強硬な態度を示したのは兵器売却軍需供給問題であった。これは売却代金の計上に関しての疑惑で、政府は売却代金を予算収入に計上せずに、陸軍砲兵工廠の特別会計収入としたがこれは誤りで、国庫収入だから予算収入にすべしとした。この問題で議会と対立すると年度予算も不成立となることが心配された。山県—平田の線で研究会と協議が行われ、その結果予算分科会で、研究会の前田利定子により付帯決議が出され。それが認められて無事に通過したが、これも大隈内閣への不信の現れであった。

付帯決議

「政府が陸軍軍用品を加工補修して、与国に供給せしめたるは、機宜の処分にして、異議なき所なるも、其の経理に関する方法は、会計法規に照らし、当を得たるものと認め難し、政府は相当の措置あらんことを望む」その他教育制度の改善でも議会で問題となり議員の不満を買い希望条件がつけられたし、簡易生命保険法については、衆議院の可決した案よりも一層細民のための社会事業性を打ち出す修正を行い、両院協議会でもこの修正案を成立させている。経済借款長期事業資金を供給する目的で上海に日支銀行を、奉天に満洲銀行を設立せんとする法案は否決した。更に予算を伴なう事業の成立に努力し、予算委員会での討議にも活気ある活動が見られ、この頃の研究会の存在は国民の信望を集めていた。しかし政府はこの研究会の強大さに苦慮し、研究会との交渉には慎重であった。一部からは研究会横暴との批判も出ていた。何故研究会がこの様に政府を苦しめたのか、それは大隈内閣の内部では大浦事件、対外関係では外交政策にたいする多分の不満があったことにも原因し、殊に対中国外交の失敗を責め、一種の内閣不信任を意味するものであった。非公式ながら閉会後に辞職の約束をとって、予算案を通過させた程であった。

永続議員の行賞　貴族院は明治四十四年七月に第三次の総選挙があり、第三期にはいった。すでに第一回議会以来の議員は大正三年（一九一四）には二五年になった。第三四臨時議会が閉会となったすぐあと、同年九月十日には永続議員の行賞が行われた。「第一回帝国議会以来議員の職に在り其功尠なからず仍て」としての行賞であった。この日恩賞を賜った貴族院有爵議員は次の通り（○印は研究会に所属した議員）

金杯一組を賜う。

侯爵　中山孝麿　男爵　岩村通俊　伯爵　清棲家教○　子爵　鍋島直彬　男爵　尾崎三良
男爵　岡内重俊　男爵　野村素介　子爵　平田東助　子爵　岡部長職○　子爵　松平乗承○
子爵　山口弘達○　子爵　鍋島直虎○　子爵　鳥居忠文○　子爵　京極高徳○　子爵　松平康民○
子爵　久留島通簡○

金杯一箇を賜う

公爵　徳大寺実則　公爵　鷹司煕通　侯爵　久我通久

勲三等瑞宝章を授く
　公爵　島津忠済　　侯爵　嵯峨公勝　　侯爵　大久保利和　　伯爵　大原重朝　　伯爵　万里小路通房○
子爵　仙石政固　　子爵　唐橋在正○　子爵　一柳末徳○　　子爵　青山幸宜○　侯爵　西園寺公望
侯爵　蜂須賀茂韶○　公爵　徳川家達
旭日中綬章を授く
　公爵　二条基弘　　伯爵　正親町実正○
正三位に叙す（特旨進位）
　子爵　舟橋遂賢○　男爵　中川興長○　男爵　杉溪言長○　　男爵　千家尊福○　男爵　小沢武雄○
以上で、この様に種類が異なるのは、既に他の功績による行賞を受けている場合を考慮されたもので、既に勲三等以上の所有者には金杯一箇となった。この行賞は議員在職二五年以上に及んだ場合の功績であって、議員として行賞を受ける例が決った。

第八節　寺内内閣と研究会
―西原借款と貴族院令改正

寺内内閣成立　大正五年（一九一六）十月五日大隈内閣の総辞職による後継内閣の組閣の大命は、朝鮮総督陸軍大将伯爵寺内正毅に降った。これは元老山県公の推挙といわれている。寺内伯は組閣にあたり、先づ研究会の子爵三島弥太郎を大蔵大臣に要請した。これは前内閣が研究会対策で悩んだことから、今後の貴族院において政策の円滑に実施するための必要からであって、少なくとも研究会の了解と、その支持を得る道を求めたのである。これにたいし、三島子は蔵相就任の意志のないことを告げ、受けなかったので、蔵相は首相の兼任で寺内内閣は成立した。

内閣総理大臣	伯爵　寺内正毅	
外務大臣	首相兼摂（後本野一郎）	
内務大臣	男爵　後藤新平	
大蔵大臣	首相兼摂（後勝田主計）	
陸軍大臣		大島健一
海軍大臣		加藤友三郎
司法大臣		松室　致
文部大臣		岡田良平
農商務大臣		仲小路廉

逓信大臣　　　男爵　田健治郎
内閣書記官長　児玉秀雄、法制局長官　有松英義

この内閣には衆議院から一名も入閣者はなく、世にいう超然官僚内閣として発足した。これを見た衆議院各政党は非立憲内閣と非難するとゝもに、護憲運動を起し、大隈内閣の時の与党であった同志会、中正会、公正倶楽部の三派は寺内内閣成立の翌十日に憲政会を結成し、その初代総裁に加藤高明の就任を見た。加藤高明は桂公によって生前計画された同志会の初代総裁であった。これより衆議院は憲政会、政友会二大政党の時代にはいる。

対華工作と西原借款　成立した寺内内閣は、大隈内閣で不信任の原因となった中国問題を中心に外交政策に主力をおき、日中の親交を深め、英米露独との国交の円滑化を計り、国運の発展に目標を置いた。貴族院の各派はこの外交方針には異論はなく、研究会もこれを支持した。

大正六年一月に第一次の契約が結ばれたことに始まる西原借款も、寺内内閣の日支親善、東洋永遠の平和の大経綸であった。その内容は寺内首相の命を受けた西原亀三が種々の名目の借款と前貸金を中国に提供したものでそれは

交通銀行業務整理借款	五〇〇万円
同	二〇〇〇万円
有線電信借款	二〇〇〇万円
黒竜江省吉林省金鉱森林借款	三〇〇〇万円
吉会鉄道借款	一〇〇〇万円
満蒙四鉄道借款前貸金	二〇〇〇万円
山東二鉄道借款前貸金	二〇〇〇万円
参戦借款	二〇〇〇万円
合　計	一億四千五百万円

であった。この契約の成立には勅選議員の山田春三と勝田主計蔵相の尽力があったからで、山田は研究会所属であり勝田蔵相も二年後に研究会に入会することから見て、成立までの政治折衝には研究会の支持が少なくなかった。西原亀三自伝に「貴族院議員水野直子が死んだ。わたしとは多年の盟友であって、わたし同様終始甘んじて蔭の舞台ばかりやって来た……」（夢の七十余年二六七頁）とあるのもその一面を語るものである。この西原借款は寺内内閣の放漫政策として経済界の一部からは非難されているが、必ずしも当っていない。中国にたいしてはわが国の認識を越えた長期に渉る経過を見なければならないもので、その判断の準備が日本側になかったことによるのであって、日本の性急な効果を期待したことが結果的には失敗といわれることゝなった。その後西原は大正十四年に国策研究会を創立（会長は研究会の伯爵大木遠吉）し華族会館を会場として対中国問題を討議している。

外交調査会　政府は六月六日に臨時外交調査委員会を設立し「外交問題を政争の具に供せず、政争の圏外に置き、国論を統一し、聖断の資料に供し、列国に対して国勢の強固なるを暗示」することゝした。今日でいう超党派政策である。先づ貴族院の各派代表を招き、この調査会の設立理由を説明した。研究会からは三島子が出席し、会の了承をとり、衆議院にたいしては原敬（政友会）、加藤高明（憲政会）、犬養毅（国民党）の三党首の参加を求めたが、加藤高明は内閣の責任を不明確にするものとして参加を拒否したため、憲政会の加わらない各派一致でない臨時外交調査会が発足した。この会が発足したことによって、これまでの様な軟弱外交といわれたわが国の外交を改め、世界の不安定に対応できる様に計ることになった。

委員は一〇名である

委員長	内閣総理大臣	伯爵	寺内正毅
委　員	外務大臣	男爵	本野一郎
〃	内務大臣	男爵	後藤新平
〃	陸軍大臣		大島健一

〃　海軍大臣　　　　加藤友三郎
〃　枢密顧問官　子爵　伊東巳代治
〃　貴族院議員　子爵　平田東助
〃　貴族院議員　男爵　牧野伸顕
〃　政友会総裁　　　　原　　敬
〃　国民党党首　　　　犬養　毅

臨時教育会議　寺内内閣が設立した二つの調査委員会の一つで、九月二十一日に官制が公布成立した。総裁には勅選議員子爵平田東助（大正十一年九月に伯爵に陞爵）、副総裁は勅選議員久保田譲で外に委員三八名が任命された。学制改革など文部省所管の教育関係の諸諮問にたいし慎重審議をなし、わが国現行教育制度の基礎の確立に貢献し、大正八年五月で解散した。数多くの政府直属の委員会は少なくないが、その中では成功した一つである。平田東助総裁は寺内内閣の組閣に際し、文部大臣就任を要請されたが受けず、閣外から政府を支援することを約している。その事がこの様に総裁に任命されたと見る。

貴族院令の改正　大正七年（一九一八）三月の第四〇議会において、貴族院令の改正が行われた。第一回は明治三十八年第一次桂内閣の時で、第二回は明治四十二年第二次桂内閣の時であったから、今回は第三回目である。既にしばしば問題となっている各爵の議員数の百分比が不均衡である点の改正で、同年七月十日が有爵互選議員の総選挙（改選）にあたるので、それに間に合せようとした。改正の要点は貴族院令第四条第二項に示されている百分比を改め、各有爵互選議員間の均衡を計ることにあった。そのため

「伯爵議員数を二〇人以内、子爵、男爵の両議員は七三人以内とし、その人数は通常選挙毎に勅令を以て指定する。
　但し各爵はその総数の五分の一を超過すべからず」

と改めるのであって、それによって、伯爵議員は一〇〇分の一七が一〇〇分の二〇、子爵議員は一〇〇分の一八、三

七が一〇〇分の一九、一に、男爵議員は一〇〇分の一五、七が一〇〇分の一八、二五となる。この改正案にたいし子爵議員には尚不満があったが、研究会としては当然の改正であるとし、又この政府案は研究会所属の有松英義法制局長官の手によって作られ、桂公以来の貴族院尊重の表われであったことからして反対はしなかった。たゞ一部の議員から、勅選、多額議員にも関連するので、更に調査した上にせよとの延期論があったが、混乱もなく、採決の結果は賛成多数で可決した。これにより七月十日の改選はこの新しい貴族院令によって行われ、伯爵議員二〇人、子爵議員と男爵議員は各七三人の選出を見た。この選挙で新任者は伯爵では広沢金次郎、松木宗隆、大木遠吉、副島道正、津軽英麿、小笠原長幹、堀田正恒の七名が、子爵議員では西尾忠方、竹屋春光、大浦兼一、米倉昌達、外山光庸、白川資長、土方雄志の七名が、又男爵議員は一九名であった。伯爵議員のうち津軽伯（翌年逝去）を除きあとの六名は当選後甲寅倶楽部に入会し更に翌年になり研究会に入会、新任の子爵議員一七名も全員研究会に入会した。

第九節　原敬と研究会
──原敬の研究会工作

原内閣の成立　大正三年（一九一四）六月十八日原敬は西園寺公の推薦により第三代の政友会総裁に就任した。この時はまだ五九才の若さであったから一般からは不安があったが、将来への期待も大きかった。原は総裁就任の挨拶の中で、今後は政党政治主義をもって臨むと言明した。これは非常な決意と信念があったから言えたのであって、今日までの政治は政党内閣といえども、元老の発言が政治に及ぼす力は大きく、且つ藩閥の影響、官僚の系統などに引き廻されていた。それとはっきり対決する態度を示したことになった。

寺内首相は米騒動の責任をとり辞意を表明したので、元老である山県、松方に次期政権担当について御下問があった。山県は原政友会総裁を推薦しないで西園寺公望公を推した。しかし公は受けず、西園寺公の推薦によって原敬に組閣の勅命が降った。大正七年（一九一八）九月二十九日に組閣し、政友会総裁就任の折の声明の通り純然たる政友会による政党内閣とした。陸、海軍、外務の三大臣を除き全員党員であった。

内閣総理大臣		原　敬
外務大臣	子爵	内田康哉
内務大臣		床次竹二郎
大蔵大臣	男爵	高橋是清
陸軍大臣		田中義一

海軍大臣　　　　　　加藤友三郎
司法大臣（首相兼任、後大木遠吉）
文部大臣　　　　　　中橋徳五郎
農商務大臣　　　　　山本達郎
逓信大臣　　　　　　野田卯太郎
（鉄道大臣　元田　肇）

この様な政党内閣は大隈内閣について二度目であり、政党の総裁で且つ衆議院議員が首相として組閣したのは原が最初である。原首相が政友会政権の安定と政策の円滑を計るため議会対策を研究した。

研究会工作　議会対策として最初にとったのは貴族院工作であった。その工作が開始されたのは成立後の翌月の大正七年十月四日で、先づ貴族院の各派代表を招き懇談を行った。その頃の有力な貴族院勢力は二つに分かれていて、一つは茶話会と無所属団との派で、一時は幸倶楽部として社交団体を構成した一派であり、他の一つは研究会であった。前者は山県系官僚勅選議員が主体であったから到底協調の期待は持てなかったから、当然原首相は研究会工作に力を入れることゝなった。先づ大正七年十一月三日に青木信光、酒井忠亮の両子を招き、政府の考えを説明して、今後とも折に触れて会談することの約束を計り、連携して行きたいと申し入れ、その連絡担当を床次竹二郎内相とした。原敬は貴族院における政策の円滑実施を行うためには研究会と提携する必要があることをはっきり認めて「貴族院多数の援助がなくしては政府を維持することは困難なり、而して貴族院の誰と握手するかと言えば、研究会の外に提携すべきものなし」（大正十年六月六日・原敬日記）と記している。

大正八年五月十六日に甲寅倶楽部の小笠原長幹伯と水野直子は同道して原首相を訪問している。これは三島子の死後（三島子はこの年の三月に没す）の研究会の動静と甲寅倶楽部の今後、引いては貴族院と政府の交渉の上での重要な事項に触れたことは確かだが内容は知らされていない。その時の原敬日記によると、政府として貴族院への接近を目的に両名が招かれた事は明らかである。

「政友会が衆議院で多数を占め、貴族院で研究会、伯爵団および侯爵の一部、交友倶楽部と連合すれば、国政の進行にはどの位利益があるかわからない。又近来貴族院は若手の勢力が増進した」

と原は記している。この様に貴族院の存在を重視し、貴族院への積極的態度で臨んだもので、水野子もこの時の面談で、原の人物には強く打たれるものがあったらしく、後にしばしば原敬の偉大なる人物であることを語っている。原内閣との接近がこゝに始まり、やがて研究会の原内閣援助となって表われて来る。

第四二議会は大正八年十二月二十四日に召集された。研究会はこれに先きだって十二月六日の常務委員会において、第四二議会に臨むに際し、現内閣を援助することを決めた。この様に議会開会前にはっきりした態度を示したことはこれまでの研究会には見られない事であって、今まではむしろ政友会への接近は禁じられ、認められず、たびたびそのために紛争が起っていて、堀田正養子の除名にまでなった程であった。兼ねてからの希望であった伯爵大木遠吉は大正九年五月に原内閣の司法大臣に就任し、原敬は研究会との約束を実現したことになる。大正十年五月三日に原首相は研究会の幹部を招待、研究会もこの招きに応じ会談が行われ、両者の協力は完全に結ばれた。この会合には松平頼寿伯、青木信光子、酒井忠亮子、黒田清輝子、水野直子、大河内正敏子が出席している。研究会の幹部は原敬の人物に篤い信敬の念をいだく様になり、原も亦研究会の幹部を常に信頼して政治上の連繋をとることを忘れず、未だ閣議の決定を見ない以前でも、非公式に政治上の機密を打明け、相談したから、研究会もこの様に政府を援助する態度に出

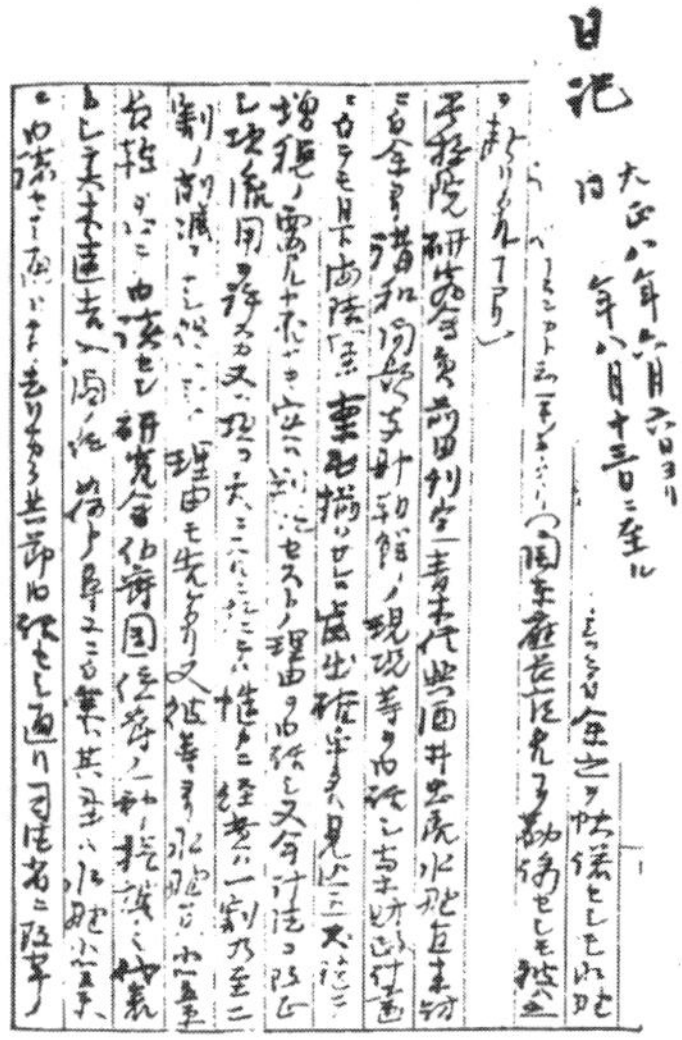
日記

原敬日記　大正八年六月十三日

たのである。これは研究会の強大を認めてのことではあったが、一面は原敬の政府の施策運用上の手段でもあった。その根本は相互信頼であって両者とも得るものは大きかった。後に青木信光子は日本銀行監事に、酒井忠亮子は横浜正金銀行（東京銀行の前身）の監査役にそれぞれ就任しているのも原敬の配慮によって実現したのであろう。これも両会の間の布石であった。一般はこれについて研究会の利権漁りの例とし、原敬の研究会の懐柔策だと評しているが、原敬の研究会にたいしてとった態度は好感に基くものであり、従来から持っていた華族にたいする敬懼の念の表われであったから、策を弄したとの見方は当らない。両者の間の意志の疎通の深さを示したものである。

この様な研究会の政友会への接近の動向は、過去の同会の態度に比べた時、それは大へんな転換といわねばならない。これ程の大変化をさせられるにいたった原動力は、研究会の脱皮ではなく、且又原敬に研究会が篭絡されたことでもない。原敬の偉大な存在との出会であった。今回研究会が示した政友会への態度は政友会なる政党への好意ではなく、原敬のとっている経綸にたいする支援と人物にあったことゝ見るべきであろう。原敬なる人物がこの様な態度をとらしめたのである。その間に原と水野子の結び付きはかなり深くなっていた様で、両者は胸を開いて協力ができた様である。研究会の運営や会内の官僚派を抑えることまで相談し、将来は研究会総裁に公爵徳川家達貴族院議長を迎えることも相談する程になった。この様に信頼を深め得たことの裏にはもう一つの見方ができる。原と水野子の皇室中心主義からの共鳴である。常々華族の社会的地位は皇室よりの恩恵といっている、華族を考えることは皇室を考えることであるとする一貫した理念があった。原の皇室中心主義は松本剛吉稿（大正十二年三月）に

「世の中には原氏を以て冷静なること氷の如き人となし、全然形式を離れた実質主義の人であると論ずるものもあるが、事苟も皇室のことゝなると非常に其趣が違って居たのである。聞く所に依ると、皇室に何か御催しがあって招待状や拝領物等を戴いた場合は、あの形式に拘はれ（因われ）ない人が、先づ之を神前に供へ、自ら拝跪した後でなければ家人をして之に手を触れしめなかったものである。事皇室に関する場合は総てが此有様で、其敬虔な態度は絶対に失ったことが無い。………」

と記している。

　この様に信頼を深めるにいたったが、一部では原のとった研究会懐柔策に幹部が乗せられたと評しているが、原の対研究会工作の成功であったことは確で、貴族院工作は自信が持てるようになったのである。原内閣はこの様に貴族院工作はすすんだが、一方社会経済界は各種の問題が起っていて、政府は勿論議会もこの問題に対処しなければならなかった。世界大戦は終り平和が来たことの喜びよりも、経済界の受けた打撃は大きく、財界の恐慌、株式の暴落などの社会不安は日益に増大し、困難な問題を担わされた。一方欧州に芽生えた社会主義思想が日本にも入り始め、それは革命的なものであった。元老の廃止、枢密院制度の廃止、華族制度の廃止から、貴族院改革、普通選挙、婦人参政、水平運動、農民運動などが唱えられ、社会を混乱に陥れる危険が感じられた。中でも普通選挙の実施への全国労働団体の大デモの展開や、学生運動が起り、政府はこの取締りに苦慮した。

第六章　研究会充実期（大正八年～十二年）

――議会主導力の発揮――

第一節　伯爵議員の研究会入会
―甲寅倶楽部との合併

伯爵議員団の離合　大正三年（一九一四）バルカンに起った事件は五ヵ年に及ぶ世界大戦となった。同七年十一月にオーストリアが降服し、続いてドイツ皇帝の退位があって漸く平和を迎えることができた。講和会議は同八年一月にパリーで開かれ、日本も戦勝国として参加、この時の首席全権には公爵西園寺公望、副使には男爵牧野伸顕が出席、平和条約の調印が行われたのは六月であった。日本は戦勝国としての恩恵は少なくなかったが、経済界は逆で、戦時の好景気に対し、戦後の経営は不安に対処して行かなければならなかった。

この様な激しい世相の動きに対応するかの如く、大正八年（一九一九）になるや貴族院の各派の間にはげしい議員の離合の動きが起っている。その中で大きな動きは伯爵議員団である甲寅倶楽部が解散し、全員が研究会に入会したことである。その結果研究会は貴族院における最大の会派となり、発展への基盤が固まったのである。

この頃の貴族院には数団の政治団体があって互に主義主張を持ち議会に臨んでいた。その頃研究会では堀田子と三島子の対立が起り、又政友会を排斥する態度を示したことなどがあったため、これらの行動に不満を持っていた伯爵議員にたいし、政友会系勅選議員の鮫島武之助、児玉淳一郎が働きかけたことにより、これらの伯爵議員は研究会を脱会し、更に研究会外の主として無所属の伯爵議員の参加を得て明治四十一年十二月十八日に新しく一二名によって扶桑会を設立した。

伯　島津忠亮　　伯　大村純雄　　伯　清閑寺経房　　伯　徳川達孝　　伯　吉井幸蔵

伯　松木宗隆　　伯　寺島誠一郎　　伯　柳沢保恵　　伯　広沢金次郎　　伯　大木遠吉
伯　柳原義光　　伯　松平頼寿

で、その後に川村鉄太郎、宗重望の両伯が入会している。設立の動機からして反研究会の態度を示していた。明治四十四年七月十日に互選有爵議員の改選（総選挙）が行われ、それによって扶桑会は伯爵七（内一名は脱会）、子爵五の合計一二名の議員が脱落し、残ったのは伯爵四、勅選一の四名となってしまった。この子爵五名は尚友会に入会していなかったために再選されなかったのであろう。そのため同年十二月に勅選議員の岩村兼善が交友倶楽部に入会したので扶桑会は解消し、四伯は辛亥倶楽部に参加した。

辛亥倶楽部は明治四十四年十二月二十二日に設立された。扶桑会の四伯と扶桑会を脱会した吉井、川村らと純無であった松浦厚、後藤猛太郎、島津忠麿、松平直之、奥平昌恭らの伯爵議員が参加し、その後入会者があり一五名となったが、その中には四名の研究会所属の伯爵議員が含まれている。この四名は伯爵議員としては当然団体結成の上からは参加しなければならないが、政治上の立場からして研究会とは切ることができなかった。辛亥倶楽部は反研究会団体である以上は無条件で入会はできない立場に置かれ苦慮している。伯爵団の大同結成が必要（議会における交渉権獲得など）であることから形式ではあったが辛亥倶楽部を大正三年六月三十日解散し、同日甲寅倶楽部を結成した。これにより反研究会の態度は解消したこととなった。この離合には単に伯爵団の立場での行動とは見られないものがある。それは原敬の対貴族院工作が裏面に動いている。原敬のいだいている構想は、互選議員はそれぞれの爵単位の会派とし、その各々を独立の形での大同団結させ、それを原敬は操従したかったのである。

甲寅倶楽部は結成され更に入会者獲得に尽力しているが、なお会員数は少なかった。大正七年末にはやっと一九名になった。しかし議院内での発言力は弱かった。

議会においては、団体態度に反対し、一人一党の形で臨むことは、例え論議の内容が優れていても、それは政治的力とはならない場合の方が多かった。多数会員によることの必要がありその目的で動き出したのが、男爵議員獲得で、この頃は茶話会に一九人、土曜会に八人、無所属に三八人の互選男爵議員が分れて存在していたからである。土曜会も研究会もこれを見のがさなかった。

公正会の設立

大正七年（一九一八）七月に有爵互選議員の総選挙（改選）が行われた後に、各会派に著しい動きが起った。前述の様に伯爵議員の離合や、諸団体の入会勧誘があった。中でも当選した男爵議員の獲得活動が目立った。勿論研究会もこの活動をつゞけているが、まだ成功しなかった。

この頃の男爵議員は、各自の政見、立場からの判断と結びつきで諸派に分かれて所属していて、その会派には勅選議員も入会していた。茶話会の男爵議員は一九人で、勅選議員は二六人あり、土曜会には男爵議員八人に勅選議員が一三人、無所属では男爵議員三七人にたいし勅選議員は一九人が所属していた。これらの会派内で両者の間における政見の相異など一致しない場合には不満が生じ、個々の意見や論議がいかに優れていても、男爵議員は勅選議員には押され勝であった。大隈内閣の時に起きた減債基金還元問題の時には、男爵議員は官僚系勅選議員に引き廻されている。これらの事から黒田長和、岩倉道倶、島津久賢らは、先輩の杉溪言長、長松篤棐、平野長祥らの中堅幹部に働きかけ、今後の七ヵ年間の任期において勅選議員らの党略的行為を排し、積極的に男爵議員としての政治活動を行うために、新鮮な感覚を持つ男爵議員による団体の結成を企画し、各会派に所属している男爵議員に呼びかけ、茶話会（一九名）土曜会及び無所属の有志三二名、純無からは一名計五二名によって大正八年（一九一九）六月五日公正会を設立した。〈公正〉は勅選議員らに見られる政略的態度を排除し不偏公平を目的としたことの表明で、この命名は船越男である。設立の趣意書には

「吾人茲ニ公正会ナル新団体ヲ組織シ、同志相携ヘテ事ヲ共ニセント欲スル所以ハ、大憲ノ精神ヲ奉承シ、皇室ニ対シテ忠良ノ至誠ヲ存シ、皎潔無私ナル言動ニ依リテ、真正ナル一致協同ヲ進メ専断ヲ排シテ事ヲ衆議ニ決シ、党弊情実ヲ超越シタル公正不偏ノ判断ニ頼リテ国政ヲ翼賛シ、以テ帝国憲政ノ精華ヲ発揚センコトヲ期スルニ在リ。聘カ素志ヲ陳テ本会創立ノ趣旨ヲ明ニス」とある。

各会派に属していた男爵議員は円満に退会の上公正会に参加し五三名となった。従来は各自の政見に基いて諸派に所属していたから研究会に対抗しようとしても一致できず、活動力は弱かったが、公正会の実現により男爵議員として貴族院における勢力は増大し安定した。研究会が政友会に接近していたのに対し、公正会は憲政会系であったから、研究会と公正会の対立は避けられないものがあった。

多年の念願であった男爵議員の大同団結がこゝに実現され、なおも入会を勧誘した結果、更に無所属から七名、土曜会からも七名の男爵議員が入会し同年末には六八名となった。そのため土曜会に残った会員は数名となって十一月十五日には解散と決った。土曜会の子爵松平乗承、男爵勅選小沢武雄、男爵真田幸世、多額佐藤伝兵衛の四議員は研究会に入会し、残った者（勅選）は無所属と合流し同成会を結成した。これによって貴族院は二大有爵議員団の並存と、二大勅選団の時代にはいった。

甲寅倶楽部と研究会の合併　新たに公正会が男爵議員を主体として結成したことは研究会には不安があった。はたして公正会は会の拡充のため、無所属や他会派の男爵議員の新入会を計り、更に伯爵議員の甲寅倶楽部と結ぼうとしていることが分った。その上侯爵議員との接近にも努めて、対研究会工作を進めていた。これを知った研究会は急拠甲寅倶楽部との合併を計画し、強力に話し合いを進めることゝなり、その交渉には青木、水野の両子を交渉の代表としてたてた。先方は小笠原長幹と大木遠吉の両伯であった。両団体が合併できたならば貴族院の六団体中で最も有力な政治会派となるし、貴族院の活動には大きい期待が持てることを力説し、説得に努めたが、一つ問題があった。それは合併後の政友会との関係であった。この事について両者がどういう話合をしたか知ることはできないが、前に述べたように、既に水野子と小笠原長幹伯の両名は原敬を五月十六日に訪問しているし、後のことではあるが大木伯は政友会内閣の司法大臣に就任していることと考え合せると、対政友会問題はこの時点で政治的判断として容認することで意見は一致したと見る。しかし研究会内にはこの合併交渉に反対者もあったり勅選議員では有松英義、伯爵団の中では児玉秀雄伯が強く反対している。この両名はいづれも山県の直系の官僚出であって、政党への接近を排し独立不偏を宣言すべしと要求した。しかしその要求は容れられず、合併は推進した。

どんな形式で合併を実現するのか、両者の立場を尊重しての大事業で、青木、水野両幹部は苦心した。先づ純無所属の侯爵徳川頼倫の出馬を願った。徳川侯はこれを受け入れただけでなく、自らすゝんで橋渡しの労をとる様になり、合併交渉に努力を惜しまなかった。要するに研究会の希望によって甲寅倶楽部を合併するのでもなく又甲寅倶楽部が研究会に併合を望んでのことでもなく、徳川頼倫侯の勧告によっての合併ということになった。徳川侯、研究会、甲寅倶楽部の三者の面目を立てることに成功した合併交渉であった。合併は八月十五日に実現し、それによって二侯、一八伯が更に侯爵徳川圀順（昭和四年十一月十八日公爵に陞爵）が入会し、合計二一名が会員となったから研究会は一一八名から一挙に一三九名となった。この時の貴族院議員は総数四〇五名であるからその三分の一以上を占めたことゝなった。入会者は

甲寅倶楽部より一八伯

松木宗隆	松浦　厚	寺島誠一郎	吉井幸蔵	柳沢保恵	広沢金次郎
大木遠吉	柳原義光	川村鉄太郎	副島道正	奥平昌恭	林博太郎
松平頼寿	小笠原長幹	松平直之	堀田正恒	児玉秀雄	勧修寺経雄

純無所属より三侯

徳川頼倫　蜂須賀正韶　徳川圀順

研究会は甲寅倶楽部の合併により大会派となったことは、今後の政界に又貴族院の立場にどんな変化が起るかについて種々の見方がなされた。

当時の世評にそれを求めて見ると（新聞より）

一、余計なことで、無意味だとするもの……従来伯爵議員団は理想論が多く、実行を考えなかったのが、研究会に入ったので無意味となり、会内での議論のみ多くなり、又時勢により分離が起ると……の悲観論があり、

二、既に年齢的にも円熟して来て、自覚をもって入会しているのだから空論などの心配はないとする……楽観論

三、大会派としての協調と外部からの妨害対策などには、余程の大人物による統率の才能を必要とするであろう。従来の様な是々非々では、無能議員となり、引いては有爵議員無用論ともなるし、向上発展を計り研究会内閣を作る位の決意が必要だが、それは望めるだろうか……と警告論があり

四、裏面に政友会ありといわれるようでは将来が心配である。事大主義を改め、消極的方針を一変して、政界の一大権威となってほしい。そして公正無私の立場において既成政党の横暴を牽制して、政界の空気を一新してほしい……と激励期待論

などがあった。これらの見方は、いづれも研究会の本質と今後にたいしての批判は誤ってはいないし、会のためのよき忠告でもあった。

今回の合併の意義は、貴族院の使命感から出ているといえよう。既にこの頃になると勅選議員の数が増加し、その多くが推薦時の政府にとって有利になる形で勅任されている嫌いが著しくなっていたし、貴族院の会派にも政党的色彩が目立つようになって来ている。その中に在って、真に公平の地位に立って政府と政策を督励し、監視するのは有爵議員の使命であるとの自覚の顕れでもあった。しかも三侯爵の入会があったから、研究会は団体の秩序、統制もとれることになり、活動の上からも整備された形となった。それがため各政党にとって、研究会の活動は一層脅威を増し、一般からは政党政治の廓清や、行き過ぎにたいする抑制に期待がよせられた。原敬もこの研究会には今後一層の接近工作をとることになるが、前記の小笠原、水野の原敬訪問からまだ三ヵ月しかたっていない。この合併の動きを原敬は早くから知っていたのではないか。今回の伯爵団の研究会に入会すること丶なったことを少しも驚いていない。その日記には予定の行動であると誌している。

甲寅倶楽部は研究会との合併を決定するため、八月十五日に華族会館において総会を開いた。公的にはこの日を以て決定した。この総会の席上で、徳川頼倫侯は特に発言を求め次の様に述べた。

「時勢の変転に伴い政治経済上にも、教育上にも、又社会思想の上にも、変調を呈し来れる秋に当り、貴族院の覚醒と華族の奮起との必要を痛切に感じるところがあったので、多年貴族院の大勢力なる研究会は、大英断を以て、在来の因襲を打破し、大いに門戸を開放して虚心担懐普く同感同志の士を糾合して、堅実なる結束の下に其の所信を実現し、以て益々国家に尽砕せんとするの誠意を披瀝せられ、不肖頼倫に対して入会を慫慂せられた。余も亦深く同会の意嚮を諒とし、霖雨欝陶の気晴れて、天空濶清爽の涼味を感じたるを以て、奮って同会に加入する事に決意したのである。希はくば同感の士、不肖頼倫と行動を一にせられ、協心戮力以て国民の進展と世界の文明に貢献せられんことを。」

この声明に示された様に、頼倫侯は自分の信念によって行動を起し、甲寅倶楽部の会員にたいし、この自分の行動を諒承して、行動を共にしてほしいとの態度を表明している。この行動が合併という大事業を円満に遂行させたのである。

大正会の解散　甲寅倶楽部は研究会と合併し、解散したことにより、伯爵議員選挙の推薦母体であった大正会も、同年（大正八年）十月六日に解散し、全員尚友会に入会した。これにより尚友会は伯子爵議員の選挙母体となり、昭和二十二年五月貴族院の消滅まで存続した。大正会員の入会により、尚友会の役員構成を改め、新たに幹事に川村鉄太郎、松浦厚、柳沢保恵、大木遠吉の四伯が就任した。解散した大正会の沿革を述べると、会の結成は甲寅倶楽部の設立に先きだつこと三ヵ月、大正三年三月である。設立の目的などは資料が得られないので明らかでないが、当時の伯爵議員によって設立されたものであった。大正三年六月三十日に辛亥倶楽部の解散と共に伯爵議員の選挙母体である伯爵同志会（明治四十一年設立）も解散したことから、この大正会が同年七月一日に選挙母体となった。それによって伯爵選挙権者が入会した。その工作には大隈重信伯が関係したようだ。幹事には大木、小笠原、柳沢、奥平、松平頼寿の五伯が選任された。大正八年十月の解散まで六ヵ年間伯爵議員選挙母体をなし、大正七年七月十日の総選挙にはその役割を果しているが、実状は明らかでない。解散時の会員は三八名で、全員が尚友会に入会した。

男爵議員協同会脱会　研究会に所属していた男爵議員九名は、大正八年九月男爵議員選挙母体である協同会を離脱して尚友会に入会した。伯爵団の尚友会入会に先き立つこと僅かに一ヵ月のことである。元来尚友会は子爵議員の選挙母体であるので、尚友会内に男爵部ができた形となった。その入会者は

男　藤堂高成　　男　沖原光孚　　男　神田乃武　　男　竹腰正己　　男　村上敬一郎

男　黒川幹太郎　　男　安藤直雄　　男　小早川四郎　　男　西村精一

この九男爵議員が何故協同会を脱会しなければならなかったのか、子爵議員の選挙母体である尚友会に入会することは奇異なことであるが、同年六月に新たに男爵議員による公正会なる会派が創立されたことからして、研究会に所属していたこの九名は、協同会には留まれなかったのであろう。協同会の内にも対立があったから、新しく男爵議院選出のための選挙母体を設立することを計画したものと考えられる。それが誰によって計画されたかは判明しないが村上男はその一人である。第二の談話会となるのか、或は単なる公正会への牽制のためであったのか。結果としては、協同会と尚友会との強い反目を生じる原因となり、延いては研究会と公正会の対立を一層強大にした。

研究会の役員拡充　研究会は今回侯、伯爵議員の入会により、役員の構成も改めることゝなり、八月三十日に新役員を選出した。それにより新たに侯爵一名、伯爵二名の常務委員が生れた。新常務委員は

侯爵　徳川頼倫　　伯爵　小笠原長幹　　伯爵　柳原義光　　子爵　青木信光　　子爵　酒井忠亮

子爵　京極高徳　　子爵　榎本武憲　　子爵　前田利定　　男爵　村上敬次郎

更に大正九年十二月十三日には研究会総会にて会則を改正し、新しく協議員制が設けられ、侯一、伯四、子九、男二、勅五、多三の割合で協議員を選任することゝなった。これにより大会派としての役員の構成も整った。この協議会は諮問に応じる形で、重要案件については協議会にはかり、その方針によって常務委員が執行機関となった。しかし協議会にはかるか否かは常務委員会が決めるのであるから、常務委員会が最高機関である。

物価調節警告　研究会は国民生活の安定のため物価調節策を政府にとり入れさせることを要求することゝなり、貴

族院の各派に呼びかけ、八年十月一日に研究会事務所において各派交渉会を開き、物価調節警告に関する件を決めた。その趣旨は

「政府は物価の昂騰に対し速に之が調節策を講じ、国民生活の安定を得せしむる様注意すべし」

というもので、これを覚書として、政府に提出することゝなった。従来反研究会の会派もこの様に協力し、貴族院の総意としての態度がとれたことにたいし、世評は大いに注目し、研究会のとった態度を高く評価し、研究会の覚醒と評した。この交渉会に出席した各派の代表は次の一八名である。

〔研究会〕　伯　柳原義光　伯　小笠原長幹　子　青木信光　子　前田利定　子　榎本武憲
　　　　　男　村上敬次郎　勅　加太邦憲　以上七名
〔公正会〕　男　阪本俊篤　男　阪谷芳郎　男　黒田長和　以上三名
〔茶話会〕　勅　浅田徳則　以上一名
〔交友倶楽部〕　勅　和田彦次郎　勅　室田義文　勅　河村譲三郎　以上三名
〔土曜会〕　勅　谷森真男　多　鎌田勝太郎　以上二名
〔無所属〕　勅　石黒五十二　勅　伊沢多喜男　以上二名

これら出席者はいづれもその会の代表者でもあったから貴族院の総意といわれる所以である。研究会は更に独自に物価調節問題の対策の研究を行うため、侯爵蜂須賀正韶ら二五名の委員を選任した。

大木遠吉伯の入閣　大木伯が原内閣の司法大臣として就任した時は、社会問題が多く起っていた大正九年（一九二〇）の五月十五日のことで、それまでは原首相の兼任であった。これは前年甲寅倶楽部と研究会との合併の際に徳川頼倫侯が原首相に大木伯を推薦していたことが実現したのである。しかし大木伯は親任式の後で華族会館における声明発表ではこれを否定し、今回の法相就任は、原首相からの一方的な中入れを受諾しなければならなかったとし、「余の入閣と研究会との関係については、徳川侯が研究会において述べた通り、研究会の主義方針を政府をして行わ

しむるに都合よしと信ずるが故に、就任を承諾した迄にて、決して研究会をして、政府の与党たらしめんとの考えに非ず」としている。研究会内では大木伯の入閣について反対する者も少なくなかった様で、松浦厚伯などは、大木伯の態度は研究会を無視したと難じている。結局大木伯の入閣は個人の資格によるのであって、研究会を代表したものにあらずと発表した。この声明でも分る通り、研究会の対政党関係は極めて微妙で判断しにくいが、研究会の幹部は、人間原敬との交渉をすゝめたのであって、政党は第二次的存在とする態度であったと考えると、はっきりして来る。

第二節　五校昇格問題と研究会
――研究会の仲裁活動

中橋文相不信任　大正十年（一九二一）一月二十五日第四四議会の貴族院において原内閣の文部大臣中橋徳五郎の学校昇格について所謂二枚舌事件が起った。この事件は原内閣の四大政綱の一つである教育の拡充政策の実施のため、特に中橋徳五郎を文相に迎えその実現を期した。当の中橋はその経歴からしては、文相にはふさわしくないとの世評を原敬は教育の拡充には適任として就任を請うている。これは原敬の行政上から政策実施に重点を置いた組閣人事であった。そして文相は東京及大阪に高等工業、盛岡と鹿児島には農林、秋田には鉱山専門の五校の昇格を発表した。処が臨時教育会議（大正六年九月設立・総裁子爵平田東助）に反対されたゝめ、五校の昇格に必要な経費（三ヵ年継続総額一一、六九二、三九三円）のうち大正十年度分を文部省予算に計上しなかったから、文相は五校昇格を声明しておきながら、その必要経費を計上しないのは文相の食言として各学校は攻撃した。所謂文相の二枚舌問題である。貴族院はこれを重く視て、先づ幸倶楽部の三派（公正、茶話、同成）は強硬な態度をとって、「学校紛糾の責任を負い文相は辞職すべき」であるとした。この三会派は憲政会系であったから政友会内閣にたいしては野党的であり、原内閣を攻撃する材料となった。幸倶楽部の集団ができていたことが役立ったし、幸倶楽部が設立されていなかったら、こんなに強い態度とはならなかったといえる。政府はこの攻撃を受け苦境に追い込まれ、急拠予算の組み換えを行い、五校の昇格のための追加予算を作って貴族院に提出した。しかし幸三派はこれを認めようとしなかったし、これに対して首相は貴族院のこの態度に抗議する姿勢を示したから、議会は険悪の状勢となった。更にこの政府の動きを見た研究会所属の憲政会系勅選議員も同調して倒閣運動として臨もうとした。この動勢を見た研究会幹部は、これを重く見て、これらの議員を説得して倒閣運動となることを押える一方、交友倶楽部と協議し、収拾策として「政府ハ宜シク之ニ関スル調査ヲ遂ゲ、速ニ解決ノ途ヲ講ゼラレンコトヲ望ム」とする建議案を提出することゝなった。建議案文は少し改め、後半を「速ニ適当ノ措置ヲ執ランコトヲ望ム」と改め〈高等学校ニ関スル建議案〉として上程した。この提案には研究会の子爵前田利定が提案者を代表して趣旨の説明を行った。その発言の中に「この建議案は、学界の紛糾に善処されんことを要望するものである。昇格案を出せというのでもなく、また出すなというのでもない。信ずるところによって進退せよ、換言すれば、政府は学校を昇格させるのか、させないのか、追加案を出すのか、出さないのか、その一つを選び、将来紛糾の根を断てというのである。腹を切れといって匕首を突きつけるのではない。文部大臣の弾劾を目的とするのでもない。ただ学界の風雲を一掃されんことを望むものである」と述べ、採決の結果可決した。この建議案は院の内外に起きた政府並びに議会に対しての強い攻撃を持っていた派の意向を生かし、一方では政府を窮地に追い込まないよう、しかも婉曲に政府自身によって解決の途を拓くよう警告をしたもので、前田子ら研究会の苦心が窺われる。この建議案の成立によって、今回の文相問題を一段落させたことは、研究会の主導的努力が示されたことゝなる。しかし研究会内の一部の強硬派はこの建議案では納得せず、会内の官僚系勅選議員の岡田良平らの強硬派は、文相弾劾案の上程を計画するにいたった。研究会幹部はこれにたいし、若し弾劾案の上程を強行するなら除名するもやむを得ないとの態度を決めるにいたったので再び紛糾が起る気配となった。これを患えた貴族院各派交渉会でも事態収拾のため協議したが纏まらなかった。このまゝでは今後の成行の如何によっては内閣の前途にも重大な影響があるので、研究会はその対策を協議するための総会を開き、その結果首相と文相とに改めて昇格問題の不手際を陳謝させ解決へと持って行くことを決めた。しかしこの幹部の努力にも拘らず、研究会内の強硬派であった岡田良平、伯爵松浦厚らは同じ強硬派である幸三派と連繋して〈風教ニ関スル決議案〉を十年三月九日に提出した。提案者は公爵徳川慶久の他八名で、その中には侯爵細川護立、子爵藤波言忠、男爵船越光之丞、男爵阪谷芳郎、江木千之、仲小路廉、福原鐐二郎、藤田四郎らの名が挙っている。しかし研究会の硬派は、茶話会の勅選の歩調が乱れたためこれには参加しなかったからこの中には研究会員の名はない。当然研究会主流派はこの決議案を受け入れず、総会の決定にもとづいて阻止する方針であった。決議案は十一日に上程となった。

「近時、文部当局ノ言動ニ因リ、教育界ノ風紀弛廃ヲ致シ、延イテ一般ノ道徳ニ悪影響ヲ及スニ至リタルハ、邦家ノタメ憂慮ニ椹ヘス、政府ハ速ニ責任ヲ明ニシ、風紀ヲ粛正スヘキモノト認ム

右決議ス。」

とある。これについて原首相は本会議で

「学校紛糾問題に就いては成るべく早く解決する事を希望し、大体に実行案を定め、教育調査委員会に諮問して提出し、又風紀問題は従来とも懈らない処であるが、将来一層注意し、各部属にも戒飾を与うるつもりであります」

と述べた。又中橋文相は

「学校騒動の事は数年前より連続せるものに相違なきも、最近文部当局に於て計画中の一部が他に漏洩し、之がため一層の紛糾を重ねるに至ったのは、官紀上注意の至らなかった点もあります。今後私に於ても十分注意し、部下にも注意を加うる覚悟であります」と陳謝した。討論採決を行った。決議案に反対討論には研究会の子爵前田利定が立ち、伯爵林博太郎、交友倶楽部の鎌田栄吉は前田子の論に賛成した。一方決議案に賛成として江木千之（同成会）が立ち仲小路廉（無所属）、男爵藤村義朗（公正会）がこれに賛成した。記名投票によって採決した結果（青票）一六四対（白票）一二六で三八票の差で研究会の方針通り否決となり成立を防ぎ止めた。徳川議長は採決の結果の報告の中で「三八ノ多数」と述べられたのは意味深いが皮肉にもとれる。この様な結果を見たので内閣は文相の罷免をせずにすんだこととなり、原内閣と政友会とは、研究会によって救われたのである。原首相が常々貴族院対策として研究会を重く見、研究会の首脳もこれに答え、尽力した結果の顕われである。最初文相問題が紛糾した時、政友会の幹部である小川平吉、岡崎邦輔、奥繁三郎らは、貴族院の空気を察して、中橋文相を罷めさせても原内閣を救う

手段を考えて首相に進言したが、首相は応じなかった。この事を考えると原と研究会との間の信頼は外からは想像し得ない程の深いものがあったことになる。

この頃水野子は病気を理由に大正六年六月五日に貴族院議員を辞して、母堂の住居のある鎌倉西御門の高松寺（新宮藩水野家菩提寺）の境内に隠遁していた。中橋文相問題の時には原首相は自ら何度もこの家を訪問し、誠意を示すと共に対策を相談している。これは見方をかえれば前田蓮山のいう「原は貴族院を縦断して、二院制度を一院的に運用」する手段としての行動とも評される。その後衆議院においても内閣不信任の〈文相ノ責任ニ関スル件〉が上程されたが否決となった。

決議案　今回否決となった決議案について述べる。貴族院において法規で認めている決議案は、貴族院令第五条第三項、決算議定細則第九条で決算委員会（大正十四年五月一日改正）により「前項ノ議決ニカヽル規則ハ貴族院ニオイテ之ヲ議定シ上奏シテ裁可ヲ請フヘシ」とあるのに当てはまる。決議案は動議の一種と見ているから法規には明記はない。しかし決算議定細則の第九条には、決算委員会が違法又は不当の収支に付決議案を具えて議長に報告することができることの二つだけである。手続は貴族院規則第六九条に規定されている。いかなる会議体であっても、その意思を表明決議することができるとするのが通念である。

議院の決議はその意思を社会に公表することが主たる目的であるから、従って決議を法規上その法的効力は発生しないことの方が多い。

しかるに不信任決議案が可決された場合は政治的に発展することがある。議員にたいしては法的効力の発生する決議案として提出されると議長を経て議院の会議において出席議員三分の二以上の多数で決議案が可決した場合は上奏勅裁を請い裁可あれば議員の身分を失う法的効力を生むことゝなる。しかしこの種の決議案は提出された例はない。

ワシントン会議と徳川公　世界大戦がドイツの降服によって終り平和となった。今後再び戦争の起らない様にと国際連盟が成立したが、更にアメリカ大統領の提案で世界平和の維持のため軍備の制限を話し合うためワシントン軍縮会議の開催が決まり、日本も参加することゝなった。これには太平洋の平和問題が挙げられ、日本の海軍力の制限が一つの目的となっていた。この会議の全権に徳川家達公が決った（海軍は加藤友三郎大将）。徳川公に決定したことについては、当然原首相の奏薦であったことは確かであるが、こゝにいたる経緯は研究会の幹部が徳川公を推挙したことに始まるので、これは原と研究会との信頼を示したものといえよう。比留間安次（水野子秘書）は「この徳川公を全権に引き出したのは水野子であった。原敬に向って徳川公を推薦した。先づ鵜沼の徳川頼倫侯を訪問している。水野子の出た新宮藩は紀州侯の付家老であった関係で、常々直子は紀州侯を尊敬していた。この頼倫侯を表にたゝせての運動行動であった」と（昭和四十九年一月十六日談）。これについては別に証拠などは残ってはいない。しかし原との信頼の一例である。徳川公が全権に決ったことは評判はよくなかった。当時今さら大名華族の出る幕ではないとしていた。しかるに会議（同年十二月十三日に調印された）が終って帰国してから分ったことは、公の社交の上で、純粋な英国英語の優れた語学力と華族の社会上の地位の点から相手方に大へん好感を与え敬意を払うようになり、会議で日本には大へん幸せであったことが分った。加藤全権も優れた存在ではあったが、徳川公に負う所が多かったことを述懐している。

第三節　勅選議員の研究会脱会

――新団体の結成

揉みに揉んだ文相問責の問題は、決議案が否決されたことによって決着した。敗れた幸三派の議員は幸倶楽部に引き上げ協議している。当時の新聞には「憲政会系の国民大会が開かれ、（貴族院における）決議案否決を不都合として、七〇〇余名は大会終了後に「研究会」へとさけび、研究会事務所へと向ったが、事務所は警官二〇〇余名で固めて動かず、この備えに諦めた群衆の足並は幸倶楽部事務所へ」とあり（大阪朝日）検束者続出したとある。余程決議案否決は憲政会系の国民一般には不満であったようだ。研究会の強硬派の不満も解消せず、要求が容れられなかった反幹部派の議員一〇名は、決議案が否決された翌三月十一日に研究会を脱会した。

松室　致、北条時敬、岡田良平、上山満之進、阪本釤之助、田所美治、平井晴二郎の七名の勅選議員と

男　沖原光孚、　男　西村精一、男　藤井包総

で、本会議の投票で何れも白票（議案に賛成）を投じている。但し平井は当日欠席した。その他多額議員の橋本辰次郎が白票を入れた。今回の多数の脱会者が出たことは、今まで研究会が会員の増加によって、有力会派とせんと育て〻来たことからすれば、減員であるから遺憾なことであった。しかし一面から見れば会内の反幹部派であり官僚と政府との繋がりの深い勅選議員の退会は有爵議員の反省と活動にはよい機会となった。退会者を一〇名で止めることができたのは幹部の努力のあらわれである。

無所属団の結成　脱会した一〇名のその後の行動が注目されていた。彼等は非政友会系の同成会の会員と計り、新

団体を結成する計画をすゝめているが、その団体の性格が余りにも強い反政府、反研究会色であったゝめ纏まらなかった。そのうち細川護立、佐佐木行忠の両侯が中心となり、各派に属していない公、侯、伯、子、男に呼びかけ、新団体結成が推進されていたので、脱会の一〇名も全員これに参加しこゝによって二五名となったので、大正十年十二月十五日に無所属団として議会事務局に届出、各派交渉団体の資格を得た。その後に新たに四名が入会したが、この会が反政府的性格が濃いことから四名の脱会者が出ている。最も注目され入会すると見られていた近衛文麿公は遂に参加しなかったことは一般は意外としている。

同年十二月末までの会員は次の通り

公　徳川慶久　公　伊藤博邦　公　二条厚基　侯　鍋島直映　侯　徳川圀順　侯　細川護立

侯　木戸幸一　侯　佐竹義春　侯　佐佐木行忠　侯　久我常通　侯　中山輔親　子　加藤高明

子　藤波言忠　男　沖原光孚　男　西村精一　男　藤井包総　勅　松室　致　勅　平井晴二郎

勅　北条時敬　勅　岡田良平　勅　上山満之進　勅　田所美治　勅　豊岡帯刀　勅　阪本釤之助

勅　渡　正元

第二次入会者

男勅　目賀田種太郎　勅　永田秀次郎　男　黒田長和　男　岩倉道倶

脱会者

公　伊藤博邦　公　二条厚基　侯　佐竹義春　侯　中山輔親

この結果第四五議会の召集日の貴族院各派の会員数は次の通りである。

研究会　一三九　公正会　六三　茶話会　四三　交友倶楽部　四一

同成会　二七　無所属　二五　純無所属　五五

第四節　高橋是清内閣と研究会
――高橋是清の貴族院観

第四四議会において文相問題について、研究会が示した政府支持の態度は堅持されている。そのために反対を唱えていた強硬派の会員が脱会する結果となったが、研究会はすべての政策についてこの様な政府支持一辺倒ではなかった。大会派としての見識は失わず、又貴族院の立場を理解し、その判断の下での行動であった。社会政策的な意味のある借地借家法は会としては大論争の末、修正して衆議院の同意をとって成立させ、米穀法についても同様であった。しかし政府は研究会にたいしては手を尽し、研究会としても首脳部は政府にたいしよき理解者でもあった。この状勢を見た一般は、研究会の行動はその伝統である是々非々を捨てているとし、又曽ては敵視していた政友会への接近で節操を失っているなどと批評した。これまでに会の首脳部が政友会を支持する態度をとったのは、政友会ではなかった。一つに原敬にたいする厚い信頼と人物にあったのであって、彼の経綸と貴族院への期待がこの結果となったと見る。こうしてくると原内閣の前途は政局の安定とともに続き、国家の発展の上にも大きな期待が持たれたのであった。

高橋内閣の成立　しかるに大正十年（一九二一）十一月四日原首相は不慮の死をとげた。同日午後七時二十四分、関西へ出発するため東京駅改札口の南口駅長室からドーム中央にさしかゝった時中岡良一の兇刀に殪れた。期待されていた近代の大政治家を失ったことで国家の損失は大きく、今後の貴族院との関係において、殊に研究会の幹部は不安をいだいた。それよりも、原敬との間には将来に大きな計画が樹てられ進められていたらしく、幹部はひどく落胆の様子であった。

原首相の急逝により翌五日に閣員は全員辞表を提出した。後継内閣の首班には原内閣の大蔵大臣であった子爵高橋是清（大正九年九月七日授爵）が奏薦された。高橋子は又政友会総裁にも推戴された。新内閣は

内閣総理大臣　子爵　高橋是清
　兼大蔵大臣
内務大臣　床次竹二郎
外務大臣　伯爵　内田康哉
陸軍大臣　山梨半造
海軍大臣　男爵　加藤友三郎
司法大臣　伯爵　大木遠吉
文部大臣　中橋徳五郎
農商務大臣　山本達雄
逓信大臣　野田卯太郎
鉄道大臣　元田　肇
内閣書記官長　三土忠造
法制局長官　横田千之助

で、首相以外は原内閣の各大臣の留任で政友会延長内閣であったが、高橋首相の貴族院対策は極めて冷淡で、むしろ軽視の態度を示し、前議会で中橋文相の辞職問題が研究会の努力によって防げたことも、約束されていた五校昇格に要する十一年度予算も計上しなかった。これについて中橋文相はその職責から、予算に計上することを首相に強く要求し、もし計上しなかったら第四五議会は難行するとさえ申し入れている。しかし首相は「昇格問題は原敬と中橋文相との間にとり交わされたことで、正式に閣議にかけられたものではないから、新内閣は責任を負えない。新内閣は

他に重要な政策を行わねばならない」といって認めなかった。しかも若しその責任があるのならば、文相自身で解決したらよいとの方針をとったと高橋首相が自ら貴族院予算総会で言明したから、政府内の対立が暴露されたばかりでなく、貴族院との前議会での約束を軽視したとして強い不満を示し、殊に研究会は、前議会で政府のために努力していたから硬化した。その空気を見た政府はやむなく追加予算として三月五日に提出したが、貴族院はこれを姑息な手段として非難し、中橋文相も首相への不満から議会に出席しなくなった。会期も少なくなって成立が危ぶまれていた矢先、研究会を脱会した勅選議員岡田良平は審議未了を企て、予算総会で午後二時から八時間に及ぶ長時間の質問を行って予算成立を妨害した。研究会はこれは教育問題であるので、成立に努力し、会期の一日延長を申し入れたが、政府はとりあげず、研究会の誠意は無視されたから政府にたいする反感は益々強まり、会の中では政友会及び政友会内閣にたいし反抗的な動きとなり、幹部にたいし原内閣以前の是々非々に戻ることを強く主張した。これにたいし幹部である青木子、前田子らは、なお政友会に協力的態度をもって臨み、政府を窮地に追い込む考えは示さなかった。これが後になって青木子が孤立する遠因となる。この様に研究会は政友会に接近を崩さなかったが、一方幸三派は憲政会系であったから、貴族院において両者は対立した。たゞ前議会での学校昇格問題では意見が一致していたものが今回再び反目となった。

綱紀粛正建議案　この反目が第四五議会において二つの建議案となって現われた。憲政会系である公正会、同成会、茶話会、無所属の所謂幸無四派は協議し、高橋首相の言明や、文相の態度を批難する〈綱紀粛正に関する建議案〉を作成して各派交渉会に提出して研究会にも同調を求めた。勿論研究会はこれには賛同しなかったから全会派の共同とはならずに提出した。しかるに研究会はこれとは別に単独で綱紀粛正建議案を作成して提出したので、この二つの建議案は同じ三月二十二日に上程となった。

幸無四派の建議案は

第四四回帝国議会貴族院予算委員会ハ時弊ニ鑑ミ綱紀粛正ノ緊急ナルヲ認メ政府ニ対シ切ニ勧告スル所アリ、然ルニ爾来政府ノ施設スル所殆ント見ルヘキモノナク、綱紀ノ弛廃益々甚シキヲ加フルノ情況依然タリ、貴族院ハ国家ノ為深憂措ク能ハス　当局ノ所為ニ付テハ断シテ満足スルコトヲ得ス　政府ハ速ニ適切ノ措置ヲ執ルヘシ

　右建議ス

というもので、三月二十日侯爵佐佐木行忠外三名の議員から提出し、二十二日の本会議で男爵阪谷芳郎の趣旨説明があった。同男は「この建議案は決して政府を不信任すると云う意味で申すのではありませぬ。併し局面展開が或は最も良き一つの綱紀粛正の手段であるかとも思われる……」と述べてはいるが、その中には政府の施策に反対し、政府弾劾の意が充分に察せられるものである。この建議案にたいし研究会の伯爵松平頼寿は会を代表して反対討論をして、「綱紀粛正の目的は一つなりと雖も、吾人はその出発点並びにその意義において同じからず、これに反対せざるを得ないことを遺憾とす」と発言し、仲小路廉、上山満之進の賛成討論があり、高橋首相が政府の所見を述べた後、採決に入り、賛成一〇一、反対一六一で六〇票の差で否決となった。つゞいて研究会提出の建議案が上程された。その建議案は

第四四回帝国議会ニオイテ貴族院予算委員会ハ時弊矯正ノ必要ヲミトメ、ソノ意ヲ政府ニ伝エタ。爾来政府ノ施策ハイマダ所期ノ効果ヲミルニイタラナイノハ甚ダ遺憾デアル。政府ハ鋭意綱紀粛正ノ実ヲアゲルコトヲ望ム。

右建議スル。

で、この提案趣旨説明を子爵前田利定が行った。討論に入り、子爵渡辺千冬、男爵池田長康、勅選江木千之と鎌田栄吉が賛成論を述べ、勅選の西久保弘道が反対論を行った。勿論高橋首相はこの建議案についても所見を述べた。採決の結果は二二三対二の絶対多数でこの研究会提出の建議案を可決した。

今この二つの建議案を比較して見ると、内容には大差はなく、たゞ前者は弾劾の意味が裏に含まれているのにたいし、研究会案は警告に止まっていて、この研究会案は表現がやゝ緩和されているに過ぎない。研究会案が可決されたのには茶話会が賛成に廻ったことにもよるが、研究会の絶対さを示したものであるとゝもに、貴族院に見られる伝統

の一つである妥協のあらわれでもあり、華族議員の中にある穏健さが感じられる。

この綱紀粛正問題の起ったのは前述の通りであるが、もう少し当時の模様を述べると、この問題は最初は貴族院予算分科会で起っている。我が国の経済力に比して軍事予算が過大で、約半分を占めていて、そのため歳出の激増によって、国民の生活は圧迫される恐れがある。しかるに政府は軍部の圧力に屈しての予算編成をしたと見られることが問題となった。第二は前議会で五校昇格に要する予算を計上すると約束していながら、これを無視している。高橋首相と中橋文相との対立から文相は予算総会を無断で欠席していることは大臣の職務の放棄であり、貴族院を無視した行為であるとした。その他に政党の弊である利権問題が明るみに出るなどからして、貴族院の反政府観となりこの建議案となったのである。研究会提出の建議案は二十四日に可決したから、翌日から昇格予算の審議にはいるのであるが会期がなく、三月二十五日に閉院式となり、この予算は遂に審議未了になってしまった。政府は勿論、当の五校の失望は大きく、当事校や先輩の不満の談話が新聞紙面を埋めている。

放火事件　大正十一年（一九二二）三月十五日に新桜田町の研究会事務所に放火事件が起った。この日は研究会は総会を開き昇格に要する予算問題の協議があった。その日の夜半一〇時五〇分頃に事務所の板べいが燃えだした。これは何者かにより石油を注いでの放火で、消防車数台の出動により本館への類焼は免れ消し止めた。その後に犯人五名が逮捕されたが、何れも学生を含む青年で、憲政会の院外団との関係があったと新聞は報道した。その取調べで、自分らは五校昇格問題で研究会にたいし、反省させるためだったと述べている。研究会として政党との関係にはもっと責任のある態度をとる必要があった。追加予算が提出された時にすばやく成立させるべきであった。それ程五校昇格問題は教育への関心事であった。

第五節　近衛公研究会へ入会
——近衛公の魅力

近衛公予算委員就任　中橋文相問題から研究会を脱会した勅選議員の一派は、その後公侯爵議員に接近して、新たに貴族院に交渉団体を結成すべく働きかけた。その結果二五名の会員による第二次の無所属団が発足（第一次は明治三十一年十二月に勅選議員松平正直、高橋新吉らによって結成）した。その際一般では当然近衛文麿公も入会するものと見ていたが、近衛公は入会しなかったし、侯爵小村欣一も不参加であった。更に一度入会した公爵二条厚基、公爵伊藤博邦、侯爵佐竹義春、侯爵中山輔親の四名が脱会したから、この新団体の発足は決して順調ではなかった。何故この四名が脱会したのか明確ではないが、研究会脱会の勅選議員が中心であったから、反研究会であり憲政会色が強く有爵議員は同調できなかったのであろう。近衛公が不参加であったことは研究会脱会組には近衛公に裏切られたことを不満としていた。新しい無所属団にこの様な問題があった他に、公と研究会との間に何等かの話し合いが行われていたとの見方がある。それが表面に出たのが近衛公の予算委員選任なのである。新無所属団の発足後十日目の大正十年十二月二十五日に開かれた貴族院各派交渉会の席で、予算委員を割当てるに当り、研究会の青木信光子が純無所属からも出してよいではないかと発言した。これは交渉団体以外からは出さないとする各派交渉会の申し合せに反することであったから、賛否両論があり纏まらなかった。その時研究会の幹部前田利定子が第二案として、研究会の割当分の内の一人を純無に廻し、研究会は一名減となってよいと提案し、これが賛成を得た。しかし公正会はおさまらず、それでは研究会は純無所属に恩を売る行為であると反対したが、結局この前田子の第二案が認められて、純無から一人、即ち近衛公を選任することゝなった。選任は十二月二十七日に行われた。

近衛公仮議長に指名　大正十年十二月二十四日第四五議会開会の時、予期しない事が起った。公爵徳川家達議長はワシントン会議に全権として出席のため渡米中であるので不在中は侯爵黒田長成副議長により開会され、仮議長には侯爵蜂須賀正韶が推挙されていた。しかるに蜂須賀仮議長はこの時急病のため登院ができなくなってしまったので、本会議を開き後任の選出を図った処、茶話会の勅選議員浅田徳則の動議で近遠文麿公が仮議長に指名された。この時近衛公はまだ三十一才の若さであって、しかも会派には所属していなかった。慣例では大会派所属の有爵議員が指名されるのであるのに研究会には何等の連絡もなかった。しかし大会派である研究会は近衛公の指名には異議も反対もしていない。世評は研究会の策謀といい、新聞にも同様な記事が出た。これは単に研究会の問題とせず、貴族院として、将来は議長としての信望によって、円満に実現したものと見るべきで、原敬も生前近衛公の人物には期待し、若し近衛公と研究会が結ばれたならば、貴族院における研究会の勢力は絶大なものとなると見ていた。今回の指名はその第一歩である。この事は政友会とは切ることのできない関係にある西園寺公が、政友会の前途を考えて、近衛公と研究会の接近を望んで企図したのであろう、或いは近衛公の人物に期待する西園寺公と研究会幹部との期せずして同じ考えとなっての行動であったのか、その何れにも結ばれる。何れにしても、今回の近衛公の仮議長の実現は注目される。

近衛公研究会へ入会　近衛公の今後については色々と憶測されるが、具体的になったのが近衛公の研究会への入会である。大正十一年九月二十七日に公爵二条厚基、侯爵中山輔親との三名は研究会に入会した。近衛公と研究会との接近は既に色々の形で現われていた。その主流には西園寺公―水野直子―近衛公の連なりがあった。大正十一年五月十六日に子が興津に西園寺公を訪問（水野日記）、その時に西園寺公の意を汲みとったのである。公の立場はむしろ孤独とされていて「西園寺公はそれも念頭にあったので水野子に何等かの表明があったと推測できる」（大乗の政治家水野直一二八頁）当時（大正九年六月から同十一年十月の間）水野直子は議員を辞して鎌倉に閑居していた。近衛公と面識を持ったのはこの頃に始まるので、近衛公は「私か水野君にお目にかゝったのは余り古くはないのです。水野君が政界から暫く引退して鎌倉に居られて、二度目に議員になるというちょっと前でした」（水野直子を語る・昭和五年三月十九日）とある。

公が研究会へ入会したことを単純に研究会の一会員に満足しての入会と見ることはできない。公は早くから独自で政治理念を持っていたことは自他共に認める処である。一方研究会は貴族院において七割を占める会員数を持ち、幹部の統制下の団体行動をとっているのであるから、公の考えとは相容れないものがある筈であり、公もそれを知っていての入会と見なければならないから、むしろこれを研究会の弊とし廓清しようと考えての入会と見るべきで、研究会にとっては安易に考えての入会歓迎とはならない筈である。当時の世評（二六新聞の九月二十七日号）には

「研究会が貴族院において絶対勢力を持ち、政友会に接近したことを（近衛公は）不健全なものと評していたにも拘わらず、入会したことは今後の貴族院の刷新のために正義派を失い絶大なる損失」と論じ、近衛公の政治理論が崩れたとの見方を述べている。しかし近衛公は今回の入会した理由とし次の点を明らかにし、貴族院の民衆化に努力したいと表明している（近衛文麿上　一一八頁）

一、政治的理想を実現するためには多数と協力する必要がある。

二、貴族院としては穏健中正の態度が必要であるが、研究会の従来の態度が比較的この理想に近いと思う。

三、公侯爵が従来とって来た超然たる態度を脱して、政治的意義のある活動をするには、政治的訓練のある比較的多数の会員のいる会派に席をおく要がある。

四、時事問題の研究に便宜が多い。

この声明は単に公個人の問題を表明しているものではなく貴族院のあり方にも触れ、公の研究会観でもある。第一の点は政治は一人一党の理想論ではできないことを認めての内容で、或る程度の統制も必要であると考えている。第二の点は二院制度の意義を考えての判断であって、政党的攻略や、背景につながる様であってはならないとするもの

である。研究会には問題が多くあるが、慎重協議しての行動なのであるから、その点で一貫した一辺倒ではないことを認めている。第三の点は世襲議員がとかく政治にたいして安易な態度になりがちであることを戒め、自らもそれを実行しようとしている。第四の点は研究会がかなり政務審査に研究調査に熱心であることを認めているもので、何れもよき貴族院議員への助言である。これらにより近衛公の政治への動きは積極的で、貴族院の在り方と自己の責務についての考えが固まって来ていることが分る。

近衛公の入会について研究会側にはもう一つの理由があった。兼ねてより研究会が大会派へと発展して行くについて、総裁を置くべきであるとの意見が会内にあった。その人選には、最初は西園寺公を、その後徳川家達公をと望んだが何れも不可能となっていたから今回の近衛公の入会は政治活動としての期待ばかりではなく、やがて二年後か三年後には近衛公を総裁に迎えることの希望を深めていた。それを希望し、公に期待していたのは松本日誌によると酒井忠正伯、小笠原長幹伯、伊東二郎丸子、水野直子であった。更に大正十三年十一月一日には

「……然れども予は人格及び其性行の崇高なる近衛公を三年を待たずして、研究会の総裁に載くことの可能性あるを確信せり」

と松本剛吉自らも敬意を払っている。

十一会　近衛公が研究会に入会して間もない大正十一年十一月に〈十一会〉が発足した。公もそのメンバーに加わり、時局問題について語り、又聞く機会ができた。参会者は不定ではあったが近衛公の他に木戸侯、原田男、岡部子、酒井伯、黒木伯、佐佐木侯、織田子らが常連であった。十一会については尚友倶楽部の岡部長景理事長は次の様に説明した。

「大正十一年十一月十一日初めて木戸君（幸一侯）の家に集まったのでこの会を十一会と名付けた。そこでは木戸夫人の料理でお嬢さんのお給仕による夕食の会であった。集まったのは近衛、松平康昌（侯）、佐佐木（行忠侯）、黒木（三次伯）、酒井（忠正伯）、松平康春（子）、織田（信恒子）、裏松（友光子）、原田（熊雄）君と木戸君らで

大体一一名程であった。別に目的があっての会合ではなく、会の内容も単なる夕食の場であった。その集まった顔ぶれからして、佐佐木、黒木、裏松の三君をのぞけば、あとはいづれも京都大学の仲間で、一緒に京都で下宿をしていた連中の集りであった。何れも当時としては若手の議員であったので、集まっては互に社会、政治問題を話し合い、時には有力な人を招いて話を聞くなどして啓蒙に役立たせたものである」と。

近衛公の貴族院観 近衛公の政治にたいする考え方はこれらの事からして単なる地位だけの世襲公爵議員に甘んじることかく、積極的に政治家としての活動に飛び込んで行く決意を持っていたことがうかがわれる。曽て中橋文相問題の時に公は、貴族院をして無暗に政府を弾劾してはならないと、むしろ弾劾に反対している。真に起つべき時は衆議院の行き過ぎにたいして起つべきである。立憲政治は官僚軍閥の力を駆逐することであるとして、原内閣を賞賛し、暗に文相問責の時の研究会のとった政府をかばった態度に賛意を示している。

第六節　親和会問題
——研究会と男爵議員

高橋内閣総辞職　大正十年（一九二一）十二月召集の第四四議会に臨んだ高橋内閣は、原首相の急逝という不慮の事件の直後であったことであり、第三代政友会総裁に就任し、衆議院において二八〇余名の党員を与党として持ち絶対の強力政府であるが、官僚出身であったことと、政友会の政策が統一を欠いていたゝめに、高橋総裁は統理することが難しくなり、一方貴族院においても信頼を失っていたから、議会運営は難航し、重要法案は審議未了となり、本予算だけをようやく通過成立し得た程であった。議会終了後内閣の改造を断行せんとしたが、政友会内部に意志の隔絶があり、研究会では密かに床次内閣樹立を画したから、円滑に改造は進まなかった。その間のことが水野直日記に次の様に記してある。

「小伯（小笠原長幹伯）中心ニ於テ改造内閣又ハ床次内閣等ニ干スル政策ヲ立テル必要ヲ力説ス……市来乙彦氏訪問　中橋床次両氏会合ノ件ニ付依頼アリ、研究会トシテハ此ノ内閣明渡ノ議得策トスル趣キナリ

（大正十一年四月二十八日）

「午前十一時小伯邸会合

小伯高橋首相訪問セシ時先日閣議ニ於テ元田、中橋両大臣共ニ留任ハ　到底平和ノ道ナシ　辞職カ免職カノ外ナシ（后ニ首相ヨリ洋行デモセヨトノ言語アリシ由）後継内閣ハ政友会ヲ基礎ト為シタルト　初メハ首相ヨリ言ヒ出スコト却テ如何ト思ヒ　政友会総務ニ於テ取扱フベシトノコトナリシ為メ　此始末ニ至レリト　到底此ノ両人ト政務

ヲ為シ得ズト」
「岡（喜七郎）氏ヨリ政友会ノ統一ハ両大臣ニ依頼シ研究会ニヨリ仲裁ノ件如何ノ申込アリ」
「研究会事務所ニ中川（良長）男訪問　同男ノ意見ハ床次内閣設立ノ希望ナリ」
（同五月四日）

高橋首相は研究会に政友会内の融和を依頼したり、徳川頼倫侯に仲裁を求めたり（水野直日記）している。結局解決とはならず、中橋文相、元田鉄相に辞表の提出を求めたが、応ぜす、却って抗議的態度に出たので、高橋首相は内閣改造を諦め、六月六日に総辞職となった。

加藤（友三郎）内閣の成立　高橋内閣は半年で崩れ、後継首班には平田東助男、徳川家達公、清浦奎吾子、加藤高明子の名が出ていたが、松方、西園寺両元老の奏薦により、海軍大将男爵加藤友三郎に組閣の勅命が下った（大正九年九月七日授爵）。加藤男は日本海海戦の軍功があり、今回のワシントン会議における政治手腕が認められたことによるのであった。組閣については、先づ政友会の支援を求めたが、政友会は既に高橋内閣の後継内閣は自分らの方に勅命があると予期して、政友会内閣を密かに準備していたから、今回その期待が外れたことを不満としていて、加藤友三郎内閣には大臣を出さないことゝしたため、政友会との連立内閣は望めなくなり、方針を変えて貴族院に向け、研究会と交友倶楽部に協力を求めた。その結果閣僚は次の通りとなった。世に超然内閣或は貴族院内閣と呼ばれた。この組閣には研究会の子爵黒田清輝、同榎本武憲と政友会の床次竹二郎の三者が活躍し、大正十一年六月十二日に組閣を完了した。

内閣総理大臣　男爵　加藤友三郎
外務大臣　伯爵　内田康哉
内務大臣　水野錬太郎（交友）
大蔵大臣　市来乙彦（研究会）

陸軍大臣　　　　　　　山梨半造
海軍大臣（首相兼任）
司法大臣　　　　　　　岡野敬次郎（交友）
文部大臣　　　　　　　鎌田栄吉（交友）
農商務大臣　　　　　　荒井賢太郎（研究会）
逓信大臣　　　子爵　　前田利定（研究会）
鉄道大臣　　　伯爵　　大木遠吉（研究会）

海相には大正十二年五月十五日に財部彪海軍大将が就任した。始め文部大臣に伯爵林博太郎（研究会）が有力視されていたが実現しなかった。

この他国勢院総裁に伯爵小笠原長幹（研究会）が就任した。

内閣書記官長　　　　　宮田光雄
法制局長官　　　　　　馬場鍈一

このように研究会から大木鉄相、前田逓相、荒井農商務相、市来蔵相が入閣し、交友倶楽部から岡野法相、鎌田文相、水野内相の就任となったから実際は研交連合の貴族院内閣であった。この内閣には公正会から一人も入閣していないのは、公正会が憲政会系であったことによるので、初めから組閣の方針には加えていなかった。加藤首相がたとえ政友会が支援しないとしてもなぜ衆議院にもっと熱心に交渉しなかったのか。この点はすでに政党政治が党派の対立や党利に走り、国政への理念の低かったことが暴露されていたからで、たとえ衆議院議員が国民の投票によって選ばれた議員であってもその任ではないと加藤首相は受けとめていたことが大きく働いたのである。大木伯と前田子を迎え入れたことについては、大木伯は前内閣からの閣僚であり、政友会とも関係がついていたこと丶、研究会の希望があったことによるので、最初政友会に支援を望んでいたことがこ丶に示されている。前田子については、前議会における綱紀粛正建議案の提出で示した議会人としての有為性を加藤首相自ら見ていたし、子爵議員中で頭脳的存在では第一人者と評されていたからであろう。

これらの諸点から加藤内閣は当然衆議院においては政友会の野党的行動と、憲政会の反感とを受けてたゝなければならなかった。

親和会の結成　大正十一年（一九二二）四月五日に貴族院の男爵議員中川良長らは公正会を脱会して政治会派として親和会を結成した。これは大正八年以来続いていた貴族院会派の離合の最後の事件であった。その結成の動機は直接には研究会との関係はないが、結成されるや研究会と深い関係が生じて来るのである。

中川男はその前年大正十年二月十二日に補欠選挙で議員に当選し公正会に入会したので、公正会員としては新人で議員としても一年生であったが、公正会には不満を持ち「公正会は政友会内閣に対して事毎に極度の反対をなし、有爵議員の態度としては甚だ不可解に堪えなかった」といい、貴族院には不偏不党であってこそ意義があるとの考えであった。このことが公正会の先輩や幹部には気に入らなかった。機会を得てこの態度を改めさせようとしていた。たまたま第四五議会で過激社会主義運動取締法案が上程となった時、男はその特別委員に選ばれていて、研究会からの修正案が出された時、公正会員であるのに賛成し、その可否決定には欠席した。これは中川男の信念からの態度であったが、公正会員としては当然研究会には反対の態度をとらねばならないので、公正会は総会において中川男の行動は専断だとして、会は男を除名することゝなった。これは中川男への反省を求めたものであったが、男は謝罪せず、除名処分の言い渡しの届かない内に公正会へ退会届を出してしまった。中川男は信念の強いものを持ち、自己の判断によって行動したのである。これがきっかけとなって、反幹部の一派である男爵郷誠之助、男爵杉溪言長ら二〇名の男爵議員が行を共にした。これはその前年（大正十年）の中川男の補欠選挙当選の時に二派の対立がありそのしこりが爆発したのである。

脱会した一派は、その頃研究会に所属していた六名の男爵議員（藤堂、竹越、真田、黒川、神田、安藤）に話を持ち込み、新団体結成を協議した。新団体は研究会の主義方針に基づいた会派とすることであったから、研究会常務委員会も六男の脱会を認めた（四月三日）。新団体を親和会とし、四月五日に華族会館にて創立総会を開いた。公正会脱会者の内二名は（新田忠純、楠本正敏の両男）不参加であったから総数は二五名で、その後十二月十二日勅選の若林賚蔵が参加したから会員は次の二六名である。

男爵　杉溪言長○	男爵　高千穂宣麿○	男爵　真田幸世×
男爵　藤堂高成×	男爵　黒川幹太郎×	男爵　平野長祥○
男爵　山内豊政○	男爵　南岩倉具威○	男爵　名和長憲○
男爵　安藤直雄×	男爵　永山武敏○	男爵　島津長丸○
男爵　中川良長○	男爵　郷誠之助○	男爵　伊達宗曜○
男爵　太秦供康○	男爵　神田乃武×	男爵　長松篤棐○
男爵　竹腰正己×	勅　若林賚蔵	

男爵　若王寺文健○	
男爵　島津健之助○	
男爵　永山盛興○	
男爵　今園国貞○	
男爵　横山隆俊○	
男爵　徳川　厚○	

×印研究会より　○印公正会より

以上二六名によって設立され、今後も入会者は増すものとし、男爵議員による公正会にかわる研究会と同じ政綱をもって貴族院の二大会派を予定し、将来親和会の総裁には蜂須賀正韶侯を載くことゝしていたようである（水野直日記・大正十一年五月十一日）。

親和会と研究会　親和会の結成には直接研究会は関係していなかったが、親和会の存在は研究会にとって重要な存在となった。公正会は憲政会との関係から反研究会であって、新しく会員の入会を勧誘し、その拡大を計っていたから、研究会は同じ政綱方針をとっている親和会を支援することは直ちに研究会の発展を意味することは明確であったから、研究会の示した態度は極めて協力的で、先づ事務所は研究会事務所の一室の提供を受けこゝに置いた。これは最初からの計画ではなく、結果として研究会がとらざるを得なかった処置で、この点は中川男の先見の明の優れていた点であり、裏面では中川、水野の会談が行われていた（水野直日記）から親和会の充実発展には研究会として協力しなければならず、その担当者を出すことゝなり、常務委員会は水野直子に親和会のための相談、研究会との連絡の役を依頼した。たまたま水野直子は議員でもなく（大正九年六月五日に辞任）勿論研究会員でもなかったから、その役割を引き受けることができた。

尚友会男爵部　公正会を脱会した親和会員は、男爵議員の選挙母体である協同会にもいられなくなるので、別に選挙母体を作ることを協議し、ひと先づ尚友会に入会して、同会に男爵部を置くことゝなった。既に大正八年九月にもこれと似た動きがあり、今回は二度目である。これは過渡的な方法であって、将来は伯子議員団と男爵議員団が政治会派として充実し、その選挙母体として両会が拡充されて、有爵互選議員を中心に貴族院が一致協力して政務に尽し、貴族院の二院制における存在を確立して行こうとする理念に向っての前進であった。大正十一年五月九日付にて全男爵者へ発送した尚友会男爵部を選挙母体とすることゝなった経緯を記した挨拶状にはその意図がうかゞわれる。

「協同会を脱退し、更に尚友会を男爵議員の選挙母体として同会へ入会致候理由を開陳（中略）公正会は稍もすれば伯子両爵の団体たる研究会を一敵国の如く看做し（中略）三爵は一致協力して以て穏健着実を旨とし不偏不党の見地に立ち国事に殉ずべきもの（中略）此趣旨を御賛成の上吾々と行動を共にせられんことを……」

と述べている。これに応じて尚友会男爵部は賛同者を含めてかなりの数になったが正式の記録はない。

親和会と水野子との関係をなお深く掘り下げて見る必要がある。研究会は既に伯爵議員の合併を行い、第二段として男爵議員の合併を検討している。若しそれが実現すれば貴族院における有爵互選議員の大同団体が実現する。その暁には有爵議員を主体とする貴族院は絶大なものになる。この構想を水野子は密かにいだいての公正会対策であったという（中川良長男・水野直子を語る）しかし男爵議員は伯爵議員に比してその数ははるかに多く、簡単に合併は困難であるので、研究会と主義政綱を一にした独立団体を先づ設立することゝなったもので、それが親和会なのである。親和会はこの大理想への第一歩であった。中川、水野の協議によりこれより男爵議員を個別に交渉して公正会を切り

崩す計画を錬っている（水野直日記）

男爵議員選挙　公正会の男爵内田正敏の逝去により、男爵議員補欠選挙が大正十一年七月十五日に行われることゝなった。尚友会男爵部が整って最初の選挙で両会は正式に候補者をたてた。協同会は男爵爪生外吉を、尚友会男爵部は男爵島津隼彦を推薦候補としてたて選挙に臨んだ。男爵部の参謀には水野直子がなり、系統、縁故を調べ作戦を錬って「自ら陣頭に立って青木信光子と協力同心、昼夜の別なく親和会のために奮闘」（中川良長談・前掲）している。この頃の水野直日記には次の様に記している。

大正十一年四月二十四日午后一時研究会事務所ニ参リ、蜂須賀侯ニ面会
本日常務委員会ニ於テ、村上、小松、横山、八条、青木諸氏ト共ニ男爵ノ選挙干係ヲ返事ス可キ旨内談アリ
藤村、中川、名和、南岩倉、平野、安藤ノ六男ト面会ス（長松氏欠席）同上ノ話アリ
個人トシテ尽力致シ度キモ会ノ干係及家事上ノ都合ニ於テ、同意ヲ要スル件アルヲ以テ一両日猶予セラレタキ旨答タリ

四月二十九日には更に親和会所属の男爵議員の増加を計るため、有権者への運動の資料が記されていて苦心がにじみ出ている。

廿九日
昨日黒田子ヨリ報告　藤枝男ハ曽我君ノ会社関係上承諾
松岡、花園両男　仲悪クシテ出来ズ
東三条ハ手后（おく）レニテ協同会ニ捕（とら）レタ
藤堂男邸訪問
一、芝亭公道（同）ハ京都大学ノ学生　北大路ノヲヒ（甥）入会済　大宮ハ一族
一、御任セストノコト

一、木本氏ノ背面ノ調査
一、石田八作、旅行中ニテ来ラズ　弓術　工学士　樋口
一、木俣男、彦根、杉溪男、従来ヨリ協同会会員ニテ動カザル書付ヲ出セリ、滋賀県知事堀田幾二郎
一、木部孝滋　未ダ協同会ニ入会セズ　中立ヲ先方ト約束済（水野信子）
一、滋野男（大阪ニ居ル返事ナシ）
一、津守男（尚友会ニ入会）
一、常盤井男（床次氏受持）上京中
一、渋谷隆教（木部ト同様ニ約束セリ）
一、松本春雄（堺未ダ縁故ナシ）
一、伊藤一郎（大阪三菱製錬所ニ居ル）　未ダ手掛ナシ
一、花園男（梅園ノ娘カ花園ノ妻）
（木部氏ト同様）
一、住友吉左衛門（中立、板倉、五辻）
一、林忠一（小笠原ノ一族　弁護士ニシテ質悪シ）
一、鴻池（何レニモツカズ）
一、鶴殿男（協同会）
一、徳大寺則麿（神戸三菱　大宮）
一、山内四郎（坪井男ガ取ル）山内ます治干係
井沢孟安ノ孫ノムコ
一、北垣男（榎本子）協同会入会

一、川崎武之助（鹿島秀麿　神戸市長ノ権内）
一、三好禎介（大宮　此母ガ楽ノケイコ）
一、鷲尾男（石山住職　三室戸ノ弟）
一、入会者　入会ハセザルモ投票ハスル（大木伯）
玉松、千田、小松、梶野、津守、前田勇、島津貴暢（大阪）
毎月十日ハ京都支部ノ会合日ナリ　東京ヨリ出張スル考ナリ
一、三井系ハ野田ヨリ岡氏ニ交渉トノコト奥平伯ノ意見ナリ（蒔田）
一、浅野養長ノ妻ハ酒井忠正（精）ノ妹
一、上田宗雄ハ浅野ト相談スル由ナリ
一、小山秋作氏来邸
（一）床次氏子係
（二）山口中将選出の件

選挙の結果は、協同会派が一八〇票にたいし、尚友会男爵部派は一二〇票で、島津男は敗れたが、一二〇票を得たことは親和会、尚友会側がのびたことを示し、予想以上であったので前途は明るかった。今回選挙は両会の激しい競争ではあったが、実際には荒々しい様子はなく、むしろ平穏に終っている。これについて福原俊丸男は「これは水野子の常々いわれたことで、有爵議員間のみにくい事を避けることが、有爵互選の権威であり、将来を深く考えての深慮があったからだ」（水野直子を語る・昭和五年二月七日）と語っている。且つ男爵間の争いはひいては華族全体の面目の上からも、皇室との関係からしてもためらったものであった。島津男の立候補もこの主旨から取りさげてよいと申出ていた。しかし研究会が承知しなかったことで対立選挙になったのである。その後親和会の男爵伊達宗曜の逝去による補欠選挙で、今度は親和会の候補をたてることの了解を公正会に申出ている。公正会は既に予定者が決まっているとして受け入れなかったので、親和会側は憤慨し、はげしく対立したがこの時にも水野子は、同爵間の和平のためとして対立候補を出すことを抑えている。しかし中川良長男は勿論この妥協的態度を好まなかった。

水野直の親和会入会　水野子は大正九年六月貴族院議員を辞して以来一ヵ年余の大正十一年十月二十一日補欠選挙で再び議員に当選した。勿論本人の希望によって実現したことではあるが、病気で辞任したのだから今回治癒によって出たのか、親和会の前途に関してなのか、本すじとして研究会の要望であったのかは何も語られていないが、何れにも関係のあったことは当然である。しかるに翌年四月十日に突如として研究会を脱会して親和会に入会したいと申し出た。曽ては研究会の幹部であった者が単独で他会派であるしかも男爵議員団に入会したいという。水野子は六ヵ月前に尚友会の推薦で議員に当選したのであるから、それが研究会以外の団体に入会することが許される筈がない。除名に価する事件で、全く前例がない問題であった。この申し出を受けた研究会の常務委員は協議の結果賛否は表明せず、本人の考えに任せることゝし申し出は了解がとれたことゝなった。会として微妙な関係が介在していた。この事は研究会に反抗しての申し出ではなかったし、親和会の将来を考えての行動であり、ひいては研究会のためであることも理解できる。それはこの頃公正会の対研究会の態度が悪化して来たことによるのである。今こゝで親和会に入り、男爵議員の大同団結の理想を実現するには身を挺して実行するしかないとの判断によると推測ができ、自ら火中に飛び込んで解決しなければならなくなっていた。最初は顧問の形で親和会を支援していたがそれが最早できなくなっていた。もう一つの理由は中川男との個人関係であって、親和会の主宰者である中川男とは学習院からの学友であって、男が最初秘かに公正会脱会を計画していたことを知って、将来男爵団と子爵団とを結ぶ遠大な計画を脳裏にえがきながらの協力を惜しまなかった（前掲中川男談）。しかしそれは決して表には出さず、世間は水野、中川は対立していたとのみしか分らなかった。

親和会の解散と合併　水野子が親和会に入会して僅か一ヵ月後の五月十八日に親和会の中心人物である中川男が突如として脱会してしまった。その理由は中川男は前年の協同会との男爵議員選挙の時に水野子のとった妥協案に不満を持つようになり、続いてその次の男爵議員補欠選挙には尚友会男爵部は候補をたてずに終った。この時は既に協同会とは互角になっていたのに水野君は妥協していることに耐えられず退会した（中川男談）という。中川男は公正会とは結成当初から妥協はあり得ない考えを崩していなかった。これから中川男は反研究会の態度をとるようになり、主宰者を失った親和会は解散を決め、中川男以外の全員は研究会に入会した。大正十二年七月三十日の事で、表面的には中川男は孤立し、水野子は男爵議員を引きつれて研究会にはいり、会員は一六八名となり一層の大会派となった。その後中川男は自己の信念による貴族院改革論を唱え、水野子はそれを友情をもって受け止めていたようで、両者の間は決して不和ではなかった。将来の大理想で一致点があったようだ。

第七節　外交決議案を巡る研公の接近
――研、公幹部の協力

研公七人会　世界大戦の後日本はアジアにおける国際間の平和恢復に努め、特に中国との間の外交上の懸案の解決に力を入れ、大正十一年末になって第一として山東問題が解決され、続いて中国国内郵便制度について日本との間に新しく条約が結ばれるにいたった。しかし両国の交渉の経過が世界大戦の戦勝国の立場にありながら、その外交交渉の態度が余りにも譲歩し過ぎるとの批判が議会でも起り、郵便条約の正式の手続に手落があったことから、これが議会で問題となった。公正、茶話、同成、無所属の幸無三派の議員は加藤首相にたいし警告するに至った。これにつき研究会も傍観していることはできなかったが、進んで公正会と共同して交渉することは親和会問題で両会が感情的にも全く対抗的立場にあったから、両会の幹部はその対策に苦慮した。この時水野子はすすんで公正会の二部の議員と会談し、有爵議員の本分や、二院制の意義などから説き初めたことにより、両会は了解ができ、外交にたいしての政府への警告につき正式の会合が開かれた。研究会からは、子爵黒田清輝、子爵青木信光、子爵水野直の三名が、一方公正会からは男爵船越光之丞、男爵藤村義朗、男爵池田長康、男爵福原俊丸の四名の合計七名が会合した。これが所謂研公七人会で、後までこの会合がよい成果を残すこととなる。この会合の結果両会が主宰して政府にたいし、対支外交の優柔不断であることの弾劾の決議案を出すことになった。

研公協定による覚書　外交決議案の提出はその内容の如何よりも研公の協定によって実現したことに貴族院史に特記される事件である。その決議案ができるまでの両会は前記の七人会が如何に協力したかによるので、この会で協定覚書が二月初めにかわされている。これによって両会の融和が裏付けされる。

覚　書

一、国民の期待を全うすべく外交の振興を期すること
二、枢府対政府間の問題は全く切り放すこと
三、対外関係の論争により内閣を糾弾する意思なきこと
四、外相を弾劾する意志なきも将来の外交に就ては一層慎重なる考慮を促すこと
五、以上の主旨により研究、公正両派は合致して決議案を提出すること
六、該決議案を研究会より提出し、公正会之に賛成し、他派の賛成演説は全然許さず提出の意義について質問者ありたる場合には研公協同して之が答弁に努め速に質問打切をなすこと
七、本案提出の趣旨を非公式に政府に説明し了解せしむることは研究会の自由とす
八、研公両派演説の原稿は相互に内示して同意したる言辞以外には一切渉らざること
九、二月三日夜研公有志間に打合せたる別紙の通りの決議案の精神により、研究会において本文案を起草し委員協議の上決定のこと

別紙決議案

帝国外交の現状誠に憂慮に堪へざるものあり国際関係の実勢に鑑み東洋永遠の平和を目的とする対策を樹立し以て国民の期待を全うするは刻下の急務なりと認む

右決議す

以上が二月三日の会合で話合いのついた協定で、これをもとゝして決議案の成案作成にはいったが、両会の一致は極めて意義深いものである。

外交決議案の上程　この決議案には中川良長男は強く反対している。研究会内にも政府支持の立場から強い難色を

示すものが出たため、上程までには種々の交渉が行われている。最初七人会で纏った議案は研究会で修正があり、内容を弾劾から問責に変更され、又更に政府への激励を内容とするものとなり、漸く提出となった。決議案は

外交ニ関スル決議

貴族院ハ国際政局ニオケル帝国ノ地位及ビ其ノ責任ノ重大ナルト　国民ノ経済的生存ノ意義トニ鑑ミ　対外国策ヲ確立シ　東洋平和ノ基礎ヲ鞏固ナラシムルコトハ緊切ナル要務ナリト認ム

右決議ス

これは十二年二月十七日に近衛公外九名によって提出された。提案理由の説明には研究会の筆頭常務委員の侯爵蜂須賀正韶が行い賛成演説は男爵山内長人、伯爵林博太郎、江木千之が立ち、貴族院の各派が一致しての提案であった。この様な形で決議がなされたことは、貴族院の在り方として、画期的なことであった。第一に子爵議員と男爵議員とは何かにつけての対立的関係にありながら今回は話し合が進み、所謂同族の和親の意味が表明できたことである。従来はややもすれば、貴族院における言論や行動は勅選議員が主導的役割を持っていた。今回は互選有爵議員が中心となり各々自覚を持ち、意志を披歴して、積極的に動いたことである。先年の文相問責の決議の時は、研究会幹部がやっと勅選議員を抑えたが、結局脱会してしまった。第二の点は決議文の示す内容である。従来は過去の事実や結果をとりあげ、現状にたいしての批判と警告であったのが、今回は外交の根本概念を確立し、将来にたいする建設的意味が織り込まれていること、これらが画期的な点であった。

第七章　護憲運動対処期（大正十三年〜十五年）

―貴族院改革と研究会―

第一節　清浦内閣の成立とその反響
――研究会と清浦内閣

山本内閣と関東大地震　大正十二年（一九二三）八月二十四日加藤首相の逝去により内閣は総辞職となったが、これにさきだち、馬場法政局長、宮田内閣書記官長と研究会の青木子、黒田子によって岡野敬次郎法相を首相とする改造内閣を策したが実現しなかった。八月二十八日海軍大将山本権兵衛が組閣の勅命を受け、挙国一致内閣を目標としたが高橋政友、加藤憲政の両党首は入閣を断り、犬養革新倶楽部党首は入閣を受諾し、組閣の最中に関東大地震が起った。関東一円は震災を受け大混乱となった中で山本内閣が九月二日に成立し、同日午後七時赤坂離宮内のお茶亭で親任式が行われた。この内閣には絶対多数を占める政友会が政権をとることができなかったことは前途に一抹の不安があったが、大震災に対処しなければならない時であったから、政友会も協力体制を示した。十二月十日に第四七臨時議会が召集され、帝都復興に関する必要法案と予算が上程され、土地収用区画整理、橋梁、公園施設特別都市計画など何れも可決成立したが、経済界の問題であった火災保険会社貸付公債法案については、研究会内でも問題となった。大地震によって発生した火災のための損害は地震約款によって保険金支払の義務はないことになるが、この法案によると、保険金の一〇%相当の出損を行うとするものである。研究会の審査部では子爵牧野忠篤部長を中心として、この法案の取扱を協議し、賛成の結論が出なかったから、法案の成立には協力しないことゝなったが、この法案は衆議院の本会議で審議未了となったため貴族院には上程しなかった。

第四七臨時議会は十二月二十四日に終了し、その三日後の二十七日に第四八通常議会の開院式が開かれることになったが、この日開院式に臨まれる摂政宮にたいし行幸路の虎の門で狙撃するという大逆事件が起った。そのため山本内閣は引責辞職した。

清浦内閣の成立　後継内閣の首班については、西園寺、松方両元老はこの時病気のため引篭っていたので御下問にあづかったのは内大臣伯爵平田東助と宮内大臣子爵牧野伸顕であった。両氏はそれをお受けして先づ、西園寺公に連絡してその意向を求めた。公は中間的な内閣を妥当とする考えを伝え、平田伯は松方公にも伝えた。松方公の同意を得て、その旨を奏上し、大正十三年一月一日に枢密院議長子爵清浦奎吾に組閣の勅命が出た。この頃政界は衆議院の第一党である政友会に下されるものと予期していた。勿論清浦子も大命降下は予期しておらず、従って全く心の準備はなかったようだ。先づ翌二日に華族会館で大木遠吉伯らの研究会所属議員と協議し、研究会は清浦子の申し出を受け支援することを約束した。

清浦子に組閣の勅命が下ったことについては色々の推測があった。今日は政党は発達し、政権を担当するだけの立派な存在であったにも拘らず、政党を殊更に避け、しかも七五才の老齢の華族（子は官僚出身の勲功による）を元老が推したのは、どんな理由によるのか。それには先づ第一に国民待望の摂政宮の御成婚が一ヵ月後に迫っていたことで、御盛儀を行うには政党色のないことが望ましいとしたからである。第二の理由は衆議院の総選挙が同年五月十日と決っていたことで、前述の通り平田伯の求めによって西園寺公が中間的内閣がよいと述べているのは、政友会も憲政会もともに内部に問題があり、不統一があることを知っていたからで、近く行われる総選挙は政党色のない超然内閣の下で、公平に行いたいし、政党の廓清のためにも、この総選挙の結果を見た上で、改めて政党内閣を実現することがよいとしたものであった。

この頃の政党は議会でも一般世論においても不評を買っていた。政党は党利党略がひどく既に第四四議会において綱紀粛正が要望され、このような信用の失墜した政党にたとえ絶対多数党であっても政権を担当させることはできなかったからである。それ故清浦内閣の成立後にこれを倒さんがための特権内閣論が出るがむしろ的を外れたもので、政党自身が先づ反省すべきであった。

準備のなかった清浦首班は先づ研究会に相談した。研究会は清浦子が長く研究会にあって活動したことを考え、幹部はそれを受け入れた。しかるに清浦子はこれとは別に組閣の相談を元研究会員で現在は枢密顧問官である有松英義に持ちかけている。有松英義はこれを受け、自ら組閣参謀を以て任じ、内務大臣就任を期待して政友会と交渉を行っていた。これを知らなかった研究会幹部（主として青木、水野両子）は曽ての研究会と政友会との関係から無視することは得策でないとし、政友会にたいし清浦内閣を承認させる交渉を行った。しかるに政友会の態度は微妙で、政権から見離された不満は意外に強く、むしろ清浦内閣の成立を断念させようとしていた。この裏には有松英義が初めは政友会を参加させる考えであった処、自分に無関係に研究会が政友会と交渉をしていることを知ってからは、逆に政友会を反清浦態度へと引張っていったのである。政友会は床次竹二郎と横田千之助を通じて、数個の閣僚の椅子を要求する非協力的な無理な態度に出た。一月二日研究会は政友会の了解をとることに努め、高橋総裁に会見を申込れた。研究会からは青木、水野、大河内正敏の三子と馬場鍈一、宮田光雄の両勅選が、一方政友会からは高橋総裁の他野田卯太郎、岡崎邦輔、床次竹二郎、小川平吉、横田千之助の六名と高橋総裁邸に会合し、研政提携の組閣を話し合った。しかし政友会側は、今はその時機ではないとして受け入れず、むしろ岡崎らは清浦内閣に反対する護憲運動が起るであろうとの言をなした。政友会側にも不安があった。それは清浦子ははっきりした山県系官僚出身であるので、これを支援すれば、特権内閣への接近として政党政治の立場から政友会の人気に拘わることを心配したからであった。

このように政友会は非協力的で、且つ反研究会の空気であることを知った清浦子は組閣の見込みはたゝないとして、大命を拝辞する考えをもって参内し、平田伯と懇談し、拝辞を決意して上奏した。ところが拝謁を賜った際、重ねてお言葉があったことから、御前を辞し平田伯に決意を示し「臣下の分として成敗利鈍を顧みず、力を尽さねばならない」と述べ、直ちに華族会館で青木、水野両子に、改めて組閣に踏みきった心境を伝え、組閣に協力してほしいと要請した。しかし清浦子は初め組閣の勅命を拝した時に協力を求めておいて、その後研究会には無断で拝辞のため参内したことを不快としていたから、返事をしなかった。その上横田、岡崎ら政友会側の意向からしても、簡単には協力するとはいえなかったし、研究会の常務委員会もすぐには結論が出せなかった。しかし清浦子と研究会の長い間の関係から、又横田らの政友会の反研究会攻勢に対処する必要から研究会は清浦内閣の組閣に協力の方針を決めた。組閣には政友会を除いたから貴族院内からの閣僚の人選となり、大木伯、青木、水野両子によってすゝめられた。陸軍大臣には上原元帥が福田雅太郎大将を推し、田中義一大将は宇垣一成大将を推し、二人の候補が出たが、漸く宇垣陸相と内定、外務大臣には公正会の男爵藤村義朗を予定したが、前議会で外交決議案の提案者であったことから外務省から反対が出て逓信大臣に内定、陸相、外相については水野子が西園寺公の招電を受け興津に急行し、その結果を宇垣大将に伝え正式に決定している。大木伯の入閣も進められていたが、政友会との関係が深かったことから除かれ、最初は研究会からは清浦子を含めて五名の入閣が予定されていたが三名に止まり、他に準会員の鈴木喜三郎が決った。

内閣総理大臣　子爵　清浦奎吾
外務大臣　男爵　松井慶四郎
内務大臣　水野錬太郎（交友倶楽部）
大蔵大臣　勝田主計（研究会）
陸軍大臣　宇垣一成
海軍大臣　村上格一
司法大臣　鈴木喜三郎
文部大臣　江木千之（茶話会）
農商務大臣　子爵　前田利定（研究会）
逓信大臣　男爵　藤村義朗（公正会）
鉄道大臣　小松謙次郎（研究会）

内閣書記官長　　小橋一太
法制局長官　　佐竹三吾

親任式は一月七日に行われ、清浦首相は今回の組閣の方針を

「専ら刻下の難局を自分と共に負担し得べき人材を物色し、自分が永くその人と交際して、能くその人物識見性格を知悉したるものを需め、その人が自分従来の関係上、多く貴族院方面に居たのであって、決して貴族院内閣とか、特権内閣とかいう意味の内閣を組織せんとしたものではない。自分は平素政党を基礎とする内閣が、立憲政治の運用上最も適当なりとの持論を持っている。それにより既成政党の改善を計り、政党の堅実なる発達を切望する。選挙の如きは最も公正にして、政党をして健全ならしめ、以て立憲政治有終の美をなさしめんと思う」（大正十三年一月九日・東京日日）

と感想を述べている。清浦子は公正な選挙が施行されることを重大な目標としていたのに、政党はそれをどの程度に理解していたのか。たゞ特権内閣と称し攻撃する目的しかなかった。しかし清浦子が組閣に際し有松英義に協力を求め、有松も自ら大臣就任を期して組閣に奔走したその好意を無にしたことが大きな失態であった。有松がこれによって政友会を反清浦へと煽ったことで清浦子を追込んでいる。若し研究会幹部と有松の両者が円滑に結んで好意を尊重していたら異る形になったであろう。

はたして清浦内閣にたいする反撃ははげしかった。政友会、憲政会、革新倶楽部は相携えて憲政を無視した現政府を排撃し、護憲運動が起り、一月二十日には政友会は高橋是清総裁のもとに、芝三縁亭に反政府の宣言決議を行い、同日上野精養軒では革新倶楽部が犬養毅総裁により護憲宣言を決議した。翌二十一日には憲政会が憲政会本部に集り、加藤高明総裁は憲政擁護宣言を決議し、憲政会の政策一〇項目を発表し、護憲三派連盟にまで発展し、貴族院改革をも取りあげている。その中でも横田千之助の護憲運動は激しかった。清浦内閣を真向から攻撃し「今日特権階級を基礎として内閣を組織し、政党を超越して国政を行なわんとするがごときは、時代に逆行し、わが国政の進路を阻害す

るものである」との批判を下し、「かゝる内閣は速かに倒壊し、憲政を常道に復すべし」と唱えた。この運動は既に一月十日に始められ、憲政会、革新倶楽部も参加し、清浦内閣打倒の運動となった。貴族院内でも反清浦内閣論が起っている。男爵中川良長、侯爵佐佐木行忠は声明を発表し非難した。しかし政友会内には反政府論には不賛成である反幹部派があり、会内は不統制の形であった。これが政友会分裂となって現われた。

政友会分裂　清浦内閣の成立後間もない大正十三年一月十五日に高橋政友会総裁は強い意思をもって反政府の態度を示し、

「現政府を擁護することは間違っていると信じる、憲政のために余命を捧げる決意で、そのために此際爵位を辞し、貴族院議員をも辞任し、衆議院議員に立つ積りである。自分と行動を共にしてほしい」

との声明を出し、これを党義とした。しかしこの反政府の党義に反対し、翌日に脱党者が出た。その重な人は山本達雄、床次竹二郎、元田肇、中橋徳五郎である。又貴族院への攻撃をはじめ研究会幹部には個々に院外団がいやがらせを行い日一日と悪化して行った。この状勢の中で研究会の幹部と床次竹二郎は三田綱町の蜂須賀邸に集まり協議し床次竹二郎は新党樹立を決意し、研究会幹部も床次を激励したとのことである。床次らは新たに政友本党を組織することゝなった。これに賛同した衆議院議員は一四九名に達し、そのため高橋総裁派は一二九名になった。政友本党の結党式は一月二十九日に帝国ホテルで行い「政党の不信、政機の妙用を紊るものがあるのを遺憾とし」と宣言に述べて、今後は党弊を排除することから、現内閣を支援することゝなる。こゝに護憲三派と政友本党のはげしい対立となる。

議会解散と総選挙　清浦内閣の成立は恰も第四八議会の会期中であったから、議会へ提出の法案は総て山本内閣の継承で、予算案もそのまゝで審議されることになっていた。その間に御盛婚の大典があったので、議会は休会し、一月三十日休会明となった。

休会中に政友、憲政、革新の三党首は関西の護憲運動のため西下、その帰路高橋、犬養らの乗っていた列車に愛知県一宮付近で顚覆の危害を加えようとした事件があった。一月三十一日に内閣不信任案が上程になった時、浜田国松は前日に起った鉄道の列車妨害事件をとり上げて緊急質問を行い、清浦首相の答弁を求めた。首相にかわり、小松謙次郎鉄道大臣が登壇し答弁にはいった時、議場は騒然となり、発言は聴きとれない。粕谷議長は清浦首相の登壇を求め、首相は発言したが騒然としてしまったため、粕谷議長は暫時休憩を宣した。この休憩中に解散の詔書が出た。

清浦首相の解散理由書はかなりの長文である。その要旨は

「内閣組織は一に大権に属するもので、外間の容喙を許さゞるは憲法の本義で、その基礎を政党に置くのは、たゞ国策遂行上の便宜に過ぎない。寺内、加藤、山本の各内閣は何れも政党に基礎を置いていないのに、是等の内閣に対して双手を挙げて之を援助した政党があり、又憲政の常道論を高調する政党にして主義政策により之を是非せんとしたるものありたるに非ずや。然るに今独り現内閣に対し、その基礎を政党に置かざるを理由として、反対を表するが如きは、その事由を解する能はず、現内閣々員に貴族院議員たるもの多きも、これ議員個々の問題にして、貴族院そのものと何等相関する所あるに非ず、その施政の方針を定むる上において、閣員の多数が衆議院に議席を有する場合と毫も異なる所なし。然るに現内閣を目して貴族院内閣なりとし、特権階級内閣なりと称するに至りては、その不当もまた甚だしく、斯の如きは却て不健全なる民衆運動を刺激し、階級闘争の思想を挑発し、国家のため憂慮すべき現象を発生せしむるものにして、その責決して免るべきにあらずと信ず。

政綱政策に基づく予算並びに法律案を審議研究せずして、単に形式的憲法論により、しかも謬りたる事実を基礎として、衆論を煽動し徒らに政権争奪に没頭して、眼中に国家無きが如きは、真に我が憲政のために痛嘆にたへず。今日議場の情勢は、国務の進行を阻碍せんとするものにして、誠意を以て国政を議するものにあらずと認む。これ議員の本分を忘るゝものにて、国民の期待にそはざるの行動なりと信ず。衆議院の解散によって国民の真意を問はん」と声明を出した。

総選挙は五月十日に行われた。清浦内閣は公平の態度で臨んでいるが、研究会は、政友本党の結党について床次竹二郎を支援していたから、自然その応援の行動に出ている。総選挙の結果は（カッコ内は選挙前）

護憲三派	二九四	（二七五）	増一九
憲政会	一五四	（一〇三）	増五一
政友会	一〇一	（一二九）	減二八
革新倶楽部	三九	（　四三）	減四
政府派	一一四	（一四九）	減三五
政友本党	一一四	（一四九）	減三五
中立派	五〇	（　二三）	増二七
中正倶楽部	四二	（　二三）	増一九
実業同志会	八	（　〇）	増八
無所属	一六	（　一四）	増二

この結果与党の政府派は一一四にたいし反政府派は二九四であったゝめ、研究会幹部はその善後措置に苦慮し、勝田主計蔵相は再解散を唱えたが、首相は大勢すでに決したとして、総辞職を決め、西園寺公を訪ね、同公に意向を伝えている。清浦首相の努力は報いられず、僅かに六ヵ月で崩れ、六月七日に総辞職した。清浦内閣は公平な立場から政局の廓清を元老から期待され、政府自らも努力を惜しまなかったが、護憲運動という美名にかくれた倒閣運動をもって押し切られた。清浦子に限らない、政界の野望には勝てなかった。たまたま貴族院議員が主たる閣僚を占めたことが特権といわれ、護憲としての攻撃の旗印となったのである。特権内閣としたのは清浦内閣を倒さんがための方便であった。厳正なる衆議院総選挙を期していた清浦子は報いられなかった。しかし、この現状を視ると、政府は衆議院によって組織されるもので、貴族院はその政府を監督することが本務であり理に適っていると見るべきである。

第二節　加藤高明内閣と貴族院改革

――近衛公の存在

加藤高明内閣の成立　清浦内閣は激しい護憲運動の攻撃を受け、総選挙では政府支持の政友本党が憲政会に敗れたことから、清浦首相は総辞職を決意した。次期内閣の首班についての御下問に西園寺公は第一党の憲政会総裁加藤高明を推奉した。組閣の勅令を拝した子爵加藤高明は、これまでの護憲三派の運動があったことから、三派の連合内閣を組織することとし、各党主の協力を得て六月十一日に成立した。

内閣総理大臣	子爵	加藤高明（憲政会）
外務大臣	男爵	幣原喜重郎
内務大臣		若槻礼次郎（憲政会）
大蔵大臣		浜口雄幸（憲政会）
陸軍大臣		宇垣一成
海軍大臣		財部　彪
司法大臣		横田千之助（政友会）
文部大臣		岡田良平（研究会）
農商務大臣		高橋是清（政友会）
逓信大臣		犬養　毅（革新倶）

鉄道大臣　　　　仙石　貢（憲政会）
内閣書記官長　　江木　翼
法制局長官　　　塚本清治

加藤内閣は三派の連合による内閣であるので首相は各党の意見を相当取り入れているので、協力は得られたが三派の対立もあったから多分に前途には不安があった。閣僚のうち五人までが貴族院議員であったことは真に皮肉である。

組閣を終えた翌十二日に首相は研究会の近衛文麿公を自邸に招き会見している。両人は初対面であったが首相は貴族院の大会派である研究会にたいし議会運営の円滑を計るための協力を依頼したものであった。この頃には全く表面にでていなかったが、恐らく首相の腹は近衛公がかねてから持っている貴族院改革についての意見を聴きたかったことが含まれていたのであろう。研究会としても政府が近く手を着けるであろう貴族院改革のこともあるのでこの会見を歓迎した。たゞ青木信光子の発表は「今後共政府の政策には研究会は是々非々でもって行く」とだけの談話にとどまった。しかしこの会見は近衛公にとっては意義は大きく、首相からの招きによっての会談であったから、公の政界における存在は大きなものとなって来たことを意味し、公の政治家としての活動がこの時から表面に出ることゝなるのである。

近衛公常務委員に就任　清浦内閣が護憲三派の激しい攻撃を受けた時、これを危険と察知した研究会は、既に清浦内閣が存在している時から退陣した後のことを検討している。若し退陣したら後継内閣の政権は衆議院の第一党である憲政会がとるとの見通しをたてた。そこで若し憲政会内閣が成立したら、当然貴族院改革を第一の目標とすることは確実として、幹部はその対策を考え始めた。元来憲政会との間はよくなかったから、研究会との間の円滑な交渉の途を求め、そのため幹部の一派は近衛公を研究会の常務委員にしようと計画した。このことは松本剛吉日記によると「五月二十三日に水野子は近衛公の役員就任について西園寺公に相談している。西園寺公は近衛文麿を公家華族の筆頭であり、将来を属目していた。パリーの講和会議の時にも青年近衛を同行させている。西園寺公は研究会は是非権威あるものに成し置き度く、近衛は是非共常務員（常務委員）に入れ置き度し。又水野は頗る働き手なるが故常務に置き度く、青木信光子は水野と離すべからざる関係あるに依り之も是非常務として入れ置き度し」（剛吉政治日誌）と語っているので、その相談の内容は分らないが想像できる。その後一週間を経過した五月三十一日の研究会の役員会で近衛公の常務委員就任が内定している。そして加藤内閣が成立した翌十二日に前述の様に首相と近衛公の面接となっている。これらの経過は西園寺公を訪問した水野直子が公の意向を受け、自信を得て作り出した筋書であろう。しかし円滑には近衛公の就任は実現しなかった。それは近衛公の就任には青木子が不満であったためで、青木子は床次竹二郎との線があり、それで常務委員には二条基弘公を希望していたからである。そのため青木、水野両子の間の意志の疎通を欠くことになった。漸く十一月に両子の間に話合いがつき近衛公の常務委員に就任が略決定したことを西園寺公に報告している。この頃から近衛公を総裁にとの動きが起り、小笠原、酒井両伯、伊東、水野両子がその実現を希望している。十一月十六日には近衛公、水野子は極秘に加藤首相と首相の私邸において会見、長時間会談したと松本剛吉日誌にある。そして十八日に常務委員会が開かれている。この時に近衛公の常務委員が決ったと推測できる。

近衛公は爵位からしても研究会筆頭常務委員となることから、研究会の首席代表の地位になる。これにより西園寺公との連絡にも不安がなくなった。

貴族院本質論と改革問題　この問題は既に何度か触れて来たが、もう一度とり挙げて見よう。先づ伊藤博文の貴族院論（明治二十二年二月二十六日）を引用し、研究会が示して来た貴族院本質論とを比較して見ると、伊藤博文は〈帝国議会における制度の意義と議院法の解釈〉について次のように述べ、華族の社会における重要な存在を説き、貴族院の必要性を強調して、曰く

「封建時代の貴族は兵馬の権、政治の権を有したりしたが、既に藩籍奉還し進んで憲法政治の貴族たるに至っては如何、亦更に考究を要せざるなり、

既に憲法政治を行ふに於ては、一家の臣民は皆法律上に平等なりと云ふを以て眼目とす。而して貴族は如何なる地位に立つか、又何等の権力を有する乎と云はば、貴族は特権の貴族たるものよりも、寧ろ栄誉の貴族なりと云はざるべからず。又貴族は社会に於ては上流を占むる者なり。又皇室皇族に接近するを以て、其地位の尊貴なるは言を待たずと雖も、他の権利に於ては一般人民と何の異同ありやと云はば、全く普通人民と均等なりと答へざるべからず。然りと雖も貴族たる者は多くは国家に功労あり、或は祖先の偉勲に由り、其当時の人民の上に位したる栄誉ある家の子孫なり。故に各々其家系を重んじ以て祖先の功業をして地に堕さしめずと云ふに至ては、自ら己れを信ずる事堅く、又之を以て祖先に対する義務なりと服膺して忘れざるべきは当然にして、独り日本の貴族のみならず外国の貴族に於ても亦然り、是を以て貴族たるものは平素其栄誉を汚す事なく一朝国家に事あるに臨みては率先して難に赴くべし。是上流に位する貴族が常に其学問として又其心とせざるべからざる所なり。」（伊藤博文憲法に関する演説）と述べ、

更に「憲法政治における上院として、帝国議会の責任を強く訴え、若し貴族院がなく一院制であったら、人心が激昂等のため害を生じたり、党派の勝敗により挽回すべからざる決議をしたり、又籠絡手段その他種々の方略を以て議会中の衆議を左右する事があり、又為にする所があって之に害を与え、ことさらに反対し又賛成する事もあって国家に大害があるなどの弊害を救うために二院制が採用されている」（要旨）と語っている。しかし実際議会政治が発足して見ると、この主旨とはかなり離れてしまって、政府がとった態度は政策の実施の円滑化に置き、貴族院を常に与党的関係に置こうとした。伊藤侯は自分のこの演説の内容を自ら破ることゝなった。明治三十三年九月に立憲政党として政友会を結成し、その翌月に初めて政友会内閣として政党内閣が成立したことが、この対貴族院問題を燃え上がらせ、政党と政党内閣と貴族院との関係が議論されている。少なくとも一般概念からすれば二院制の上からは貴族院の政党化は望ましくなかった。研究会はこれをとり挙げている。二院制は政権の平衡を保つ上に必要なことであって、一、政治の偏重を制し、二、横議の頽勢を抑え、三、上下調和の機関となり、四、国利民福を維持することを本旨と

することを主義とし（研究会主趣書）、そのために研究会は政党の外に在りそれでこそ政党の横暴行き過ぎを抑えられ、政党には干与せず、政府の政策には終始是々非々を以て、その施政に対処することとし、政府も亦この中正公平なる態度に信頼してほしいとしている。これは設立当初よりの一貫したものであって、そのためすでに何度か問題が起きている。又今後も起きる可能性は多分にあった。研究会はこの主義を強調し、会として政党化或は政党色を示してはならないとの方針を堅持した。

この研究会のとった態度によって、伊藤首相の貴族院対策は計算通りには行かなくなった。たまたま十二月に東京市疑獄が起り、星逓相は貴族院における官紀振粛運動によって辞任することとなった。第四次伊藤内閣の第一五議会でも政府と貴族院は正面衝突となり、提出された北清事変にともなう増税諸案が貴族院の特別委員会で否決され、その成立が危ぶまれたことがあった。その時は勅語を賜ったことによって、解決しやっと成立した。これ等の事から、伊藤首相は貴族院の在り方について、いたく不満を持ち、今後政府が政策の実施にあたって、貴族院が反政党として或は非政党の立場で反対されたのでは、施政上に不安があるとし、貴族院改革即ち貴族院令の不備を改めたいとした。当時伊藤首相は貴族院改革の上奏文に、貴族院は「緊急トスル所ノ増税案ヲ否定セントスルノ意嚮ヲ表白スル……」の態度を示したとし、この時は次の様な勅語があり、元老の調停によって進めることができた。「朕中外ノ形勢ニ於テ、深ク時局ノ難ナルヲ憂フ。今ニ於テ必要ノ軍費ヲ支弁シ、並ニ財政ヲ鞏固ニスルノ計画ヲ立ツルハ、誠ニ国家ノ急務ニ属ス。朕先ニ議会ヲ開クニ方リ、示スニ朕カ意ヲ以テシ、而シテ政府ニ命シテ提出セシメタル増税諸法案ハ既ニ衆議院ノ議決ヲ経タリ。朕ハ貴族院各員ノ忠誠ナル、必ス朕カ日夕ノ憂ヲ頒ツヘキヲ信シ、速ニ廟謨ヲ翼賛シ、国家ヲシテ他日ノ憾ヲ貽ササラムコトヲ望ム。」

しかし伊藤首相は「尚政府ノ許諾スベカラザル修正ヲ政府ニ求メントスルモノノ如シ。熟帷ニ、今日内外ノ情勢ニ対シ、貴族院ノ意嚮、到底臣輔弼ノ責任ヲ全クスルニ於テ、同意ヲ表スル能ハザルノミナラズ、退テ熟思スルニ、憲法ノ運用ニ於テ、国民ノ代表者タル衆議院ト政府ハ意見相容レザル場合ニハ、解散シテ以テ国民ノ可否ヲ問フコトヲ得ルモ、貴族院ト政府ト衝突シ、今日ノ如キ形勢ヲ将来ニ遭遇スルモ円滑ナル経過ヲ望ムベカラザルヤ明ナリ。（中略）茲ニ於テ乎、将来憲法政治ノ生活ヲシテ永続セシメントスルニ於テハ、貴族院改造ノ一方アルノミ。」と、このように強く貴族院改造の必要を述べてはいるが、日本はまだ議会経験については日が浅く、種々の点で不備があったことは認められるが、貴族院の改革は日本の憲法にも関する重大な問題であり、曽て議会制度について伊藤侯は二院制の必要を説いている。それに照らして、はたして上奏文のような改造すべき大きな誤りが貴族院にあるのかどうか。政府の立場を有利にしたいための改造であってはならないし、憲法にも触れるおそれがある。又実際改革をするには、貴族院自らの手で、自分らの政治活動を反省しての立場で議決する（貴族令第一三条）のであるから一層困難なことである。

貴族院改革の沿革　貴族院改革は憲法に関連する点があるので、本質的な論議ではなく、これまでに何度か実施されたのは、この点からして憲法に抵触しない何れも根本改革ではなかった。第一次は明治三十八年二月第二一議会において行われ、この時は勲功による華族の増加により、殊に男爵議員の比率が低くなったため、定数を三五名を改め五六名とした。次は明治四十二年四月（第二五議会）における改革である。この時には日露戦争後の論功行賞によって、明治四十二年度に伯一、子一、男九三、合計九五の勲功華族が誕生した。これによって有爵議員の定数が改められ、伯一七、子七〇、男六三名以内とし、定員数は各爵の総数の五分の一を超過してはならない（勅令第九二号）となった。その後は大正七年の第七〇議会で伯二〇、子七三、男七三以内と改め、更に大正九年の第四二議会では選挙規則の改正が行われたが、各政党が望む連記制の改正には触れていない。原首相はこの時真の改革は連記を単記の投票に改めることだと日記に残してはいるが、貴族院改革は慎重に取扱うという見解を述べている。「一、華族制度をどうするかについては、これは天皇の大権に属する問題であるから、今はとり挙げないこと。二、貴族院制度については衆議院において審議することはさけたい」とし貴族院令の改正の困難を認めている。

緒方竹虎も「貴族院の現制度にして、実際に弊害の原因となっているのは、伯子男爵議員の連記制による互選規則である。この連記制がある結果は政府当局乃至は政党幹部と取引の便宜を有する少数幹部の手に漸次団体の実権が集中され、単なる互選議員の団体が自然に政党化する傾向を作るのである」（議会の話）と述べている。しかしそれならば単記がよいのかともいえないのであって、これは単純な指摘因子ではないと考える。

その後に（第四四議会）なって議員提出の貴族院規則改正案が出された。提出者は侯爵細川護立外五名で、特別委員会では若干の修正があり大正十年三月二十六日に可決し成立した。

その内容は議会開設以来初めての全部に渉る改正ではあったが、本質的には大した変化がなかった。勿論議員独自の改革案ではなく政府よりの申出を受け議員側から提出したものである。その時の改正の内容は一、条文の不備を補う。二、各条の字句を修正。三、議員数の増加に伴い、各常任委員の定数を増加するの三点であってこれらは当然の内容であった。

貴族院改革に拍車をかけたのは大正十年二月の普通選挙法が貴族院で否決となったことゝ、文相問題で示した貴族院のとった独自の立場からの行動であった。普選（普通選挙）は衆議院議員選挙に関する多年の懸案であり、議会政治の前進に関係していたから、貴族院は否決したがこれは衆議院を強く刺激した。

政友会の森恪らが中心となって憲法研究会を設けた。この会は憲法と貴族院との関係の究明、貴族院改革、更に華族制度にも及ぶ内容が目標となっている。貴族院からは公爵二条厚基、侯爵小村欣一、伯爵堀田正恒、子爵西尾忠方が出席した。この会合は議員による改革問題の第一弾ではあったが、純粋なものではなく、改革問題を中心として、政友会と研究会、延いては貴族院との接近を計ったものであった。これは原敬の貴族院対策の予備活動でもあった。

大正十三年六月十三日に政友会幹事の山口義一と黒住成章によって計画したものに〈両院少壮有志の会〉がある。この会には、政友会からこの両名と、憲政会から横山勝太郎、革新倶楽部から植原悦二郎らの代議士が出席し、貴族院からは無所属の伯爵有馬頼寧、男爵中川良長、侯爵徳川義親、侯爵佐佐木行忠が出席した。この会合は必ずしも貴衆両院の対立的のものではなかった様で、有馬伯や山口義一らはかねてから議会政治について親しく語っていた関係にあったから、一般に貴族院問題がやかましくいわれる様になって来たことによって表面化したのである。その他個人的には近衛文麿公が早くから貴族院の改革については信念のある意見を持っていた。この様に色々の形で論じられ、その必要を認めていたが、積極的に乗り出す政府はなかった。

貴族院改革の経過　このように貴族院の改革の動きは色々な形でとりあげられて来たが、本格的な運動となったのは清浦内閣にたいする護憲三派の活動がその機会を作った。これを背景として加藤内閣が成立したのであるから、衆議院は勿論一般もこの内閣に改革断行を期待した。しかし六月二十五日に召集された第四九特別議会における開会当初の加藤首相による施政方針演説中には、貴族院改革のことについて正面切って言及してはいなかったから、一般は期待はづれであった。それには理由があった。加藤内閣がやらねばならなかったのは、第一は普通選挙の実施であったから、貴族院改革などで刺激することは、貴族院を硬化させることになり、普通選挙の成立に重大な影響があると考えたからである。それなら貴族院改革について、加藤首相はどう考えていたのか、高橋政友会総裁は加藤内閣が組閣されるや、その最初の会談で、この問題を質しているし、革新倶楽部の犬養逓相も貴族院改革に言及して、その急務を力説し、この席に出席していた横田法相も特に賛意を表し、積極的態度に出ている。であるから政府としては充分に準備はしているのであるが、貴族院改革と普通選挙を共に成立させねばならないために、表面から、はっきり出せなかったのである。

首相は大正十三年七月一日の貴族院本会議における施政演説では「貴族院の改善に関しては、世間にすでにその論があり、貴族院内にもその議があります。政府は一つには憲法制定の趣旨にかんがみ、また一つには時代の要求を斟酌いたしまして、慎重の考究をとげ、本問題に善処せんことを期する次第であります」と極めて抽象的な言をもって漠然とした発言をしている。これにたいし、男爵阪谷芳郎は首相に貴族院改革について言及した内容の質問をしている。その要旨は「貴族院は帝国憲法に明文化され、貴族院令の定めるところによって組織されているから、改革は憲法によって与えられた貴族院の組織権限に触れてはならないと思うがどうか」と質した。これは貴族院令（勅令）第一三条をさしたもので、衆議院が単独で改革を計画しても貴族院に議決権があったからどうしようもなかった。首相は勿論このことがあったから正面から貴族院改革のことをいい出せなかった。首相は阪谷男の質問にたいし次の様に答えている。これがこの時の首相の貴族院改革についての考えである。

「昨日の施政の方針を述べました際に貴族院改革という言葉を用いたということを二三度申されましたが、改革という言葉は用いません。改善と申したのであります。これはあきらかに改革という言葉と区別して改善ということを唱えたつもりであります。そしていかにこれを改善するかということについては、これより時代の趨向をみて慎重に考究いたすつもりでありますから、まだ結論に達しておらぬことは申すまでもないのであります。しかし、これだけのことは断言しうるのであります。憲法に関係することまで変更をもとめるという考えは少しもございません。」

これによって一応政府の貴族院改革についての考えは明らかになった。しかし与党内部にはこれでは不満であって、憲政、政友、革新の各派の改革論派は会合し、貴族院制度の改革は目下の急務であることとし、政府にたいしすすんで改革を断行すべしとする決議案を森恪、横山勝太郎、黒住成章らが作成した。しかし政府はこの急進改革を極力避けたいとし、この上程は取り止めさせた。そこで内容を少しく改め、次の様な建議案として衆議院に提出した。この提案理由の説明と賛成演説には、憲政会の箕浦勝人、政友会からは菅原伝、革新倶楽部からは林田亀太郎が行い、採決の結果は二五六票対七七票で可決した。（七月十八日）この反対七七票は主に政友本党であった。その建議案は次の通りである。

貴族院制度改正に関する建議案

現行貴族院制度は、明治二十二年の制定により、時勢の進運にともなわないものがある。政府はよろしくその声明の趣旨にもとづき、国論の要望するところにしたがい、速かにこれが改正に着手することを望む。

右建議する。

この様に一般論にも法令関係からも賛否の両派があるし、政府部内にも貴族院改革の実施についての考え方に二派がある。強硬派は憲法で許される範囲で貴族院を根本的に改革せんとするもので、その目標は貴族院令第一三条「将来コノ勅令条項ヲ改正シ、又ハ増補シヨウトスルトキハ、貴族院ノ議決ヲ経ヘシ」を改正して貴族院の議決権を廃し、一般法案と同じくしようとするものであった。即ち同意でよいとすることにあった。一方穏健派はこの改正には貴族院の賛成は得られまいから、政府から改革案を提出するよりも、先づ貴族院の了解をとりながら国論にしたがって実際の成果を得たらよいとするものであった。政府はこの後者の方針によって進めることゝなり、貴族院殊に研究会の幹部に了解をとるための努力が始められた。勿論研究会としては貴族院改革には強い反対の態度で臨んでいた。しかし一般世論は強く改革を望んでいることも承知していたから、この交渉には貴族院側には不安があり、政府のいだいている改革案の内容を一日も早く知ろうと苦心している。政府側は横田法相が貴族院との交渉の衝にあたっていた。横田法相らが断行しようとしている改革案の骨子は次の様であった。これは横田法相との交渉の段階で貴族院が知り得た内容である。

一、華族議員を現在より半分以下にする（一〇〇名）
二、任期を短縮する（五年）
三、世襲議員制を廃する

貴族院改革問題における加藤高明首相と研究会
（朝日新聞より）

四、連記を単記無記名式で選挙する。
五、勅選議員の定員を定め（一二五名）、任期を六年とする。
六、公選議員制を設ける（多額議員の廃止）

の六項であった。これにたいする貴族院の側、特に研究会の意見は、第一項の華族議員の数を現在の半分に減らすことについて、研究会の伯爵林博太郎は、貴族院の本質にかゝわるとして「わが貴族院はイギリスとちがって、上院ではなく、貴族の院すなわち貴族院なのであるから、貴族院の主力は貴族になければならない。その貴族を制限しようとすることは貴族院設置の趣旨にかんがみて意味をなさない」とし、貴族院の改革の本旨を理解していないと反駁した。これは貴族院のあり方を端的に示したものであるし、議員はいづれもこの自負をもって臨んでいた。しかし世論はこの林伯の意見は貴族院の改革の本旨を理解していないのと同じだと評している。第二項の連記を単記無記名式で選挙すると、伯、子爵議員選挙における選挙母体である尚友会の存在意義が薄くなり、延いては研究会の政治力の上の統制は崩れて、研究会にとっては致命的な結果が生れることゝなる。相手方からすれば研究会の切崩しの手段となる。原敬も曽て貴族院改革の必要を認めて、その第一の目標は連記投票制の廃止だとし、これができたら幹部の力は減ると見ている。研究会の幹部はこの連記制は必要であるとし、この連記制は責任をもって推薦して、同爵者を選ぶ方法なのであって、一団体（同爵者）の代表者（議員）を選定するには、その過半数の意見によるのが常識であるとして単記制に反対している。この連記制問題については既に述べたが、議会開設当初の明治二十二年六月五日公布の勅令第七八号（有爵議員選挙規則）第一〇条第二項に「投票ハ被選人ノ爵姓名ヲ列記シ次ニ自己ノ爵姓名ヲ記載スヘシ」とあるだけで、金子堅太郎伯は「当時は今日の如き選挙母体ができるなどとは考えも及ばない」ことであったと語り、連記が優れた方法と考えられていたのである。その後明治四十三年の第二六議会で、子爵曽我祐準が連記制の廃止を求める〈投票改正の建議案〉を貴族院に提出している（不成立）。連記制には研究会以外にも賛意を示す者もあり、富井政章博士はその一人で、

一、連記制は正規の選挙ではなく推薦である、これによって適当なる人材が得られるとする目的のものである。
二、団体の代表者を記するのは過半数の意見によるのが常道であるから
三、連記制が廃されれば華族界の平和を攪乱することゝなる。

との説を述べている（青票白票・昭和十三年三月二十日号）。会員には同姓数の多い松平、徳川などの宗族関係からの議員が多く選出されることを連記制によって或る程度妨ぐことになるとして、連記の妥当性を強調した。次に第六項の多額納税者議員を廃止し、公選制を設けることは、衆議院議員と同質となり二院制における本質上に疑問が生じて来るとし、これらの問題の上に更に貴族院令第二二条を廃止するならば一般法律と同様の取扱いができるし、衆議院にも立法審議権が生じることゝなる。又議院法を改正することは貴族院における予算修正権を削除することにもなるとの議論が出ていて、多くの検討を要する問題を含んでいた。

その他貴族院改革案はこれまでに種々発表されているが、その中で政府案と平行して作られた革新倶楽部案は最も進歩性があるとされたので、その要点を記す。

一、貴族院令第一三条の廃止と同令を勅令から法律への改正
二、貴族院議員定数の現行四一七名から約三九〇名への削減
三、公侯爵議員の特権廃止
四、単記無記名式選挙による有爵共通の互選方式の採用（有爵議員数は総定員の三分の一）
五、首相、枢密院議長、貴衆両院議長よりなる選考機関による勅選議員の選考（任期七年、勅選議員数は総定員の三分の一）
六、多額納税者議員の廃止
七、市町村会議員も選挙権有資格者とする民選による勅任議員の新設（道府県を一選挙区として人口四五万人に一人の割合で選出し、民選勅任議員数は総定員の三分の一）

以上の様な内容であった。この様な構成組織の改革案の他に、貴族院令の第一三条の廃止などに及ぶ権限の改革が含まれていることが重視される点である。この改革案の第七に示している民選議員の数が、貴族院議員の定数の三分の一を占めることは、形式的総合構成の上から見て、最高の立法機関として、二院制の本質論からして疑問があり、衆議院との関係から考えて望ましいものとはいえない。

この具体案の外にはどんなものがあったか、大正十二年八月三日の報知新聞に掲載された男爵中川良長の提唱のものから、同年十月三十一日発表の政友会小委員会の提案までを比較して見ると、一応具体的に共通する点もあるし、又隔りの大きい点も分る。このように改革案が各方面から発表されたが、研究会及び同会員は改革についての意見は出されたが、具体案の提示はなかった。自分達に直接結ばれた貴族院の非を認める結果となり、改革の裏付となることを、進んでとり挙げることはできなかったであろうが、恐らく会として申し合せがあって、幹部から何等かの申し渡しがあったのかとも考えられるが、研究会としての案は出ていない（最近貴族院制度改善世論概要及貴族院令改正沿革等ニ関スル調査書―貴族院事務局）。この点からして、政府は研究会の意中がつかめなかったから、交渉の上では研究会が優位にたてた。これらの貴族院改革案を一般的多数意見として整理して見ると、

〔伯子男爵議員〕

年令……二五才以上

任期……三年案、五年案、九年案

選挙……殆んど単記無記名の移譲法式

定数……華族議員は合計で一〇〇名とする、現在より若干減らすが多い。憲政会委員会案は一二五名、いずれも減員

〔公侯爵議員〕

年令……二五才以上

任期……五年、世襲は認めない
選挙……殆んどが互選を主張
定数……全華族議員の定員数に含まれる
〔勅選議員〕
定員制と停年制を要望
選考機関か推薦機関を置く
〔公選議員〕
殆んどの意見は多額納税者議員の廃止
それに代り公選議員を置く
各界の代表者による間接選挙方式
定員制、任期を定む
その他に華族議員の総数を現在の五分の一、或は六分の一とする案も出ているが、二院制の上から定員数は衆議院と同じくすることを挙げている。

これらの世論の問題点を含め、政府は大正十三年十月十日に内閣に貴族院制度調査委員会を設置し、委員に若槻内相、横田法相、江木書記官長、塚本法制局長官を任命した。改革案は同年十二月十七日にまとまり、大正十四年初めの第五〇議会に提出することを決めた。しかしこの調査委員会案を政府はそのまゝ提出しようとはせず貴族院の意向を打診し、それを参酌して、少しでもこじれない様にと配慮している。加藤首相はかなり早く近衛公に政府案を極秘で説明している（松本剛吉政治日誌・大正十四年二月二日）それによると

一、勅選に七年の任期を設くる事
一、特種勅選一八名を置く事

此は英国流にして、各種の学者又は特種の官衙長等の類

一、多額議員を廃し、各府県を通じて約二名宛の議員を出す事

此は納税額を百円以上とすること。

一、公侯爵の世襲は其儘とし、何時にても本人の希望に依り辞任を許す事

一、伯子男の互選数現在百六十六名を減じて約百四十名とすること、即ち二十六名の減也

と記している。しかし一般が改正を唱えている単記連記、無記名か記名かについての事項には触れていない。

この頃、政友会の中の強硬論派は、政府のとっている交渉態度は軟弱であるとして反対し、次のような決議案を作成して、次の第五〇議会に提出することを決めた。

「政府はすみやかに貴族院令および貴族院に関する法令の改正を行うべし

右決議す」

とあり、その提出の理由は「貴族院制度の改正に関してはすでに第四九議会で衆議院における建議案の通過により院議で決定している。政府はすみやかに適当な改正を行わなければならない」というのであったから政府と貴族院との間の問題が、政府と政友会と衆議院との間の問題となって来た。第五〇議会は大正十三年十二月二十四日召集され、開会の冒頭にこの決議案を衆議院は緊急上程しようとしたが、政府はやっと抑え、緊急質問の形に改めた。この質問にたいして、横田法相は目下鋭意調査中で本会期中には提出するとの答弁があったので納まったが、政府の態度は極めて慎重であった。翌年一月二十二日の休会明けの本会議で、加藤首相は施政方針演説を行い、その中で普通選挙の断行、行政、財政の整理、綱紀粛正に併せ貴族院改革の四大政綱を言明した。翌二十三日に政府は貴族院改革案の要綱を漸く決定した。しかるに貴族院改革問題担当大臣であった横田法相が二月五日に急逝した。研究会の幹部は横田法相と改革問題では早くから交渉を重ねて来ていて、両者間では一つの了解がとれ、決められていたことがあったから、法相の死は貴族院にとって重要な交渉相手を失ったことになり、了解事項は白紙に戻ったこととなり苦慮してい

る。

貴族院改革案上程　政府は横田法相の後任として小川平吉を推挙、貴族院との改革案問題での交渉は書記官長の江木翼が当ることゝなった。江木は横田法相に比べるとかなり冷たい態度で研究会に臨んだから、研究会側は不安が大きかった。大正十四年三月九日に改革案が貴族院に提出され、翌十日第一読会が開かれた。加藤首相は提出の趣旨説明を行い、その目的と方針について

「憲法制定の本旨を拡充し、政治的問題を解決するために、貴族院の組織にたいし穏健適正なる改正を加える必要があり、かつ近時産業、教育等の発達に伴い、貴族院に代表せられるべき要素は、各方面に欝然として勃興しているので、要素のうち慎重熟練耐久の気風を代表する分子を貴族院に網羅した」

と述べた。これによりその目的は政治的勢力の偏重、偏軽に陥ることを防ぎ、第二点では貴族院に慎重、熟練、忍耐の気風を代表するものを求めたものである。提出された改正案の要点は七条項である。

一、公侯爵及び伯子男爵の年令を現行の二五才から満三〇才に引き上げること。

二、公侯爵議員は勅許を得て議員を辞すことを得しめ、また一たん辞任した者が勅令により再び議員になることを得しめることとした。

三、伯子男爵の定数を現行定数の最高限（伯爵二〇人以内子爵男爵各七三人以内）から各一割を減じ、伯爵一八人、子爵六六人、男爵六六人とし、合計一六六人が一五〇人となる。

四、勲労及び学識を要件とする議員は終身議員であったが、身体または精神の衰弱により職務に耐えない場合は議決に基づき勅裁を請うことができるようにした。

五、特殊の官または公職にある者に、その官又は職にある間、議員として勅任される道を開いた。（朝鮮総督、台湾総督、日本銀行総裁、行政裁判所長官、帝国大学総長その他大学の長、帝国学士院長、検事総長、関東長官でその数一五名を超えない。帝国学士院会員より四人を互選し勅任されたもの、その会員たるの間七ヵ年間）

六、多額納税議員は現行の三〇才以上を四〇才以上とし、従来各府県で一五人の中から一人を互選することゝなっていたのを直接国税三〇〇円以上を納める者の中より一人または二人を互選すること。

七、第七条を削除すること。

以上である。この改正案は政府の原案を多少枢密院で修正したものである。

この法案にたいし研究会からの質問の第一弾は男爵池田長康によって行われた。その要旨は、具体的問題には触れないで、基本的考え方について首相に質問した。(一)何故この時機に改革を必要とするのか、(二)政府は貴族院を独立の府として、これに協調する態度をとっているか、(三)政府は二院制を軽視してはおらないだろうか、貴族院の改革は衆議院の手で行うものであってはならない……が政府の考えはどうかと質している。勿論加藤首相はこれにたいし、二院制の尊重と協調を重く視ていることの表示があった。貴族院の各派は連合協議会を開き政府の提案したこの貴族院令改正案について会議を重ね、修正を決め、それが特別委員会(委員長公爵近衛文麿)での修正案となり可決した。

その修正点は

一、第一条第五号ノ五中「特殊ノ官又ハ職ニ在ル者ヨリ特ニ」を「帝国学士院ノ互選ニ由リ」と改める。

一、同号ノ六中「工業商業ニ付」の次に「多額ノ」を加え、「年額三〇〇円以上」を削る。

一、第五条ノ二第一項及第二項を削り、第三項を「満三十才以上ノ男子ニシテ帝国学士院会員タル者ノ中ヨリ四人ヲ互選シ其選ニ当リ勅任セラレタル者ハ其ノ会員タルノ間七箇年ノ任期ヲ以テ議員タルヘシ其ノ選挙ニ関ル規則ハ別ニ勅令ヲ以テ之ヲ定ム」

一、第六条第一項を左の通りに改める「満三十才以上ノ男子ニシテ、北海道各府県ニ於テ土地或ハ工業商業ニ付多額ノ直接国税ヲ納ムル者百人ノ中ヨリ一人又ハ二百人ノ中ヨリ二人ヲ互選シ、其ノ選ニ当リ勅任セラレタル者ハ七箇年ノ任期ヲ以テ議員タルヘシ、其ノ選挙ニ関ル規則ハ別ニ勅令ヲ以テ之ヲ定ム」

の四点である。

改正案成立　三月二十五日の貴族院本会議にこの貴族院令改正案が上程された。特別委員会（委員長公爵近衛文麿）の経過並びに結果を副委員長長岡野敬次郎（交友倶楽部）が報告した。討論では永田秀次郎が反対論を述べ、その中で貴族院の重要使命論を唱えて、軽々しく改正すべきでないとし、「今日此貴族院令改正の案を決定するのは、如何にも慎重を欠くの嫌がある」と前置し、「貴族院令は憲法付属の重大法典でありまして、之が改正、即ち貴族院組織の改正と云うものは、将来我国憲政の運用上至大の関係を有することは言を俟たぬことであります。斯くの如き重大なる法典に対して殊に今回は殆んどその全部に亘り改めることは慎重と冷静なる判断で行わねばならないのに、清浦内閣の成立に際し二三の人の行動の不都合や、護憲運動の追撃の形で感情に因われ、改革を唱え衆議院が熱狂すればする程、冷静なる判断、理智の判断をすることを要求する。改正の公正を期するには、根本的に、全局面に亘って之を研究する必要がある」として改革の延期を希望した。

研究会からは子爵前田利定が賛成の立場で演説しているが、その賛否の表現は複雑なもので、「私は貴族院令の改正は必要とは思いませぬ」と前置して貴族院が能く民権自由論が高調されたのと調和を為し、其抑制を為し中庸の道を逸せしめずして、健全なる発展をして参った」し、「国民の期待に背反しては居らなかったと思ふ」又「貴族院が衆議院と相俟ち、相呼応いたしまして、国策をば遂行するに努め、憲政を滑かにして参った」とその経験を述べ、「国民より功労ありと認識せられても強いて不当の要求ではないと思う」その貴族院を改革しなければならないと叫ぶのだから意外だとしている。そしてこれは天災だとし「此の政治界における所の此災禍の中より凌ぎ出でまして、国家の為に御奉公申上げると云うことが貴族院としても、亦憲政の為めに取りましても、是は宜しいことである。斯様に観念を致して居るのであります。此意味をもちまして、此場合におきましても恰も俎上の魚の如くに男らしく微笑を含んで此案を賛成しようと思う」と結んだ。この様に前田子の賛成は「法案には反対であるが賛成する」というむづかしいものとなった。これが研究会の態度か、前田子個人の意見であるかは別として、前田子は研究会の領袖であり、その立場は代表者でもあることから、会としてこの程度の改正は認めるべきであるとする方針であった。

この他勅選議員の山脇玄も前田子の意見に賛成し、必要なしとして反対論を、賛成論は侯爵徳川義親、男爵阪谷芳郎で、阪谷男は王政復古時からの議員は僅かになっている。新しくなる時機に来ているとして改革の必要を認めている。かくして貴族院令中改正案は三月二十五日に第二読会から第三読会にはいり特別委員会の修正案の通り可決した。

以上の様な経過をもって長い間もみ抜いた改正案は成立（勅令第一七四号）した。顧みるとこの改正は貴族院の本質や権限には触れず、構成の改革に留まっている点からして、今回までの何度かの改革と、その内容においては大同小異の範囲を出ていない。改正点は
一、伯子男爵議員の年令を二五才から三〇才へと引揚げ
一、議員定数を伯爵は一八（二名減）、子爵は六六（七名減）、男爵は六六（七名減）とし
三、多額納税者議員については年令を三〇才を四〇才に引揚げ、直接国税三〇〇円を廃し、上位一〇〇人から一人、二〇〇人から二人とした。問題の焦点であった有爵議員互選における連記制（選挙法の改正）については触れていない。その他要望のあった多額納税者議員制の廃止、勅選議員の任期制、同じく選考機関の設置も実現しなかった。この様に貴族院の根本改革が見られなかったのは、貴族院令の改革が憲法に抵触することを懼れたからで、全般的には微温的と評される結果となった。それ故一般の期待には報いていない。そのために政友会内の急進派は極めて不満の意を示している。一方貴族院の立場からしての希望はほゞ崩れていなかった。この様な内容で決着するまでの研究会の立場と、政府との交渉や、政友会急進派との交渉には苦心があった。政府と研究会との交渉には首相―岡部子、江木書記官長―水野子の二本の線で行われ、又政府と政党との交渉は、首相―高橋、犬養の間で改革要項を一つゞつ検討し、了解をつけつゝ進められた様である。この様な交渉が続けられていた間に、首相と貴族院の幹部との互いの信頼を生み、党利党略や急進派の行き過ぎに引きづられない様警戒し、首相は常に貴族院への敬意は捨てなかった。又貴族院も議員各自が自重し、皇室への忠誠の信念をもって臨んだ結果である。特に連記制の改正は当初は行うことゝ

なっていたが、これは研究会の前途に重大な影響があるので、会は強く反対し続けていた。江木書記官長は最初から研究会の交渉にたいして、かなり強硬な意見を持ち、会からの申し入れも聴き入れようとはしない冷たい態度を示したから、その成否については最後まで極度に不安があったという。それ故、研究会の総会で青木常務委員から、改正案の取扱いにつき、話し合いがつき研究会の希望通り互選の方法は従来通りであるとの報告があった時などは、一同安堵と喜びを禁じ得なかった。結局首相の判断によって、連記制には触れないことゝなったものと見る。

多年問題であった貴族院改革が加藤高明内閣によって、不充分とはいえ、これだけの内容が断行できたことは、単に政府の決意だけでは不可能なことで、貴族院自体がこれを受け入れる態勢を持っていたからできたので、それを充分に知って研究会は臨み、政府と会との間に一致した信念があったからで、この貴族院改革の成立は政府を救い、研究会を救ったことになる。

第三節　普通選挙法の成立
——不安と前進

普通選挙法の上程　正式の呼び方は衆議院議員選挙法中改正法律案というが、法案の内容からして普選として略して謂れている。これは衆議院の選挙資格の一つである納税条件を徹廃し、その他欠格条件を改めて被選挙権者、選挙権者を広く一般化することに主眼があった。提案されて以来五年になり、幾度か議会で否決、不成立となっていたものが清浦内閣の時に護憲運動が機会を作り、護憲三派が協調して運ぶことゝなった。加藤内閣としても貴族院改革とゝもに果さねばならない重大法案なのである。貴族院改革が微温的だと批判される程に内容が貴族院の主張を取り入れたのもこの普選の成立を望んでのことであったといえる。政府によって作られた成案は枢密院に提出され、ここで大正十三年十一月十八日から翌年二月十二日まで約五〇日をかけて検討し修正が行われた。この修正点が後に問題になるが、選挙権者を二五才から引き上げ三〇才とする、華族の戸主の選挙権を除き、その他欠格条件を強化している。これを政府原案として第五〇議会の十四年二月二十一日に衆議院に上程した。しかも政府は三派の協同といわず憲政会の案としたことから政友会系の反撃を受け激しい論議の後枢密院の修正を無視する再修正を行って可決し貴族院へ回付した。波乱を含んだまま三月四日に上程、翌三月五日から貴族院の審議が開始された。

この法案の骨子は次の三点にあった。

一、選挙資格である納税条件を撤廃し、満二五才以上（枢密院は三〇才とした）の男子はすべて選挙権を持つことゝする。

一、新たに制限を置き「貧困ノ為公私ノ救恤ヲ受クル者」は欠格者とした。
一、選挙、被選挙権の範囲を拡めた、その内には華族の戸主の選挙、被選挙両権を与える（政府原案を枢密院が削除したもの）
一、中選挙区制をとることゝなる。

などである。貴族院はこの普選には非協力的であった。研究会の主たる反対理由は選挙、被選挙権者が急激に増加することの社会上の不安で、概念的には普及することには賛成であるが激増に問題があった。第二の反対事項は華族の戸主に選挙権と被選挙権の両権を認めることは、二院制の本質から意義がなくなることで、その点は枢密院案（政府原案）を支持している。

貴族院でも衆議院におけると同様に、政友会系勅選議員は強く反対し、法案の成立を阻止することによって内部崩壊へ追い込む動きにまでなり、賛否両論は激しく対立した。一時は不成立が予想されるに至った。しかし一般はこの貴族院の態度に不満を示していたから、世論にたいしての立場があり、政府も貴革と普選とを共に成立させねばならなかった。貴族院における成否の見透しは一つに研究会の出方にあった。政友本党は研究会に接近し、政友会も研究会に働きかけた。一方政府は法案の成立のために研究会に懇請したので、この法案の取扱について態度を決める研究会総会は激しい論議が交わされた。普選に反対の立場にあったのは渡辺子、青木子と宮田光雄、湯地幸平、勝田主計、佐竹三吾、西野元、馬場鍈一らの勅選議員で、一方賛成派は大河内正敏子ら多くの伯、子爵議員であった。この様な対立から一時は除名論まで出たし、勅選の一派は脱会も厭わずと強い態度を示し、会としては希れに見る混乱が起り、松本剛吉政治日誌では「会の分裂の危機であった」と記している。

その間にあって筆頭常務の近衛公は「首相と交渉をつづけ混乱収拾のための政治的活躍は大きな役割であった。その間裏面での水野子の奔走は少なからざる効を奏した。水野子は西園寺公の招電を受けて急拠興津へ行き、公より予算、貴革、普選について、内閣を支持するよう諄々と説かれた」（松本剛吉政治日誌）のであって、この三つの関連する問題では政府は憂慮していた。殊に衆議院を通過している一五七、四〇〇万円の予算について、研究会では会内の硬軟両派の激論の末、火力発電所費と師範教育費の一部を削除することを決めたことでもあり、貴族院令の改正や治安維持法、普通選挙法などで研究会は政府との交渉に力を注いだ。そのため水野子の興津行（三月十八日）となり、三月二十一日には近衛、水野と首相との三者会見があり、政府との妥協が成立したのであった。しかしこれには研究会内の政友会系勅選議員は依然反対の態度を変えず、幹部は苦心を重ねている。

普選案成立　衆議院では普通選挙法案には他の諸問題との関連もあって審議は難行し数カ所の修正を特別委員会で可決し、本会議でも採決となった。その一つに華族に関する事項の修正が含まれているので、少しく説明を加える。第七条第一項に「華族の戸主は選挙権、被選挙権を有せず」とある原案を衆議院は削除して可決した。この項は枢密院では入れてあり、政府原案も入っていたもので、それを削除した。即ち華族にはこの両権が認められたことゝなった。この点について衆議院の本会議においての特別委員会の藤沢幾之輔委員長は報告して「此点ニタイシテ、政友本党ノ方々カラモ其他ノ諸君カラモ、度々質問ノアツタコトデアリマス。既ニ普通選挙ヲ行フト云フ以上ハ、何故ニ華族ノミヲ除外セントスルノデアルカ、斯フ云フ旨趣ノ質問ガ沢山アツタノデアリマス」と述べている。たしかに華族のみを除くのは当を得ていない、この意見が多数を占めた結果なのである。

貴族院ではどうであったか、この法案は三月四日に上程され、特別委員会（伯爵林博太郎以下二八名―委員長子爵渡辺千冬）に付託された。委員会での審議で、政府はなぜ衆議院が第七条第一項を削除することに同意したのかの質問にたいし次の様に述べている。「憲法制定当時に関係した人々にも政府は意見を徴して見た。只、憲法制定当時頃は、華族の戸主に選挙権、被選挙権を与えないと云うこの規定とは何等の関係はない。貴族院令第七条と華族の勢力が今日に比して甚だ大であったから、これが選挙の上に影響さしてはいけない。この理由で選挙権、被選挙権を与えなかったと云う説も政府は聞いているそうで、政府としてはこれは何より大問題であるから、現行法の儘にして置こうと思ったのであるが、衆議院に於て与うべしという論が出てこれを与えても普通選挙の根本精神を傷けるものでないから同意したのだ」と渡辺委員長は報告している。衆議院における削除の理由は政府の態度も甚だ漠然としている。二院制の理念からすれば、貴族院議員は両権はないのが筋論で、華族だけが両権のないのは不合理といえる。政府が同意した理由でも、大問題だから現行法のまゝにするとか、華族の勢力が甚だ大であったから、選挙に影響してはいけないなどの理由は幼稚なものである。貴族院の委員会はこの第七条第一項の削除を修正し政府原案に復活した。その理由は委員長は「コノ修正ノ理由ハ既ニ述ベマシタ通リ、種々ノ議論ガアルカラシテ、寧ロ現行法ニ従フ方ガ宜シイト云フ政府ノ初メノ考ヘニ従ツテ、之レヲ斯ノ如ク衆議院ノ削除ヲ復活シタ」のであると報告した。この報告によると問題がありその理由も明確でない以上、政府原案を支持しようという一般的理由によった態度であった。その上、枢密院からの方針で華族の両権はないことゝしたのについて華族としての社会的に一段と高い存在（衆議院での政府説明の主旨）を裏付られたことに共鳴している様に考えられる。貴族院の特別委員会での修正は六ヵ所であった。

一、第三条三号を「生活ノ為、公私ノ救助ヲ受ケ又ハ扶助ヲ受クル者」と改む
二、第七条第一項として「華族ノ戸主ハ選挙及被選挙権ヲ有セズ」と挿入す
三、第一二条第一項及第三項中に「六ヵ月以上」を「夫々一年トス」
四、第二四条「勅令ヲ以テ指定スル義務ニ従事スル」を削り、また「選挙人ヲシテ勅令ニ定ムル」を残し「業務上ノ」の四字を削り「其ノ投票区内ニ非ザル為」を削る
五、第七九条第一項を削除す
六、第一三六条但書を削除す

の以上であった。これが貴族院本会議で可決されたため、両院協議会の要請となった。協議会は三月二十七日開かれた。

貴族院側委員
伯爵松平頼寿（委員長）　子爵青木信光　子爵渡辺千冬　寺田　栄　男爵郷誠之助　以上研究会

内田嘉吉　茶話会
男爵斯波忠三郎　男爵矢吹省三　以上公正会
水野錬太郎（副委員長）　花井卓蔵　以上交友倶楽部
衆議院側委員
安達謙蔵（委員長）　頼母木桂吉　武内作平　斉藤隆夫　以上憲政会
岡崎邦輔　小泉策太郎（副委員長）　前田米蔵　石井謹吾　以上政友会
秋田　清　革新倶楽部

両院協議会で議論は第一の事項と有権者と欠格者数について集中した。両院は妥協点が出ず、難行し、そのため会期を再度延長して協議を重ね、政府は何んとしても成立を計りたいと努力を惜しまず、漸く二十八日午後一一時四四分に妥協が成立し、この成案は翌日両院とも是認したので成立することゝなった。この間の研究会が示した努力は少なくなく、普選の成立のためにこれ程までに努力を惜しまずに成立させたことは、貴族院改革の時からの加藤首相にたいしての約束を果したことでもあった。かつて加藤内閣が貴族院改革案等の提出の折に研究会の申し出を尊重したことを研究会は忘れなかった。これで加藤内閣の大願は満たされた。

第四節　貴族院改革後の研究会

第四回総選挙　大正十四年（一九二五）三月第五〇議会において成立した貴族院令改正は五月五日に公布となった。しかし互選規則は改正されないので従来の規則によって有爵互選議員の総選挙が同年七月十日に実施された。先づ伯爵は有権者一〇四名で、松浦、大木両派を中心に候補者の推薦があり、選挙は連記制によって行われ、その結果再選一四、新任四計一八名で（二名減）新任には伯爵樺山愛輔、伯爵柳原義光、伯爵酒井忠克、伯爵二荒芳徳が当選した。子爵議員は尚友会が候補者の推薦を行い、その予選を経て、有権者三八二名が投票し、再選五一名、新任一五名計六六名（七名減）が当選した。新任は

子爵大久保立　子爵小倉英秀　子爵花房太郎　子爵三室戸敬光　子爵東園基光　子爵税所篤秀
子爵保科正昭　子爵石川成秀　子爵森　俊成　子爵滝脇宏光　子爵鍋島直縄　子爵岩城隆徳
子爵舟橋清賢　子爵松平康春　子爵綾小路護

の一五名である。男爵議員の場合は、選挙母体である協同会によって人選が行われ、有権者四〇八名の投票により、再選四九名、新任一七名計六六名（七名減）が決った。これらの三爵議員選挙は連記制で行われたし、選挙母体によって推薦があり予選が行われたから、その投票状況は全く従来と変わることがなく、進歩の跡が見られなかったから、一般からは依然として幹部の専制として非難があり、殊に政友会の中では早くも貴族院互選規則の改正を唱え始めている。

続いて多額納税者議員の総選挙（改選）が九月十日に行われ（九月二十九日に勅任）、再選八名、新任五八名計六

六名が決った。今回の選挙で新任された多くは、前回に比してかなり政党色があったのが特色であった。しかし貴族院では政党に関係することはなく、それぞれ団体を持った。研究会は有爵議員では減員となったが、この多額納税者議員の入会に力を入れた結果次の二八名が入会した。

石川三郎　伊沢平左衛門　五十嵐甚蔵　絲原武太郎　浜口儀兵衛　西本健次郎　本間千代吉
若尾謹之助　金子元三郎　吉原正隆　吉野周太郎　横山　章　高橋直治　田村駒治郎
高橋源次郎　津村重舎　中村円一郎　鵜沢宇八　宇田友四郎　奥田亀造　小林　暢
佐々木志賀二　沢山精八郎　斎藤喜十郎　北村宗四郎　三木与吉郎　森広三郎　森平兵衛

（十二月入会奥田栄之進）他に勅選議員内藤久寛が入会し、これにより研究会員は一五二名（大正十四年十二月の第五一議会召集日）となった。

今回の選挙は貴族院改革後の最初のものだけに注目されたが、有爵互選議員の新任者は全体の二四パーセントに止まった。これは依然として首脳部の実力がはっきりしていることゝ、連記制で行われた結果といえる。しかし、すべてを連記制の弊害と見ることはできない。連記制のために当選できなかった議員希望者が、又適任とされていた者が何人あったか。逆にいえば大部分の当選者はいづれも優秀な推薦さるべき人物であるといえよう。蓋し「国民ノ慎重、練熟、耐久ノ気ヲ代表」（伊藤博文憲法義解）している適任者であって、むしろ二三の例外に惑わされることを警戒しなければならない。

登霞会　貴族院改革は旧弊の一掃とはならなかったことは、政党や一般の不満ばかりではなく、有爵議員中にも期待はずれとするものも少なくなかった。このような純粋論から生れたものに登霞会があった。同志の会で対外的な目的ではなかったから、その成立の時機やいつまで続いていたかは詳らかでないが、それよりも、この同志の考え方が注目される。会する同志は近衛文麿公を中心とし、佐佐木行忠侯、酒井忠正伯、有馬頼寧伯、織田信恒子の五名であって、何れも若手議員で、政治の純正を唱え、理想的議会政治を望んでのもので、各自は申し合せた条項を信条とし、それを記載した書状を常に身につけていた（織田信恒子談）という。その信条とは一、政党へは接近をしない。一、政務官への就任をしない。一、利権的職には就任しないなどであった。この信条は後には崩れてしまい、結果的には理想論に終ってしまった。同志自身も理想だと認めていて、登霞即ち霞の中に登る夢のような理想へ登るとしてこの会名となったという。

第五節　政務官制度の問題
――研究会の協力

政務官制と研究会　大正十三年六月加藤高明内閣の成立による第四九特別議会（六月二十八日より二十一日間）が開かれ、護憲三派の連立内閣であったから、議会は混乱もなく進んでいた。しかるに上程された追加予算案中に、政務官新設費が組まれていたことが問題となった。政務官の設置は既に大正三年大隈内閣に勅任参政官を置いたことがあった。その後原内閣の時には勅任参事官があった。今回は政務次官、参与官の二つの官職とし、これを各省に設置して「政務のため事務の敏捷を欠くようなことがあってはならない」し、「大局の見地から国務大臣を補佐する」（政府説明）ことを目的として設置を計画した。これには他にも理由があった。それは加藤内閣は三派連立のため各派からの猟官熱が高く、政府はその解決の手段として計画したとされている。

この制度が政府において準備されると、貴族院ではかなりの異論が出た。研究会は総会において、この政務官設置は冗費の増加に過ぎないとの見解であったから、会としてはこの設置費四万五千円を削除する態度に出た。衆議院では野党である政友本党が「これは行政の根本的整理を行うという現内閣の政綱に反する冗官」として、この削除を主張している。研究会の反対論は「行政整理と切り離して、この特別議会に政務官設置の経費を要求することは、一、時期的に穏当でないし、二、政務上の必要ではなく、猟官運動とつながる恐れがあり、三、綱紀粛正方針に反するものである」との理由で強く反対した。これに対し、加藤首相は前述の様に「政務官は大局的見地から、国務大臣を補佐する任務を持っており、事務と政務は区別するので冗官ではない」と述べている。予算委員長伯爵林博太郎は政務官制度を「英国製のビスケットで金魚を釣ろうとするものだ」といって、猟官熱と政府の態度を揶評している。

研究会が政務官設置に反対し予算を削減しようとする理由はもう一つ別にあった。それは、研究会が強力に支援していた清浦内閣が、護憲三派よりの攻撃を受けて崩れたことにたいする反駁でもあった。研究会としてこの様に政務官設置費の削除の方針を決めたが、もし否決となるとこの追加予算の成立は危ぶまれ、若し不成立になった場合の責任は研究会が負わねばならなくなるので、会内では否決についての賛否両論が対立した。研究会幹部はこの解決に苦慮し、渡辺千冬、榎本武憲両子は若槻内相に会い、政府の意とする処を聞き、政府と研究会との間にたって協議を重ね、やっと総会で政務官問題の取扱いは常務委員と予算委員との協議に一任することゝなった。一方西園寺公もこの成行きを案じ、直接研究会へ伝言があった程で、このような過程を経て漸く研究会は政務官設置に同意をしたので、政府は予定通り実現することができた。官制は八月に公布され、第五〇議会に臨むにあたり、大正十三年十二月に第一回の政務官の任命が行われた。

研究会より政務官就任　大正十四年八月二日に内閣の改造が行われた。これまでの内閣は護憲による三派連立であったが、政友会閣僚は意見を異にし退任となったためで、後任は、司法大臣に江木翼、農林大臣に早速整爾、商工大臣に片岡直温が就任し、こゝに憲政会による単独の第二次加藤内閣が成立した。これにともない政務官の入れ換えと補充が行われることになり、先づ政友会からもとって連携を計ったが交渉は予定通りには運ばなかった。そこで政府は内閣の政治力の強化を計るため、むしろ研究会に接近して貴族院への工作を計ることとした。政友会との連携はできなくとも、研究会と政友本党との結びつきがあるので不安は除けるとした。今回の各省政務次官と参与官は合計一一の席があり、このうち約半数を貴族院に割当てることゝしていた。政府は先づ研究会の筆頭常務委員である近衛文麿公に政務官に就任してほしいと申し入れた。近衛公は御殿場に滞在中の西園寺公を訪ね、意見を求めた。その時の公の意見ははっきりは分らないが、研究会は時の政府にたいしては是々非々の態度をとっているのだから、その判断で臨み、憲研提携などにとらわれず、「総理が誠意を以て政務官を取り度き旨言われたるに依り、其の誠意を認め、政治の見習の意味にて個人的に入らしむ」るならばよい（松本剛吉政治日誌・大正十四年八月七日）とのことであったので、公は会を代表してゞは困るが個人としてなら別に差支えないから、この交渉は個人についてして頂きたい旨を回答した。それから後には小笠原長幹伯が斡旋の労をとり、加藤首相自ら研究会員個人との交渉となった。首相から研究会に政務次官二、参与官二を出してほしいと申し入れて来た。研究会は政務官制については当初から反対していたから問題であった。若し出すとすると、憲政会との提携となり、それは政友会としては不満であることは明らかで、拒否すれば、貴族院改革、普選問題で両会が互に信頼を生み出し得たことが崩れてしまうから、極めて微妙であった。近衛公は政務官就任は受ける意思はないので、研究会は牧野忠篤、八条隆正、水野直の三子と溝口直亮、小笠原長幹の両伯で協議した結果「研究会はいづれの内閣に対しても是々非々主義をもって臨むので、現内閣が研究会から政務官をとるということに敢て拒むにも当るまい」との見解を決め、首相からの指名は受けるが、何れも個人の資格であって、会派を拘束しないことを申合せ、会が代表者を出したのではないということを言明した。先づ最初に政務次官の候補には子爵八条隆正が挙げられたが、同子は受ける意志がないので取り止めとなった。その後陸軍政務次官に伯爵溝口直亮、参与官に子爵水野直が内定したが、溝口伯は軍歴上で陸軍次官、軍務局長の後輩であったことゝ（溝口伯は予備役陸軍少将）政治経歴の上から宇垣陸相の受け入れる所とならなかったので、水野子の政務次官就任となった。この間の交渉は加藤高明首相と縁戚になる子爵岡部長景があたった。岡部子が大塚の水野私邸に強引に乗り込んでの交渉は後まで話題となった。

研究会の幹部が憲政会内閣の政務官に就任した事について色々の見方があったが、結局は加藤首相の人物への信頼と、政局の安定と、研究会の政治的存在の強化の三点から出たことゝいえる。水野次官は就任の談として「私としては全く個人的関係において任官を承諾したのである。これは実際首相と初会見の際、首相が赤誠を披歴されたので、私は夫れに感じ入ってこれを承諾したに過ぎない。現内閣や憲政会の主義政策と私の主張が合致したのではない。従って、いつ如何なる事情で突然辞めるか言明の限りでない」とあるからして、研究会の立場を少しでも優位に置くことにあった。又松本剛吉にも「今回偶然にも加藤子の懇望に依り、陸軍省に入れり、実は自分は何等の望みもなく、加藤子が誠意を以て種々なる話をせられたるに感激し」（松本政治日誌）てと語っているから、単なる儀礼や挨拶の言葉ともとれない。加藤首相から受けた誠意とはその内容は何か、これは人物的批評の他に貴族院改革の時に示した研究会の申し入れにたいする理解と約束であったと思う。

八月九日付をもって次の通り発令があった。

陸軍政務次官　子爵　水野　直
同　参与官　伯爵　溝口直亮
海軍政務次官　子爵　井上匡四郎
同　参与官　子爵　伊東二郎丸

この発表は当時政界の驚異であった。研究会はその伝統から政党への接近を強く警戒して来たものの、その後原敬内閣以来は政友会に接近していたし、研究会は政務官設置は冗費として削除せんとした程であった。それが憲政会内閣へ政務官を出すことゝなり、しかも四名はいづれも研究会の幹部であったから当時の新聞は種々の批判をして、「憲政会側は腕を見せた首相、これで来議会は先づ泰平」といゝ、「研究会を背負って立つ水野子の一流の時局安定策」と評し、政友会では「貴族院のご機嫌取りだとし、いよいよ貴族院改革の徹底が急務」と語り、政友本党は「研究会の無節操」と評した。

政務官の就任の申し入れは公正会へも行い、男爵船越光之丞を外務政務次官にとの交渉があったが、公正会では幹部を次官にとは失礼であるとして拒絶し、一時は政務官を出さないことゝした。元来公正会は幸無四派に属し、非政友会系で、むしろ憲政会には好意的であっただけに首相は不安を感じた。結局は公正会の男爵矢吹省三が外務政務次官に就任している。

研究会から政務官を出すことはこれから後貴族院の解消まで続いた。次にその一覧を載せる。各職員は研究会を代表しての就任であるや否かについては、確固たる表明はなく、その時に臨み、政治的見解をもって対処したと見られる。人選については、一、首相又は政府の指名による申出と、二、会内の事情での人選が主たる筋であるが、外部から即ち時の政府か政党との関係によって就任を見た場合もあった。子爵岩城外務政務次官は後者に属する。

研究会会員政務官（カッコ内は内閣名）

省名	政務次官	参与官
外務	子　伊東二郎丸（鈴木）	子　織田信恒（浜口）
	子　岩城隆徳（犬養）	
内務	子　鍋島直縄（広田）	伯　橋本実斐（岡田）
文部	子　舟橋清賢（米内）	子　三島通陽（小磯）
	伯　橋本実斐（鈴木）	
	子　三島通陽（幣原）	
陸軍	子　水野　直（加藤、若槻）	伯　溝口直亮（加藤、若槻）
	伯　溝口直亮（浜口）	子　立見豊丸（広田）
	子　伊東二郎丸（浜口、鈴木）	子　土岐　章（犬養）
	子　土岐　章（斎藤、岡田）	子　大岡忠綱（鈴木）
	子　岡部長景（岡田）	
	子　大島陸太郎（小磯、東条）	
海軍	子　井上匡四郎（加藤）	子　伊東二郎丸（加藤）
	伯　堀田正恒（犬養、斎藤、岡田）	
司法		子　舟橋清賢（岡田）

勅　野田俊作（広田）
子　秋月種英（広田）
子　高木正得（米内）
子　立花種忠（斎藤）
伯　徳川宗敬（小磯）
伯　渡辺　昭（幣原）
鉄道　勅　佐竹三吾（若槻）
勅　野田俊作（犬養）
勅　若尾璋八（犬養）
勅　板谷順助（斎藤）
農林　子　織田信恒（斎藤）
子　北条雋八（幣原）
逓信　子　立花種忠（斎藤）

研究会規則の改正　大正十四年（一九二五）既に貴族院改革の重大案件も決着し、同年七月十日には有爵互選議員の、同年九月二十九日には多額納税者議員の総選挙がそれぞれ実施され、新入会者も多かった。殊に多額議員二六名が入会した。こゝで研究会は役員の機構の改正を計り、同年十月十五日の総会で改正が決定した。それによると新たに相談役を置く、常務委員の数を三名減じ一二名とする。協議員も五名減じて二〇名とすることが決まった。役員の改選は五月と十一月の年二回とし、投票によって選出することを改めて確認した。

この改正により翌十五年十一月相談役に公爵近衛文麿、伯爵松平頼寿、子爵牧野忠篤の三名が決った。

第六節　若槻内閣の成立
―研究会内部に問題

第五一議会　大正十四年（一九二五）九月十八日に帝国議会議事堂が焼失した。今度で二回目の火災である。同二十九日に仮議事堂の再建に着工し、漸く十二月二十二日に完成し第五一議会に間に合った。

第五一議会は十二月二十五日に召集され、全院委員長に公爵近衛文麿を選出した。翌十五年一月二十一日休会明けから加藤首相の施政演説によって再開したが、首相は急に発病し一月二十八日に逝去した。議会中であったことなどから憲政会の延長内閣となり若槻臨時首相代理が次期首相の勅令を拝し、加藤前首相の遺志を継ぎ、全閣僚の留任が決った。若槻首相は今後の政策遂行の円滑化のために、先づ貴族院では研究会に了解を求めた。研究会はこの政府の求めに応じ交渉を始めた。研究会側からは近衛文麿公、小笠原長幹伯、寺島誠一郎伯、牧野忠篤子、青木信光子、前田利定子、八条隆正子、渡辺千冬子、伊東二郎丸子、勅選議員では今井五介、横山章、馬場鍈一、佐竹三吾、富谷鉎太郎の五名が当った。衆議院では政友会総裁陸軍大将男爵田中義一の機密費問題が起り、貴族院では師範教育施設の問題で紛糾した。この問題は前議会で貴族院が議決したのを無視したことによって起ったもので、政府は大正十四年の予算にこの議決が取り入れられていなかったことを陳謝し、大正十五年度の予算には貴族院のご希望通り実施すると言明したことで了解が得られ、第五一議会は無事に終了した。

若槻内閣の改造　議会終了後若槻内閣の改造が始められた。改造の目標は、憲政会単独内閣を改め、政友本党と研究会との三派連合内閣とすることであった。若槻首相が兼任の内務大臣と、仙石貢の辞任による鉄道大臣とを研究会に求め、若槻首相は内務大臣に水野直の就任を懇請した。政友本党からは二名の大臣を出させる計画であったが、政友本党は内務大臣の椅子を要求したため、若槻首相は受け入れなかった。それがため政友本党は若槻首相には協力しないことゝした。これによって最初の三派連合は崩れ、水野子も断ったため、内相には浜口蔵相が、蔵相には早速農相が転じ、新しく町田忠治が農相に決まった。

さて研究会幹部は若槻首相より懇請のあった鉄道大臣については二派に分れている。若槻内閣に協力を好まない牧野、酒井、前田の各子があり、一方協力賛成派は渡辺、八条の両子であった。青木、水野両子はこの両派の中にはいり協議を行い、結局鉄道大臣に子爵井上匡四郎を推薦し、その就任が実現した。

しかし研究会の勅選議員は井上子の鉄相就任には反対する表明を行ったが予定通り実現した。大正十五年六月三日改造を終った。

内閣総理大臣	若槻礼次郎（憲政会）
外務大臣	男爵　幣原喜重郎（同和会）
内務大臣	浜口雄幸（憲政会）
大蔵大臣	早速整爾（憲政会）
陸軍大臣	宇垣一成
海軍大臣	財部　彪
司法大臣	江木　翼（茶話会）
文部大臣	岡田良平（研究会）
農林大臣	野田忠治（日本進歩党）
商工大臣	片岡直温（立憲民政党）
逓信大臣	安達謙蔵（憲政会）

鉄道大臣　　　　　井上匡四郎（研究会）

内閣書記官長　　　塚本清治

法制局長官　　　　山川端夫

第五一議会の終に近くなった二月二十八日に郡役所廃止問題が再び議題となった。郡役所の廃止の法案は既に第九議会に出され、第二二議会にも成立せず、第五一議会の最終日（三月二十五日）公正会の男爵木越安綱らは〈郡役所ノ廃止ニ関スル決議案〉を提出した。研究会はこれに反対したため否決された。

反研究会の動き　貴族院改革問題での研究会の活躍は大きかった。その行動は加藤内閣への接近と加藤首相との交渉などからの研究会としては成功であったが、貴族院の会派の中には憲政会への接近に心よく思わなかったものがあった。更に若槻内閣となってからも同様に深い交渉があり、若槻首相も憲政会総裁でありながら研究会へは特別の配慮をしていたことから、反研究会の動きが二つ出て来た。大正十五年十一月になって、徳川義親、徳川圀順、久我常通、佐佐木行忠の四侯爵議員は、貴族院改革の内容が研究会の策動により微温的になったことを不満とし、茶話会、同成会、純無所属へ反研究会団体の設立を呼びかけた。時を同じくして公正会の憲政会系男爵議員もこれと相呼応して反研究会運動を起そうと計った。これにたいし、公正会内は賛否両派に分れ、賛成派は黒田長和、岩倉道倶、稲田昌植らで、反対派は福原俊丸、藤田平太郎、池田長康の各男爵議員であって、この問題は解決しないで終った。一方研究会内にも貴族院改革の問題や憲政会内閣への接近の行動をとった幹部に不満をいだいた勅選議員は革新懇談会なる会合を開き、反幹部の表明を行った。この様に研究会の内外には貴族院改革問題に端を発し反幹部の動きが見られるようになった。これは幹部の専横に原因があると見るよりも、政府との交渉に余りに独断的な熱心さがあった為にこの様な動きが生じたので、これから後、研究会は長く示して来た絶対強力会派から次第に会内の諸問題に苦慮しなければならなくなるのである。かくして第五二議会は大正十五年十二月二十四日召集となったが、その翌二十五日に大正天皇の崩御、摂政宮裕仁親王の践祚があり、昭和と改元された。

【解説】水野勝邦氏の貴族院研究について
―貴族院研究上の意義を中心に―

青山学院大学文学部教授
小林　和幸

はじめに

本書は、一九七一（昭和四六）年に刊行された『貴族院の会派研究会史　付、尚友倶楽部の歩み』を増補改訂して明治大正篇・昭和篇二冊に分冊し、一九八〇・一九八二年に刊行した水野勝邦氏の執筆による帝国議会貴族院の政治会派研究会の通史である。また、同時に、貴族院に関する戦後、最初の本格的な実証的研究書でもあるという意義を有する。

戦後の歴史研究において、皇族・華族・勅任議員（勅選議員や多額納税者議員など）によって構成される貴族院は、衆議院の政党に対抗する「藩閥政府の擁護者」といった否定的な見方がなされ、顧みられることが少ないなかで、貴族院の実相を明らかにしようという強い意欲のもとに、自ら史料の発掘や貴族院経験者への聴取などを行って執筆されたのが本書である。

本解説の課題は、明治期の貴族院研究を中心に、本書を理解する上で重要と思われる諸点について述べることである。以下、先ず著者の水野勝邦氏の経歴や貴族院研究業績について記し、史学史上の意義、さらに今日の貴族院研究との関わりを述べたいと思う。

一、水野勝邦氏の経歴と貴族院関係研究業績

勝邦氏は、下総結城藩水野子爵家に、一九〇四（明治三七）年六月に生まれた。父は、原敬内閣の時に、政友会と研究会が提携するいわゆる貴衆両院縦断を主導した研究会側の幹部水野直である。水野直は、紀州新宮藩水野男爵家に生まれ、養子となり結城水野子爵家を継いだのであった。

勝邦氏は、一九二九（昭和四）年四月の水野直の急死により、同年六月襲爵する。東京帝国大学在学中であった。父の直は、東京帝国大学政治学科卒業の翌年、一九〇四（明治三七）年の子爵議員選挙に当選し、貴族院議員に就任するが、勝邦氏も、若くして水野子爵家の当主としての重責を担うこととなり、将来、研究の道に進むか、父と同じ政治家の道を歩むか二つの道が提示されたのであった。

勝邦氏は、同大学文学部支那哲学科を一九三一年に卒業後、同大学大学院に進学、次いで、専修大学に勤務することとなる。また一九三一年には外務省派遣中華民国調査員として中国に留学している。以後、中国経済の研究者として多くの業績を発表し、専修大学の他に、大正大学（経済学部長、図書館長など歴任）でも教授として、研究・教育にあたった。

その間、七年毎に行われる貴族院子爵議員選挙が、一九三九年七月に行われ、当選する。勝邦氏襲爵後初めての子爵改選であり、この時、満三九歳であった。非常時において中国事情に明るい勝邦氏は、水野直の後を継ぐ、貴族院での活躍が期待されたものと思われる。以後、中国経済の研究者と政治家という二つの道を歩むことになり、貴族院が廃止される一九四七年五月まで貴族院議員を務めたのであった。

貴族院議員としては研究会に所属し、一九四〇年研究会調査部理事、戦後の一九四六年研究会常務委員に当選している。貴族院廃止後においても、旧華族として社団法人霞会館理事を一九七一年から七二年まで務め、また研究会の選挙母体「尚友会」の流れをくむ社団法人尚友倶楽部の理事を一九四六年以降、務めている。

前述の通り、勝邦氏の専門は、中国経済研究であったが、一方において、その経歴からの使命感もあって貴族院の研究に精力的に取り組むこととなる。特に、歴史学者の旧公爵大久保利謙氏と歩調を合わせ、旧華族、旧貴族院関係者との深い交流関係を駆使して貴族院関係史料の収集にあたった。

貴族院関係の最初の編著書は、先に挙げた『貴族院の会派研究会史　付、尚友倶楽部の歩み』であり、次いで、『貴族院の会派研究会政治年表』（一九七五年）、『貴族院における審議資料　橋本實斐委員メモ』（一九七三年）、『華族会館の百年』（一九七五年）、『貴族院における日本国憲法審議』（一九七七年）、『研究会所属　貴族院議員録』（一九七八年）、『貴族院の会派　研究会史』明治大正篇（一九八〇年）、同昭和篇（一九八二年）、『貴族院政治年表』（一九八二年）、『貴族院の政治団体と会派』（一九八四年）、『尚友倶楽部誌』（一九八五年）、『貴族院子爵議員選挙の内争』（一九八六年）というように立て続けに貴族院に関する研究を発表している。

このような業績は、刊行された諸史料のみならず、参議院や国立国会図書館、霞会館、尚友倶楽部に残された未刊行の史料、さらに、自ら貴族院関係者から貴族院の思い出を聴取した談話なども利用したものであった。

勝邦氏が大久保利謙氏らと共に行った貴族院議員、あるいは貴族院事務局などに勤務した貴族院にゆかりのある人々から聴取した懐旧談は、今日では、『貴族院職員懐旧談集』（霞会館、一九八七年）、『その頃を語る　旧貴族院議員懐旧談集』（尚友倶楽部、一九九〇年）として刊行されている。これらは、当時の貴族院の様子を生々しく伝える他では得られない貴重な資料となっている。また、研究者が中心となって行うオーラルヒストリーとしても先駆的な意義を有するものであった。

こうした貴族院研究の方向性は、勝邦氏により一九八四年二月に作成された「貴族院に関する調査研究案」(尚友倶楽部所蔵)に示されている。これは、尚友倶楽部による貴族院研究の将来構想について記したものと思われる。そこでは、以下の通り述べている。

方針

尚友会館の財政が安定するまでの期間は、従前からの「研究会を中心とする貴族院の調査研究」を続け、その規模内容は収支状況に応じて立案実施する。

構想

倶楽部内に研究室を設置し、併せて会員との共同利用の図書・資料室を設ける。

人事―担当理事のもとに主任研究員・臨時助手を委嘱する。

随時会員との研究会・談話会を開き協力を受ける。研究結果は毎年一回報告書(尚友叢書)を刊行し、会員へ配布し、併せて各大学の研究機関・図書館及び公立図書館等へ寄贈し、一般希望者へも実費で配布する。

刊行

『貴族院の政治団体と会派』二六〇頁は本年三月刊行し、続いて『貴族院子爵議員選出の過程』は本年末原稿完成予定。引続いての調査予定は次の通り。

調査項目(順序不同)

一、貴族院消滅時の各会派の行動とその後

(中略)

二、貴族院の政党化問題…阻止とその意義

（中略）

三、議員談話集成…議会政治の思い出

（中略）

四、陸軍系議員と海軍系議員

（中略）

五、優諚問題と貴族院

（中略）

六、華族議員の大臣就任と閣僚としての評価

（中略）

七、貴族院に関する刊行物目録の集成

（中略）

八、貴族院憲政史年表の編集

（後略）

この構想は、尚友倶楽部運営の基本的な方針となり、現時点でも実施されつつあると思われるが、筆者は一研究者として、この構想が着実に実施されていくことは、近代史研究に裨益するところが大きいと考えており、今後も継続されることを願ってやまないところである。

なお、勝邦氏が言及されている「尚友叢書」は、日本近代史関係資料の出版事業として『青票白票』（一九九一年刊）以来、『有馬頼寧日記』『品川弥二郎関係文書』『山県有朋関係文書』『田健治郎日記』など、既に四四冊に及び、

また尚友叢書と並ぶ史料翻刻の近代史資料集シリーズ「尚友ブックレット」は、一九九四年の第一号『日清講和半年後におけるドイツ新聞記者の日本三大臣訪問記』以来、現在（二〇一九年九月）までに三四冊を数える。これらは、日本近代史の基本資料として、研究に利用されており、今後も継続して刊行されることを願いたい。

また、勝邦氏が提示した「調査項目」に記された貴族院の会派研究や貴族院と政党との関係、陸軍系・海軍系議員の影響、華族議員と内閣といった諸問題は、近代史研究者が今なお解明しなければならない課題である。ここには、勝邦氏の研究者としての慧眼が示されていると言えるであろう。

二、本書の史学史上の意義

次に、本書の史学史上の意義について述べておきたい。「はじめに」でも触れたが、本書の原型となった『貴族院の会派研究会史　付、尚友倶楽部の歩み』が、刊行された一九七〇年代は、いわゆる「戦後歴史学」が隆盛であった。そこでは、明治立憲政治は、実質を伴わない「外見的立憲制」に過ぎないなどと評された。明治憲法は、天皇大権が強大で人民の権利保障が不十分な上、行政権に比して議会権限が弱いと強調されるものであった。

なかでも貴族院は、藩閥政府によって周到に用意された反藩閥の政党を牽制する機関として位置づけられるものであった（こうした帝国議会の研究史については、拙編著『明治史研究の最前線』筑摩選書、近刊予定、参照）。その当時は、貴族院を「衆議院に対して天皇制の防塞となること」（林茂「貴族院の組織とその性格―貴族院令起草者の意図したもの―」（『立憲政治』所収、有精堂）が使命であったとし、貴族院を「立憲政治」を担った存在とは考慮せず、寧ろ「立憲政治」の阻害者として断ぜられるのであった。こうした貴族院研究は、概ね、衆議院と藩閥政府の対抗関係の中で言及される。研究の対象とされる事例も、衆議院通過の「重要法案」に対し貴族院がそれを否定した事例を中心とする。そこでの貴族院研究の問題関心は、貴族院が如何に衆議院の政党活動を掣肘・抑制したかということを明らかにすることに限られ、その結論としては、初期議会に於いては藩閥政府に忠実である事が、日清戦争後は超然主義的な「山県閥」に支配された事が示されるのである。また、ある程度まとまった貴族院研究でも、「貴族院改革」の動向を追いつつ、貴族院に対する階級的な反発が指摘されるのであった。

しかし、こうした結論は、実は、貴族院を検討した結果導かれたと云うよりも、明治憲法の条文からの印象や、衆議院・政党の研究が隆盛ななかで、貴族院と衆議院が対抗した事例を意図的に選択して検討したが故に導かれたという側面は否定できないのではないかと考えられる。

そうした状況の中で、最初に実証的に貴族院内政治会派の立憲政治運営に果たした役割を示そうとしたのが本書であった。勝邦氏は、「まえがき」で以下のように述べている。

明治二十三年に貴族院が成立し、昭和二十二年五月に日本国憲法の施行により消滅するまでの六十年間に渉って、如何に二院制の意義を発揮したか、卓越した意見や経験のもとに、憲政を通じて国家に尽して来たことなどを無視してはならないし、貴族院議員として末席を汚した一員として、後世に資料を遺さなければならないと思った。今日参議院の在り方について色々と批判の声を聞く。今後の二院制についての判断の基本となるものは貴族院の歴史を顧みることが重要であると考える。その意味において研究会の調査結果の発表は大きな役割があると思う。しかしそれを満すには微力にして不充分ではあるが、一つの基盤となれば幸いである。

本書は、貴族院の憲政に果たした役割を明らかにしようとする目的を持って、今日の二院制議会のあり方を問おうとしたものであった。こうした視点は、今日の研究に繋がるものである。なお、貴族院を積極的に評価しようとするものではあるが、弁明的な記述は極力控えられており、客観的な記述に努めようとしていることが分かる。

すなわち、本書の史学史上の意義は、帝国議会史を衆議院を中心に視るのではなく、貴族院側から視ることによって、貴衆両院による日本の立憲政治運営を検討する基礎作りを試みたことにあり、それは貴族院側の諸史料をはじめて多角的に使用したことにより、成功したといえる。使われた史料は、前述の通り多種に及ぶが、前著の『貴族院の会派研究会史　付、尚友倶楽部の歩み』刊行以来、「それから今日までの間に会員（尚友倶楽部会員）は勿論、関係のある方々や、会員のご遺族から多くのご助言やご指摘を戴き、筆者自身も新資料入手に努め、それらがかなり纏まったので、今回増補訂正による研究会史を刊行することとなった。今回は得られた資料をできるだけ多く掲載する方針をとった」（「まえがき」）と勝邦氏が記すとおり、極めて多くの資料を掲載しており、貴族院関係資料集の意義も併せ持つものとなっている。なお、資料の出典、所蔵先が必ずしも明示されていないというきらいがあるが、これは勝邦氏自身が関係者個人から収集した経緯により、当時においては明示がはばかられたためかもしれない。

実証的な分析が行われた問題は、特に貴族院開設前に華族会館で行われた華族議員の諸会合や貴族院開設に向けた自覚的な準備の実態解明、華族議員の選挙制度とその実態解明、研究会を中心とした貴族院の諸政治会派結成に至る経緯の解明、貴族院で焦点となった諸政治問題における貴族院議員並びに会派の活動の解明などである。これらは、本書が発表される以前には詳細には論じられてこなかった点であり、本書が初めての貴族院通史であるという意義も持つこととなった。

したがって、本書は、貴族院の「通史」として、また他では得られない史料を提供する「資料集」として、今日の研究に繋がる基盤となったのである。

三、今日の貴族院研究

以上の通り、勝邦氏の貴族院研究ならびに本書の史学史的な位置について述べてきたが、勝邦氏以後の貴族院研究について、付言しておきたい。

前述の通り、本書が刊行された当時において、本書が史料として利用した『華族会館誌』（霞会館、一九八六年刊）、『旧話会速記』（『新編旧話会速記』として尚友倶楽部編で刊行、二〇一一年）、『尚友会幹事日誌』（水野勝邦氏により、前掲『貴族院子爵議員選挙の内争』として刊行）、『青票白票』（尚友倶楽部編、一九九一年刊）などは刊行されておらず、本書はそうした史料を充分に引用すると共に、精読して得られた貴重な情報を提供した。

今日では、このような史料が公刊されたことにより、勝邦氏が最初に試みた貴族院研究は、多方面で深化している。こうした史料の重要性にいち早く気づき、研究書の中で紹介すると共に、公刊計画を進めた勝邦氏の先見性が後の研究の発展に寄与した功績は極めて大きいものがある。

その後、新しい史料をふんだんに使い、勝邦氏が先鞭をつけた貴族院研究を発展させた研究書も刊行されている。例えば、尚友会の成立や貴族院子爵議員選挙については、西尾林太郎『大正デモクラシーと貴族院改革』（成文堂、二〇一六年）が、政治家の関係文書や当時の新聞報道などを巧みに利用してその詳細を明らかにし、また「是々非々主義」といった貴族院諸会派の持つ政治理念については、内藤一成『貴族院と立憲政治』（思文閣出版、二〇〇五年）が、国会図書館憲政資料室所蔵史料などを精査して分析している。

また、筆者も、勝邦氏が研究会を中心に貴族院の政治会派を分析したのに対し、研究会と往々にして対抗関係を持った谷干城や曽我祐準が領袖となる「懇話会」ならびに近衛篤麿・二条基弘が領袖となった「三曜会」について検討し、貴族院内会派の競合の分析を通じて明治期の立憲政治について論じた（拙著『明治立憲政治と貴族院』、吉川弘文館、二〇〇二年）。その中で、貴族院の政治会派について、政治的に「自立」的な会派と、統制を重視する「自制」的な性格を有する会派の競合を分析し、明治期の貴族院活動を「自立」から「自制」への推移として捉えた。

また、近年は、地方所在の多額納税者議員などの関係文書を探索することで、勝邦氏が研究を発表された頃には明らかにされていなかった史料も見いだされている。その一例を挙げれば、大正五年五月改正以前のものは不明とされてきた研究会創設期の会則について、長野県選出の多額納税者議員山田荘左衛門の関係文書（長野県中野市立「（仮称）山田家資料館」所蔵）の中からそれを発見することが出来た。参考のため、以下に引用する（詳細は、拙稿「貴族院の会派「研究会」の初期「会則」・「規則」について」『青山史学』三六、二〇一八年三月、参照）。

研究会々則（創設時の会則）

第一条　本会ハ貴族院議員中同志者相謀リ必要ナル事件アルトキハ会同シテ之ヲ研究スルモノトス

第二条　本会ノ意見ハ出席員ノ過半数ヲ以テ決ス

第三条　本会ノ決議ヲ実行スルトキハ会員ハ総テ之ニ従フ可キモノトス

但万止ムヲ得サル理由アリテ其決議ニ従フ能ハサル者アルトキハ予シメ其旨ヲ本会ニ詳述シタル後ニアラサレハ自己ノ意見実行スルヲ得ス

第四条　本会ノ意見ヲ他ニ発表セントスルモノハ予シメ本会ノ承諾ヲ受クヘシ

第五条　本会ニ入ラント欲スル者アルトキハ本会ニ於テ無名投票ヲ以テ其可否ヲ決スヘシ

第六条　本会員中ヨリ期限ヲ定メ幹事三名ヲ互撰シ本会ニ関スル事務ヲ担当セシムヘシ

但幹事ノ任期ハ三ヶ月トス会費ハ一ヶ月金五拾銭ト定ムヘシ

第七条　此会則ハ会員三分ノ二以上ノ同意ヲ経ルニアラサレハ之ヲ改正スルコトヲ得ス

研究会規則（明治二五年一二月五日総会可決改正）

第一条　本会ヲ研究会ト称ス

第二条　本会ハ貴族院議員中有志会同シテ必要ノ事件ヲ研究ス

第三条　本会ニ左ノ役員ヲ置ク

常置委員　五名

幹事　三名

第四条　常置委員及ヒ幹事ハ投票ヲ以テ撰挙シ其任期ハ満六ケ月トス　但、初期ハ満三ケ月ヲ以テ半数ヲ改撰ス其退任者ヲ定ムルハ抽籤法ヲ以テス

常置委員及ヒ幹事ニ当撰シタルモノハ其任ヲ辞スルヲ得ス　但、正当ノ理由ヲ本会ニ陳述シ認諾ヲ得タル者ハ此限ニ非ラス

常置委員及ヒ幹事継続重撰セラルヽトキハ之ヲ辞任スルコトヲ得

第五条　常置委員ハ本会ノ運動上適宜其方法ヲ審議計画ス

常置委員ハ時宜ニ応シ会員外議員ト交渉スルヲ得

第六条　幹事ハ便宜庶務会計ヲ分担ス

庶務幹事ハ本会記録及ヒ通告ヲ担任ス

会計幹事ハ本会々計ノ事務ヲ担任ス

会計幹事ハ毎年十二月前年度ノ決算報告ヲ為ス

第七条　本会ノ意見ハ出席員ノ過半数ヲ以テ之ヲ決ス可否同数ナルトキハ会長ノ決スル所ニ従フ但総会員三分

ノ一以上出席スルニアラサレハ意見ヲ決スルヲ得ス
第八条　会長ハ毎会出席員中ヨリ投票ヲ以テ之ヲ定ム但時宜ニ依リ指名ヲ以テ之ヲ定ムルコトアルヘシ
第九条　本会ノ決議ハ会員総テ之ニ従フモノトス但万止ムヲ得サル理由アリテ其決議ニ従フ能サルモノハ予メ其旨趣ヲ本会ニ陳述シ之カ認諾ヲ得ヘシ若シ至急ヲ要スル場合アルトキハ常置委員ニ協議スヘシ
第十条　前条ノ認諾ヲ得タル場合ニハ其問題ヲ協議スル議席ヲ避クヘキモノトス
第十一条　本会々員外ノ議員ヨリ提出スル上奏案又ハ法律案。法律修正案。建議案。質問書ニ記名賛成セントスル者ハ本会ニ協議シタル後賛否ヲ決スヘシ若シ至急ヲ要スル場合アルトキハ常置委員ニ協議スヘシ
第十二条　本会ノ意見ヲ他ニ発表セントスル者ハ予メ本会ノ許諾ヲ受クヘシ
第十三条　本会ニ加入セントスル者ハ会員三名以上ノ紹介人ヲ要シ、其諾否ハ惣会員過半数ノ同意ヲ以テ之ヲ決ス
第十四条　本会々計年度ハ十二月一日ヨリ翌年十一月三十日ヲ以テ一ケ年度トス
第十五条　本会々費ハ毎年議会召集ノ際総会ヲ以テ之ヲ決ス
第十六条　本会々費ノ徴収ハ年二回以上トシ其時期ハ幹事之ヲ定ム
第十七条　会計年度決算ニ残余アルトキハ次年度ノ会費ニ操リ入ルヘシ
第十八条　本規則ハ議会開会中ニ於テ総会員三分ノ二以上ノ同意ヲ得ルニ非サレハ之ヲ改正スルコトヲ得ス

この研究会創設時からの会則に見るように、研究会は当初より会員の統制が強固であったことが分かるのであるが、今後もこうした個人文書の探索から新しい史料を見いだす努力も必要であると思われる。

なお、最近は、貴族院議員の活動のみならず、事務組織としての貴族院事務局の研究、あるいは議長などの役職に

着目した研究も現れている（例えば原口大輔『貴族院議長・徳川家達と明治立憲制』吉田書店、二〇一八年）。

おわりに

以上、本書が新たに復刻刊行されるに当たって、読者の理解を助けるため、勝邦氏の業績を振りかえると共に、本書の史学史上の意義や近年の貴族院に関する研究について概観した。先に言及したとおり、今日貴族院研究は、着実に進展してきているが、本書の貴族院通史としての意義並びに資料的価値は、減じてはいない。貴族院研究や日本近代史研究に携わる方々には、今後も広く活用していただきたいと思う。

本書を通読すれば、勝邦氏が行われた貴族院研究や史料収集に近年の研究が大きな恩恵を受けていることがあらためて認識されるであろう。

なお、最後に付言しておきたいのだが、筆者が貴族院研究を志し、最初の貴族院に関する研究論文を公表し、その抜き刷りを勝邦氏に贈呈した際、勝邦氏はあたたかい励ましと今後の研究の方向を示唆する丁寧なお返事をいただいた。それは、現在も私の貴族院研究の支えとなっている。勝邦氏には、貴族院研究の先駆者として深く敬意と謝意を表し、擱筆する。

【解説】大正期貴族院研究の回顧
―研究会史の復刻によせて―

宮内庁書陵部編修課主任研究官
内藤 一成

はじめに

『貴族院の会派研究会史』が、このたび三七年ぶりに再刊された。本書が出版されたのは昭和五七年（一九八二）、貴族院が廃止されてから二五年後である。当時はまさに戦後生まれの世代が社会に進出しはじめた頃で、著者である水野勝邦氏にすれば、帝国議会や貴族院を知る者が次第に減少するなか、なんとか実像を歴史にとどめておきたいという、つよい思いにかられての出版であったと思われる。

一、著者水野勝邦氏について

水野勝邦氏の経歴を簡単に確認しておくと、氏は明治三七年（一九〇四）、旧結城藩主水野子爵家第一九代当主で、「貴族院の怪物」として政界にその名をとどろかせた水野直の長男として、東京に生まれた。学習院、東京帝国大学文学部に学び、大学では支那哲文学を専攻した。大学卒業後は外務省より中華民国調査員に委嘱されるなど、中国専門家としての道を歩む一方、昭和四年（一九二九）に父の死去をうけて襲爵、同一四年七月には貴族院子爵議員に当選、以後、同院の廃止までその地位にあった。戦後は立正大学などで教鞭をとるかたわら、尚友倶楽部の役員をつとめ、常務理事に任じた。昭和六三年（一九八八）一月死去、享年八四。

勝邦氏が、史料の価値と重要性に気づいたきっかけは、おそらくは父直の死であった。父が死去したとき、氏は二五歳であった。あまりに早い父の死のあと、氏は、生前の父をよく知る人びとに思い出を語ってもらい、一周忌の年には追悼手記『水野直子を語る』を出版した。さらにその後、伝記の編纂を企図し、昭和一六年（一九四一）に、川辺真蔵著『大乗乃政治家水野直』としてまとめられた。その際、勝邦氏は関係者による座談会をいくどか開催し、速記録は『水野直追憶座談会録』としてまとめられた。同書は『水野直子を語る』とともに貴族院研究には不可欠の重要史料とされる。残念ながら何分印刷部数が少なく、ほとんど幻の存在であったが、幸い平成二三年（二〇一一）に尚友ブックレットとして復刻され、簡単に利用できるようになった。

一連の経験は、貴族院研究にも引き継がれ、氏は、関係者から史料や証言を集めつづけた。本書の執筆と並行して、『貴族院における審議資料　橋本実斐委員メモ』をはじめとする史料集を尚友倶楽部より刊行している。ほかにも『貴族院政治年表』は、貴族院や各会派の歴史を俯瞰するのに有益であり、『貴族院の政治団体と会派』は、貴族院の院内会派と選挙団体の沿革を知るのには必須であるなど、貴族院研究において、氏の遺産は少なくない。

オーラルヒストリー重視も、大きな特徴である。氏は、戦前に貴族院議長徳川家達の肝煎りのもと、貴族院議員や事務局関係者の証言をまとめた記録「旧話会速記」を発掘し、本書で存分に活用した。それだけでなく、自身も霞会館貴族院関係調査委員会の一員として、旧話会の事業を引き継ぐかたちで関係者の証言を求め、昭和六二年（一九八七）には『貴族院職員懐旧談集』を公刊した。

さらに、個人でも多くの貴族院関係者にインタビューを試みている。氏の手許には、証言を録音した多数のカセットテープが残され、その一部は平成二年（一九九〇）に『その頃を語る』と題して、尚友倶楽部より刊行された。オーラルヒストリーは、現在では重要な歴史資料のひとつとして広く認知されているが、勝邦氏の活動は先駆をなすものといってよい。

二、「旧話会速記」復刻をめぐる思い出

勝邦氏と「旧話会速記」をめぐっては、筆者にもいささかの思い出がある。

筆者が同史料の存在を知ったのは、もちろん『研究会史』によってである。勝邦氏が、貴族院研究における基本史料と位置づけていただけに、筆者も閲覧を熱望したが、どこに所蔵されているのかわからなかった（後になって『貴族院職員懐旧談集』の「まえがき」のなかに、参議院事務局に「旧話会速記」が所蔵されている旨の記述があることに気づいた。不明を恥じるほかない）。

いろいろ探したが見当たらず、行き詰まったあげく、尚友倶楽部に勝邦氏の長女上田和子氏を訪ね、相談したところ、勝邦氏旧蔵の資料を探してくださることになった。

ところが上田氏もすぐには発見できず、ようやく見つかったのは、最初に相談してから一〇年近く経過してからであった。勝邦氏旧蔵の「旧話会速記」は意外なものであった。なんと氏は「旧話会速記」を筆写やコピーではなく、カセットテープに吹き込んでいたのである。まさかそのような形で保管されているとは、予想もつかなかった。

「旧話会速記」が録音されたカセットテープはソニー製で、デザインからみて昭和五〇年前後の製造品であった。現在なら、気軽にデジカメなどで撮影するところだが、当時は、写真撮影はかなり面倒であった。費用もかかる。コピー機にしても、それほど普及しておらず、少なくとも現在のように手軽なものではなかった。カセットテープとて、

決して安価ではない。いずれにせよ、今となっては、勝邦氏が筆写・複写によらず、朗読によって複製を作った理由はわからない。

上田氏からは、「朗読データを基に、これを活字化して、尚友ブックレットを作りたい」と相談された。正直いって、テープから「旧話会速記」を復元するのは、かなりきびしいと思った。筆写した原稿なら、字句や体裁など自然と原本を踏まえた形となるが、朗読データからの復元だとそうはいかない。写本の質からいっても、原本を筆写したものなら第二水準だが、朗読データからの再活字化となると第三水準、実質的にはそれ以下となる。

とはいえ、この時点では、閲覧可能な唯一の存在である朗読データの再活字化を進め、併行して、他の「旧話会速記」を捜索することにした。勝邦氏が閲覧した「旧話会速記」の所蔵先として可能性が高いのは、霞会館と参議院事務局であろうということで、それぞれ照会することになった。

できあがった再活字データ（以下「尚友版速記」と記す）をみると、意外といっては失礼だが、それなりに形になっていた。とはいえ、やはり「尚友版速記」は、いろいろな面で不安であった。誤朗読があっても確かめられないし、そもそも、全文朗読されたのか、省略箇所があるのかも判然としない。やはり、このまま史料集として出すのは難しいと思わざるを得なかった。

どうしたものかと苦慮しているうちに、朗報が飛び込んできた。霞会館に元参議院事務局議事部長海保勇三氏の旧蔵史料が残されており、そのなかに「旧話会速記」（以下「海保版速記」と記す）があるとのことであった。ただし会館では、諸々の事情から、特例的に閲覧は許可するが、複写等は認めない、あくまで「尚友版速記」との照合にとどめてほしいとのことであった。喜び勇んで霞会館に出向き、照合と補訂作業を行った。漢字の使用は「海保版速記」に合わせることにした。これによって「尚友版速記」の水準は大きく上昇した。

ここで問題となったのが、尚友版と海保版の仮名遣いの相違であった。

「旧話会速記」は戦前に作成されたものなので、当然ながら旧仮名遣いである。勝邦氏は朗読の際、あえて「いふ」「いはれ」「あつた」などとは読まず、ごく自然に「いう」「いわれ」「あった」と発音したので「尚友版速記」の仮名遣いは、「新かな」となっていた。

史料の翻刻を行う場合、よりオリジナルに近いものに拠るのが基本あり、仮名遣いは本来「海保版速記」に合わせるべきであろう。「尚友版速記」は事実上、「海保版速記」に置き換わることになるが、それができない事情があった。「尚友ブックレット」として出す以上、言葉は悪いが、いわゆる「背乗り」のようなかたちは避けたく、建前的であっても、底本はあくまで「尚友版速記」に拠らなければならなかった。加えて「海保版速記」はあくまで参考資料にとどめなくてはならない。いわゆる「大人の事情」である。

いろいろ悩んだが、「海保版速記」にしても写本であり、さらにいえば、そもそも真のオリジナルは音声であって、速記録はこれを文字変換したものにすぎない。そのように考えた結果、仮名遣いは「新かな」のままとした。

そうしたなか、参議院事務局からも「旧話会速記」について朗報がとどいた。はじめに照会したときには、見当たらないという回答だったので、半ば諦めていたのだが、その後、事務局から、貴族院五十年史編纂掛によって、忠実に作成された写本が残されていることがわかったという連絡が入った。

貴族院五十年史編纂掛は、昭和一五年（一九四〇）の議会制度発足五〇年を記念するため、貴族院の歴史を編纂していた部局で、多くの資料を謄写していた。貴族院事務局の廃止後、資料は参議院事務局に引き継がれ、このなかに「旧話会速記」の写本（以下「五十年史版速記」と記す）も保管されているということであった。

ただし、こちらも霞会館同様、「尚友版速記」との照合のための閲覧は認めるが、複写は不可とし、内容の公開は控えてほしいとの条件が付された。これを受け入れ「五十年史版速記」を確認したが、非常に完成度の高い写本であった。照合と補訂によって「尚友版速記」は、どこに出しても恥ずかしくない水準となった。

とはいえ、元の録音テープの状態から完成に至るまで、複雑な過程を経ていることから、単純な復刻とはみなしがたく、このため平成一六年（二〇〇四）一二月に尚友ブックレットとして出す際には、題名を「旧話会速記」のままとせず、新たに編纂したものとして、『新編旧話会速記』とした。

朗読テープを底本とし、アクロバティックな編纂手法をとったことに対しては、専門家からは異論があるかもしれない。しかし、あの段階で、貴重な情報にあふれた史料を世に送り出すには、他に方法はなかった。当時の事情に鑑み、御寛恕を願いたい。

最後にこの場をかりて、「旧話会速記」の存在を世に知らせ、復刻のきっかけを作ってくださった水野勝邦氏、そして長く複雑な編纂過程において絶大な協力、支援を賜った尚友倶楽部上田和子氏、照合作業でお世話になった霞会館、参議院事務局に改めて感謝申し上げる。

三、大正期の貴族院研究

話を戻し、本書と貴族院研究の発展について、大正期（一九一二〜一九二六）を中心に概観しておこう。

第二次大戦後の歴史学研究は、マルクス史学の影響がつよく、大正期の研究に関しても、運動史、民衆史の観点から、大正政変や米騒動、大正デモクラシーなどに専ら関心が向けられた。史料の発掘、公開があまり進んでいないことから、実証性に欠け、専ら理論にもとづく分析や主張が中心であった。

学界にとどまらず、戦後社会では、左翼的な言論が幅をきかせており、こうした風潮を喜ばない者も、無用の批判や軋轢の招来はいかにも煩わしく、口をつぐみ、全体として議論を避ける傾向にあった。

なにより、歴史としてとらえるには、近代はまだ「生乾き」であった。学校の授業で習うのは明治維新まで、「あとは教科書を読んでおけ」といわれた経験をもつ人は少なくないであろう。

そういうことであるから、世間の関心が、もはや存在しない議院である貴族院に、ほとんど向かなかったのも、無理のないことであった。

そうしたなかで、明治二三年（一八九〇）の帝国議会の発足から七〇年を期として刊行された衆議院・参議院編『議会制度七十年史』（大蔵省印刷局、一九六〇〜一年）は画期的であった。同書は豊富なデータや情報にあふれており、その後に出た『議会制度百年史』とともに、議会研究の基本文献として評価が高い。とはいえ、本書が契機となって貴族院に対する関心が高まり、研究が進展するということはなかった。

それでも、一九六〇年代に入ると、貴族院や貴族院議員の動静に触れる研究が、少しずつ目立ってくる。たとえば大久保利謙は『日本全史10　近代Ⅲ』（東京大学出版会、一九六四年）のなかで、貴族院の有力議員である田健治郎の日記を本格的に用いて叙述を行っており、山本四郎『大正政変の基礎的研究』（御茶ノ水書房、一九七〇年）も、同じく田健治郎日記を含め、夥しい史料を渉猟し、各方面から政変像の再構築をはかっている。大正期の貴族院について正面から分析を加えた、最初の学術論文として里上龍平「大正デモクラシーと貴族院」（井上清編『大正期の政治と社会』岩波書店刊）が公刊されたのは、昭和四四年（一九六九）である。

一九七〇年代に入ると、本書の著者水野勝邦氏が、尚友倶楽部を舞台に活躍しはじめる。氏の著作は、当事者でなければわからない内情、窺えない事柄にあふれる一方で、貴族院をことさら顕彰するようなことはせず、できるかぎり事実を後世に残そうという姿勢に貫かれていた。成果の集大成が本書であり、研究会を中心に貴族院の歴史が、通史的に描かれたことの意義は大きい。

勝邦氏に続く、いわば最初の本格的な貴族院研究者が西尾林太郎である。氏は一九八〇年頃より、貴族院をテーマにとした実証研究を次々と発表し、勝邦氏とともに貴族院研究を牽引した。その後の研究の発展はよく知られるところであり、最近は華族研究も盛んとなり、若い研究者が次々と意欲的な研究を発表している。

本書が公刊されて三七年、その後の研究史を振り返ると、本書の公刊を画期として、貴族院研究が大きく発展したことがみてとれる。記念碑的業績であると同時に、今なお価値を失っていない本書は、これからも後進の者たちを導き、さまざまな示唆を投げかけてくれるであろう。

四、私と研究会史

最後に、本書をめぐる筆者の思い出を述べて、締めくくりたい。

筆者が貴族院に研究関心を抱くようになったのは、平成二年（一九九〇）、大学院で修士論文の構想を練り始めた頃である。

大学院に進んだ筆者は、「原敬日記」を本格的に読み、その面白さにとりつかれるとともに、「山県系」「官僚系」となどと呼ばれ、原敬や立憲政友会の前に立ちふさがる勢力のことを知りたいと考えるようになった。「原敬日記」を用いた研究は多いが、原や政友会の側だけでなく、反対側にいる勢力のことがわからなければ、原が打ち立てた政党政治の意味にも迫ることができないのではないか、そもそも帝国議会は二院制を採用しているのに、衆議院や政党の研究ばかりが先行し、そこだけで政治史像が完結しているのはおかしいではないかなど、疑問がどんどん湧き、貴族院のことが知りたくなった。

当時、大正期の貴族院研究において、最も影響力を有していた研究が、高橋秀直「山県閥貴族院支配の展開と崩壊―一九一一～一九一九―」（『日本史研究』第二六九号、一九八五年）、同「山県閥貴族院支配の構造」（『史学雑誌』第九四巻第二号、一九八五年）であった。両論文とも、切れ味鋭い、明快な分析で、山県有朋の影響下にある議員グループによる貴族院の寡頭支配の仕組みが解明されていた。両論文は、公表されてからすでに三〇年以上経つが、その主張は、今なお高い有効性を保持している。

貴族院を主導する集団の分析としては見事だが、ならば貴族院全体が「山県閥」と称される勢力によって支配されているのかとなると、どうもはっきりしなくなってくる。両論文は、貴族院「山県閥」の分析であって、「貴族院」そのものを分析したわけではない。受け入れるにせよ、反論するにせよ、貴族院の実態がわかならければ、前に進めない。

少しずつ理解が進むにつれ、気になってきたのが、貴族院が存続したほとんど全期間にわたり、最大勢力の座をしめた研究会の存在であった。議会である以上、最後に物をいうのは数であるから、研究会の動向は無視できない。彼らは有爵議員を中心とした会派であり、内在的理解が必要であると感じたが、華族に関する研究も乏しく、基本的なことも含めて、わからないことだらけであった。

当時は、ベルリンの壁の崩壊直後で、社会主義の影響力は低下しつつあったが、それでも歴史学界におけるマルクス史学の影響力は、依然相当なものがあった。私が貴族院や華族について調べていると話すと、「そんなこと調べて何になるの」と何人もから訝しがられた。華族といえば、かつては労働者階級によって打倒されるべき対象であり、今や旧体制の残滓にすぎない。ノスタルジーならともかく、学問的意義などあるのかという、ある意味尤もな指摘であった。

ほかにも「そんな研究をしていると、周りに偏見を持たれて、就職にも響くぞ」とアドバイスしてくれる人もいたし、「おまえ、天皇好きなの？」と、揶揄されたこともあった。からかい半分の口調の裏には、軽蔑が混じっていた。

筆者が知りたいのは、どこまでも歴史的事実であって、なにか支持するものがあって研究するわけではない。そうしたなかで、行き着いたのが本書であった。貴族院と最大会派研究会の実態が詳しく記されており、食らいつくようにして必死に読んだ。数々の疑問が氷解する一方で、知識に乏しい身には、理解できない点も少なくなかった。

図書館で借りていただけでは埒があかないので、なんとか入手しようとしたが、非売品のため、どこにも売っていない。現在ならインターネットの古書店サイトで検索できるが、当時は神保町や早稲田の古書店街を探して歩くぐらいのことしかできず、考えた末、平成三年（一九九一）のある日、購入方法を教えてもらうべく尚友倶楽部に電話をかけた。すると電話口の向こうから、「取りに来てくれれば、差し上げます」と予想外の回答があった。歓喜して尚友倶楽部を訪ねたのが、私と倶楽部、上田和子氏との関係の始まりであった。

当時は、勝邦氏が亡くなってから、あまり歳月が経っておらず、上田氏によれば、貴族院のことを調べたいと言ってくる学生が現れたこと自体、驚きということであった。上田氏から激励され、『研究会史』だけでなく、他の尚友倶楽部の出版物、さらには『水野直子を語る』『水野直追憶座談会録』のコピーまでいただけることになった。あり余る好意に感激しながら倶楽部を退出し、寒空のなか虎ノ門駅まで歩いたときのことは、今も鮮明に覚えている。

あのときから三〇年近くたち、貴族院や華族に関する研究は、大きく進展した。近年は若手研究者が次々と意欲的な研究を発表し、社会一般の理解も大きく進むなど、まさに隔世の観がある。自分が残さなければ、消滅してしまうという、ある種の悲壮感を帯びた情熱に駆られ、孤独な作業をつづけた勝邦氏が、今日の光景をみたら、どのような感慨を抱くであろうか。

原著者
水野 勝邦（みずの かつくに）
元子爵、旧茨城県結城藩主の裔。明治37年生まれ。東京帝国大学文学部卒業、外務省在支特別研究員（北京留学）、貴族院議員（昭和14年7月～昭和22年5月）、研究会常務委員、社団法人尚友倶楽部常務理事、社団法人霞会館常務理事、専修大学、立正大学経済学部教授（同経済学部長、図書館長）、麗沢大学講師。昭和63年没。

編者
一般社団法人 尚友倶楽部（しょうゆうくらぶ）
1928年（昭和3年）設立の公益事業団体。
旧貴族院の会派「研究会」所属議員により、相互の親睦、公益への奉仕のため設立。戦後、純然たる公益法人として再出発し、学術研究助成、日本近代史関係資料の調査・研究・公刊、国際公益事業、社会福祉事業の支援などに取り組んでいる。その成果は、『品川弥二郎関係文書』『山県有朋関係文書』『三島弥太郎関係文書』『阪谷芳郎東京市長日記』『田健治郎日記』などの資料集として叢書44冊、ブックレット34冊が出版されている。

貴族院会派《きぞくいんかいは》〈研究会《けんきゅうかい》〉史《し》 明治大正編

2019年11月18日　第１刷発行

原著者
水野《みずの》 勝邦《かつくに》

編　者
一般社団法人尚友倶楽部《しょうゆうくらぶ》

発行所
㈱芙蓉書房出版
（代表 平澤公裕）
〒113-0033東京都文京区本郷3-3-13
TEL 03-3813-4466　FAX 03-3813-4615
http://www.fuyoshobo.co.jp

印刷・製本／モリモト印刷

ISBN978-4-8295-0776-6